Inhalt

Systemökologie 54

Untersuchung ausgewählter Ökosysteme 74

Der Mensch in seiner Umwelt 136

Grundbegriffe der Ökologie

Aus der Perspektive des Weltalls wird die Gliederung unserer Erde besonders gut sichtbar. Die *Atmosphäre*, die als Lufthülle die Erde umgibt, hat zum Weltraum eine fließende Grenze. Den von Lebewesen besiedelten Bereich des Bodens stellt die *Pedosphäre* dar. An sie schließen sich die Gesteinsschichten der *Lithosphäre* an. Über 70 Prozent der Erde sind von Wasser bedeckt. Dieser Teil gehört zur *Hydrosphäre*. Die Gesamtheit aller Organismen und die von ihnen bewohnten Bereiche der Erde werden als **Biosphäre** oder *Ökosphäre* zusammengefasst. Die Umweltbereiche durchdringen einander und sind wechselseitig voneinander abhängig.

Die Biosphäre gliedert sich in Zonen mit derselben charakteristischen Pflanzen- und Tierwelt, die *Biome*. Sie werden vor allem durch Höhenlage und Klima bestimmt, die über die vorherrschende Vegetation entscheiden. Die einzelnen Biome umfassen verschiedene Ökosysteme.

Die Wechselbeziehungen im Ökosystem kann man auf verschiedenen Ebenen untersuchen. Die unterste Ebene sind die Einzelorganismen. So wird zum Beispiel das Leben der Waldmaus durch viele Umweltfaktoren bestimmt. Dabei wirken Licht, Temperatur, Wasser und Bodenbeschaffenheit als **abiotische Faktoren.** Zu den **biotischen Faktoren** zählen Artgenossen, Nahrungspflanzen, Feinde, Krankheitserreger, Parasiten und artfremde Nahrungskonkurrenten. Solche Wechselbeziehungen zwischen Umweltfaktor und Einzelorganismus untersucht die **Autökologie.**

Die einzelne Waldmaus ist Mitglied einer Population. Dabei handelt es sich um eine Gruppe artgleicher Individuen, die in einem bestimmten Lebensraum vorkommen und sich untereinander fortpflanzen. Wie sich Populationen entwickeln, ist Forschungsgegenstand der **Populationsökologie** oder *Demökologie*. So wird zum Beispiel der Frage nachgegangen, von welchen abiotischen und biotischen Faktoren das Wachstum einer Waldmauspopulation abhängig ist. Ebenso wird die Verteilung genetischer Merkmale untersucht.

6.1 Umweltbereiche und ihre Beziehungen zueinander

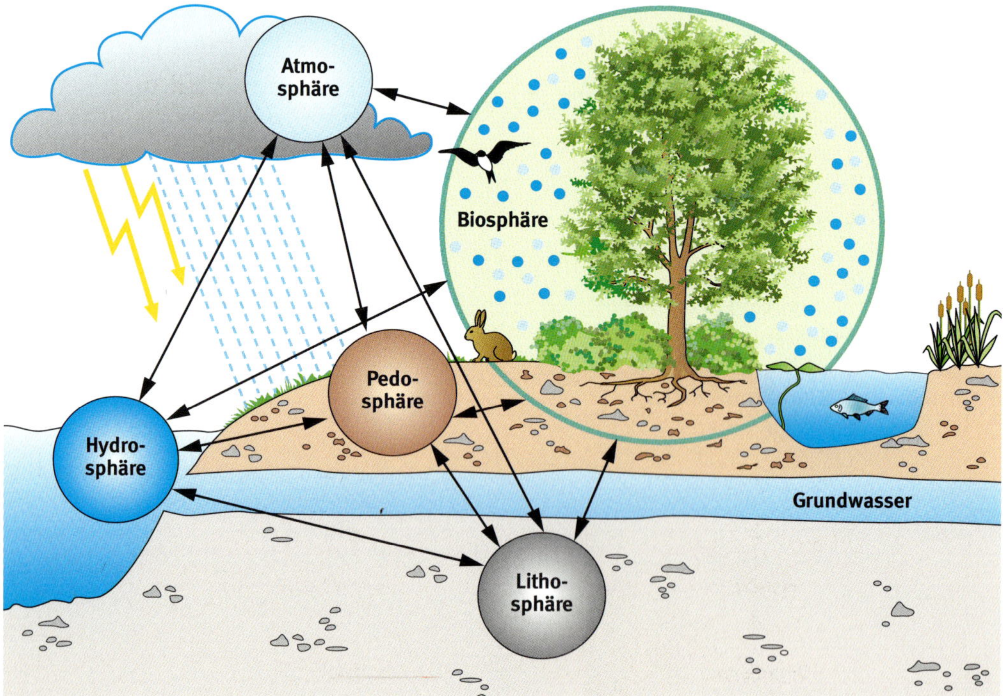

Die Waldmaus bildet mit der Gesamtheit aller im gleichen Lebensraum vorkommenden Organismen eine Lebensgemeinschaft oder **Biozönose.** In ihr sind die Lebewesen durch vielfältige Abhängigkeiten wie Nahrungsbeziehungen und zwischenartliche Konkurrenz verknüpft. Solche Beziehungen sind das Arbeitsfeld der **Synökologie.**

Der räumlich abgegrenzte Bereich, in dem die Lebensgemeinschaft vorkommt, wird als **Biotop** bezeichnet. Biotope und Biozönosen bilden gemeinsam eine große funktionelle Einheit – das **Ökosystem.** Im Fall der Waldmaus handelt es sich um das Ökosystem Laubmischwald. Auf dieser Ebene setzt die Ökosystemforschung an.

Die bisher beschriebenen Forschungsgebiete gehören zu der noch verhältnismäßig jungen Wissenschaft **Ökologie.** Heute wird Ökologie als die Lehre von den Wechselwirkungen der Lebewesen untereinander und zu ihrer Umwelt definiert.
Moderne Fragestellungen der Ökologie beschäftigen sich auch mit den Folgen, die Eingriffe des Menschen in die Natur haben. Dazu zählen Veränderungen durch die Landwirtschaft, Beeinflussungen der Atmosphäre oder die Vernichtung der Regenwälder.

PORTRÄT

Ernst Heinrich HAECKEL (1834–1919)

Der Sohn eines Juristen wurde in Potsdam geboren. Er studierte Medizin an den Universitäten Berlin, Würzburg und Wien. 1857 promovierte HAECKEL. In dieser Zeit wandte er sich immer stärker der Zoologie zu. 1861 wurde er als Professor nach Jena berufen. Dort erhielt er 1865 den Lehrstuhl für Zoologie. Nach der Veröffentlichung von DARWINS Evolutionstheorie wurde HAECKEL dessen begeisterter Anhänger. Er setzte sich dafür ein, auch den Menschen in die Abstammungslehre einzubeziehen.
Auf zahlreichen Reisen studierte HAECKEL vor allem die Meeresfauna und beschrieb zahlreiche neue Arten der Radiolaren. Seine Zeichnungen wurden auch als Kunstwerke bekannt.
HAECKEL prägte 1866 den Begriff Ökologie. Er verstand darunter die Wissenschaft von den Beziehungen der Organismen zur umgebenden Außenwelt.

1 Stellen Sie mithilfe der Abbildung 6.1 konkrete Beispiele für die wechselseitige Beeinflussung der Umweltbereiche zusammen.

2 Vergleichen Sie den heutigen Ökologiebegriff mit dem HAECKELS.

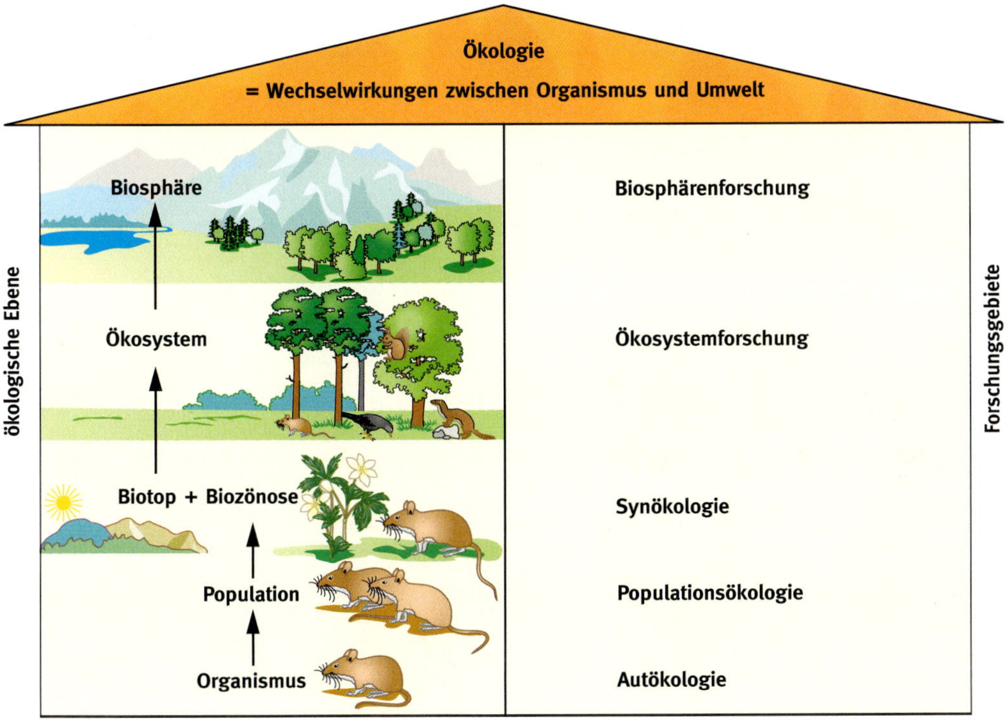

7.1 Ökologische Betrachtungsebenen

Abiotische Faktoren

1 Toleranz und Reaktionsnorm

Es ist ein kühler Frühlingsmorgen. Eine Zauneidechse sitzt auf einem dunklen Stein und nimmt ein Sonnenbad. So kann sie ihren Körper auf einen günstigen Temperaturbereich um 35 °C bringen. Neben der Temperatur wirken noch eine Reihe weiterer abiotischer und biotischer Umweltfaktoren auf eine Zauneidechse. Für bestimmte Faktoren lässt sich ein Schwankungsbereich ermitteln, in dem die Art auf Dauer lebensfähig ist, die **ökologische Amplitude.**

Die grundlegenden Reaktionen einer Art auf ihre Umwelt sind genetisch vorgegeben. Diese **Reaktionsnorm** legt zum Beispiel die ungefähre Größe der Blätter und den Lichtanspruch bei Bäumen fest. Eine Tier- oder Pflanzenart kann jeden Umweltfaktor mehr oder weniger gut ausnutzen oder tolerieren. Ertragen Arten größere Schwankungen der Umweltfaktoren, sind sie **euryök.** Bei einer engen Toleranzspanne handelt es sich um **stenöke** Arten. Für die einzelnen Faktoren lassen sich Toleranzkurven erstellen. Dabei findet man für jeden Faktor einen Wert, bei dem sich die Art optimal entwickeln kann. Von diesem **Optimum** abweichende Werte bedeuten eine Verschlechterung der Lebensbedingungen. Die äußersten Grenzwerte werden als **Minimum** und **Maximum** bezeichnet; unter beziehungsweise über diesen Werten stirbt der Organismus. Bewegliche Tiere wie die Zauneidechse suchen nach Möglichkeit einen günstigen Bereich auf. Dieser **Vorzugsbereich** wird auch als *Präferendum* bezeichnet.

1 Erläutern Sie die Temperaturabhängigkeit der Zauneidechse mithilfe der Abbildung 8.2.

8.1 Verschiedene Umweltfaktoren wirken auf die Zauneidechse

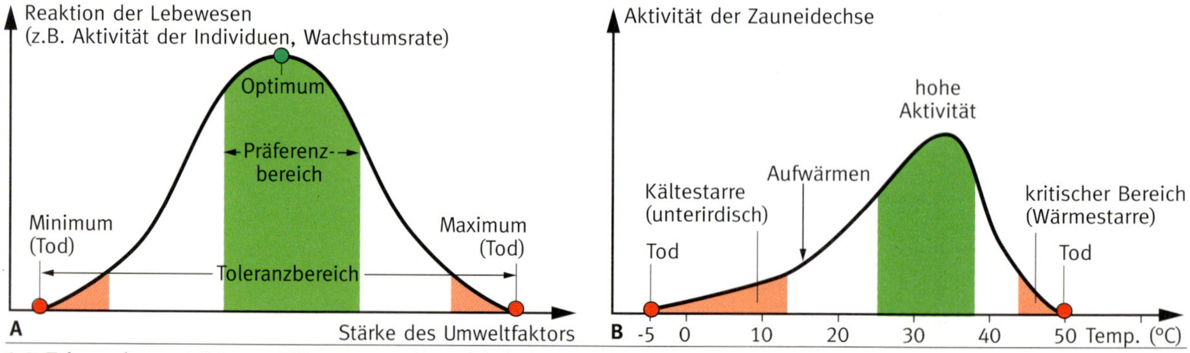

8.2 Toleranzkurve. A Schema; **B** Temperaturabhängigkeit der Zauneidechse

2 Physiologische und ökologische Potenz

Waldkiefern findet man in unseren Breiten vor allem auf trockenen sandigen Böden. Sie gedeihen jedoch auch auf feuchten Moorstandorten. Die Waldkiefer hat also bezüglich der Bodenfeuchte eine sehr große Toleranzbreite. Gäbe es keine anderen Baumarten, so könnte die Kiefer alle Böden besiedeln. Sie hat also eine breite **physiologische Potenz.**
Durch die vorherrschende Konkurrenz zwischen den verschiedenen Arten wird die Kiefer jedoch auf extreme Standorte abgedrängt. Wenn die physiologische Potenz also durch Konkurrenz eingeschränkt wird, spricht man von **ökologischer Potenz.** Im mittleren Feuchtebereich ist die Rotbuche der konkurrenzstärkste Waldbaum. Ihr ökologisches Optimum entspricht fast ihrem physiologischen. Andere Baumarten können die Rotbuche dort kaum verdrängen. Sie gewinnt deshalb den Wettbewerb um die Standorte mit mittlerer Feuchte.

Schwarzerlen kennt jeder als Feuchtezeiger an Gewässerufern. In diesem Bereich hat die Pflanze ihr ökologisches Optimum. Erlen können außerdem problemlos stickstoffarme Böden besiedeln. Ursache dafür ist eine Wurzelknöllchensymbiose zwischen Erlenwurzeln und den zu den Bakterien gehörenden Actinomyceten, die Luftstickstoff binden können. So bringt die Erle ihre eigenen Stickstoffdüngerproduzenten mit. Auf trockenen bis feuchten Böden verdrängen stärkere Konkurrenten die Erlen. Übrig bleiben nasse Biotope, die andere Arten kaum besiedeln können. Pflanzen, die an Sonderstandorte gut angepasst sind, setzen sich dort also wirkungsvoll gegenüber anderen Arten durch. Auf „normalen“ Standorten unterliegen sie jedoch, da sie in den Wettbewerb mit anderen Arten treten.
Auch bei den chemischen Bodeneigenschaften lassen sich solche Verdrängungsprozesse beobachten. So besitzen Hederich und Ackersenf fast dieselbe physiologische Potenz. Durch den Konkurrenzdruck weicht der Hederich auf saure, kalkarme Böden aus. Der Ackersenf besiedelt dagegen basische, kalkreiche Standorte.

1 Erläutern Sie physiologische und ökologische Potenz der Stieleiche mithilfe der Abbildungen 9.1 und 9.2.

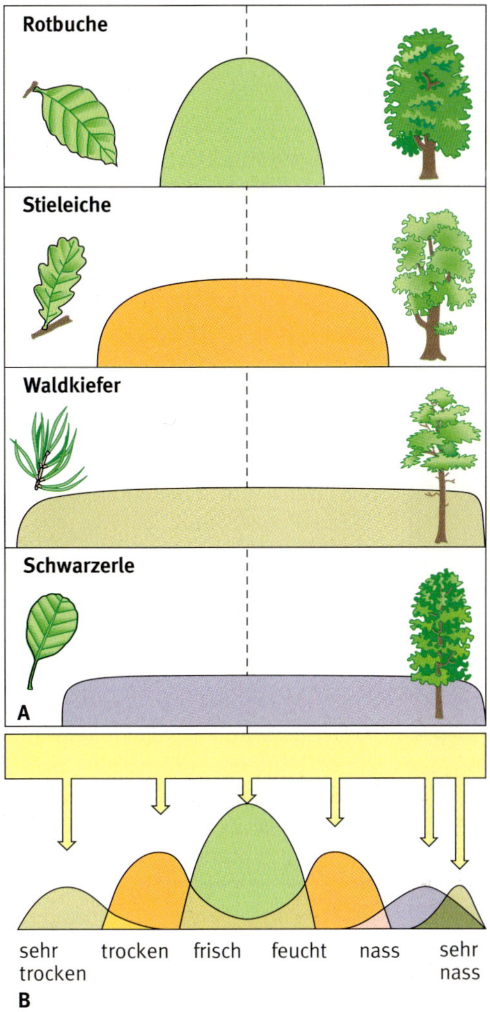

9.1 Potenz ausgewählter Baumarten. **A** physiologische Potenz; **B** ökologische Potenz

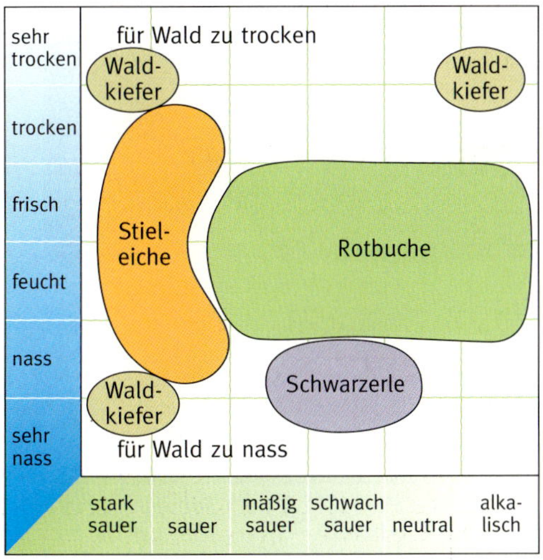

9.2 Ökogramm ausgewählter Baumarten, die in Mitteleuropa Wälder bilden

STECKBRIEF

Große Brennnessel

Die Große Brennnessel *(Urtica dioica)* wird 60 bis 150 cm hoch. Sie ist eine ausdauernde Pflanze mit kriechendem Wurzelstock. Ihre Blätter besitzen Brennhaare, die Ameisensäure enthalten. Die Pflanze ist zweihäusig. Die Blüten werden durch den Wind bestäubt. Die Große Brennnessel bevorzugt stickstoff- und eisenreiche Böden. Sie wächst in feuchten Wäldern, an Wegrändern und auf Schutt.

STECKBRIEF

Rentierflechte

Diese Strauchflechte *(Cladonia rangiferina)* bildet auf trockenen Wald- und Heideböden oft dichte Polster und ist von der Ebene bis in hohe Gebirgslagen weit verbreitet. Die Rentierflechte ist besonders empfindlich gegen Schwefeldioxid.

Wandflechte

Diese Krustenflechte *(Xanthoria parietina)* wird auch als Gewöhnliche Gelbflechte bezeichnet. Sie siedelt auf Rinde, Holz, Mauern und Gestein und kann auf verschiedenen Standorten vorkommen. Sie ist gegenüber Luftverschmutzungen weniger empfindlich.

STECKBRIEF

Bachforelle

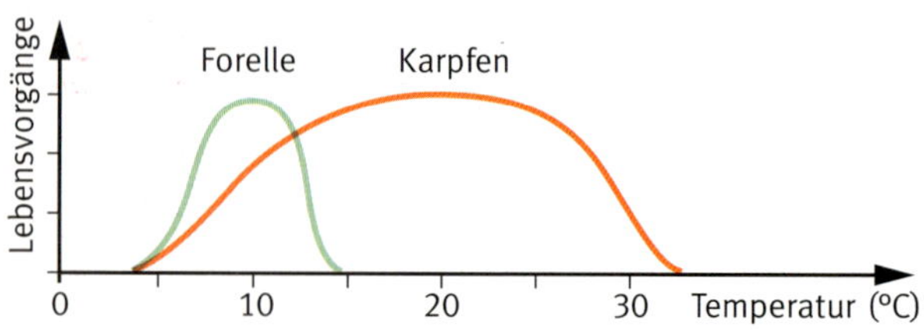

3 Zeigerorganismen

Unter den verschiedenen Pflanzen- und Tierarten gibt es eine Reihe von Organismen, die für einen bestimmten Umweltfaktor stenök sind. Diese Eigenschaft ist also durch eine geringe physiologische oder ökologische Potenz bezüglich dieses Faktors bedingt. Findet man in einem Biotop solche Organismen, kann man nun umgekehrt auf die dort herrschenden Umweltverhältnisse schließen. Man bezeichnet solche Arten als **Zeigerorganismen.**

So gibt es zum Beispiel Pflanzen wie Wald-Sauerklee und Schattenblümchen, die mit relativ wenig Licht auskommen. Dadurch können sie als Schattenzeiger genutzt werden. Andere Pflanzen wie Ackerschachtelhalm und Wollgras weisen auf feuchte Böden hin. Vor allem Bodeneigenschaften wie pH-Wert, Stickstoff- und Kalkgehalt lassen sich mithilfe solcher Zeigerpflanzen gut abschätzen. So siedeln Giersch und Brennnessel bevorzugt auf Standorten mit hohem Stickstoffgehalt. Je mehr Zeigerarten mit denselben Ansprüchen an einem Standort vorkommen, desto sicherer werden die Rückschlüsse. So können die jeweiligen ökologischen Artengruppen auch zur Beurteilung von Böden verwendet werden, die aufgeforstet oder rekultiviert werden sollen.

Auf trockenen Böden, Steinen und Bäumen siedeln Flechten. Sie sind Organismen, in denen Pilze und Grünalgen oder Cyanobakterien in einer Symbiose zusammenleben. Flechten sind hervorragende **Bioindikatoren** für Luftverschmutzung. So spricht das Vorkommen vieler Strauchflechten für eine saubere Luft. Ist dagegen der Anteil an Krustenflechten in einem bestimmten Gebiet besonders hoch, so kann auf eine Belastung durch Schwefeldioxid geschlossen werden. Sterben Flechten in einem Stadtteil ganz aus, muss die Luftverschmutzung sehr stark sein.

Auch das Vorkommen bestimmter Tierarten zeigt die Qualität der Umwelt an. So kann die Bachforelle als Bioindikator für ein sauberes, kühles Fließgewässer angesehen werden.

1 Erstellen Sie einen Steckbrief zur Bachforelle. Nutzen Sie dazu Fachliteratur oder das Internet. Erläutern Sie, warum die Forelle als Bioindikator verwendet werden kann.

4 Umweltfaktor Wärme

Von zentraler ökologischer Bedeutung ist die Sonne. Diesen gigantischen „Fusionsreaktor" umkreisen die Planeten. Die permanent auf die Erde eingestrahlte Energiemenge nennt man **Solarkonstante.** Sie beträgt 1368 Watt pro Quadratmeter. Davon wird etwa die Hälfte bereits von der Atmosphäre zurückgehalten. Ein Teil wird direkt ins Weltall reflektiert. Ein anderer Teil wird absorbiert, also in Wärme umgewandelt – darunter der größte Teil der lebensfeindlichen Ultraviolettstrahlung. Die Strahlung, die ein Ökosystem erreicht, bezeichnet man als **Globalstrahlung.** Ein Teil davon, auf einem Schneefeld über 90 Prozent, wird sofort reflektiert. Nur etwa ein Prozent der Globalstrahlungsenergie wird von den grünen Pflanzen durch Fotosynthese fixiert; größtenteils wird sie in Wärme umgewandelt und auf drei Wegen wieder abgegeben:

1. Konvektion: Die unterste Luftschicht erwärmt sich und steigt auf wie ein Heißluftballon. Dieser Vorgang hat erheblichen Einfluss auf das Wettergeschehen.

2. Verdunstung: Dieser Prozess erfordert Energie, hat also einen Kühleffekt zur Folge. In manchen Ökosystemen kann mehr als ein Viertel der eingestrahlten Energie der Verdunstung dienen.

3. Abstrahlung: Der Rest der aufgenommenen Energiemenge wird als unsichtbare Wärmestrahlung direkt ins Weltall abgestrahlt. Deshalb kühlt es in klaren Nächten stark ab. Ein großer Teil der abgestrahlten Energie wird von der Atmosphäre als *Wärmerückstrahlung* wieder zur Erdoberfläche zurückgegeben. Ohne diesen **natürlichen Treibhauseffekt** läge die mittlere Erdtemperatur nicht bei +15 °C, sondern bei –18 °C.

1 Erläutern Sie mithilfe der Abbildung 11.1 die Entstehung der Jahreszeiten und begründen Sie, warum es an den Polen kälter ist als am Äquator.

2 Wie kommt das Phänomen der Mitternachtssonne im Gegensatz zur geringen Schwankung der Tageslänge in den Tropen zustande? Diskutieren Sie die ökologische Bedeutung.

3 Überprüfen Sie in der Abbildung 11.1 die Angaben für zu- und abgestrahlte Energie der Erde auf Ausgeglichenheit.

4 Wieso kann in Abbildung 11.1 die Wärmeabstrahlung vom Boden über 100 Prozent betragen? Berücksichtigen Sie bei Ihren Überlegungen die Wärmerückstrahlung aus der Atmosphäre.

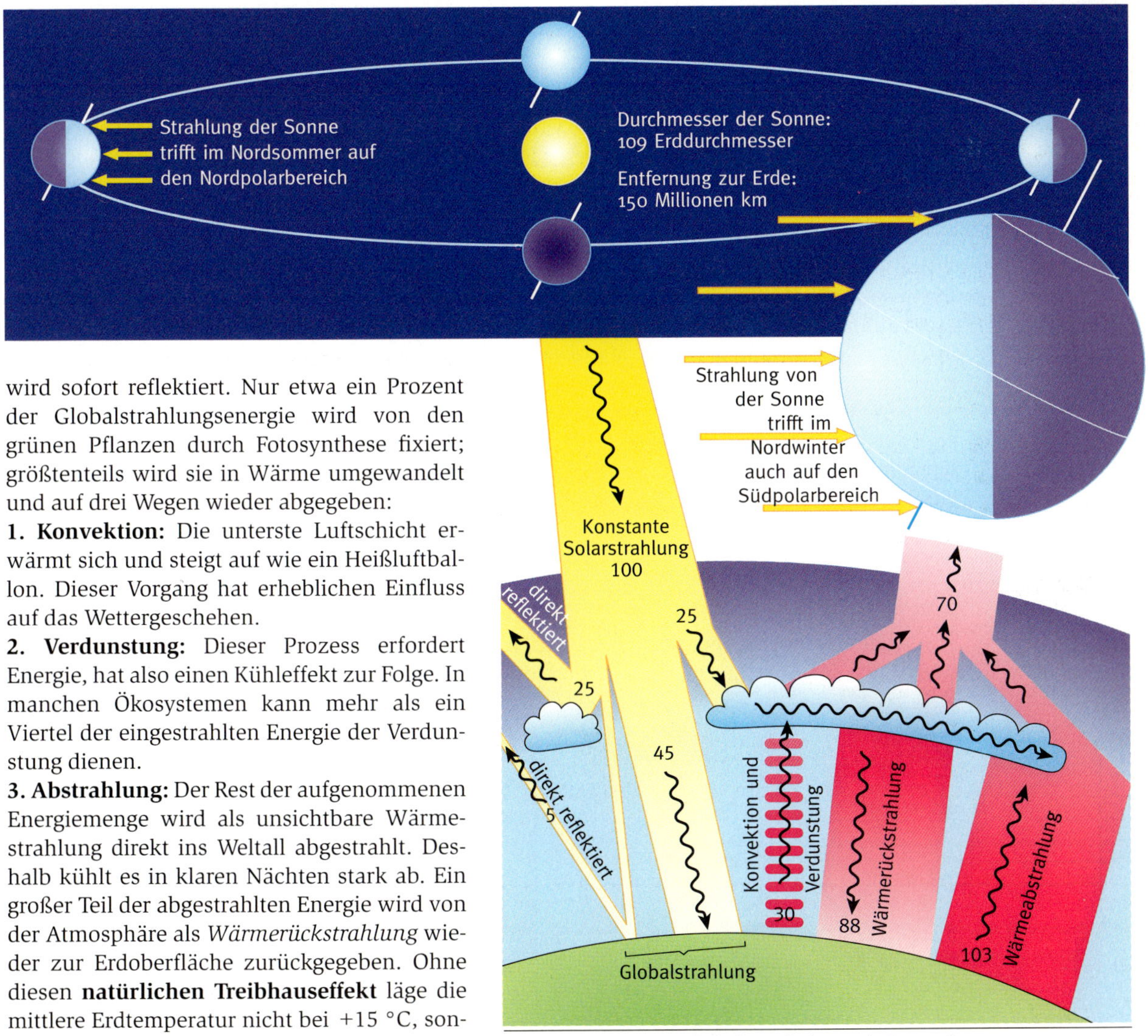

11.1 Strahlungshaushalt der Erde (Werte in Prozent)

4.1 Einfluss der Temperatur auf Tiere

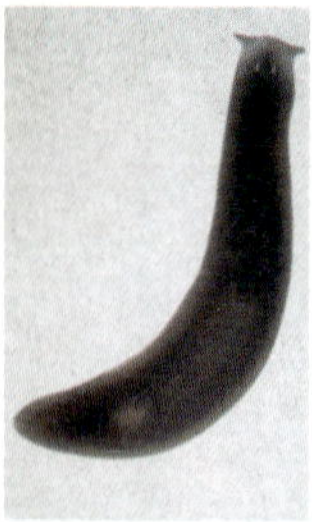

12.1 **Alpenstrudelwurm**

12.2 **Erdhummel**

12.3 **Meerechse**

Leben ist an temperaturabhängige physikalisch-chemische Prozesse gebunden. Manche komplexen physiologischen Funktionen laufen nur innerhalb einer sehr engen Temperaturspanne optimal ab. Zu hohe Temperaturen führen zum *Hitzetod*. Ebenso führt Kälte im Extremfall zum *Kältetod*. Oft gibt es aber zwischen Aktivität und Tod einen breiten Bereich von reversibler *Kältestarre* und einen meist schmalen von *Wärmestarre*.

Organismen, die nur Biotope mit geringen Temperaturschwankungen besiedeln können, heißen **stenotherm.** So sind die Bewohner von tropischen Regenwäldern oder Korallenriffen großteils *warm-stenotherm*. Zu den *kalt-stenothermen* Organismen gehören bei uns die meisten Lebewesen der Quellgewässer. Der Alpenstrudelwurm *Crenobia alpina* kommt heute in Mitteleuropa nur noch in Quellregionen der Mittelgebirge und in den Alpen vor. Er kann die tieferen, wärmeren Regionen nicht mehr besiedeln. **Eurytherme** Tiere dagegen ertragen größere Temperaturschwankungen.

Vögel und Säugetiere regeln ihre Körperwärme über die Stoffwechselintensität meist sehr exakt auf hohem Temperaturniveau. Dabei ist ihr Feder- oder Haarkleid zur Wärmeisolierung sehr nützlich. Diese innerlich gleichwarmen Organismen nennt man **endotherm** oder auch **homoiotherm.** Tiere, deren Körpertemperatur sich der Umgebungstemperatur angleicht, etwa Insekten oder Reptilien, heißen **ektotherm** oder auch **poikilotherm** (wechselwarm). Beide Strategien haben Vor- und Nachteile: Endotherme können auch bei niedrigen Außentemperaturen in vollem Umfang aktiv sein, während die Ektothermen dann in *Kältestarre* verfallen oder gar erfrieren. Allerdings müssen die Endothermen bei niedrigen Temperaturen besonders viel Nahrung aufnehmen, um die nötige Wärmeenergie aufbringen zu können. Gerade im Winter herrscht aber oft Nahrungsmangel. Die Ektothermen sind dagegen bei Kälte kaum der Gefahr des Verhungerns ausgesetzt, weil ihr Stoffwechsel dann „auf Sparflamme" läuft.

Die meisten Tiere können ihren Aufenthaltsort wechseln. Sie verfügen über ein Verhaltensprogramm, das sie in den Temperaturbereich führt, der unter den jeweiligen Umständen am günstigsten ist. Bodenorganismen unternehmen vertikale Wanderungen. Insekten halten sich bei kühler Witterung oft in Blüten auf, in denen es deutlich wärmer ist als in der freien Luft. Hummeln oder auch Nachtschwärmer erzeugen beim Fliegen so viel Stoffwechselwärme, dass sie auch bei niedrigen Außentemperaturen eine Betriebstemperatur um 30 °C halten können. Ihr Pelz schützt vor Wärmeverlust. Tiere platzieren ihre Eier an mikroklimatisch geeigneten Stellen. Vögel und sogar manche Insekten wie Erdhummeln bebrüten sie durch Wärmeerzeugung in gut isolierten Nestern.

Reptilien suchen zum Ruhen die günstigsten Temperaturbereiche auf. Eidechsen richten ihren Körper abgeplattet nach der Sonne aus, solange ihre Körpertemperatur noch nicht 37 °C erreicht hat. Vor einem besonderen Problem stehen die Meerechsen der Galapagosinseln. Trotz der Lage unter dem Äquator ist das Wasser durch den kalten Humboldtstrom mit etwa 20 °C eigentlich zu kalt für Echsen. Sie müssen trotzdem ins Meer, weil sie sich von Algen ernähren. Die Tiere lösen dieses Problem, indem sie nur so lange im Wasser bleiben, wie sie noch nicht ausgekühlt sind. Dann heizen sie durch geeignetes Verhalten

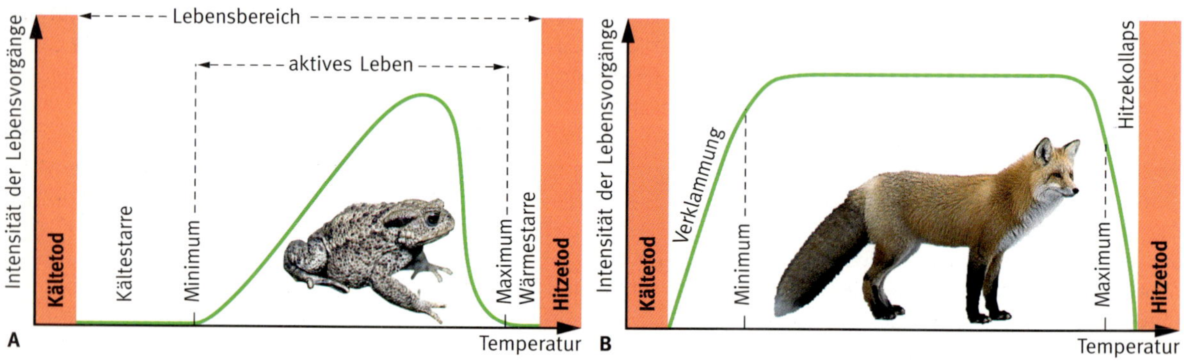

12.4 Temperaturbezogener Lebensbereich von Tieren. **A** Ektotherme; **B** Endotherme

ihr Blut an der Sonne wieder bis 37 °C auf, was durch die dunkle Färbung begünstigt wird.
Nicht nur die Wärmespeicherung, sondern auch die Abgabe überschüssiger Wärme kann zur Überlebensfrage werden. Bestimmte Tiere nutzen unter anderem die Ohrmuscheln als Kühlfläche. Bei Afrikanischen Elefanten ist das Blut, das aus den Ohren zurückströmt, bis zu neun Grad kälter als das einströmende Blut.
Die natürliche Selektion hat dazu geführt, dass Säugetierarten in warmen Klimaten gewöhnlich größere Körperanhänge haben als ihre Verwandten in kalten Regionen. Ein Beispiel bieten die Hasen, ein anderes Füchse. Polarfüchse haben sehr kleine, Wüstenfüchse dagegen relativ große Ohren. Diese Regel wird nach ihrem Entdecker als **ALLENsche Regel** bezeichnet.
Um Wärme zu sparen wäre die Kugelform am günstigsten. Solchermaßen gestaltete Warmblüter hat die Evolution aus verständlichen Gründen selbst im Polargebiet nicht hervorgebracht. In Ruhe nehmen Vögel aber bei Kälte eine Stellung ein, die sich der Kugelform annähert. Sie zentrieren ihren warmen Körperkern im aufgeplusterten Gefieder. Auch Hunde und Katzen rollen sich bei Kälte kugelartig zusammen.

Kleine Körper kühlen schneller aus als große. Im Verhältnis zum Volumen haben sie eine größere Oberfläche. Um ihre Körpertemperatur zu erhalten, müssen kleine Warmblüter, bezogen auf ihr Eigengewicht, mehr Nahrung aufnehmen. In kalten Klimaten haben also bei sonst gleichen ökologischen Ansprüchen größere Organismen einen Selektionsvorteil. Dementsprechend sind Tiere der gleichen Art oder nahe verwandter Arten in kalten Klimaten regelmäßig größer. So wiegt ein Wolf in Alaska etwa 45, in Europa 40, in Arabien oft nur 20 Kilogramm. Sibirische Tiger haben ein Gewicht von rund 400, Bengaltiger von 300 und Sumatratiger von nur 200 Kilogramm. Diese Regel nennt man **BERGMANNsche Regel.**

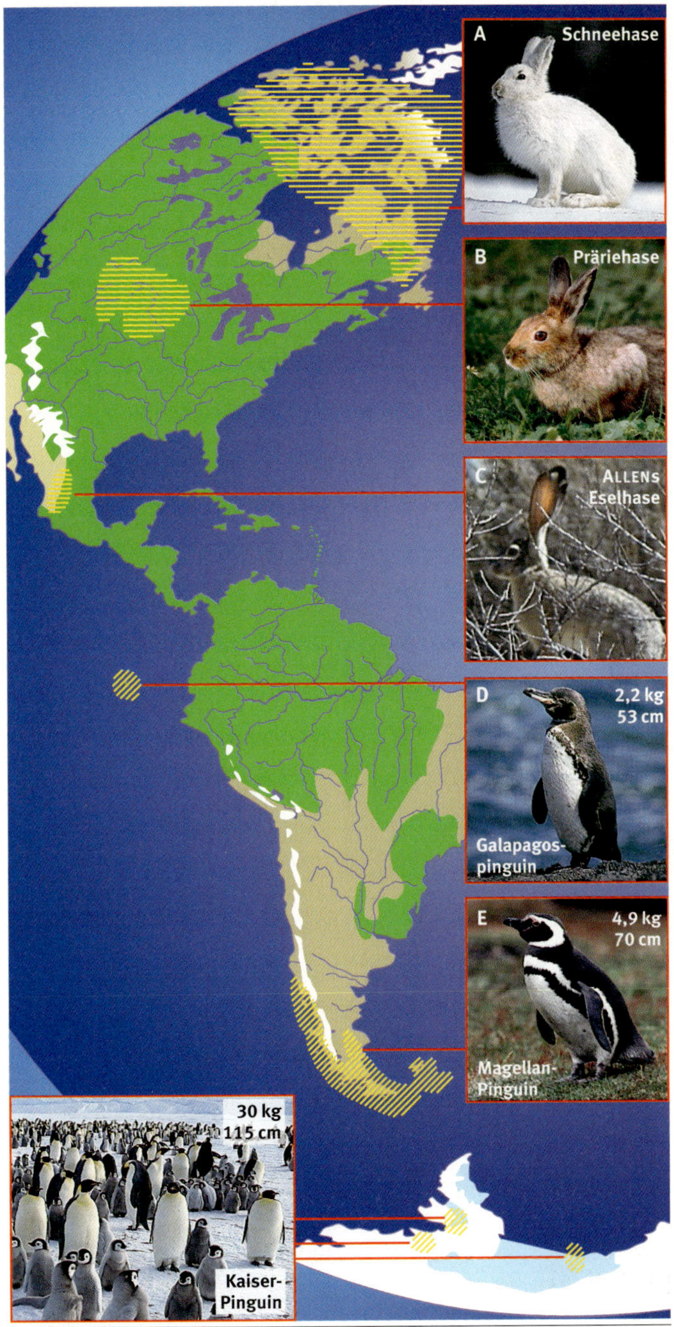

13.1 ALLENsche Regel am Beispiel der Hasen und BERGMANNsche Regel am Beispiel der Pinguine

1 Motoren und elektronische Bauteile dürfen nicht zu heiß werden. Vergleichen Sie technische Lösungen mit solchen der Evolution.

2 Erläutern Sie die ALLENsche und die BERGMANNsche Regel anhand der Abbildung 13.1. Berücksichtigen Sie dabei auch die angegebenen Größen- und Gewichtsverhältnisse.

3 Kaiserpinguine brüten bei extremer Kälte im antarktischen Winter. Im Gegensatz zu den anderen abgebildeten Arten stehen sie zeitweilig dicht gedrängt. Erläutern Sie die Vorteile dieses Verhaltens.

4 Der in Südeuropa heimische Mauergecko kann seine Farbe verändern. Kurz nach Sonnenaufgang färbt er sich im Allgemeinen schwarz, obgleich dies zu Lasten der Tarnung geht.
Erläutern Sie dieses Verhalten.

STECKBRIEF

Erdkröte

Nach Ende des Winters wandern Erdkröten zu ihrem Geburtsgewässer. Dabei tragen die größeren Weibchen oft schon ein Männchen huckepack. Mehrere tausend Eier, eingebettet in einer gallertigen Schnur, werden zwischen Pflanzen am Grund des Gewässers abgelegt. Die Rückwanderung treten die Kröten erst ab 15 °C an. Die nach gut zwei Wochen geschlüpften Kaulquappen bevorzugen wärmere Gewässerzonen und leben hauptsächlich von Aufwuchsorganismen. Nach der Metamorphose im Juni wandern die Jungtiere in geeignete Lebensräume. Ihre Nahrung besteht aus Kleintieren. Sie überwintern an frostgeschützten Orten in **Winterstarre.**

STECKBRIEF

Abendsegler

Diese Fledermaus verlässt bei warmem Wetter ihre schützende Baumhöhle oft schon in der Dämmerung, um mithilfe eines Echolotsystems zu jagen. Ungünstige Wetterperioden, in denen kaum Insekten fliegen, kann sie bei herabgesetzter Körpertemperatur überdauern. Bei saisonalen Wanderungen überwindet sie Distanzen von über tausend Kilometern. Abendsegler leben meist gesellig, ziehen die Jungen in Gemeinschaftswochenstuben auf und überwintern in Baum- oder Felshöhlen. Sie halten wie alle mitteleuropäischen Fledermäuse **Winterschlaf.**

PHYSIOLOGIE

Wärmetauscher

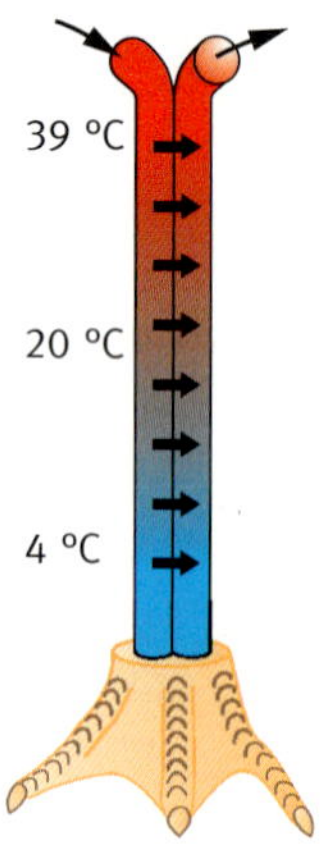

Bei Wasservögeln liegen Arterien und Venen in den Beinen dicht beieinander, sodass sich deren Temperatur angleicht. Das aus den Füßen über die Venen rückströmende kalte Blut wird, bevor es in den warmen Kernbereich des Körpers kommt, durch das arterielle aufgewärmt. Dieses kühlt dadurch ab, bevor es in die Füße strömt. Das gleiche **Gegenstromprinzip** nutzt man bei Belüftungsanlagen von Gebäuden. So kann viel Energie gespart werden.

4.2 Überwinterung bei Tieren

Tiere haben ganz unterschiedliche Überwinterungsstrategien entwickelt. Maulwürfe, Mäuse oder ortstreue Vögel sind **winteraktiv.** *Zugvögel* ziehen in wärmere Klimazonen. Auch manche Säugetiere, vor allem Rentiere in Nordamerika, unternehmen weitläufige *saisonale Wanderungen.* Bei vielen Insekten überwintern nur die Eier, so beim Eichenwickler, dessen Raupen genau zum Zeitpunkt des Blattaustriebs der Eichen schlüpfen. Andere Tiere überdauern den Winter als Larven in der Erde oder im Wasser.

Ektotherme verfallen in eine **Winterstarre.** An extreme Kälte angepasste Insekten nutzen Alkohole als *Frostschutzmittel.* Die meisten Ektothermen suchen frostfreie Überwinterungsplätze auf. Bei Hummeln und Wespen überwintern nur begattete Jungköniginnen in Winterstarre. Als einziges einheimisches Insekt erzeugt die Honigbiene ihr lokales „Überwinterungsklima“ durch Stoffwechsel selbst: Tausende Individuen bilden im Wabenbau eine *Wintertraube,* die eine Kerntemperatur von 35 °C hält. Energie liefert der Zucker aus dem im Sommer eingetragenen Nektar.

Endotherme schützen sich durch ein isolierendes Fell oder Federkleid. Sie vermeiden nach Möglichkeit Energieverluste, indem sie sich an geschützten Stellen aufhalten, zum Beispiel Schneehühner oder Eisbären in Schneelöchern. Das spart Energie und reduziert so den Nahrungsbedarf. Im Prinzip gilt das auch für Rehe und anderes Wild. Wenn diese Überwinterungsmethode ohne nennenswerte Herabsetzung der Körpertemperatur mit langen Schlafphasen verbunden ist, spricht man von **Winterruhe.** Beispiele dafür sind Braunbär, Dachs und Eichhörnchen.

Einige Säugetiere vermeiden das winterliche Energieproblem, indem sie bei stark abgesenkter Körpertemperatur **Winterschlaf** halten, etwa Murmeltier, Siebenschläfer oder Igel. Letztere hätten als Insektenfresser im Winter keinerlei Nahrungsgrundlage. Feldhamster unterbrechen öfters ihren Winterschlaf, um Nahrung aufzunehmen, die sie „gehamstert“ haben.

1 Erstellen Sie je einen Steckbrief für einen Winterruher, eine Tierart, die winteraktiv ist, und eine, die dem Winter ausweicht.

4.3 Einfluss der Temperatur auf Pflanzen

Jeder Klimagürtel hat seine eigene Vegetation. Pflanzen müssen die am jeweiligen Standort herrschenden tages- und jahreszeitlichen Temperaturschwankungen ertragen können. Unter Umständen müssen sie sogar an immer wieder auftretendes Feuer angepasst sein. Pinien und Korkeichen mit ihrer isolierenden Borke sind dafür Beispiele. Die Samen einiger Pflanzen, etwa die der amerikanischen Drehkiefer, werden überhaupt erst durch einen feuerbedingten Hitzeschock keimfähig. Jahreszeitliche Temperaturschwankungen sind für Pflanzen oft ein wichtiges Signal zur Steuerung der Lebensvorgänge. Kirschblüten treiben erst aus, nachdem ein hinreichender Kältereiz ihnen angezeigt hat, dass der Winter vorbei ist. Das Gleiche gilt auch für viele Zwiebelgewächse und Samen.

Aus physikalischen Gründen sinkt die Durchschnittstemperatur alle hundert Höhenmeter um etwa 0,7 Grad. So ist es möglich, zwischen Tallage und Hochgebirge den Einfluss der Temperatur auf die Lebensgemeinschaften zu studieren, ohne in andere geographische Breiten zu reisen. Die Fotosynthese läuft nur innerhalb eines bestimmten Temperaturbereichs ab. Selbst kälteangepasste Pflanzen wachsen bei niedrigen Temperaturen sehr langsam und schließlich gar nicht mehr. Wiesengräser brauchen für deutliches Wachstum Temperaturen über 5 °C. Über 20 °C sinkt die Produktion wieder ab. Die natürliche Waldgrenze markiert die Höhe, in der die temperaturbedingte Wachstumszeit für Bäume nicht mehr ausreicht. Oberhalb breiten sich neben angepassten Gräsern vor allem Polsterpflanzen und Zwergsträucher aus. Sie sind oft dicht an den Boden geschmiegt und schaffen sich selbst ein günstiges Binnenklima. Schnee ist ein wichtiger Schutzfaktor. Wenn kein Schnee liegt, sind die Pflanzen oft kurzfristig starken Temperaturschwankungen ausgesetzt. Die Regel, dass unter extremen Bedingungen die Artenzahl eingeschränkt ist, gilt auch hier.

Frostschäden treten auch bei kälteresistenten Pflanzen auf, wenn bei Minusgraden im Boden die Pflanzen durch die Sonne erwärmt werden und kein Wasser nachströmen kann. Es entsteht dadurch *Frosttrocknis*. Betroffen sind vor allem wintergrüne Gehölze.

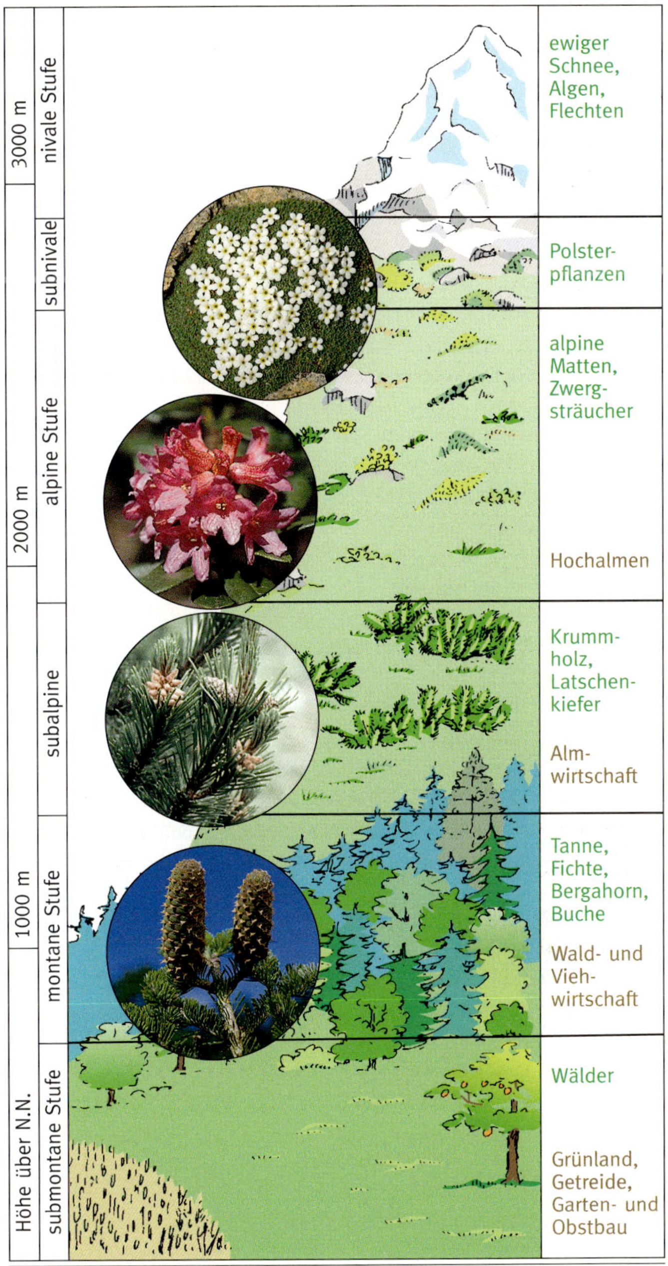

15.1 Die Höhenstufen in den Alpen. Je nach Exposition und geografischer Breite können sich die Grenzen verschieben.

1 Beschreiben Sie mithilfe der Abbildung 15.1 die Höhenstufen der Alpen und begründen Sie deren Zustandekommen.

2 Die Sträucher der alpinen Stufe sind klein und pressen sich oft als Spaliersträucher an das Gestein. Begründen Sie die Vorteile dieser Wuchsform und nennen Sie weitere Angepasstheiten an den alpinen Raum.

3 Welche Folgerungen lassen sich aus der Farbenpracht der Alpenflora bezüglich der Tierwelt ziehen?

Umweltfaktor Wärme

1 Tiere im Temperaturgradienten

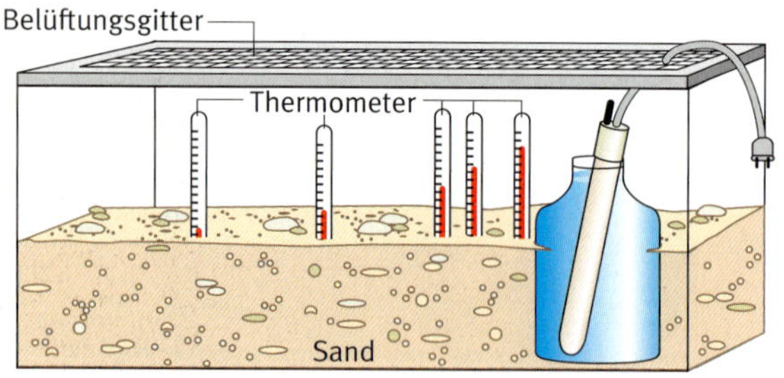

Wichtiger Hinweis: Vermeiden Sie Tierquälerei, stellen Sie Trinkwasser zur Verfügung. Beachten Sie die spezifischen Lebensbedürfnisse der Organismen, auch die Tatsache, dass sie Deckung suchen.

Material: Aquarium, Aquarienheizstab, große Plastikflasche, mehrere Thermometer, Sand, ggf. Wasserschale, Abdeckung, Versuchstiere (beispielsweise Mehlwürmer, Grillen, Asseln)

Durchführung: Man richtet das Behältnis im Sinne der Abbildung ein und stellt es in einen kühlen Raum. Die Temperatur des Heizwassers wird auf mindestens 40 °C geregelt. Es stellt sich ein Temperaturgradient im und über dem Sandboden ein, der mit Thermometern kontrolliert werden kann.

Aufgaben:

a) Protokollieren Sie durch Auszählen den Aufenthalt der Tiere in den verschiedenen Bereichen.

b) Welche Faktoren außer der Temperatur können den Aufenthaltsort der Tiere noch beeinflussen?

2 Modellversuch zur Wärmeabgabe I

Material: zwei Rundkolben unterschiedlicher Größe, zwei Thermometer, durchbohrte Stopfen, Stativmaterial, heißes Wasser, Uhr

Durchführung: Man füllt die Gefäße mit heißem Wasser. Zum Zeitpunkt Null sollte in beiden Gefäßen die Temperatur gleich sein (z. B. 60 °C). In regelmäßigen Zeitabständen wird die Temperatur kontrolliert.

Aufgaben:

a) Stellen Sie die Ergebnisse grafisch dar.

b) Klären Sie die Beziehung zwischen Oberfläche und Volumen rechnerisch an Kugeln mit einem Radius von 1, 2 und 3 cm.

c) Welche Regel lässt sich aus dem Ergebnis ableiten?

3 Modellversuch zur Wärmeabgabe II

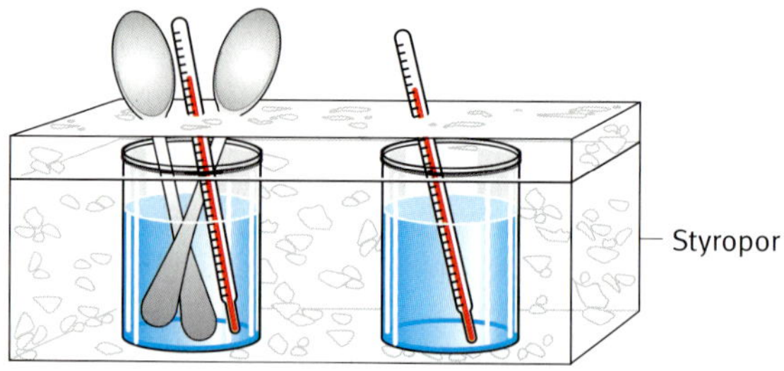

Material: zwei Filmdöschen, zwei gut wärmeleitende Metallstifte oder Silber-Teelöffel, Styroporblock, zwei Thermometer, heißes Wasser, Uhr

Durchführung: Die Filmdöschen werden in dem Styroporblock versenkt; mit den Silberlöffeln und den Thermometern wird die Styroporabdeckung durchbrochen, sodass sie in den Luftraum ragen (vgl. Abbildung). Man füllt beide Gefäße mit heißem Wasser. Zum Zeitpunkt Null sollte die Temperatur in beiden Gefäßen gleich sein.

Aufgaben:

a) Protokollieren Sie die Temperaturänderung in beiden Gefäßen und stellen Sie den Verlauf grafisch dar.

b) Welche tierökologische Regel lässt sich aus dem Ergebnis ableiten?

c) Nennen Sie passende Beispiele aus der Tierwelt.

d) Suchen Sie Beispiele aus der Technik, bei denen das in diesem Versuch beobachtete Phänomen genutzt wird.

4 Blütenbewegung

Material: Blüten vom Krokus (notfalls von Tulpe, Löwenzahn oder Gänseblümchen), Lineal, Gefäße mit Wasser

Durchführung: Man stellt einige Blüten, die zuvor im Kalten aufbewahrt wurden (ca. 5 °C, ggf. Kühlschrank) ins warme Zimmer. Die Krokusblüten werden mit Folienstift im 5-mm-Abstand markiert.

Aufgaben:

a) Veranlassen Sie durch wechselnde Temperaturen mehrmaliges Öffnen und Schließen der Blüten. Protokollieren Sie dabei die Veränderung der Blütenlänge und der Markierungsabstände.

b) Entwerfen Sie eine einfache Hypothese zur Mechanik der Blütenbewegung.

c) Erklären Sie den möglichen Zweck der Bewegungen.

d) Welche weiteren Umweltfaktoren könnten an den Bewegungen beteiligt sein? Wie könnte man das klären?

5 Umweltfaktor Licht

Die Sonnenstrahlung ist nicht nur die entscheidende Wärmequelle des globalen Ökosystems, sie speist auch über die *Fotosynthese* biochemisch nutzbare *Energie* in die Nahrungsketten ein. Darüber hinaus entfaltet Licht als physikalische Grundlage für das *Sehen* und durch die *Tages-* und *Jahresperiodizität* eine Fülle von ökologischen Wirkungen. Licht kann auch direkt schädigend wirken, vor allem die kurzwellige UV-Strahlung.

5.1 Einfluss des Lichts auf Tiere

Im Frühling beginnen die Vögel in der Morgendämmerung zu singen – jede Art bei einer bestimmten Lichtintensität. Mit der geografischen Nähe zu den Erdpolen wird die **Tageslänge** zwischen Sommer und Winter sehr verschieden. Eine Zunahme der Tageslänge signalisiert den Organismen Frühling. Vögel beginnen mit dem Nestbau. Eine Abnahme der Tageslänge bedeutet Herbst, also die Notwendigkeit, sich auf den Winter vorzubereiten. Bei Lachsen ist das die Zeit, die Flüsse aufwärts zu wandern, um sich fortzupflanzen.
Durch ein verändertes Beleuchtungsprogramm kann man den physiologischen **Jahreszyklus** von Tieren manipulieren. In der Hühnerhaltung simuliert man durch künstliche Beleuchtung ganzjährig die Tageslänge des Frühlings und steigert so über den lichtgesteuerten Hormonhaushalt die Legeleistung.

Tiere wie Menschen sind an den astronomisch bedingten 24-Stunden-Rhythmus angepasst. Auch ohne äußeren Zeitgeber wird die Periodik der Körperfunktionen weitgehend beibehalten. Flugreisen in andere Zeitzonen bringen Befindlichkeitsstörungen mit sich, weil der Taktgeber Licht nicht mehr mit dem endogenen Rhythmus harmoniert. Manche Menschen leiden unter Winterdepressionen, weil die über das Auge beeinflusste hormonelle Steuerung des Gehirns gestört ist. Morgendlicher künstlicher Lichtgenuss kann hier Abhilfe schaffen. Will man in einem Zoo dem Publikum die Aktivität von Nachttieren, etwa nachtaktiven Halbaffen oder Wüstentieren, vermitteln, dann beleuchtet man deren Gehege nachts taghell, hält es aber in der Öffnungszeit dämmrig.

1 Erläutern Sie anhand der Abbildung 17.2, in welcher Weise Licht an der Verhaltenssteuerung beteiligt ist. Erörtern Sie jeweils die Bedeutung für das Tier in seiner Umwelt.

17.1 Vogeluhr für Mitte Mai (Sonnenaufgang 5.30 Uhr Sommerzeit)

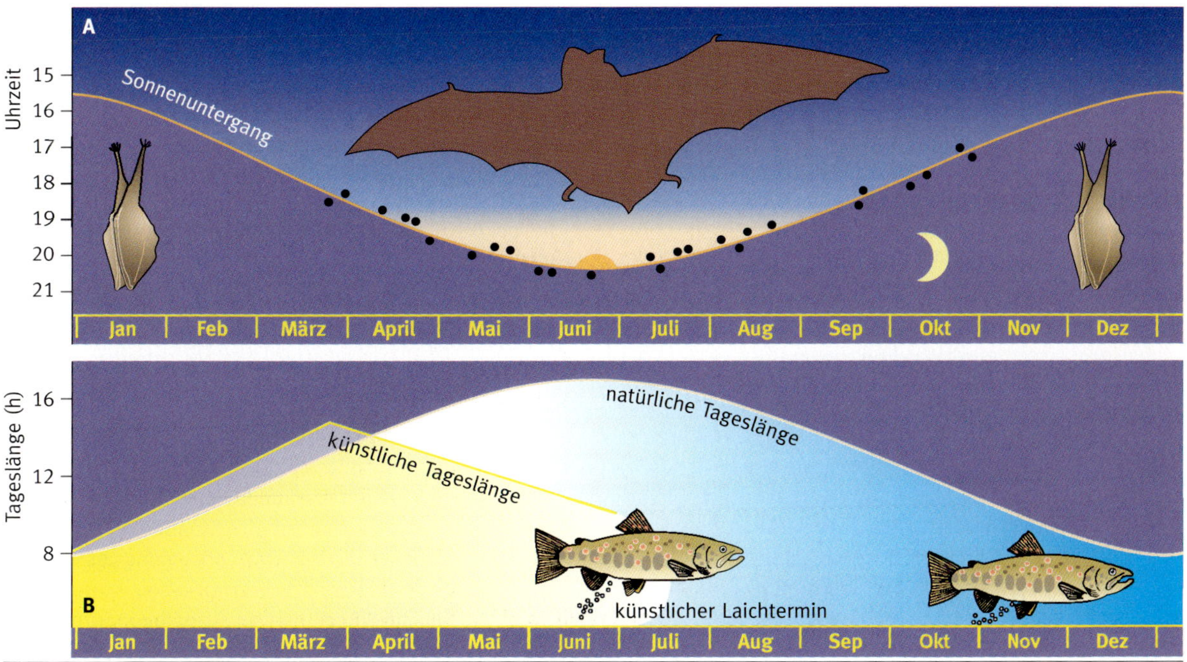

17.2 Einfluss des Lichts auf Tiere. A Ausflugszeit der Breitflügelfledermaus; **B** Fortpflanzungsaktivität der Bachforelle

18.1 Robinienblatt.
A bei Sonne;
B bei bewölktem Himmel

5.2 Einfluss des Lichts auf Pflanzen

Für grüne Pflanzen ist Licht vor allem Energiespender. Es wird benötigt, um mithilfe der Fotosynthese organische Substanz aufzubauen. Nach einem evolutionsbewährten Steuerungsmechanismus wachsen die Pflanzen so, dass ihre Blätter in optimalen Lichtgenuss kommen. Blätter, die in der Fotosynthesebilanz unrentabel sind, ja ganze Zweige, sterben ab. **Lichtblätter** der Buche haben ein mehrschichtiges Palisadenparenchym, **Schattenblätter** sind größer und vor allem dünner, weil sonst zu wenig Licht die unteren Zellschichten erreichen würde.

Im Kampf ums Licht sind Bäume den kleineren Pflanzen überlegen. In dichten Fichtenkulturen gibt es kaum grüne Vegetation am Boden. In Buchenwäldern dagegen ist der Boden artenreich mit krautigen Pflanzen bewachsen, die allerdings nach dem Laubaustrieb der Bäume ihre Nährstoffe in die unterirdischen Pflanzenteile zurückziehen und verwelken. Auf kleinen Lichtungen wird deutlich, wie wichtig der Faktor Licht für die Bodenvegetation ist. An solchen Stellen haben auch Jungbäume ihre Chance.

Pflanzen haben verschiedene Strategien entwickelt, um ans Licht zu gelangen. Vor allem in tropischen Regenwäldern findet man viele *Lianen* und *Epiphyten,* die an oder auf Bäumen siedeln. Aber auch bei uns gibt es Kletterpflanzen wie Efeu, Waldgeißblatt, Waldrebe, Hopfen, Winden, Klettenlabkraut, Zaunrüben oder Kletterrosen.
Locken die Pflanzen zur Bestäubung optisch orientierte Tiere an, werden die Blüten zur Erhöhung der optischen Reize aktiv im Licht positioniert. Die Blütenstände etwa der Sonnenblumen folgen sogar dem Tagesgang der Sonne.

18.2 Blattquerschnitte einer Buche.
A Sonnenblatt;
B Schattenblatt

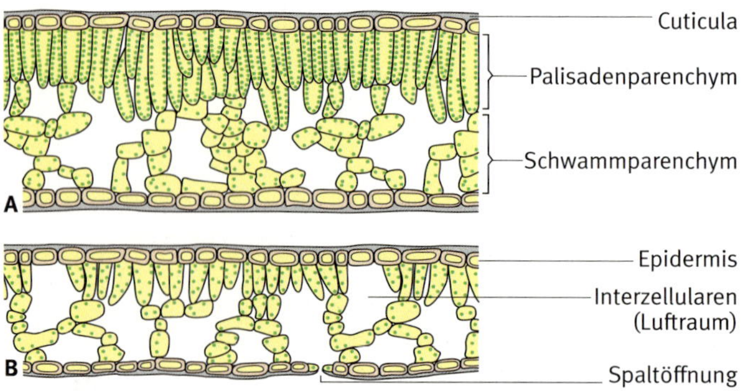

Schattenpflanzen sind an lichtarme Standorte angepasst. Sie erzielen bereits bei wenigen Prozent der Globalstrahlung eine positive Fotosynthesebilanz. Einige erreichen schon unter zehn Prozent des im Freien gebotenen Lichts ihr Maximum. Unter den einheimischen Blütenpflanzen benötigt der Sauerklee besonders wenig Licht. Im Sonnenschein faltet er seine Blätter zusammen. Dabei handelt es sich um einen Schutzmechanismus, der Erwärmung und Wasserverluste mindert. Solche Mechanismen findet man auch bei Gewächsen, die an helle Standorte angepasst sind, so etwa beim Blauregen oder der Robinie. Pflanzen, die auf helle Standorte angewiesen sind, wie Besenginster oder Birke, nennt man **Lichtpflanzen.** Der Kompasslattich meidet die grelle Mittagsstrahlung, indem er seine Blätter „hochkant" in Nord-Südrichtung positioniert. Deshalb zählt er zu den *Kompasspflanzen.* Auch Eukalyptusbäume stellen ihre Blätter so, dass die Sonnenstrahlen sie nur streifen, und bilden daher „schattenlose Wälder".
Wie bei Tieren ist auch bei Pflanzen Licht ein wichtiger Steuerungsfaktor. Die Samen von **Lichtkeimern** wie dem Ginster keimen nur, wenn sie Licht bekommen.

Die Tageslänge ist ein zuverlässiges Signal für die Jahreszeit. Pflanzen sind so in ihrem Lebensrhythmus optimal den klimaspezifischen jahreszeitlichen Anforderungen angepasst. Das ist auch für den Pflanzenanbau von Bedeutung. Kultursorten von Sojabohnen bringen nur in bestimmten geografischen Breiten gute Erträge. Kopfsalat neigt im Hochsommer dazu zu „schießen", also ohne Kopfbildung zu blühen. Die heimischen Waldbäume werden beim Laubwechsel nicht nur über die Temperatur, sondern auch über die Tageslänge gesteuert und entziehen meist vor dem ersten Frost den Blättern die transportablen Nährstoffe.

1 Vergleichen Sie anhand der Abbildung 18.2 Bau und Funktion eines Sonnen- und eines Schattenblattes.

2 Langtagpflanzen bilden nur Blüten, wenn die Lichtphase mehr als 14 Stunden beträgt. Erläutern Sie folgende Beobachtung aus wärmeren Gebieten: In wintertrockenen, sommerfeuchten Regionen sind Langtagpflanzen verbreitet, in sommertrockenen, winterfeuchten Regionen dagegen Kurztagpflanzen.

Umweltfaktor Licht

1 Beispiel für ein Referat: Welche Bedeutung hat Licht für Pflanzen?

Der Zweck eines Referats besteht darin, dass die Zuhörerschaft Neues und Wesentliches zum jeweils behandelten Thema erfährt. Dazu muss der Text sachlich gehaltvoll, logisch aufgebaut und sprachlich verständlich sein. Man notiert Ideen, die einem spontan zum Thema einfallen, diskutiert darüber mit Freunden, beschafft sich Informationen aus den verfügbaren Lehrbüchern, aus einer Bibliothek, aus Zeitungs- und Fachartikeln, aus dem Internet und, wenn möglich, aus Gesprächen mit Fachleuten. Schon bei diesen Vorarbeiten wird die behandelte Problematik gedanklich durchdrungen, wobei der Inhalt logisch strukturiert wird. Eine solche Gliederung wird schließlich sprachlich formuliert und als Richtschnur für die Ausarbeitung notiert. Meist ist es notwendig, sich auf wenige aussagekräftige Beispiele zu beschränken. Besonders sinnvoll ist es, Alltagsphänomene in den geforderten thematischen Zusammenhang zu stellen.

Eine **Gliederung mit Stichworten** für das oben genannte Thema könnte folgendermaßen aussehen:

1. **Licht als Energiequelle:** Hinweis auf die Bedeutung der Fotosynthese; Pflanzenwuchs nur, wo es hell genug ist (Lichtungen); Demonstration des Energiegehaltes von Biomasse durch Abbrennen eines Strohhalms
2. **Licht als gestaltender Faktor:** Ausrichtung des Blattwerks, der Blüten, der Äste, der Kartoffelkeime; Licht- und Schattenblätter; Kletterpflanzen, Epiphyten
3. **Licht als Steuerungsfaktor im Lebenszyklus:** Frühblüher; Blühen und Fruchten bei Langtag- und Kurztagpflanzen; Keimung auf Lichtreiz; Laubabwurf
4. **Evolutionäre und genetische Aspekte:** Mutation und Selektion haben Pflanzen hervorgebracht, die Licht und den lokalen Lichtrhythmus vielfältig nutzen
5. **Zusammenfassung**

2 Pflanzenbewegung durch Licht

Durchführung: Man sucht bei sonnigem Wetter den Standort einer der folgenden Pflanzenarten auf: Wald-Sauerklee, Gehörnter Sauerklee, Blauregen oder Robinie. Ersatzweise kann man auch Topfpflanzen oder Schnittreiser verwenden.

Aufgaben:
a) Beschreiben und skizzieren Sie vergleichend die Stellung von Blättern in der Sonne und im Schatten.
b) Erläutern Sie den Anpassungswert der jeweiligen Blattstellung.

3 Licht steuert das Ortsverhalten bei Tieren

Material: Plastikschale, Glasplatte, Pappe, Mehlkäfer oder andere Tiere

Durchführung: Eine flache Schale wird mit einer Glasplatte und zur Hälfte mit einer undurchsichtigen Platte abgedeckt. Man bringt für Kurzzeitversuche verschiedene Testtiere hinein: zum Beispiel Mehlkäferlarven (Mehlwürmer) und fertige Käfer (Imagines); Regenwürmer, Asseln – Vorsicht, diese Feuchtlufttiere ertragen trockenen Untergrund nicht lange –, Tausendfüßer, Stubenfliegen.

Aufgabe:
Beschreiben Sie das Verhalten der Tiere und erläutern Sie seine Bedeutung unter natürlichen Bedingungen.

4 Orientierung durch Licht

Material: Aquarium mit Fischen, helle Lampe (Projektor)

Durchführung: In einem dunklen Raum wird ein Aquarium mit Fischen zeitweise von oben und zeitweise von der Seite mit einer hellen Lampe beleuchtet. Man beobachtet, ob und in welcher Weise die Lage der Fische im Wasser vom Lichteinfall beeinflusst wird.

Aufgabe:
Erläutern Sie ihre Beobachtung unter Berücksichtigung von Licht und Schwerkraft.

5 Lichtrückenreaktion

Material: Overhead-Projektor, Plastikaquarium, Papier, kleine Wasserorganismen (Insektenlarven, Kleinkrebse, Fische)

Durchführung: Man deckt mit einem durchscheinenden Papier die Bildfläche des Projektors ab und stellt ein kleines Plastikaquarium mit den Wassertieren darauf. Falls nötig veranlasst man sie zum freien Schwimmen:
a) bei ausgeschaltetem Projektor und normalem Licht
b) bei eingeschaltetem Projektor und Abschirmung des Decken- oder Tageslichts.

Aufgaben:
a) Beschreiben und erläutern Sie das Verhalten der einzelnen Arten unter den jeweiligen Bedingungen.
b) Erörtern Sie, welche Bedeutung die Lichtorientierung in der natürlichen Umgebung für die Tiere hat.
c) Unter welchen Umständen wenden sich einige Organismen nicht allein nach dem Licht?

6 Umweltfaktor Wasser

Eine unbedingte Voraussetzung für aktives Leben ist die Verfügbarkeit von Wasser. 71 Prozent der Erdoberfläche sind von den Weltmeeren bedeckt. Nur drei Prozent des gesamten Wasservolumens sind *Süßwasser.* Davon ist der größte Teil im „ewigen Eis" festgelegt. Nur 0,02 Prozent stehen in *Seen* und *Flüssen* zur Verfügung. Diese sind, ebenso wie die Landökosysteme, vom Niederschlagswasser abhängig, welches im **Wasserkreislauf** über die Atmosphäre herangetragen wird.

Neben den chemischen Eigenschaften des Wassers sind die physikalischen von hervorragender Bedeutung für das ökologische Geschehen. Damit 1 g Wasser um 1 K erwärmt wird, sind 4,2 Joule nötig. Verglichen mit Gestein ist diese **spezifische Wärme** sehr hoch. Die größte Dichte (1 g/cm^3) hat Wasser bei 4 °C. Der Gefrierpunkt liegt bei 0 °C, der Siedepunkt bei 100 °C. Bei Eisbildung erfährt Wasser sprunghaft einen Volumenzuwachs von fast neun Prozent. Durch diese **Dichteanomalie** schwimmt Eis. Um 1 g Eis zu verflüssigen, muss eine **Schmelzwärme** von 335 Joule aufgebracht werden. Um 1 g Wasser zu verdunsten, bedarf es einer **Verdunstungswärme** von 2255 Joule. Folglich ist Verdunstung mit Abkühlung verbunden und Kondensation mit Freigabe von Wärme. Warme Luft kann mehr Wasserdampf aufnehmen als kalte. Deshalb steigt bei Abkühlung die **relative Luftfeuchte.** Bei 100 Prozent ist der Taupunkt erreicht.

6.1 Wasserhaushalt der Tiere

Das Leben hat sich zunächst im Wasser entwickelt. Viele Tiere leben auch heute noch vollkommen aquatisch. Einige, so die Meeressäuger, wurden sekundär zu Wassertieren. Amphibien verbringen in der Regel nur das Larvenstadium im Wasser. Nach der Metamorphose benötigen sie aber als **Feuchtlufttiere** eine feuchte Umgebung. Da ihre Körperflüssigkeit mehr gelöste Stoffe enthält als Süßwasser, ist sie gegenüber diesem *hypertonisch.* Weil Amphibienhaut für Wasser durchlässig ist, strömen dem Organismus durch **Osmose** mehr Wassermoleküle zu als abfließen. Frösche brauchen also nicht zu trinken. Ein Organismus mit semipermeabler Haut müsste im Wasser gefährlich aufquellen, wenn das überschüssige Wasser nicht wieder abgegeben würde. Bei Wirbeltieren geschieht das über die Niere, bei Protozoen, Einzellern mit Zellkern, über die *pulsierende Vakuole.*

Meeres-Protozoen brauchen keinen solchen Mechanismus. Ihre Körperflüssigkeit hat die gleiche osmotische Konzentration wie das Meerwasser. Wirbeltiere dagegen sind im Meer *hypotonisch.* Sie würden also Wasser verlieren, wenn es keine gegenläufigen Prozesse gäbe. Sie trinken notgedrungen Meerwasser, und scheiden dann *aktiv,* also unter Energieaufwand, Salze wieder aus: Seevögel und Reptilien über Drüsen an der Nase, Seefische über die Kiemen.

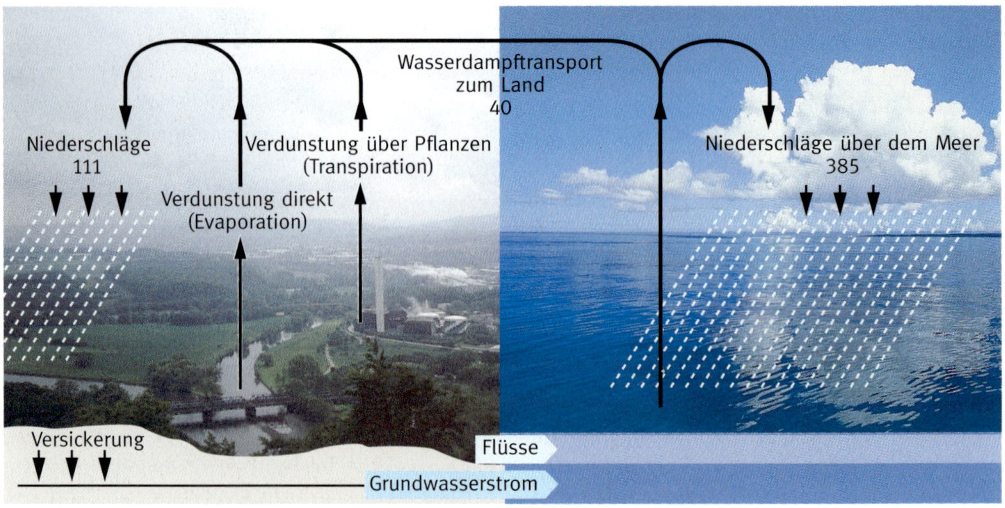

20.1 Wasserkreislauf. Jährliche Menge in 1000 km^3

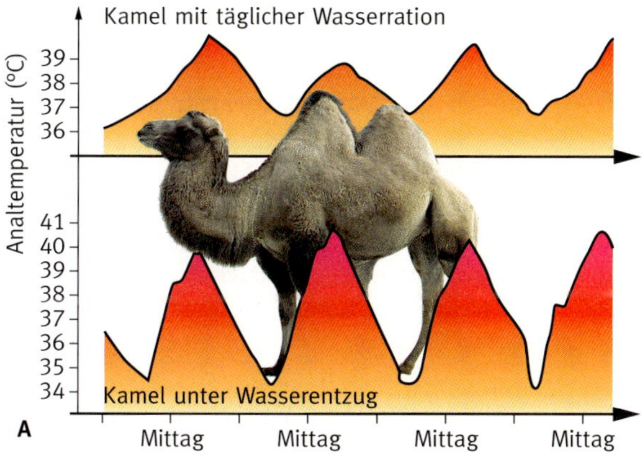

21.1 Kamel.
A Verlauf der Körpertemperatur unter verschiedenen Bedingungen;
B Flächenvergrößerung im Nasenraum

Für **Landtiere** kann Wasser leicht zum Mangelfaktor werden. Vor Verdunstung schützen die Haut, ein Chitinpanzer oder ein Kalkgehäuse mit organischem Überzug. Auch die Stoffwechselphysiologie kann dem Wassersparen dienen. Fische und Amphibienlarven können die Eiweißabbauprodukte in Form von *Ammoniak* mit reichlich Wasser ausspülen. Nach der Metamorphose stellen die Amphibien auf *Harnstoff* um, der weniger giftig ist und deshalb konzentrierter über den Urin ausgeschieden werden kann. Diesen Stoffwechselweg beschreiten auch Säugetiere. Reptilien und Vögel produzieren *Harnsäure*, die kristallin ausgeschieden wird.

Verdunstung ist mit Abkühlung verbunden. Deshalb *schwitzen* wir bei heißem Wetter und verlieren viel Flüssigkeit, die durch reichliches Trinken ausgeglichen werden muss. Wüstenbewohnende Huftiere können sich eine Verdunstungskühlung allerdings meist nicht leisten. Bei Wassermangel „verzichten" sie auf die Kühlwirkung durch Transpiration und ertragen einen erstaunlichen Anstieg der Körpertemperatur, manche Oryxantilopen bis 46,5 °C. Solche Tiere kommen lange Zeit mit dem Stoffwechselwasser der Zellatmung aus sowie mit dem Wasser, das die vertrockneten Gräser enthalten, die sie vor allem morgens fressen.
Mit der wassergesättigten Atemluft würde viel Wasser verloren gehen, wenn es keinen wirksamen Sparmechanismus gäbe. Die feuchte Nasenschleimhaut kühlt sich beim Einströmen der Wüstenluft durch Verdunstung stark ab. Die Luft wird dabei angefeuchtet; in der Lunge nimmt sie noch mehr Wasser bis fast zur Sättigung auf. Beim Ausatmen kondensiert der größte Teil dieses Wassers wieder an der kühlen Nasenschleimhaut und steht für den nächsten Atemzug erneut zur Verfügung. Nach dem gleichen Prinzip spart auch die kleine, nachtaktive nordamerikanische Känguruратte Wasser. Bei Nachttemperaturen unter 15 °C kann sie über 90 Prozent des Wassers, das die Lunge verlässt, in der Nase durch Rückkondensation retten.

1 Beschreiben Sie den globalen Wasserkreislauf. Formulieren Sie Hypothesen zur Auswirkung der Rodung eines bewaldeten Kontinents auf die Niederschläge. Legen Sie Abbildung 20.1 zugrunde.

2 Bei Wassermangel ist es für Antilopen günstig, vertrocknetes Gras vor allem morgens zu fressen. Begründen Sie dies.

3 Erläutern Sie die in Abbildung 21.1 und 21.2 dargestellte Wasserspartechnik von Wüstentieren in Bau und Funktion.

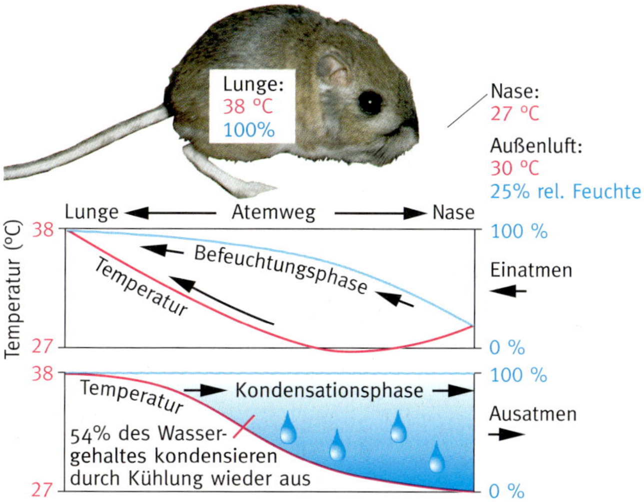

21.2 Känguruратte. Temperatur und Feuchtigkeit der Luft beim Ein- und Ausatmen

6.2 Wasserhaushalt der Pflanzen

Auch für Pflanzen und Pilze ist ohne Wasser aktives Leben nicht möglich. Bei Wassermangel welken und vertrocknen sie. Lediglich viele Moose, wenige andere Pflanzen, Flechten sowie manche Pilze können auch Perioden ohne verfügbares Wasser schadlos überdauern, allerdings in inaktivem, scheinbar vertrocknetem Zustand. Bei höheren Pflanzen sind dazu gewöhnlich nur die Samen befähigt.

22.1 Der Weg des Wassers in einem Baum

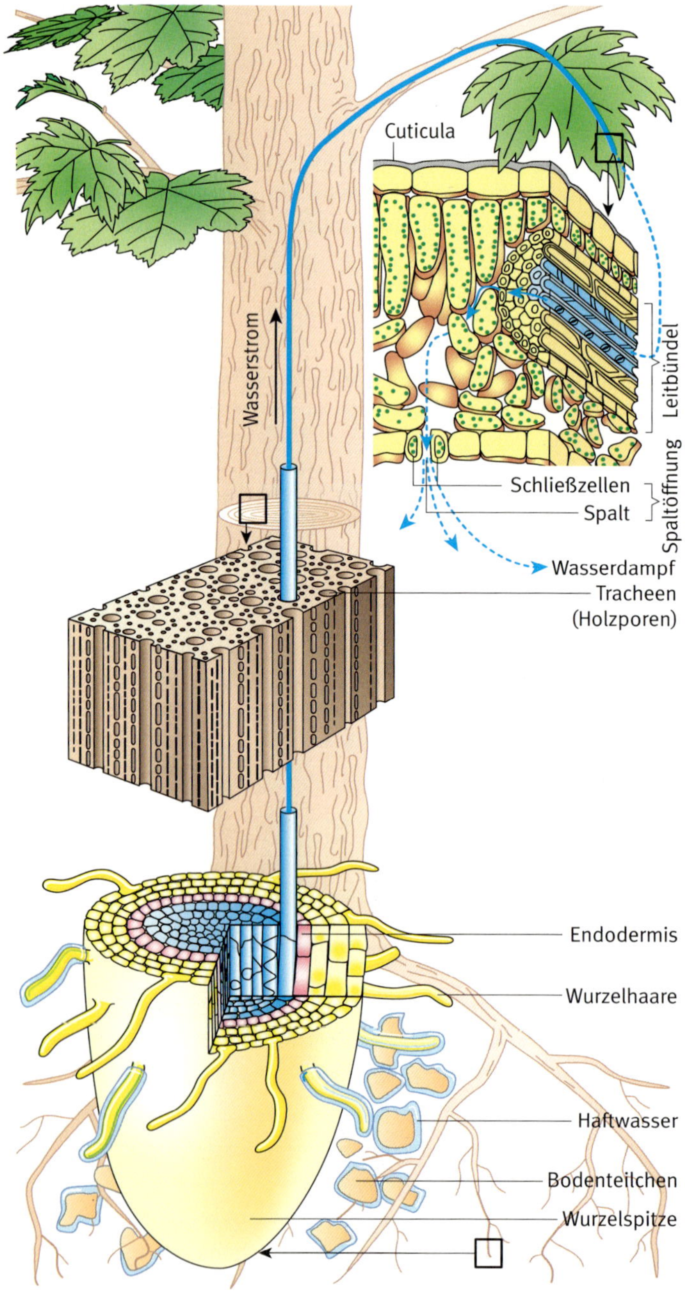

Gefäßpflanzen, also Samen- und Farnpflanzen, haben wirksame Strukturen entwickelt, um ihren Wasserhaushalt aktiv zu regeln. Sie nehmen das Wasser über ihr oft weit verzweigtes Wurzelsystem auf. So kann eine einzelne Roggenpflanze 14 Milliarden Wurzelhaare mit einer Gesamtoberfläche von 400 Quadratmetern ausbilden, obwohl sich die ganze Wurzel unter einer Bodenoberfläche von weniger als einem Quadratmeter konzentriert.

Wie können die **Wurzelhaare** überhaupt Wasser aufnehmen, wenn es nur als hauchdünner Film an den Bodenpartikeln haftet? Möglich wird dies durch die höhere **osmotische Konzentration** des Zellsaftes in den Wurzelhaarzellen. Die Zellwand ist sowohl für Wasser als auch für darin gelöste Stoffe durchlässig. Das Plasmalemma, das die Zelle zur Zellwand hin abschließt, lässt dagegen nur das Lösungsmittel Wasser, aber keine größeren Moleküle durch. Im Bestreben, einen Konzentrationsausgleich herzustellen, dringen daher Wassermoleküle in die Wurzelhaarzelle mit ihrer höheren Zellsaftkonzentration ein.

Solange der Zellinnendruck, auch **Turgor** genannt, gering ist, bestimmt das osmotische Gefälle zwischen innen und außen die Kraft, mit der der Zelle Wasser zuströmt. Mit steigendem Innendruck wird die weitere Aufnahme gebremst. Sie käme völlig zum Erliegen, wenn nicht Wasser aus der Haarzelle weiter zum Zentralzylinder geleitet würde. Das ist dadurch gewährleistet, dass der Saft der angrenzenden Zellen eine jeweils noch höhere osmotische Konzentration hat. An der zylinderförmigen **Endodermis,** der inneren Zellschicht der Wurzelrinde, wird dann eine Schranke erreicht. Dort finden aktive, das heißt ATP-verbrauchende Transport- und Kontrollvorgänge statt. Danach wird das Wasser in *Tracheen* oder *Tracheiden* weitergeführt und dringt am Ende – wieder osmotisch – in die wasserbedürftigen Gewebezellen der Blätter ein.

In den Zellen ist Wasser an den biochemischen Vorgängen in vielfältiger Weise beteiligt. So werden bei der Fotosynthese Protonen vom Wasser abgespalten und in Kohlenstoffverbindungen eingebaut. Obwohl also Wasser für die Fotosynthese unerlässlich ist, ist der dafür erforderliche Anteil mit meist weniger als zwei Promille des aufgenommenen Wassers sehr gering. Den „Rest“ fordert die Verdunstung, die man bei Pflanzen als **Transpiration** bezeichnet. Transpiration gewährleistet den Wasserstrom, der auch die Nährsalze transportiert.

Wasser in große Höhen zu fördern kostet Energie. Diese wird nicht vom Stoffwechsel der Pflanze, sondern durch die Transpiration aufgebracht: Die zum Übertritt des flüssigen Wassers in die Gasphase notwendige Energie wird der Umweltwärme entnommen. Die daraus resultierende Kühlwirkung kann an heißen Tagen für die Blätter lebensrettend sein. Der **Transpirationssog** ist bei hohem Wasserbedarf so stark, dass der Stammumfang eines Baumes messbar abnimmt. Der Sog setzt sich bis in die Wurzel fort.
Ein Blatt ist von einer für Wasser weitgehend undurchlässigen wachsartigen **Cuticula** überzogen. Diese Schutzhaut ist, meist nur auf der Unterseite, von zahlreichen **Spaltöffnungen,** auch *Stomata* genannt, unterbrochen. Sie stellen die Verbindung des interzellularen Gasraums im Blattgewebe mit der Außenluft her. Da die Spaltöffnungen verschließbar sind, besteht eine Möglichkeit, bei Wassermangel die Transpiration einzuschränken, allerdings auf Kosten der Kohlenstoffdioxidaufnahme. Ein geringer Teil der Wasserabgabe erfolgt direkt über die Cuticula. Diese *cuticuläre Transpiration* ist im Gegensatz zur *stomatären* nicht regulierbar.

Im Laufe der Evolution hat eine Fülle von Anpassungen an besondere Standortbedingungen stattgefunden. *Trockenpflanzen* zeigen allgemein eine derbe Cuticula; nicht selten sind ihre Spaltöffnungen eingesenkt. Oft sind die Blätter durch tote Haare geschützt. Ein Verdunstungsschutz kann auch, wie bei Heidekraut oder Ginster, durch Reduzierung der Blattflächen erreicht werden. Bei vielen Kakteen wird die Fotosynthese vollkommen von der Sprossachse übernommen, die zugleich Wasserspeicher ist; die Blätter sind zu Dornen reduziert. Blätter können auch Speicherfunktion haben. Bei Dickblattgewächsen sind es oberirdische, bei Zwiebeln unterirdische Speicherblätter.
Bei *Feuchtpflanzen* sind die Spaltöffnungen oft emporgehoben. Schwimmblätter von *Wasserpflanzen* wie Seerosen tragen sie auf der Oberseite. Unterwasserblätter haben keine Spaltöffnungen zum Gasaustausch, wohl aber ausgedehnte Lufträume, die für internen Gastransport und für Auftrieb sorgen.

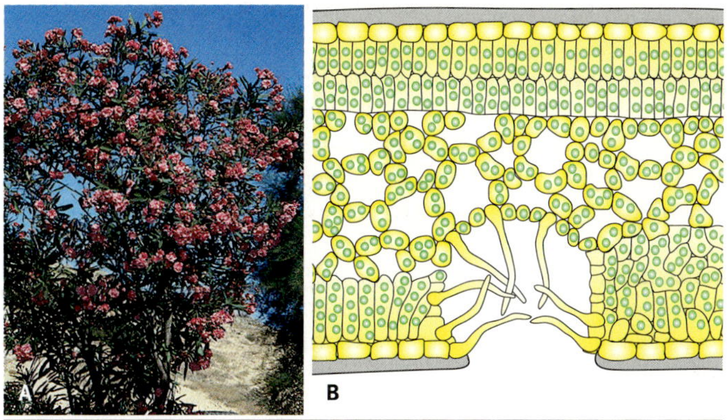

23.1 Trockenpflanze. A Oleander; **B** Blattquerschnitt

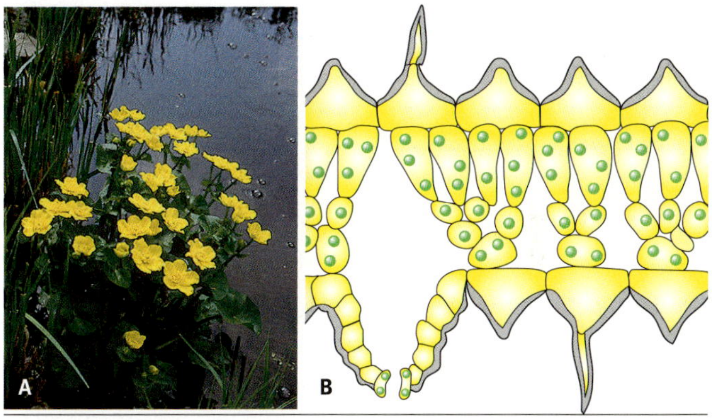

23.2 Feuchtpflanze. A Sumpfdotterblume; **B** Blattquerschnitt

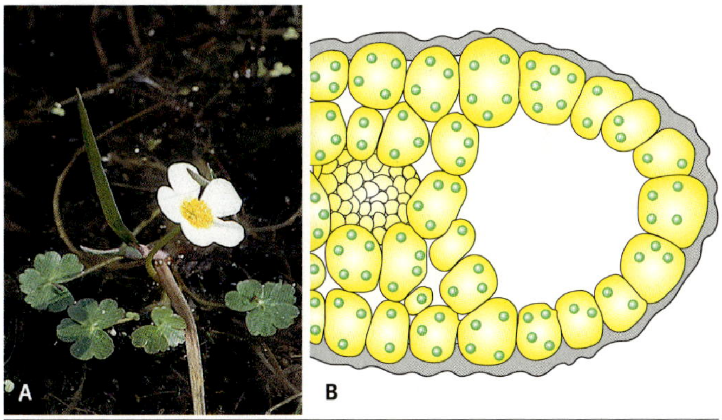

23.3 Wasserpflanze. A Wasserhahnenfuß; **B** Blattquerschnitt

1 Beschreiben Sie anhand der Abbildung 22.1 den Weg des Wassers sowie die beim Transport wirksamen Kräfte vom Boden bis zum Eintritt in die freie Atmosphäre.

2 Begründen Sie für die in den Abbildungen 23.1 bis 23.3 dargestellten Pflanzen den Zusammenhang zwischen dem Bau der Blätter und dem jeweiligen Standort.

3 Die meisten Pflanzen vertrocknen auf salzigen Böden, selbst wenn sie ständig im Nassen stehen. Legen Sie die Zusammenhänge dar.

Umweltfaktor Wasser

1 Spaltöffnungen unter dem Mikroskop

Material: Mikroskop, Objektmikrometer, Objektträger, Deckglas, Rasierklinge, Pinzette, Wasser, Alpenveilchen, Glucoselösung (ca. 2 g auf 10 ml)

Durchführung: Von der Unterseite eines Blattes wird mithilfe einer Rasierklinge ein kleines Stück Epidermis flach angeschnitten und abgezogen. Dieses wird in einen Tropfen Wasser auf einem Objektträger gelegt und mit einem Deckglas abgedeckt.

Aufgaben:

a) Schätzen Sie bei mäßiger Vergrößerung mithilfe des Objektmikrometers die Anzahl der Spaltöffnungen pro Quadratmillimeter.

b) Zeichnen Sie bei starker Vergrößerung einen Ausschnitt mit einer Spaltöffnung.

c) Geben Sie Glucoselösung zum Präparat und erklären Sie Ihre Beobachtung.

2 Transpirationsmessung mittels eines Potometers

Material: Messpipette (2 ml), Schütteltrichter, Schlauchmaterial, T-Abzweigung, Wasser, frischer Zweig einer Gehölzpflanze (geeignet: Erle, Flieder), Stativmaterial, Messer, Föhn, Sprühflasche

Durchführung: Ein frisch geschnittener Zweig wird schonend transportiert. Die Schnittstelle wird dabei gleich nach dem Schneiden unter Wasser gehalten. An den unteren Zentimetern wird der Zweig entrindet, sodass er dicht abschließend in den Schlauch des Potometers passt. Dieses besteht im Wesentlichen aus einer Messpipette, die über einen Schlauch mit der Versuchspflanze verbunden ist. Bei der Montage darf sich keine Luft mehr im Schlauchsystem befinden. Damit man das bereits blasenfrei gefüllte System leicht ohne Lufteinschluss an den Zweig anschließen kann, wird, gemäß der Abbildung, ein Trichter mit Sperrhahn zwischengeschaltet. Öffnet man diesen, läuft Wasser an der tiefsten Öffnung unterhalb des Wasserspiegels aus. Wenn alles vormontiert ist, kann man bei schwachem Ausstrom den Zweig leicht blasenfrei anschließen. Das offene Ende der Pipette wird dabei von einer Hilfsperson etwas über den Wasserspiegel im Trichter gehoben, damit kein Wasser ausläuft. Für die Messung wird der Hahn geschlossen und nur zur Ergänzung verdunsteten Wassers wieder geöffnet.

Aufgaben:

a) Ermitteln Sie den Verbrauch von Wasser pro Zeiteinheit unter folgenden Bedingungen: bei Raumbedingungen; bei Wind (Föhn); unter Sprühnebel.

b) Stellen Sie die Ergebnisse grafisch dar.

c) Interpretieren Sie Ihre Ergebnisse.

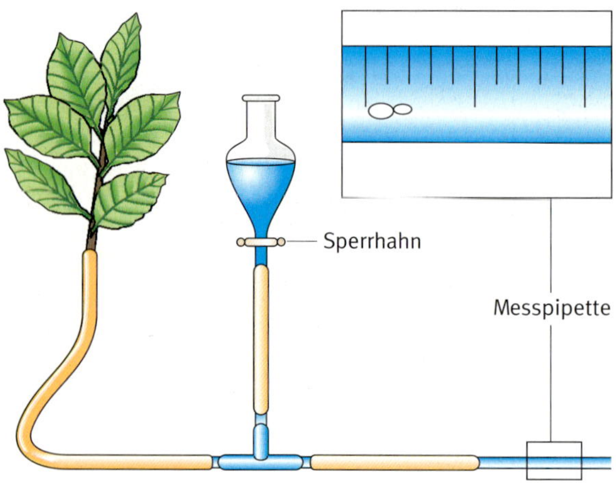

3 Messung der potenziellen Evaporation

Material: mehrere Evaporimeter oder Reagenzgläser mit Skala und selbstgefertigtem Drahtbügel, Evaporimeterpapierscheiben oder kleine Rundfilter, Nadel, destilliertes Wasser

Durchführung: Die Evaporimeter werden mit Wasser gefüllt und mithilfe der Drahtbügel jeweils mit einem durchstochenen Fließpapierplättchen verschlossen. An ausgewählten unterschiedlichen Orten werden sie über mindestens einige Stunden exponiert. Man liest den Wasserstand zu Beginn und am Ende des Versuchs ab und ermittelt die Differenz.

Aufgabe:

Werten Sie die Messergebnisse vor dem Hintergrund der aktuellen Standortbedingungen aus.

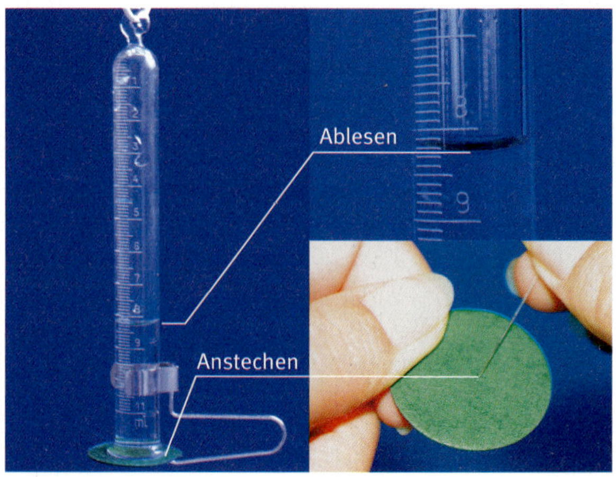

7 Umweltfaktor Boden

Vor allem in Landökosystemen ist der Boden ein bedeutender Standortfaktor. Neben den wichtigen Faktoren Licht, Feuchte und Wärme bestimmt er weitgehend, welche Lebensgemeinschaft sich in einem bestimmten Biotop ansiedelt. Dabei sind sowohl die physikalischen als auch die chemischen Eigenschaften des Bodens von Bedeutung.

Die **Bodenart** wird durch die Korngröße festgelegt. Diese nimmt von Ton über Schluff und Sand bis zum Kies zu. Mit der Korngröße hängt die *Wasserkapazität* zusammen. Darunter versteht man die Fähigkeit eines Bodens, Wasser mittels *Adhäsion* festzuhalten. Sie ist bei Sand- und Kiesboden gering. Je kleiner die Korngröße, desto höher kann das Grundwasser durch *Kapillarwirkung* steigen. Ton allerdings ist so feinkörnig, dass er in wassergesättigtem Zustand nahezu dicht ist und als Sperrschicht wirkt.
Die große Fülle der **Bodentypen** wird durch die Schichtung der jeweils aufeinanderfolgenden *Bodenhorizonte* charakterisiert. Die obere Schicht besteht aus verwittertem Gestein und kann mit organischem Material angereichert sein. Das zeigt, wie stark Lebewesen an der Bodenentwicklung beteiligt sind.

Lebewesen mit speziellen Ansprüchen verraten als **Zeigerorganismen** sehr viel über den Boden. So sind zum Beispiel Weinbergschnecken unter den Tieren und Wolliger Schneeball und Tollkirsche unter den Pflanzen für kalkreiche, basische Böden charakteristisch. Auf kalkarmen, sauren Böden findet man Besenginster, Heidelbeere und Besenheide. Einen nassen Standort, wie er oft durch Bodenverdichtung an unbefestigten Forstwegen entsteht, zeigt die Flatterbinse an.

Nur wenige Samenpflanzen wie der Queller ertragen hohe Salzkonzentrationen, wie sie an Meeresküsten auftreten. Solchen **Halophyten** hat der Winterstreudienst zum Beispiel an Autobahnen neue Standorte beschert. Durch giftige *Schwermetalle* werden die meisten Organismen geschädigt. Einige Spezialisten sind aber erst an derart belasteten Standorten konkurrenzfähig. Galmeiveilchen und Strandnelke finden sich auf blei- und zinkhaltigen Bergehalden.

25.1 Säure- und Kalkzeiger. A Besenginster: auf sauren Böden; **B** Tollkirsche: auf basischen Böden

25.2 Schwermetallzeiger. A Galmeiveilchen: zeigt Blei- oder Zinkboden; **B** Strandnelke: erträgt außerdem auch Salz

25.3 Salzzeiger. A Queller: im Überflutungsbereich des Meeres; **B** Dänisches Löffelkraut: neuerdings auch an Autobahnen

25.4 Pionierpflanzen. A Pestwurz: auf nassem Schwemmland; **B** Huflattich: an weniger nassen Schüttungen

8 Das Zusammenwirken der Umweltfaktoren

Es gehört zu den wichtigsten Prinzipien experimenteller Forschung, einzelne Faktoren *isoliert* zu betrachten und andere Einflüsse dabei so weit wie möglich abzuschirmen. Auch in der Ökologie ist diese Methode erfolgreich. Der Erfolg darf aber nicht darüber hinwegtäuschen, dass in den Ökosystemen dieser Idealfall völliger Isolierung niemals vorkommt. Die Ökologie zeigt sogar besonders deutlich, wie vielfältig und wie bedeutsam die Zusammenhänge sind. Es hängt Alles mit Allem zusammen. Diese Zusammenhänge sauber zu analysieren, ist die eigentliche Aufgabe der Ökologie.

Die Niederschlagsmenge bestimmt den Charakter der Vegetation; das scheint zunächst ganz plausibel. Wenn man diese Annahme mit der Datenlage vergleicht, indem man die Vegetationsformen der Erde in Beziehung zu dem jeweiligen Niederschlag setzt, kommt man allerdings zu einem anderen Ergebnis: Teile Sibiriens gehören zu den niederschlagsärmsten Regionen der Welt; dort ist aber keine Wüste, sondern Wald. In Savannengebieten Ostafrikas regnet es mehr als vielerorts bei uns, aber für geschlossenen Wald ist es dort zu trocken. Diese scheinbaren Widersprüche können erklärt werden, wenn man den Faktor Wasser zu einem weiteren Faktor, der Temperatur, in Beziehung setzt.

Wärme lässt die relative Luftfeuchte absinken und steigert damit die Verdunstung. Dementsprechend hat die natürliche Vegetation bei höheren Temperaturen einen gesteigerten Wasserbedarf. Selbst vegetationsfreier Boden trocknet dann sehr schnell aus, zumal die Sonnenstrahlung ihn zusätzlich aufheizt. Niederschlagsmengen, die bei uns Wald zulassen, reichen in den heißen Tropen kaum für eine fast baumlose Savanne. Dagegen ist bei niedriger Temperatur und geringer Sonneneinstrahlung die Transpiration und damit der Wasserbedarf der Pflanzen gering. Deshalb kann in Teilen Sibiriens Wald wachsen, obgleich dort lediglich geringe Niederschlagsmengen fallen, die weiter südlich nur Steppe zulassen.

Justus **LIEBIG**, der im neunzehnten Jahrhundert die Mineraldüngung entdeckt und damit einen riesigen Produktivitätsschub in der Landwirtschaft ermöglicht hatte, fand eine ebenso einfache wie bedeutsame Gesetzmä-

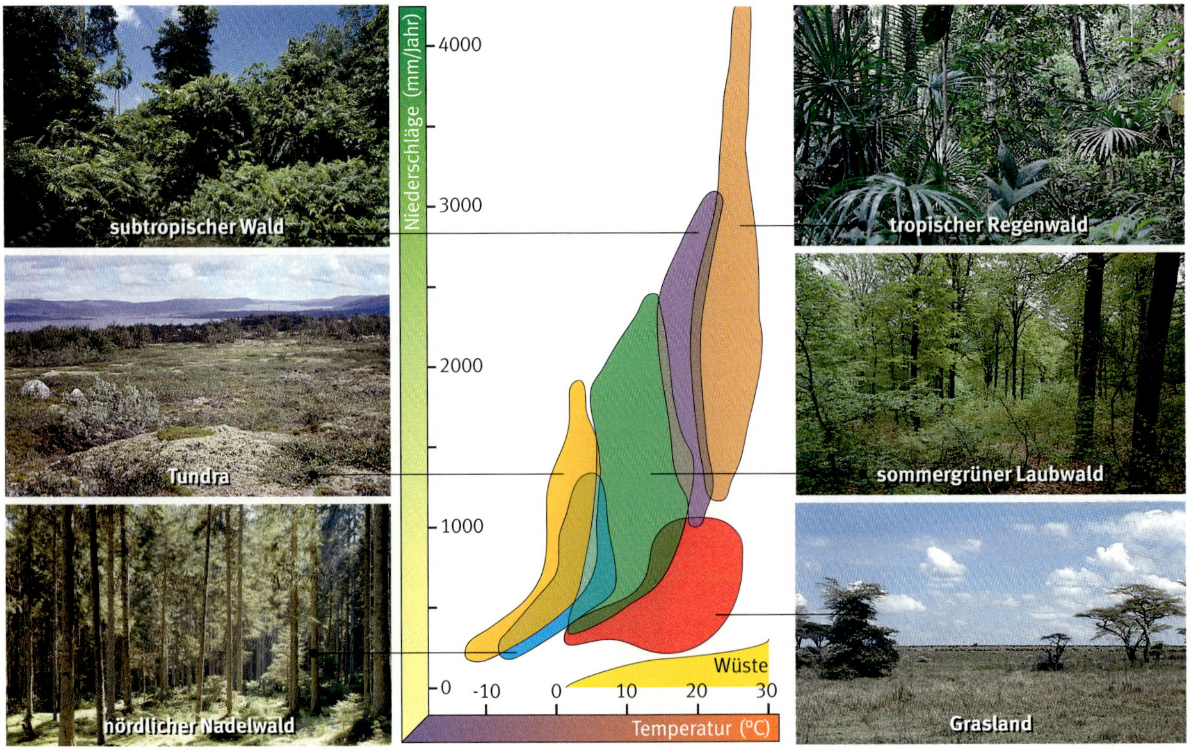

26.1 Das Zusammenwirken von Niederschlag und Temperatur bestimmt wesentlich die Vegetation der Erde. Abszisse: mittlere Jahrestemperatur in °C, Ordinate: Jahresniederschlag in Millimetern

ßigkeit heraus. Ihm war aufgefallen, dass das Angebot pflanzenverwertbaren Stickstoffs das Wachstum der Nutzpflanzen steigerte – aber nur bis zu einer gewissen Konzentration. Weitere Zugabe half nichts, es sei denn, man düngte *zusätzlich* auch mit Phosphat. Seine Folgerung: Die Produktion wird immer durch den Faktor begrenzt, der am knappsten ist. Ist der Bedarf gesättigt, bringt ein Überangebot davon keinen weiteren Vorteil.

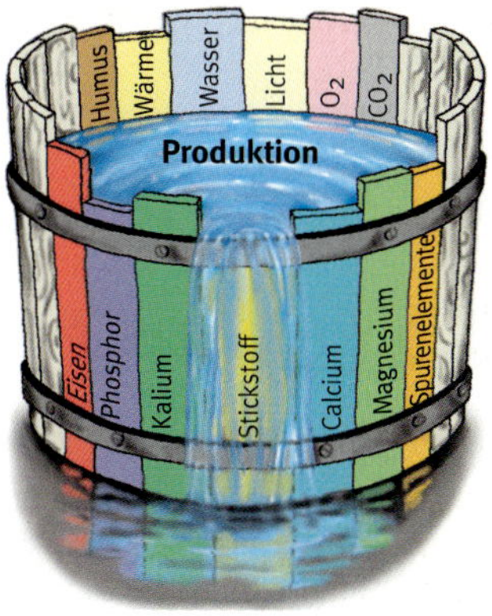

27.1 Minimumgesetz

Da der jeweils im Minimum vorhandene Faktor die Produktivität begrenzt, spricht man in der Ökologie vom **Minimumgesetz.** Diese Gesetzmäßigkeit gilt nicht nur für Mineralstoffe, sondern für alle Faktoren, die der jeweilige Organismus benötigt, etwa für Wärme, Feuchte oder andere Messgrößen seiner ökologischen Nische. Wenn ein Wald nur wenige Nisthöhlen bietet, können dort auch bei sonst besten Bedingungen keine weiteren Höhlenbrüter mehr nisten. Wird dieser Mangel durch Anbringen von Nistkästen behoben, wächst die Population, bis ein anderer Begrenzungsfaktor, etwa das Nahrungsangebot, wirksam wird.

Da es für die Umweltfaktoren nicht nur ein Zuwenig, sondern auch ein Zuviel gibt, hat man allgemeiner ein **Wirkungsgesetz der Umweltfaktoren** formuliert: *Diejenigen Faktoren, die am meisten vom Optimum abweichen, bestimmen am stärksten, wie eine Lebensgemeinschaft nach Art und Zahl zusammengesetzt ist.*

Bei der Analyse der Einzelfaktoren darf uns dieses „Gesetz" nicht zu dem Irrtum verleiten, dass nur die Veränderung des jeweils betrachteten Wirkungsfaktors einen Einfluss hätte. So brauchen viele Organismen bei größerer Wärme auch mehr Wasser. Es ist immer ein komplexes **Wirkungsgefüge**, das auf die einzelnen Organismen und Lebensgemeinschaften einwirkt. Diese wirken ihrerseits auf die abiotischen Faktoren, bis hin zum Klimageschehen.

Eisbär und Bärtierchen – Spezialisten für extreme Lebensräume

STECKBRIEF

Eisiges Klima verschließt den meisten Arten jede Lebensmöglichkeit. Der Eisbär ist allerdings in Körperbau, Sinnes- und Verhaltensausstattung daran angepasst: Er ist *endotherm* und hat wegen seines besonderen *Pelzes* und seiner *Fettschicht*, die auch unter Wasser voll wirksam ist, nur geringe Wärmeverluste. Sie sind so gering, dass die Erkundung mit Wärmebildkameras aus der Luft versagt. Er vermag auf Eis Energie sparend zu laufen, gut zu schwimmen und zu tauchen. Seine Nahrungsbasis bilden Robben, die ihrerseits als Beutegreifer vom produktiven Polarmeer leben. Eisbären kann man als „Hightech-Organismen" betrachten, die mit Aufwand an Masse, Energie und physiologischen und ethologischen Angepasstheiten einen extremen Lebensraum meistern.

Bärtierchen bieten ein Beispiel für Leben an Extremstandorten durch Einfachheit. Nur wenige Arten dieser Vielzeller werden bis einen Millimeter groß. Sie können im Moos- und Flechtenbewuchs auf Felsen, Dächern, sogar auf Gletschern leben. Die klauenbewehrten vier Paar Stummelfüßchen ermöglichen ihnen eine vielseitige Fortbewegung. Bärtierchen trotzen extremer Kälte, Hitze und Trockenheit. Weil sie *ektotherm* sind, ist ihr Energieaufwand gering. Zur Nahrungsgewinnung stechen sie Mooszellen an. Bei Wassermangel trocknen sie, bis auf den Anteil gebundenen Wassers, einfach aus. So können sie notfalls Jahre überdauern. Wenn Temperatur und Wasserangebot es wieder zulassen, quellen sie im Verlauf einer halben Stunde auf und leben aktiv weiter.

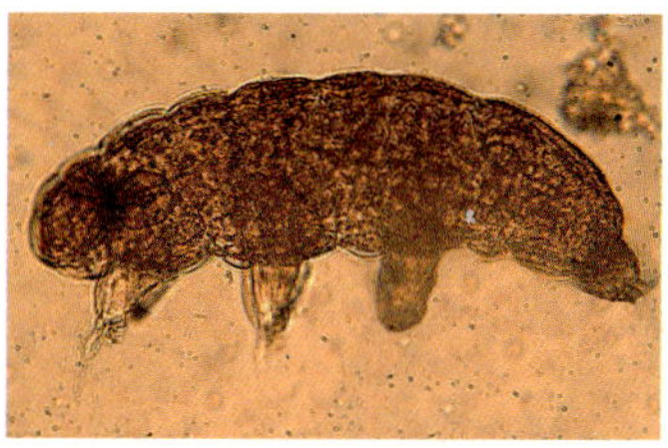

Abiotische Faktoren

1

Werten Sie die obigen Abbildungen A bis C im Hinblick auf die Wirksamkeit abiotischer Faktoren aus.

2 Wenn man gegen Ende des Winters oder im zeitigen Frühjahr Weinstöcke oder Birken beschneidet, „bluten" die Schnittstellen lange nach, das heißt, es treten beträchtliche Mengen Wasser aus den Gefäßen des Holzes aus. Zu anderen Jahreszeiten ist dieses Phänomen nicht zu beobachten.

a) Erläutern Sie, inwieweit es im Sinne der Überlebensfähigkeit für die Pflanze sinnvoll ist, nur im Frühjahr Flüssigkeit in die Tracheen zu pressen.

b) Woher könnte die Energie für diese Pumpleistung stammen?

3 Die folgenden Kurven wurden in einer Obstkultur als typisch für sonnige Tage ermittelt. Kurve 1 gibt die potentielle Evaporation wieder; sie ist das Resultat von Messungen mit Evaporimetern, die in regelmäßigen Abständen abgelesen wurden. Die anderen Kurven geben die Transpiration eines Aprikosenbaums bei unterschiedlicher Bodenfeuchte wieder. Die Messungen wurden an Kübelpflanzen auf Waagen ermittelt.

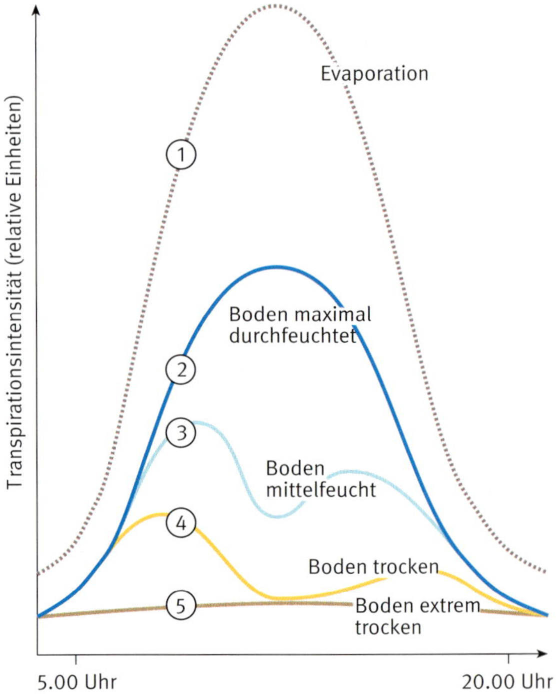

Interpretieren Sie die Kurven unter ökophysiologischen Gesichtspunkten.

4 Alle *Winterschläfer* sind relativ kleine Tiere. Es gibt aber sehr wohl große Tiere, die eine ausgeprägte *Winterruhe* mit sehr langen Schlafphasen halten.

a) Erläutern Sie anhand von Beispielen den Unterschied zwischen *Winterschlaf, Winterruhe* und *Winterstarre*.

b) Diskutieren Sie in diesem Zusammenhang die Bedeutung der Körpergröße.

5 Die Strandnelke findet man vor allem auf Salzwiesen; daher ihr Name. Sonst kennt man sie natürlicherweise nur von schwermetallvergifteten Böden und aus dem Hochgebirge. Wenn man sie in den Garten pflanzt, wächst sie aber auch dort problemlos. Erklären Sie, warum man diese Pflanze in der Natur nur an besagten *speziellen* Orten findet.

6 Rehe fressen ausgerechnet im Winter deutlich weniger als sonst.
Diskutieren Sie, ob dies eine selektionsbewährte sinnvolle Strategie sein kann, um die kalte Jahreszeit unbeschadet zu überstehen.
Erörtern Sie in diesem Zusammenhang auch die Behauptung von Wildbiologen, Störungen im strengen Winter seien für Rehe und anderes Wild besonders schädlich.

7 Sumpfige Gebiete werden oft durch Aufforstung mit Erfolg trockengelegt. Will man dagegen Feuchtgebiete, auch Moore, erhalten oder renaturieren, ist es oft nötig, aufkommende Bäume systematisch zu entfernen.
Erläutern Sie die ökologischen Zusammenhänge im Hinblick auf den Wasserhaushalt.

8 In Wüsten sind Bodentemperaturen über 50 °C keine Seltenheit. Derart hohe Körpertemperaturen können selbst Wüstentiere nicht überleben. Kleintiere wie Kängururatten und Reptilien weichen der größten Hitze während des Tages unter die Erde aus. Für große Tiere wie Kamele und Antilopen kommt diese Strategie nicht in Frage.
Erläutern Sie mithilfe der Angaben in der Tabelle und anderen Ihnen bekannten Eigentümlichkeiten, was die Kamele zum Überleben in Wüstenklimaten befähigt, und vergleichen Sie ihre Strategien mit denen der Wüstenspringmaus.

	Kamel	Wüstenspringmaus
Größe (cm)	bis 330	9 bis 12 (ohne Schwanz)
Gewicht (kg)	600 bis 1000	0,10 bis 0,14
Besonderheiten	erträgt einen Wasserverlust von 40 Prozent	bewohnt unterirdische Baue überwiegend nachtaktiv

9 Bergeidechse und Kreuzotter besiedeln nicht nur Wald-, Moor- und Heidegebiete Mittel- und Nordeuropas, sondern sie gehören zu den wenigen Reptilien, die im Hochgebirge auch oberhalb der Baumgrenze und in der Tundra Lapplands zu Hause sind. Sie haben eine für Reptilien ungewöhnliche Fortpflanzungsbiologie:
Sie legen nicht, wie für Reptilien üblich, ihre Eier in den Boden, sondern die Weibchen halten diese im Körper zurück, bis die Jungen selbstständig lebensfähig sind. Diese Arten sind also lebend gebärend. Der zu den Amphibien zählende Alpensalamander ist ebenfalls lebend gebärend.
Erläutern Sie den Vorteil dieser Strategie für kalte Klimate.

10

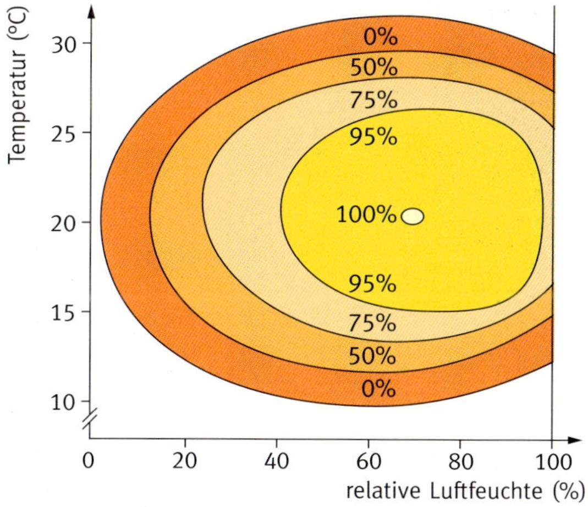

Die Überlebensrate von Organismen hängt von den Umweltbedingungen ab. Das gilt auch für die Embryonen des Kiefernspinners *(Dendrolimus pini)*. Durch Klimakammerexperimente mit Eiern dieses Forstschädlings erhielt man das abgebildete Thermohydrogramm.
Die mit Zahlen versehenen Linien geben den Prozentsatz der Eier an, die sich bei der jeweiligen Faktorenkombination bis zum Schlüpfen entwickeln.

a) Interpretieren Sie den Zusammenhang der hier gemessenen abiotischen Faktoren für die erfolgreiche Embryonalentwicklung der Raupen. Erläutern Sie an Beispielen, wieso die Berücksichtigung nur eines Faktors ein unvollständiges Bild liefert.

b) Erläutern Sie, inwieweit solche Versuche zur Beschreibung des Lebensraums eines Organismus beitragen, und inwieweit sie praktischen Nutzen haben können.

11 Es gibt verschiedene, teils sehr alte Praktiken, Nahrungsmittel zu konservieren. Nennen Sie Beispiele, und erläutern Sie, was die jeweilige Methode mit den abiotischen Faktoren Wasser, Wärme und pH-Wert zu tun hat.

12 Man kann die Fotosyntheseleistung, etwa bei Spinat, durch Begasen mit Kohlenstoffdioxid vervielfachen. Diskutieren Sie die Abbildung vor dem Hintergrund des Wirkungsgesetzes der Umweltfaktoren.

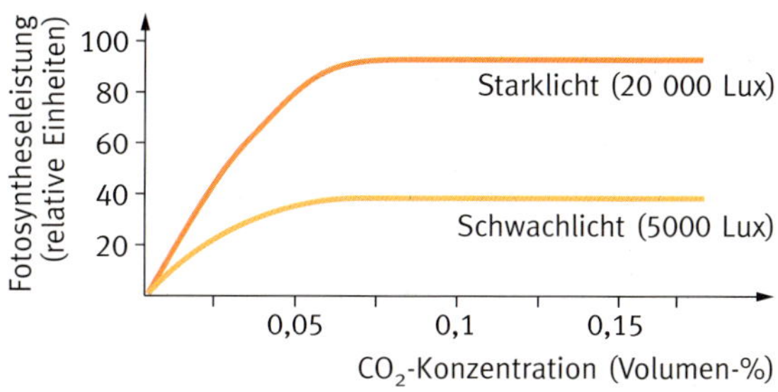

Biotische Faktoren

1 Interspezifische Beziehungen

1.1 Interspezifische Konkurrenz

Abiotische Umweltfaktoren stecken die Grenzen ab, in denen ein Organismus existieren kann. Innerhalb dieser Grenzen werden Erfolg und Überleben einer Art jedoch auch von anderen Lebewesen beeinflusst. Solche Einflüsse werden als **biotische Umweltfaktoren** zusammengefasst. Häufig bestehen dabei komplexe Wechselbeziehungen zwischen mehreren Arten, sodass sich diese Faktoren schwer analysieren lassen.

Zu den biotischen Faktoren zählen Fressfeinde, Parasiten, Krankheitserreger, Symbionten und Konkurrenten. Lebenswichtige Grundlagen wie Nahrung, Wasser und Wohnplätze sind nicht unbegrenzt vorhanden. Dadurch stehen die Lebewesen miteinander im Wettbewerb um diese Ressourcen, sie sind **Konkurrenten.**

Dabei wird zwischen Konkurrenz der Individuen innerhalb einer Art und Konkurrenz zwischen Individuen verschiedener Arten unterschieden. Die erste Form bezeichnet man als **intraspezifisch,** die zweite als **interspezifisch.**

Amselmännchen konkurrieren zum Beispiel um geeignete Brutreviere und Weibchen. Auch zwischen verschiedenen Räubern besteht Wettbewerb. Habicht und Sperber etwa sind tagaktive, heimische Greifvögel. Beide Arten nutzen die gleiche Jagdtaktik. Trotzdem kann man sie im selben Gebiet beobachten: Die Konkurrenz zwischen beiden Arten wird durch ein unterschiedliches Beutespektrum abgemildert. Der Sperber fängt eher kleinere Singvögel wie Sperling, Buchfink und Blaumeise. Dagegen jagt der größere und schwerere Habicht auch größere Beutetiere, beispielsweise Hase, Fasan, Krähe und Eichhörnchen. Durch das

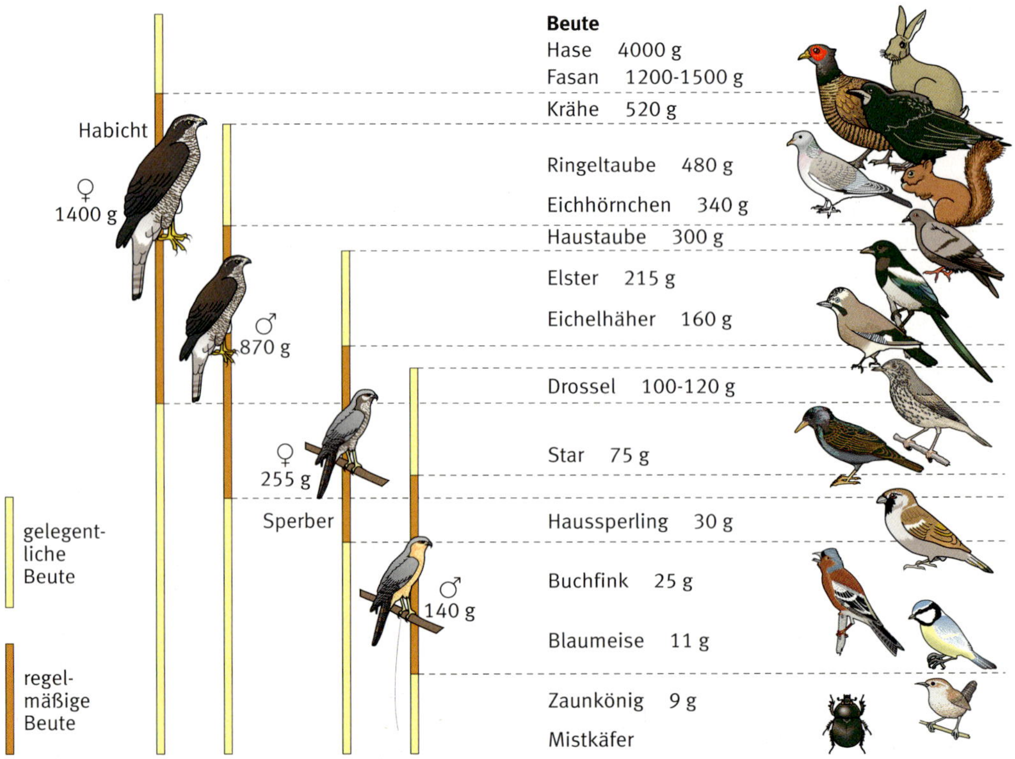

30.1 Beutespektrum von Habicht und Sperber im Vergleich

unterschiedliche Beutespektrum kommt es zu einer **Konkurrenzvermeidung.** Dieses Prinzip ermöglicht das Zusammenleben verschiedener Arten im selben Lebensraum. Daraus ergibt sich umgekehrt, dass sich zwei Arten mit völlig deckungsgleichen ökologischen Ansprüchen in aller Regel in einem Lebensraum ausschließen. Eine Art würde einen kleinen Wettbewerbsvorteil erringen und die andere auf Dauer verdrängen. Man spricht vom **Konkurrenz-Ausschluss-Prinzip.**

Um Konkurrenten abzuwehren, sind in der Natur auch aktive Verteidigungsstrategien entstanden. So können Schwämme chemische Substanzen absondern, um andere Schwämme und Algen in ihrer Umgebung am Wachstum zu hindern. Einige Schimmelpilze stellen zur Abwehr konkurrierender Bakterien das Antibiotikum Penicillin her. Auch unter Pflanzen tritt zwischenartliche Konkurrenz auf. So wetteifern Ackerwildkräuter und Feldfrüchte um Licht, Nährsalze und Wasser. Der Mensch greift häufig zugunsten seiner Nutzpflanzen in diese Konkurrenz ein, zum Beispiel indem er Herbizide einsetzt.

1 Erläutern Sie die Konkurrenz zwischen Sperber und Habicht mithilfe der Abbildung 30.1.

2 Erklären Sie die Beziehung zwischen Gerste und Wildkräutern wie Mohn und Kornblume. Warum ist das Anlegen von Feldrainen mit solchen „Unkräutern“ trotzdem ökologisch sinnvoll?

31.1 Konkurrenz zwischen Pflanzen des Ackers

BIOCHEMIE

Mit Giften und Hemmstoffen gegen Feinde und Konkurrenten

Bei vielen Pflanzen treten spezielle Angepasstheiten auf, die ihr Überleben sichern. Ein typisches Beispiel dafür ist der Weiße Germer. Er ist in den Bergregionen Europas weit verbreitet. Selbst auf kahl gefressenen Almen findet man wohlentwickelte Pflanzen. Die Art schützt sich vor Weidegängern durch giftige **Alkaloide.** Heute sind über 900 solcher Verbindungen bei den verschiedenen Pflanzenarten nachgewiesen. Einige wie Atropin und Chinin nutzt der Mensch in der Medizin.
Andere Pflanzen scheiden flüchtige oder flüssige Stoffe aus, die Bakterien, Pilze und Einzeller hemmen oder töten. Solche **Phytonzide** produzieren zum Beispiel Zwiebel, Knoblauch, Tanne und Eukalyptus.
Nicht nur Feinde und Parasiten werden chemisch bekämpft. Einige Pflanzen scheiden Stoffe aus, die das Wachstum oder die Keimung von Konkurrenten hemmen. Ein Beispiel dafür ist der Walnussbaum: Seine sich zersetzenden Blätter geben den Hemmstoff Juglon an den Boden ab. Salbeipflanzen scheiden dagegen Kampfer und Cineol aus. Diese Hemmung durch chemische Substanzen wird als **Allelopathie** bezeichnet.

31.2 Weißer Germer

31.3 Salbei

32.1 Brennhaare

32.2 Lebende Steine

32.3 Birkenspanner. A Schmetterling; **B** Raupe

32.4 Raupe des Großen Gabelschwanzes

32.5 Hornisse

32.6 Hornissenschwärmer

1.2 Schutz vor Fressfeinden

Bei vielen Organismen findet man Abwehrmechanismen gegen Fressfeinde. Dabei treten zum Beispiel **mechanische** Schutzeinrichtungen auf. Zu ihnen zählen bei Pflanzen Dornen und Stacheln. Analoge Bildungen treten bei Igel, Stachelschwein und Insekten auf. Andere Tiere wie Schildkröten und Gürteltiere besitzen dagegen feste Hornpanzer zum Schutz. Zur Verteidigung können auch **chemische** Stoffe eingesetzt werden. So versprühen Stinktiere Duftstoffe und Bombardierkäfer mit lautem Knall ein heißes ätzendes Reaktionsgemisch. Ameisen und Brennnesseln setzen auf Ameisensäure.
Die häufigste „Verteidigungsform" im Tierreich ist jedoch die **Flucht.**

Andere Organismen sind in Farbe und Zeichnung so an ihre Umgebung angepasst, dass ein Räuber sie kaum sieht. So verschmilzt der grau-weiß gesprenkelte Birkenspanner völlig mit dem Birkenstamm. Dies bezeichnet man als **Tarntracht.** Die Raupen dieser Spanner gehen noch einen Schritt weiter: Sie ähneln in Farbe, Gestalt und Haltung einem Holzzweig. Durch diese **Nachahmungstracht (Mimese)** werden sie von Fressfeinden meist übersehen. Bei den „lebenden Steinen" haben sich dickfleischige Blätter entwickelt, die dem Umgebungsgestein täuschend ähnlich sehen. Die Pflanzen können sogar ihre Farbe ändern. So sind diese in den Tropen vorkommenden Sukkulenten gut vor Tierfraß geschützt.

Fühlt sich die Raupe des Großen Gabelschwanzes bedroht, richtet sich ihr Kopf auf. Durch das riesige „Gesicht" werden Fressfeinde wie Vögel abgeschreckt. Man bezeichnet diese Abwehrstrategie als **Schrecktracht.** Bienen und Hornissen zeigen durch ihre gelbschwarze **Warntracht** ebenfalls Gefahr für den Fressfeind an. Dieser lernt aus schmerzhafter Erfahrung bei einem Stich, entsprechend gefärbte Organismen zu meiden. Von diesem Lernprozess profitieren auch Lebewesen, die gar nicht wehrhaft sind. So sieht zum Beispiel der ungiftige Hornissenschwärmer, ein Schmetterling, einer Hornisse sehr ähnlich. Man bezeichnet diese Strategie als **Scheinwarntracht** oder **Mimikry.**

1 Finden Sie weitere Beispiele für Abwehrstrategien gegen Fressfeinde.

1.3 Parasitismus

Im Pflanzen- und Tierreich gibt es vielfältige zwischenartliche Beziehungen, bei denen die eine Art die andere schädigt. Dabei entzieht der **Parasit** dem *Wirt* Nahrung, in der Regel ohne diesen zu töten. Es kommt dennoch häufig zu Gewebezerstörung, Wachstumshemmung und Abgabe giftiger Stoffwechselprodukte, die eine Verkürzung der Lebensdauer des Wirtes zur Folge haben. Oft sind Wirt und Parasit spezifisch aneinander angepasst. Vielfach kam es zu einer Coevolution zwischen den beteiligten Arten. Es spricht für einen hohen Grad an Angepasstheit, wenn der Wirt durch den Parasitenbefall möglichst wenig geschädigt wird. Nur dann ist die Zukunft des Parasiten gesichert. Der englische Ökologe Charles ELTON verglich Räuber-Beute-Beziehungen mit dem Parasitismus: „Der Räuber lebt vom Kapital, der Parasit von den Zinsen".

Ein Prozent aller Samenpflanzen zählen zu den Parasiten. Das entspricht immerhin rund 3000 Arten. Je nachdem, ob die Pflanze ihre autotrophe Lebensweise nur reduziert oder ganz verloren hat, unterscheidet man **Halb-** und **Vollparasiten.**

Die heimische Schuppenwurz, die in Laubwäldern vorkommt, ist ein Vollparasit. Diese rötlich-bleiche Pflanze hat schuppenartige Blätter ohne Chlorophyll. Ihre spärlichen Wurzeln sind über Senker mit den Wasserleitungsbahnen des Wirtsbaumes verbunden. Sie kann also aus dem Wasserstrom, der immer auch einige gelöste Assimilate enthält, genügend Nahrung aufnehmen. Viele andere Vollparasiten zapfen dagegen die Siebröhren mit den Assimilaten an. So parasitiert der Teufelszwirn an verschiedenen Kräutern, als Klee-Seide an Klee oder als Nesselseide an Brennnesseln. Er windet sich dazu mit langen wurzel- und blattlosen Stängeln um seine Wirtspflanzen.

Andere Parasiten bilden selbst Chlorophyll und können Fotosynthese betreiben. Ihren Wirtspflanzen entnehmen sie nur Wasser und gelöste Nährsalze. Deshalb nennt man sie Halbparasiten. Zu ihnen zählt die Mistel. Ihre Senker, auch Haustorien genannt, verankern die Pflanze je nach Art auf Laub- oder Nadelbäumen. Auch Augentrost und Hainwachtelweizen gehören zu den Halbparasiten.

33.1 Einteilung pflanzlicher Parasiten.
A Verbindung Seide und Wirt; **B** Verbindung Mistel und Wirt

Parasiten unter den höheren Pflanzen

- Vollparasiten (ohne Chlorophyll)
  - Wurzelparasiten
  - Windeparasiten
- Halbparasiten (mit Chlorophyll)
  - Wurzelparasiten
  - epiphytische Parasiten

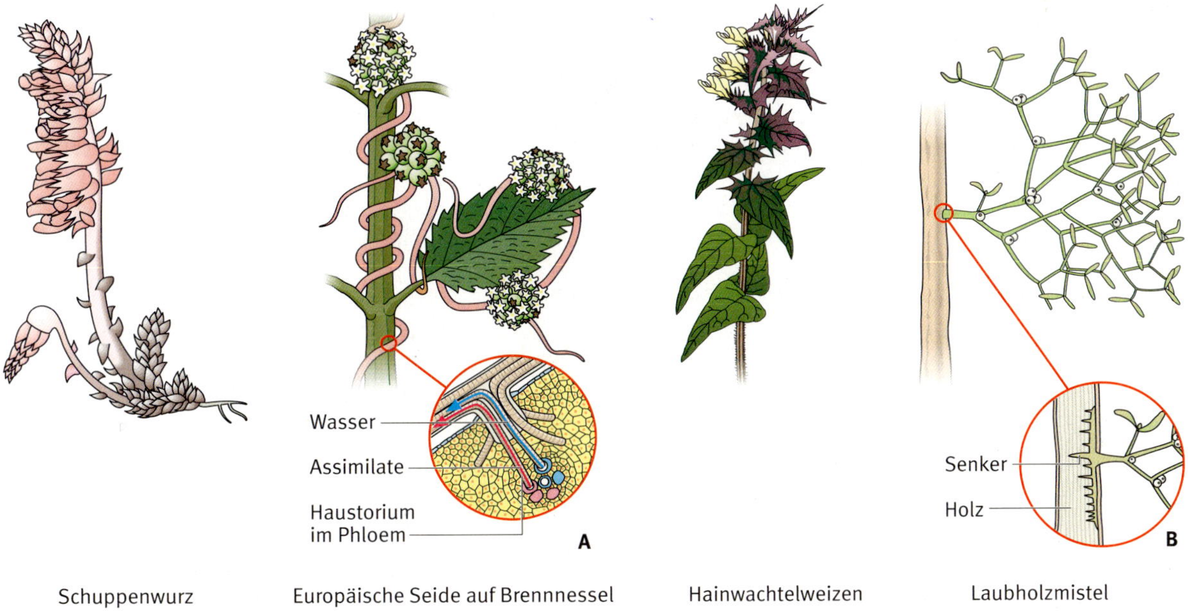

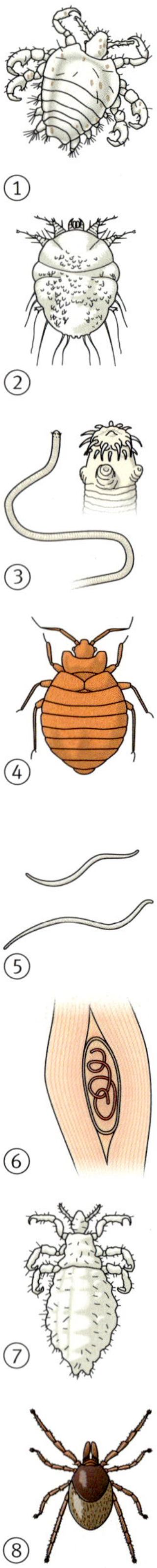

34.1 Parasiten des Menschen

Nach der Dauer ihrer parasitären Lebensweise unterscheidet man bei tierischen Parasiten zwei Gruppen: Wanzen, Bremsen und Stechmücken zählen zu den **temporären** (zeitweiligen) Parasiten. Sie suchen ihren Wirt nur zur Nahrungsaufnahme auf. Dagegen leben andere Tiere wie Kopflaus und Rinderbandwurm ständig auf oder in ihrem Wirt. Sie gehören zu den **permanenten** Parasiten. Solche Organismen zeigen eine strenge **Wirtsspezifität.** So gibt es zum Beispiel Katzen-, Hunde- und Menschenflöhe.

Eine weitere Möglichkeit, Parasiten zu ordnen, ist ihr Aufenthaltsort. **Ektoparasiten** wie Läuse und Zecken leben auf der Körperoberfläche. Sie sind durch Flügellosigkeit, die Ausbildung spezifischer Mundwerkzeuge, Haft- und Klammerorgane sowie einen abgeplatteten Körper an ihre Lebensweise angepasst.

Die im Körper lebenden **Endoparasiten** sind noch stärker an ihre Wirte angepasst. So besitzt der Rinderbandwurm einen Kopf mit Hakenkranz, an den sich zahlreiche Körperglieder ohne Darm und Blutgefäße anschließen. Er kann über die gesamte Oberfläche Nährstoffe aufnehmen. Als Zwitter produziert ein Bandwurm bis zu zehn Milliarden befruchtete Eier pro Jahr.

Einige Parasiten verursachen gefährliche Krankheiten oder große wirtschaftliche Schäden. So befiel in den letzten Jahren die asiatische *Varroa*-Milbe auch die europäische Honigbiene. Ohne Gegenmaßnahmen könnte dieser Parasit die Imkerei bei uns zum Erliegen bringen. Die Milbe saugt vor allem an den Larven und bewirkt schwere Entwicklungsstörungen. Die betroffenen Bienen schlüpfen mit Verkrüppelungen. Man versucht, die Milben durch Medikamente und Züchtung resistenter Bienenvölker zu bekämpfen.

Der einzellige Erreger *Plasmodium* verursacht die Tropenkrankheit Malaria. Jährlich erkranken etwa 400 Millionen Menschen neu. Zwei bis drei Prozent der Erkrankungen enden tödlich. Die Infektionsstadien *(Sporozoiten)* gelangen durch den Stich der *Anopheles*-Mücke in den Blutkreislauf des Menschen. Sie wachsen zum Beispiel in Leberzellen heran und bilden durch Teilungen Merozoiten. Diese sind amöboid beweglich und dringen in Rote Blutzellen ein. Hier finden erneute Teilungen (Schizogonie) statt. Die Blutkörperchen zerfallen daraufhin synchron. Durch Stoffwechselprodukte der Merozoiten werden Fieberschübe ausgelöst. Neben weiteren Merozoiten entstehen auch geschlechtlich differenzierte Übertragungsstadien. Werden diese von Mücken aufgenommen, so können sie im Darm der Mücke Gameten freisetzen, die zur Zygote verschmelzen. Aus dieser entstehen neue Sporozoiten, die in die Speicheldrüsen der Mücke gelangen.
Eine Sonderform der parasitischen Lebensweise zeigen Grab- und Schlupfwespen. Ihre Larven leben in anderen Insekten und ernähren sich von diesen. Dabei verschonen sie zuerst lebenswichtige Organe ihrer „Hülle“. Zum Schluss töten sie ihren Wirt jedoch. Diese besondere Lebensweise bezeichnet man als **parasitoid.**

1 Vergleichen Sie pflanzliche Halb- und Vollparasiten mithilfe der Abbildung 33.1.

2 Benennen Sie die in Abbildung 34.1 abgebildeten Parasiten des Menschen und ordnen Sie diese nach temporären und permanenten Parasiten sowie nach Ekto- und Endoparasiten.

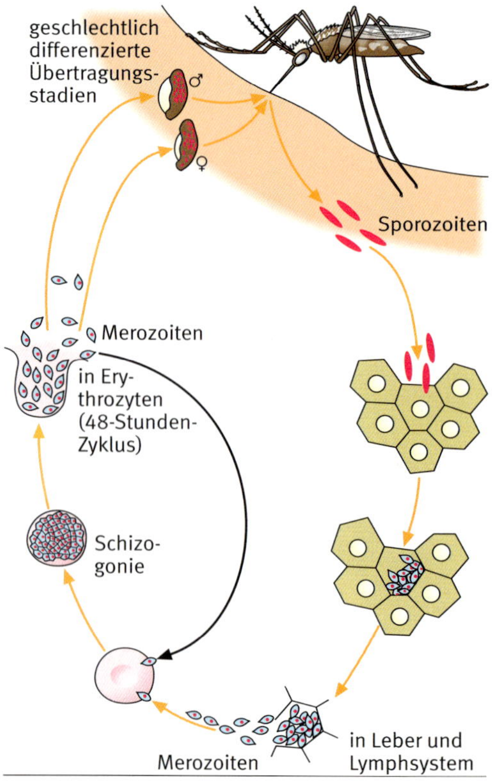

34.2 Entwicklung des Malaria-Erregers

1.4 Symbiosen

Ein Zusammenleben verschiedener Arten zum gegenseitigen Vorteil wird als **Symbiose** bezeichnet. Diese zwischenartliche Beziehung ist häufig und kann zwischen den unterschiedlichsten Organismen auftreten.
Ist das Zusammenleben eher locker und der Vorteil in der Regel auf der Seite des einen Partners, spricht man von *Nutznießertum*. So profitiert der Lotsenfisch von den Nahrungsabfällen des Haies.
Eine ebenfalls lockere Beziehung, von der jedoch beide Partner einen Vorteil haben, nennt man *Allianz*. Hierzu gehören viele Putzsymbiosen. So entfernen und fressen Madenhacker die Ektoparasiten von Kaffernbüffeln. Putzerfische säubern größere Fischarten am Korallenriff. Bei diesem Zusammenleben bleibt jeder Partner außerhalb des anderen, sodass es sich um **Ektosymbiosen** handelt. Der jeweilige Putzer erhält seine Nahrung, die „Kunden" werden von Parasiten und alten Hautteilen befreit. Laborversuche haben gezeigt, dass dadurch weniger Hautkrankheiten auftreten.

In einer *Symbiose im engeren Sinne*, die für beide Partner lebenswichtig ist, leben beispielsweise Ameisenpflanze und Ameisen zusammen. Die Pflanzen der Gattung *Myrmecodia* wachsen als Epiphyten auf anderen Pflanzen. Während ihres Wachstums verdicken sich die Stängel so, dass Hohlräume entstehen. Sie werden von einer bestimmten Ameisenart besiedelt, die hier Wohnraum und Nahrung findet. Dabei profitiert sie vom Nektar, den die Pflanze am Grund der Blüten in den Nektarien anbietet. Als Gegenleistung erhält die Pflanze lebenswichtige Mineralsalze aus dem Kot der Ameisen. Die meisten Pflanzen, die Ameisen beherbergen, werden von diesen gegen Feinde verteidigt. Die Ameisen entfernen auch Pilzsporen und Abfälle, und sie beißen die Triebe konkurrierender Pflanzen ab. Wenn man die Ameisen entfernt, sterben die Pflanzen ab.

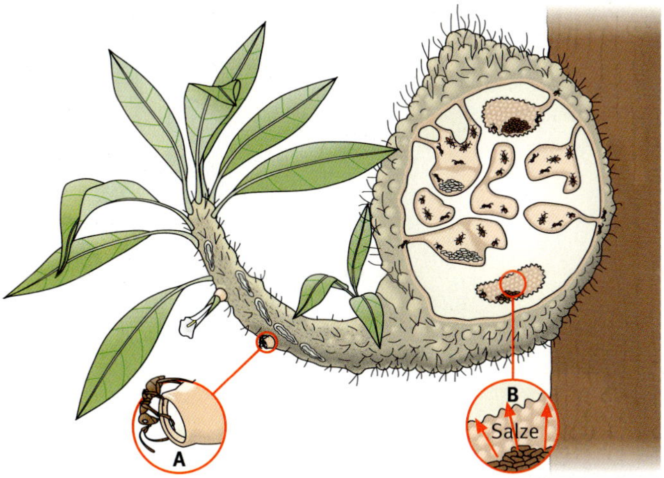

35.1 Ameisenpflanze Myrmecodia und ihre Bewohner. **A** Nektarien; **B** warzige Kammern zur Mineralsalzaufnahme

Korallen

STECKBRIEF

Korallenriffe werden von den Polypen der Steinkorallen gebildet, die nach außen ein Kalkgerüst abscheiden. Sie siedeln auf festem Untergrund und sind bis zu einem Zentimeter groß. Diese Polypen ernähren sich heterotroph, indem sie mit ihren Fangarmen Plankton erbeuten. Zusätzlich leben in ihrer Innenschicht, dem Entoderm, einzellige Algen. Pro Quadratzentimeter konnten etwa eine Million dieser *Endosymbionten* gezählt werden. Die Algen nutzen Stoffwechselprodukte des Polypen wie Kohlenstoffdioxid, Stickstoff- und Phosphatverbindungen. Der Polyp erhält Sauerstoff, Zucker und Lipide, die er als Reserve- und Baustoffe nutzen kann. Da die Algen Kohlenstoffdioxid verbrauchen, verschiebt sich das chemische Gleichgewicht vom löslichen Calciumhydrogencarbonat zum schwer löslichen Kalk. Ohne die Algen würde das Korallenwachstum auf ein Zehntel sinken.

35.2 Steinkoralle. **A** Riff; **B** Polyp; **C** Schema; **D** Stoffwechsel der Symbionten (Ausschnitt)

36.1 Flechten.
A Habitus;
B elektronenmikroskopische Aufnahme

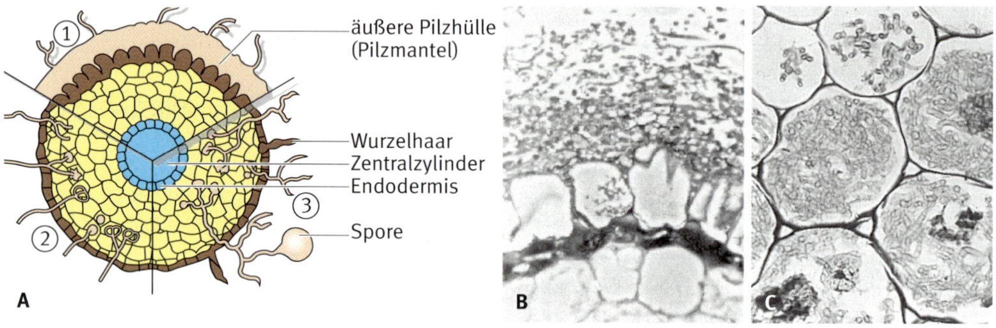

36.2 Mykorrhiza.
A Schema (① ektotroph, ② endotroph, ③ VA-Mykorrhiza);
B ektotrophe Form;
C endotrophe Form (mikroskopische Aufnahmen)

Eine ähnlich enge Symbiose gibt es zum Beispiel bei Wiederkäuern wie Rindern. Sie können das in Pflanzen enthaltene Polysaccharid Cellulose nicht verdauen, da ihnen das entsprechende Enzym Cellulase fehlt. Dieses wird erst von Bakterien und Ciliaten produziert, die in Magen und Darm leben. Sie erhalten dafür Wohnraum mit günstigen Temperaturen und Nahrung. Ein Teil der Symbionten wird jedoch als proteinreiche Nahrung verdaut. Wenn ein Partner im Inneren des anderen lebt, spricht man von **Endosymbiose.**

Auch zwischen Blütenpflanzen und ihren Bestäubern und Samenverbreitern gibt es recht enge Beziehungen. So bieten Pflanzen Vögeln, Insekten oder anderen Bestäubern zum Beispiel Nektar oder Pollen an. Viele Blüten besitzen bestimmte Baumerkmale, Farben oder einen spezifischen Geruch, um ihre Symbionten anzulocken.
Noch enger ist das Zusammenleben der Symbiosepartner bei den über 25 000 **Flechtenarten.** Sie bestehen aus einem heterotroph lebenden Pilz, der die äußere Form bestimmt, und Cyanobakterien oder Grünalgen, die in sein Hyphengeflecht eingelagert sind. Der Pilz nimmt Wasser und Nährsalze auf, die von den Algen genutzt werden. Diese produzieren wiederum Assimilate und Sauerstoff zugunsten des Pilzes. In dieser Lebensgemeinschaft werden spezielle Farbstoffe und Flechtensäuren gebildet, die der Einzelorganismus nicht herstellen kann. Die Symbiose ermöglicht es den Flechten, auch extreme Standorte wie Hochgebirge und arktische Lebensräume zu besiedeln. Dabei überdauern sie sogar Temperaturen von –100 °C.

Einen ähnlich engen Stoffaustausch findet man bei einer Symbiose zwischen Pilzen und den Wurzeln von Pflanzen. Bei dieser **Mykorrhiza** vergrößern die weit verzweigten Pilzhyphen die Oberfläche der Pflanzenwurzeln und nehmen Wasser und Mineralsalze auf. Die Pflanze versorgt den Pilz mit Assimilaten. Eine Mykorrhiza kann unterschiedlich ausgebildet sein: Bei der *ektotrophen* Form wird die Wurzel von einem äußeren Mantel aus Pilzhyphen umgeben. Die Hyphen wachsen zwischen den äußeren Rindenzellen. Die *endotrophen* Mykorrhiza-Pilze bilden nur ein lockeres Hyphennetz aus. Die Hyphen dringen direkt in die Rindenzellen ein. Diese Form kommt bei vielen Orchideen vor. Bei der *VA-Mykorrhiza* wachsen die Hyphen blasen- oder bäumchenförmig (**v**esikulär-**a**rbuskulär) in die Zellen ein. Im Gegensatz zu den anderen Formen bleiben hier die Wurzelhaare erhalten. Über 95 Prozent aller Farn- und Samenpflanzen leben in einer Mykorrhiza. Wird sie unterbunden, zeigen die Pflanzen schwere Schäden.

Interspezifische Beziehungen

1 Flechten mikroskopieren

Material: verschiedene Flechtenarten, Rasierklinge, Holundermark, Mikroskop, Objektträger, Pipette, Deckglas, Wasser, Zeichenmaterial

Durchführung: Um Schnittpräparate verschiedener Flechten anzufertigen, werden diese zwischen Holundermark eingebettet und mit der Rasierklinge möglichst dünn geschnitten. Die Präparate werden anschließend bei größtmöglicher Vergrößerung mikroskopiert.

Aufgaben:

a) Zeichnen Sie einen Flechtenausschnitt und beschriften Sie die Zeichnung.

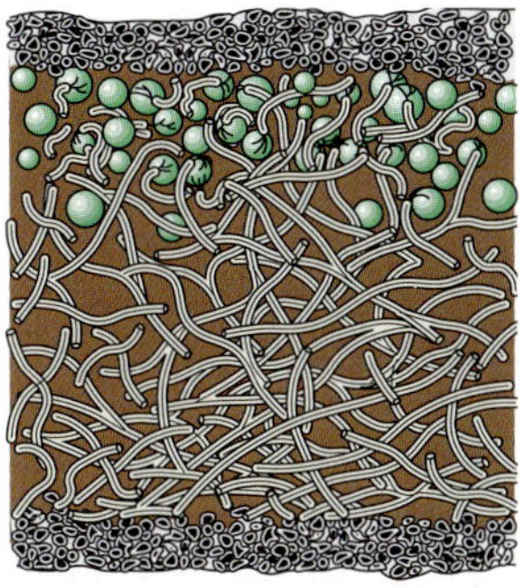

b) Flechten können verschiedene Organisationsstufen aufweisen. Dabei nimmt die Entwicklungshöhe von A nach C zu. Beschreiben Sie die einzelnen Formen. Versuchen Sie, die von Ihnen mikroskopierten Flechten einer Organisationsstufe zuzuordnen.

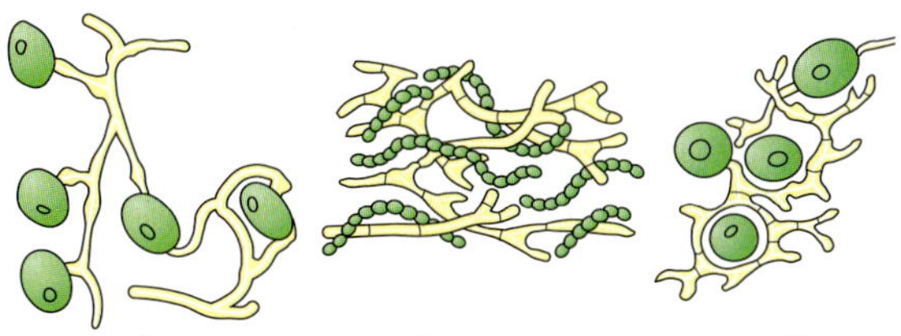

A B C

2 Keimhemmung

Material: Petrischalen, Watte oder Filtrierpapier, Wasser, Wasser, in das eine Woche lang Walnussblätter eingeweicht wurden (enthält dann Juglon), frisch gepresster Apfelsaft oder Apfelscheiben (enthalten Abscisinsäure), Kressesamen

Durchführung: Drei Petrischalen werden mit Watte oder Filtrierpapier ausgelegt. Die erste Schale wird mit Leitungswasser angefeuchtet. In die zweite Schale gibt man den wässrigen Auszug der Walnussblätter und in die dritte Schale frischen Apfelsaft oder Apfelscheiben. Zu allen drei Versuchsansätzen werden jeweils zehn Kressesamen gegeben. Man schließt die Petrischalen und stellt sie für eine Woche bei Zimmertemperatur in einem hellen Raum auf. Nach Ablauf der Versuchszeit wird die Keimungsrate der Samen ermittelt und protokolliert.

Aufgaben:

a) Werten Sie die Beobachtungen aus.

b) Beschreiben Sie die biologische Bedeutung des zweiten und dritten Versuchsansatzes und erläutern Sie die Unterschiede.

3 Gallen untersuchen

Material: verschiedene Gallen, Lupe, Stereolupe oder Mikroskop, Skalpell, Pipette, Pinzette, Phloroglucin-Salzsäure-Lösung

Durchführung: Folgende Beobachtungen werden an den zur Verfügung stehenden Gallen überprüft:

1. Beim Aufschneiden trifft man oft auf Schutzschichten, die aus Schwammgewebe, umgewandelten Blättern oder verholzten Zellschichten bestehen. Hier werden zur Untersuchung Lupe oder Mikroskop eingesetzt. Mit Phloroglucin-Salzsäure-Lösung kann ein mikroskopischer Schnitt auf Lignin geprüft werden.
2. Die Gallwespenlarven haben keine Beine und Augen.
3. Verpuppte Gallwespen liegen in einem kleinen Hohlraum, der keine Fraßspuren aufweist. Die Pflanze bildet die Schicht zur Larvenkammer ständig neu.
4. In der Galle gibt es bis zur Verpuppung keinen Kot. Die Nahrung wird fast vollständig verdaut.

Aufgaben:

a) Protokollieren und erläutern Sie Ihre Beobachtungen.

b) An einem Eichenblatt können verschiedene Gallwespenarten unterschiedliche Gallen (① bis ⑥) erzeugen. Beschreiben und erläutern Sie mithilfe der Abbildung Verteilung und Gestalt der Gallen an einem Eichenzweig.

2 Intraspezifische Beziehungen

38.1 Rotfuchs an seiner Reviergrenze

38.2 Libelle. **A** Larve; **B** Imago

38.3 Honigbiene. Königin (markiert) und Arbeitsbienen

1 Erläutern Sie die abgebildeten Beispiele für intraspezifische Beziehungen.

2 Finden Sie weitere Beispiele für solche Beziehungen.

Zwischen Organismen einer Art gibt es eine Vielzahl von Beziehungen. So konkurrieren die Rotbuchen eines Buchenwaldes um Nährsalze, Wasser und Licht. Die Kohlmeisen stehen in ihrem Lebensraum im Wettbewerb um Nahrung, Brutplätze und Geschlechtspartner. Um diese **intraspezifische Konkurrenz** möglichst gering zu halten, haben sich vielfältige Mechanismen entwickelt. Viele Tierarten grenzen *Reviere* ab, um andere Tiere derselben Art fernzuhalten. Territorien sichern Ressourcen für die Ernährung und die Fortpflanzung. Die Reviergrenzen werden durch Markierungen wie Duftstoffe oder Gesang gekennzeichnet, kontrolliert und notfalls in einem Kampf verteidigt.
Bei einigen Tierarten treten verschiedene *Jugend-* und *Altersformen* auf. So besetzen zum Beispiel Raupe und Imago eines Schmetterlings unterschiedliche ökologische Nischen. Die Raupe ernährt sich meist von Blättern, der erwachsene Falter nimmt Nektar aus Blüten auf. Bei den Libellen leben zwar beide Formen räuberisch, aber die Larven jagen ihre Beute im Wasser und die Libellen selbst in der Luft.

Bei manchen Tierarten tritt *Sexualdimorphismus* auf. Diese Unterschiede zwischen den Geschlechtern können sich auf das Aussehen, aber auch auf das Nahrungsspektrum beziehen. So saugen zum Beispiel nur die Mückenweibchen Blut, während die Männchen von pflanzlichem Nektar leben.

Die wichtigsten innerartlichen Beziehungen betreffen die Fortpflanzung. So gibt es eine Reihe von Verhaltensweisen, die das Auffinden des „richtigen" Partners und die gleichzeitige Paarungsbereitschaft sichern. In der Vogelwelt und bei Walen treten typische Balzgesänge auf; Grillen zirpen und Ratten geben Lockstoffe ab. Solche Substanzen, die das Verhalten von Artgenossen beeinflussen, nennt man *Pheromone.*

Einige Insekten, darunter die Honigbiene, bilden **Tierstaaten** mit Arbeitsteilung. Die Mitglieder eines Bienenvolkes kennen sich nicht persönlich, sondern besitzen einen spezifischen Stockgeruch. Pheromone der Königin spielen bei diesen intraspezifischen Beziehungen eine wichtige Rolle.

3 Populationsökologie

3.1 Wachstum von Populationen

Die vielen Millionen Arten, die unseren Planeten besiedeln, bestehen aus **Populationen.** So nennt man Teilmengen der jeweiligen Art, wenn sie eine mehr oder weniger abgrenzbare Fortpflanzungsgemeinschaft bilden. Durch Abwandlung des Genpools und durch die Wirkung der Selektion haben sich oft Populationen herausgebildet, die besonders an die lokalen ökologischen Verhältnisse angepasst sind. So gibt es in der schneereichen Arktis weiße Wölfe; in Populationen schneearmer Gebiete wäre Weiß dagegen besonders nachteilig. Ändern sich die Selektionsbedingungen, etwa durch Klimawandel, wandelt sich auch die genetische Zusammensetzung der Populationen.

Die Selektion lässt langfristig nur die Bestangepassten überleben. Sie ist besonders wirksam, weil mehr Nachkommen entstehen als überleben können. Unter idealen Vermehrungsbedingungen wächst jede Population in mathematisch beschreibbarer Weise stetig weiter. Allerdings gibt es unbegrenztes Wachstum nur in der Theorie. In der Natur, selbst im Labor, werden schon bald die Grenzen des Wachstums erreicht. Die Ressourcen erschöpfen sich, oder intraspezifische Konkurrenz, Fressfeinde und Parasiten belasten die Population in erheblichem Maße. Solche dämpfenden Faktoren fasst man als **Umweltwiderstand** zusammen.

Um 1800 hat man in Tasmanien Hausschafe eingeführt. Zur Freude der Farmer wuchs deren Population über einige Jahrzehnte ungebremst auf über 1,7 Millionen – bis schließlich die Kapazität des Weidelandes erreicht war. Weiteres Wachstum hätte zu einem katastrophalen Populationszusammenbruch durch Futtermangel geführt.
Auch wenn der Mensch dies nicht wünscht, wachsen Populationen unter günstigen Bedingungen sehr schnell. So findet ein Mäusepaar in einem Getreidelager erst einmal ein scheinbar grenzenloses Nahrungsangebot. Nehmen wir als rechnerisch leicht nachvollziehbares Beispiel an, im Durchschnitt würde ein Paar in seinem Mäuseleben nur zehn weitere Paare in die Welt setzen. Nach zehn Generationen ergäbe sich dann eine Population von $2 \cdot 10^{10}$ Individuen. Diese astronomische Zahl, es wären schon über drei mal so viele Mäuse wie es Menschen auf der Erde gibt, könnte bei der kurzen Generationsfolge der Tiere in weniger als zwei Jahren erreicht sein – allerdings nur rein rechnerisch. Nahrungsverknappung, Feinddruck, Krankheiten und Stress würden dem entgegenstehen.

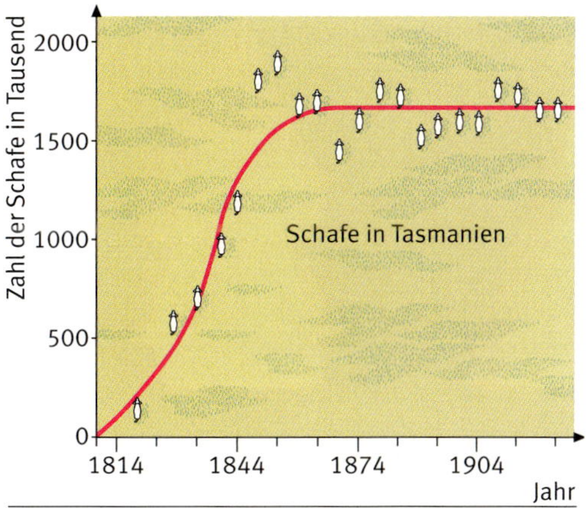

39.1 Logistisches Wachstum. An der Kapazitätsgrenze geht die Wachstumsrate auf Null.

Die **Wachstumsrate** ergibt sich aus der Differenz zwischen Geburten- und Sterbezahl in Prozent bezogen auf eine Zeiteinheit. Wenn dies eine positive Zahl ist, ergibt sich beim Auftragen der Populationsgröße gegen die Zeit die im Prinzip immer gleiche, ständig ansteigende Kurve. Solches Wachstum nennt man *exponentiell.*
In der Realität verschlechtern sich aber mit zunehmender Populationsdichte die Bedingungen für Wachstum. Die Geburtenrate nimmt ab, die Sterberate zu. Das System gelangt an seine **Kapazitätsgrenze.** Mit zunehmender Annäherung an diese Grenze geht die Wachstumsrate gegen Null. In einem solchen Falle spricht man von *logistischem Wachstum.* In natürlichen Systemen ist die Populationsdichte, auch *Abundanz* genannt, meist Schwankungen unterworfen. Nach Überschreiten der Kapazitätsgrenze kommt es zu dramatischen Zusammenbrüchen. Solche oft periodischen Schwankungen oder *Massenwechsel* werden auch durch abiotische Faktoren, etwa den Witterungsverlauf, und durch biotische Einflüsse, zum Beispiel Nahrungsangebot oder Krankheiten, beeinflusst.

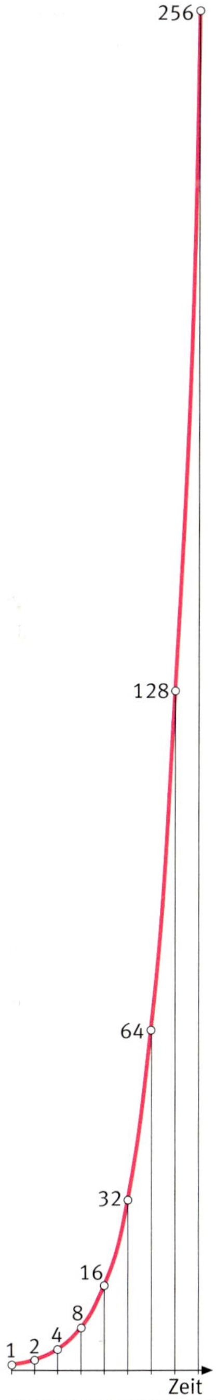

39.2 Exponentielles Wachstum in einer Bakterienkultur. Konstante Verdopplungszeit in der Frühphase

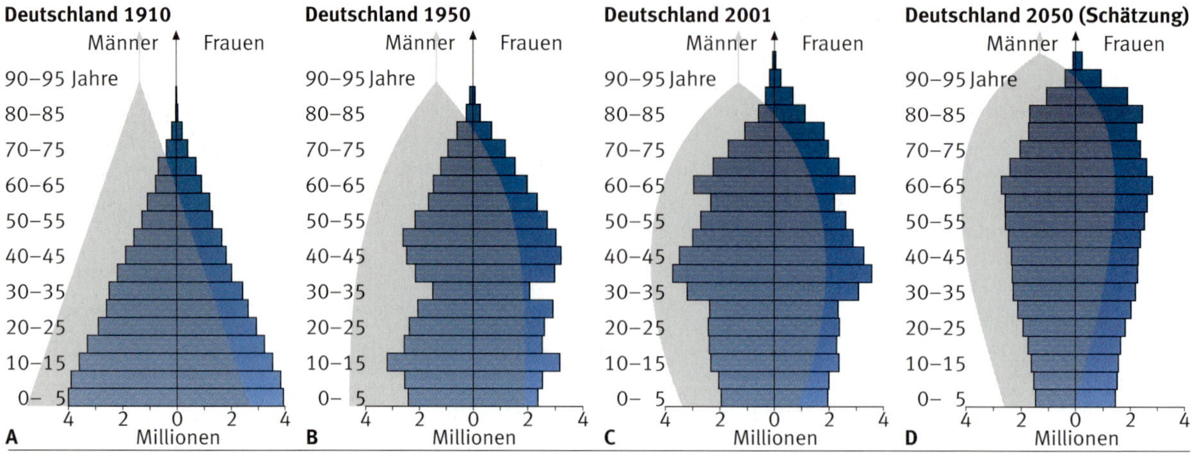

40.1 Typische Altersstrukturen. **A** Pyramide; **B** Glockenform; **C** Urnenform; **D** Urnenform mit schmaler Basis

3.2 Altersstruktur von Populationen

Es gibt, je nach Art, Populationen mit oder ohne Altersstruktur. Bei Eichenwicklern, egal ob im Raupen-, Puppen- oder Schmetterlingsstadium, sind alle Mitglieder einer Population gleich alt. Die Raupen dieser Forstschädlinge schlüpfen alle pünktlich zum Austreiben der Eichenblätter. Das muss so sein, weil sie zunächst nur die ganz jungen Blätter fressen können. Wer zu früh oder zu spät kommt, muss verhungern. Solche streng saisonabhängigen kurzlebigen Populationen können keine Altersstruktur ausbilden. Bei länger lebenden Arten oder solchen, die es im Jahr auf mehrere Generationen bringen, ist das anders; dort leben verschiedene Altersklassen nebeneinander.

Unter besonders günstigen Bedingungen kann eine Population zeitweilig eine sehr hohe Vermehrungsrate realisieren. Im Idealfall erreichen dann alle Jungtiere die Geschlechtsreife und bekommen selbst wieder ebenso zahlreiche Nachkommen. Typisch für eine Population in einem derartigen Wachstumsstadium ist eine Alterspyramide mit sehr breiter Jugendbasis. Mit zunehmender Populationsdichte nimmt aber bald der Umweltwiderstand zu. Es treten mehr Beutegreifer auf, Nahrung und günstige Wohnplätze werden knapp, der intraspezifische Stress nimmt zu, und Krankheiten breiten sich aus. Unter Gedrängestress wird das Hormonsystem beeinflusst. Junge werden seltener gezeugt, Fehlgeburten sind häufig. Die, die geboren werden, sterben meist sehr früh. Oft werden sie gar nicht aufgezogen. Die Basis der *Alterspyramide* wird schmal. Die Population altert strukturell.

Auch wenn menschliches Verhalten durch bewusste Planung und kulturelle Einflüsse mitbestimmt wird, finden wir bei uns ebenfalls wachsende, stabile, alternde, vielleicht sogar aussterbende Populationen mit den jeweils typischen Altersstrukturen. In vormoderner Zeit war auch beim Menschen die aktuelle Ernährungsbasis der Hauptfaktor, der die Populationsdichte begrenzte. Heute, da es möglich ist, das Sexualverhalten vom Fortpflanzungserfolg abzukoppeln, treten kulturgeprägte Werthaltungen und wirtschaftliche Gründe auffällig in den Vordergrund. Es gibt alternde Populationen trotz gesicherter Ernährung.

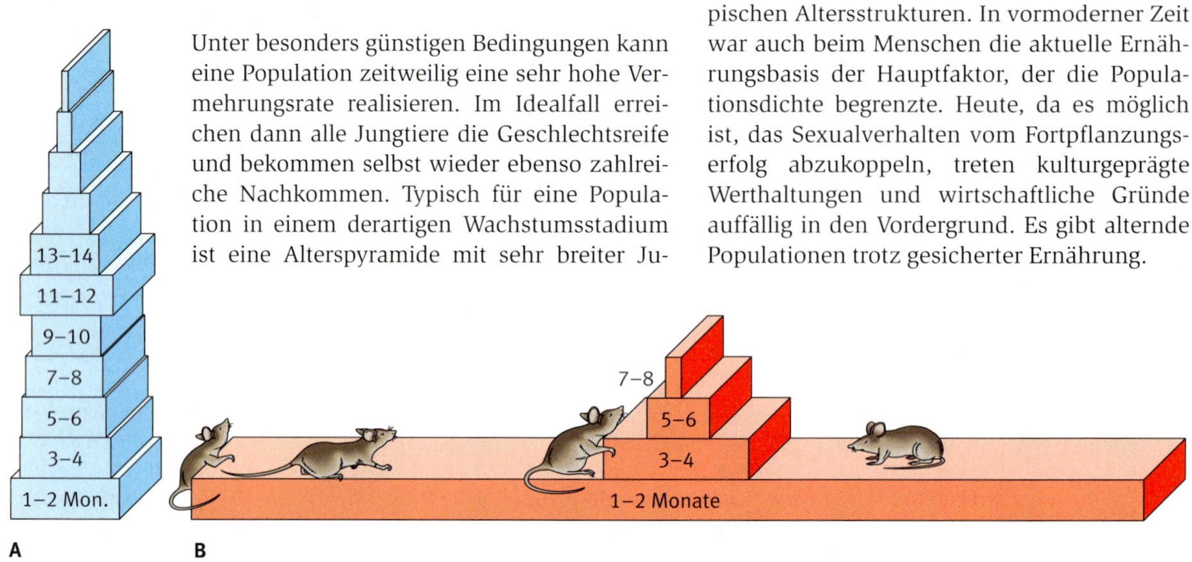

40.2 Altersstruktur von Hausmauspopulationen. **A** in einer stationären Phase; **B** in einer Wachstumsphase

3.3 Strategien der Vermehrung

Verglichen mit den meisten anderen Tieren, etwa mit Mäusen, hat der Mensch eine ausgesprochen geringe Kinderzahl. Trotzdem ist er nicht ausgestorben, sondern hat schon in prähistorischer Zeit nahezu die gesamte Erde besiedelt und gilt als das „erfolgreichste Säugetier". Unter dem Aspekt des Populationswachstums gehört der Mensch zu den **K-Strategen.** So bezeichnet man Arten, die dank geringer Reproduktionsrate die **K**apazität ihres Lebensraumes nicht so rasch überschreiten. Typisch für K-Strategen sind Langlebigkeit, eine geringe Zahl an Nachkommen und hohe „Investitionen" der Eltern. Das heißt, die Jungen werden lange und intensiv betreut. Weitere Beispiele für K-Strategen sind Menschenaffen, Elefanten, Wale und große Greifvögel.

Die gegensätzliche Strategie, also zahlreiche Nachkommen bei geringen „Investitionen" in die Einzelnen, kann ebenfalls erfolgreich sein. Solche Arten können sich bei günstigen Bedingungen dank ihres enormen Vermehrungspotenzials schnellstens ausbreiten. Man nennt ihre Vertreter **r-Strategen,** weil sie eine hohe Vermehrungs**r**ate haben. In diese Kategorie gehören neben Mäusen die Insekten, die meisten Fische sowie kleinere Vögel, die oft mehrmals im Jahr brüten. Typisch für r-Strategen sind Kurzlebigkeit und vor allem eine hohe Jugendsterblichkeit. Die besondere Stärke der r-Strategen liegt darin, dass sie, wenn sich neue Lebensmöglichkeiten auftun, sehr schnell eine große Population aufbauen können. Kein Wunder, dass schlagartig in Massen auftretende Schädlinge wie Blattläuse und Wanderheuschrecken r-Strategen sind.

Die hier als gegensätzlich gegenübergestellten Strategien sind als relativierende Begriffe zu verstehen, wie etwa „viel" und „wenig": Verglichen mit Rehen sind Kaninchen r-Strategen, verglichen mit Insekten sind sie K-Strategen. Auch innerhalb einer Population kann die Strategie periodisch wechseln. Es hängt von den jeweiligen ökologischen Bedingungen ab, ob r- oder K-Strategen begünstigt werden. Unter wenig stabilen Bedingungen ist es allgemein die r-Strategie. In Phasen des Überflusses können r-Strategen plötzlich verfügbare Ressourcen am erfolgreichsten nutzen, indem sie sich stark vermehren. Unter stabilen Verhältnissen haben K-Strategen Vorteile.

Schimpansen

STECKBRIEF

Diese K-Strategen leben in den tropischen Waldgebieten Afrikas. Die Jungtiere werden von der Mutter etwa vier Jahre lang gesäugt und bleiben auch danach noch in engem Kontakt mit ihr. Eine weitere Schwangerschaft kann erst erfolgen, wenn das Junge abgestillt ist. Lernen und Tradition spielen bei Schimpansen eine große Rolle. Es gibt populationsspezifisch überlieferte Methoden, Nüsse zu knacken oder Termiten zu angeln.

Wasserflöhe

STECKBRIEF

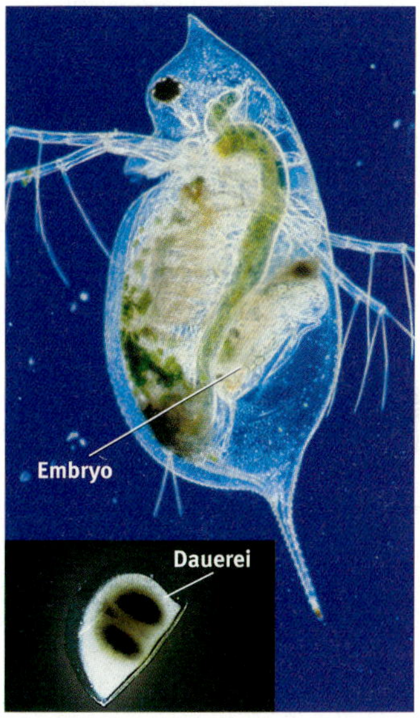

Bei diesen r-Strategen schlüpfen im zeitigen Frühjahr Weibchen aus speziellen Dauereiern. Sie ernähren sich von winzigen, meist pflanzlichen Schwebeorganismen, die sie mit ihren Blattfüßen heranstrudeln und ausfiltern. In ihrem von Chitinschalen geschützten Brutraum reifen in rascher Folge Embryonen heran, die parthenogenetisch, das heißt ohne Befruchtung, entstanden sind. Im Herbst werden auch Männchen geboren und nährstoffreiche widerstandsfähige Dauereier gebildet, die befruchtet werden. Von einer Chitinhülle geschützt, schwimmen sie an der Oberfläche.

1 Begründen Sie die unterschiedlichen Populationsstrukturen in Abbildung 40.1 und 40.2.

2 Welchen Vorteil hat für Wasserflöhe die Parthenogenese? Gelegentlich bilden Wasserflöhe nährstoffreiche Dauereier aus. Begründen Sie den evolutionären Vorteil dieser für r-Strategen untypischen Strategie.

42.1 Räuber-Beute-Beziehung. **A** Schema; **B** zyklische Darstellung; **C** periodische Darstellung; **D** mit Dämpfungsfaktor

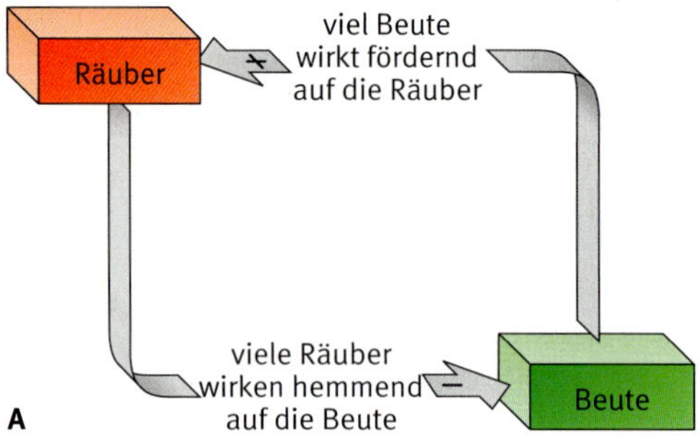

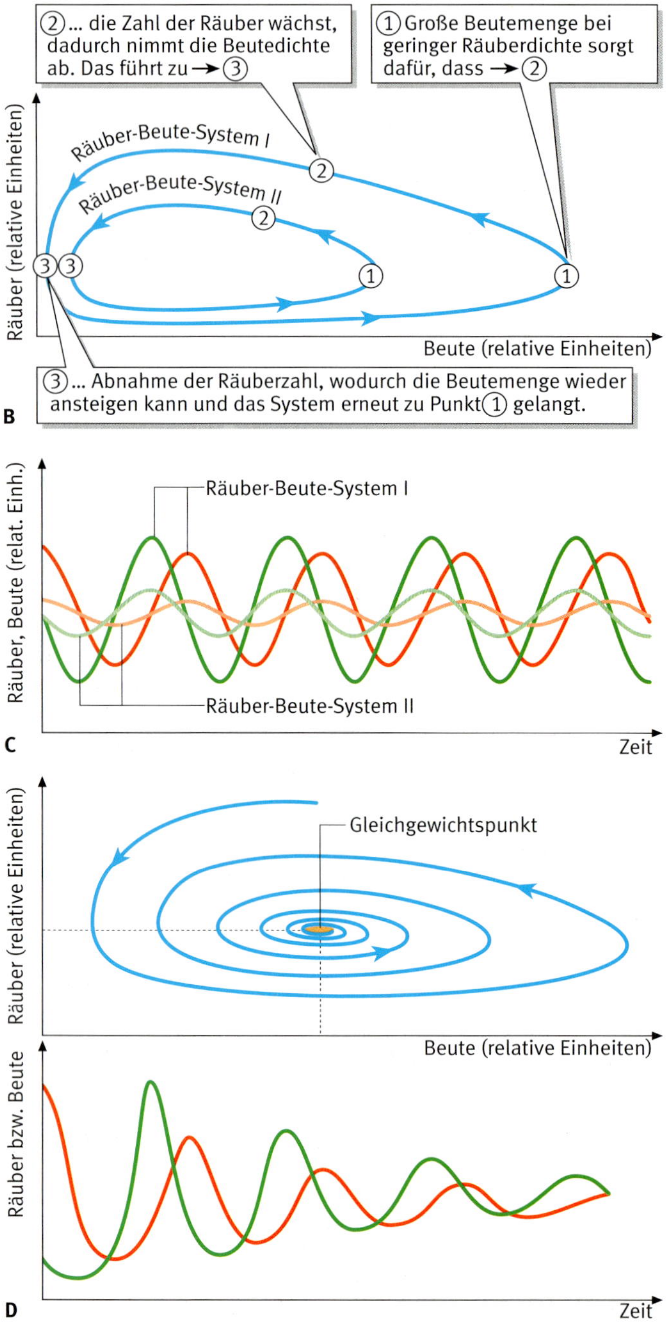

3.4 Regulation von Populationen

Zwischen „Räubern“ und „Beute“ bestehen wechselseitige Beziehungen: Beutegreifer dezimieren die Beutetiere; umgekehrt bestimmt die Beutedichte, wie viele Räuber existieren können. Die Rolle der Beute kann auch von Pflanzen und die der Räuber von Pflanzenfressern übernommen werden.

Für die Beziehung zwischen Räubern und Beute haben LOTKA (1925) und VOLTERRA (1926) ein *mathematisches Modell* entwickelt. In der nebenstehenden Darstellung zeigt die y-Achse die Individuenzahlen der Räuber, die x-Achse die der Beutetiere. Änderungen der Dichte einer der agierenden Populationen ziehen Änderungen beim Gegenspieler nach sich, bis schließlich der Ausgangszustand des *Zyklus* wieder erreicht ist. Nebenstehend sind zwei verschiedene Systeme (I und II) eingezeichnet, die sich nicht im Prinzip, wohl aber in der Schwankungsbreite unterscheiden.

Führt man den Zeitfaktor in Form einer Zeitachse ein, so ergeben sich *periodische Kurven*. Räuber- und Beutedichte verlaufen nun in getrennten Kurven, die sich folgen, aber nie einholen. Wie man sieht, bleiben in diesem mathematischen Modell für alle Zeiten die Höhe der Schwankungen und die Weite der zyklischen Bahnen gleich.

Da in der Natur aber immer Störungen auftreten, kann dieses Modell zur Beschreibung der Wirklichkeit nicht ausreichen. Es muss Dämpfungsfaktoren geben. Ein solcher besteht in der intraspezifischen Konkurrenz, die bei steigender Dichte zunimmt. Unter Einbeziehung eines solchen dichteabhängigen Rechenfaktors strebt das System in der zyklischen Darstellung spiralförmig einem Gleichgewichtspunkt zu. Über der Zeitachse dargestellt, ergibt sich eine gedämpfte Schwingung, die sich mit der Zeit einer Geraden nähert.

Natürliche Räuber-Beute-Systeme kommen aber nie zur Ruhe und die Perioden sind auch unregelmäßig, weil immer wieder Störungen eintreten. Solche mathematischen Modellierungen können immer nur Teilaspekte der realen Welt wiedergeben. Aber sie vertiefen das Verständnis der Zusammenhänge sehr und können auch für Voraussagen nützlich sein.

Zusammenfassend lassen sich nach diesem Modell die **LOTKA-VOLTERRA-Regeln** formulieren:
1. Die Individuenzahlen von Beute und Räuber schwanken periodisch. Dabei folgen die Maxima und Minima der Räuber phasenverzögert denen der Beute.
2. Langfristig bleiben die Mittelwerte beider Populationen trotz der Schwankungen konstant.

Wegen der Störungen durch Unregelmäßigkeiten des Klimas, durch Krankheiten, Naturkatastrophen oder durch neu einwandernde Organismen und die Komplexität des Nahrungsnetzes findet man die LOTKA-VOLTERRA-Regeln niemals exakt verwirklicht. Dennoch gibt es eindrucksvolle Beispiele. Besonders bekannt wurden in diesem Zusammenhang die bei der Hudson-Bay-Company abgelieferten Felle von Luchsen und Schneeschuhhasen.

Lemminge, Bewohner der nordischen Tundra, sind r-Strategen, die unter günstigen Umständen zur Massenvermehrung neigen. Man sagt ihnen nach, in einem Zyklus von vier Jahren Massenselbstmord zu begehen. Dahinter steckt aber Folgendes: Die Tiere vermehren sich sehr stark, übernutzen ihre pflanzliche Nahrungsgrundlage und sterben dann massenweise an Hunger, Dichtestress und Krankheiten. Durch Wanderungen versuchen sie, meist vergeblich, ihrem Schicksal zu entkommen. Dabei durchschwimmen sie auch Gewässer und ertrinken oft. Die Vegetation erholt sich daraufhin und der Zyklus beginnt von Neuem. Von den Lemmingen abhängig sind die Schneeeulen. In Lemmingjahren vermehren sie sich verhältnismäßig stark, als K-Strategen aber nicht so schnell, dass sie die Lemminge nennenswert dezimieren könnten. Nach dem Zusammenbruch der Lemmingpopulation verhungern auch die meisten der Schneeeulen, weil sie fast ausschließlich von Lemmingen abhängig sind.

Viele Arten haben Strategien entwickelt, die katastrophenartige Massenvermehrungen verhindern. Eine solche ist die *Territorialität*. Die Verteidigung eines Brutreviers sichert die Nahrungsgrundlage für die Nachkommen. Wenn mehr Anwärter als *Reviere* vorhanden sind, werden die Überzähligen von der Fortpflanzung ausgeschlossen. Zur Reviermarkierung setzen Säugetiere oft Duftmarken, Vögel nutzen den Gesang.

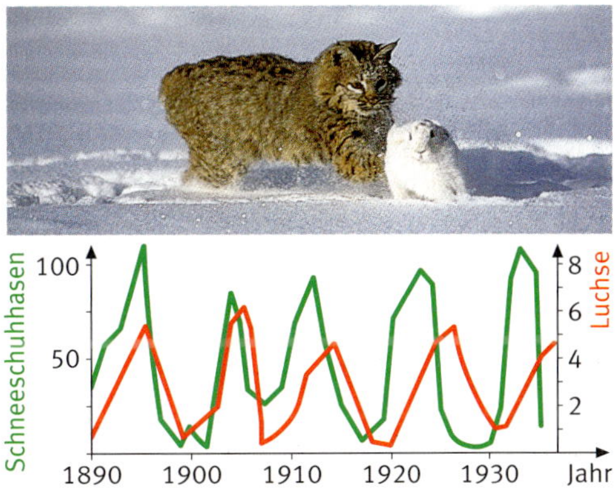

43.1 Felllieferungen bei der Hudson Bay Company (Zahlen in Tausend)

43.2 Dichteschwankungen von Lemmingpopulation und Vegetation

43.3 Zaunkönige sichern sich ihre Nahrungsgrundlage durch Revierverteidigung

43.4 Wegen der Wasserknappheit halten sich diese Pflanzen durch Wurzelkonkurrenz auf Abstand

Variabilität und Anpassung

Der Artbegriff erfasst nicht ein Einzelwesen, sondern die gesamte Vielfalt einer natürlichen Fortpflanzungsgemeinschaft. Die Individuen unterscheiden sich also mehr oder weniger. Aufgrund ihrer genetischen Ausstattung variiert auch ihre *Fitness:* Sie sind unterschiedlich erfolgreich darin, Vorteile aus ihrer Umwelt zu ziehen und mit deren Widrigkeiten fertig zu werden. Nur Organismen mit hinreichend passendem Erbgut bringen ihre Gene in den Genpool der Population ein. Die mit unpassendem Erbgut fallen der natürlichen **Selektion** zum Opfer. Ihre genetische Linie stirbt dann aus.

Welche Individuen die fittesten sind, hängt von den jeweiligen Bedingungen ab. Wird etwa der Weidedruck durch große Pflanzenfresser sehr stark, sind Holzgewächse mit langen Dornen im Vorteil. Der Anteil der kurzdornigen Pflanzen in dieser Population wird zurückgehen; die Durchschnittslänge der Dornen nimmt zu. In diesem Falle findet eine *transformierende Selektion* statt. Wird allerdings die Ausprägung eines Merkmals übertrieben, hat das Nachteile. Stets wird die optimale Variante selektiv bevorzugt, und das ist bei gleich bleibenden Verhältnissen fast immer die, die bereits am häufigsten vertreten ist. Unter konstanten Bedingungen wirkt also die natürliche Selektion *stabilisierend.* Manchmal aber greift die Selektion vor allem im Mittelbereich an, und die Extreme werden bevorzugt. Dann spricht man von *disruptiver Selektion.*

Weshalb aber variieren bestimmte Merkmale in natürlichen Populationen? Ein gut untersuchtes Beispiel bietet die Schnabeldicke des Mittelgrundfinks auf der kleinen Galapagosinsel Daphne. Dort hat man über Jahre nahezu die gesamte Population mit Netzen eingefangen und vermessen. Die durchschnittliche Schnabeldicke variierte in den einzelnen Jahren erheblich. Man fand einen Zusammenhang mit dem Niederschlag. In einzelnen besonders feuchten Jahren produziert das Ökosystem für diese Vögel reichlich weiches Futter, das sich mit zierlicheren Schnäbeln am besten fressen lässt. In trockenen Jahren aber gibt es vorwiegend große harte Samen, die nur mit kräftigen Schnäbeln zu knacken sind.
Solange das Klima und damit das Nahrungsangebot Schwankungen unterworfen sind, stirbt wahrscheinlich keine dieser genetischen Varianten aus. Allerdings könnte eine solche bei sehr kleinen Populationen doch einmal *zufällig* verloren gehen. Man spricht dann von **Gendrift.** Falls sich die Umweltverhältnisse wieder ändern, fehlt dann die daran angepasste Mutante, und die Gefahr ist sehr groß, dass die ganze Population ausstirbt. Dies zeigt, wie wichtig **genetische Diversität** für die Anpassungsfähigkeit ist. Das gilt auch für Merkmale wie die Resistenz gegenüber Klimaeinwirkungen, Infektionen oder Giftstoffen. Auch variierende Verhaltens- und Lerndispositionen oder jahreszeitliche Reifungsprogramme können überlebensentscheidend sein.

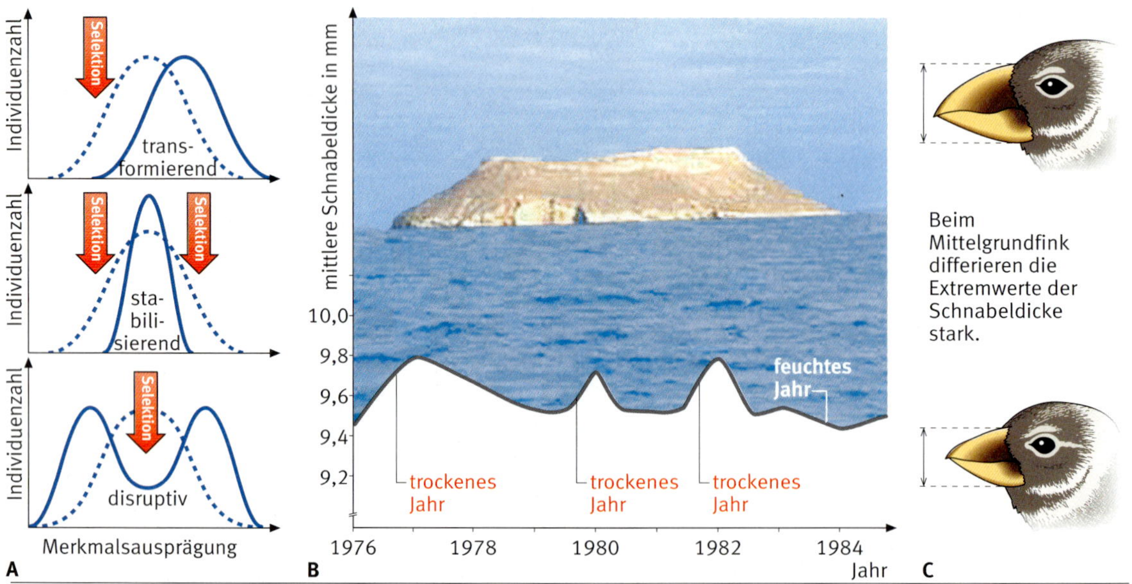

44.1 Variabilität und Selektion. A Selektionsrichtungen; **B** mittlere Schnabeldicke des Mittelgrundfinks auf Daphne; **C** Extreme der Schnabeldicke

4 Ökologische Nische

4.1 Nischenerschließung durch unterschiedliche Nutzung

Weite Teile der Tropen und Subtropen sind von Savannen bedeckt. Hier findet man Grasland mit einzelnen Bäumen oder Baumgruppen. Es liefert Nahrung für die verschiedensten Arten von Pflanzenfressern, die sich diesen Lebensraum teilen.

Ein solcher Reichtum an Tierarten ist nur möglich, weil die einzelnen Arten der interspezifischen Konkurrenz durch *Spezialisierung* ausweichen. So nutzen die Herbivoren die Baumsavanne Afrikas unterschiedlich: Giraffen weiden eher in den Baumkronen. Die Elenantilope frisst bevorzugt das Laub an mittleren Ästen. Die relativ kleine Giraffengazelle kann sich auf die Hinterbeine stellen, um ebenfalls hohe Zweige zu erreichen. Das Dik-Dik, eine kleine Antilopenart, ernährt sich von Knospen und Blättern im unteren Bereich. Der Elefant hat dagegen auf das gesamte pflanzliche Nahrungsangebot der Baumsavanne Zugriff.

Ähnlich verhält es sich bei der Nutzung der Grassavanne. Zebras, Gnus und kleine Gazellen fressen zwar alle Gras – bevorzugen jedoch unterschiedliche Stadien: Die Zebras weiden zuerst die harten Langgräser ab. Ihnen folgen Weißbartgnus, die die laubreiche Mittelschicht fressen. So können kleine Gazellen zum Schluss kurze Gräser, Triebe und Samen erreichen. Alle Pflanzenfresser der Savanne können also der wechselseitigen Konkurrenz nur deshalb ausweichen, weil sich ihre Lebensansprüche in mindestens einem Bereich unterscheiden.

In der Evolution haben sich Fähigkeiten und Eigenschaften entwickelt, die es Lebewesen erlauben, einen bestimmten Umweltbereich erfolgreich zu nutzen. Diesen Bereich bezeichnet man als **ökologische Nische.** Die ökologische Nische einer Art umfasst alle Wechselwirkungen zwischen Organismus und Umwelt. Dazu zählen Faktoren wie Licht, Wasser und Wärme ebenso wie Brutplatz, Ort oder Art des Nahrungserwerbs. Man darf sich die „Nische" nicht räumlich vorstellen, sondern eher als eine Art „Beruf". In der Savanne gibt es zum Beispiel Blätterzupfer, Langgras- und Kurzgrasfresser.

Jede Landschaft bietet Lebensbedingungen für bestimmte Tiere, Pflanzen, Pilze und Mikroorganismen. Diese besetzen gewissermaßen **ökologische Planstellen.** So findet man in den bereits beschriebenen Savannen Ostafrikas ganz ähnliche Verhältnisse wie in den offenen Trockenlandschaften Australiens. Hier nehmen jedoch verschiedene Känguru-Arten die Rolle der Weidegänger ein. Sehr ähnliche Planstellen können also in verschiedenen Regionen durch ganz unterschiedlich aussehende Tiere besetzt werden.

45.1 Afrikanische Savannenbewohner.
① Giraffe
② Elefant
③ Giraffengazelle
④ Elenantilope
⑤ Dik-Dik
⑥ Zebra
⑦ Weißbartgnu
⑧ Gazelle

46.1 Konvergenz durch ähnliche ökologische Bedingungen.
A Wolfsmilch; **B** Kaktus

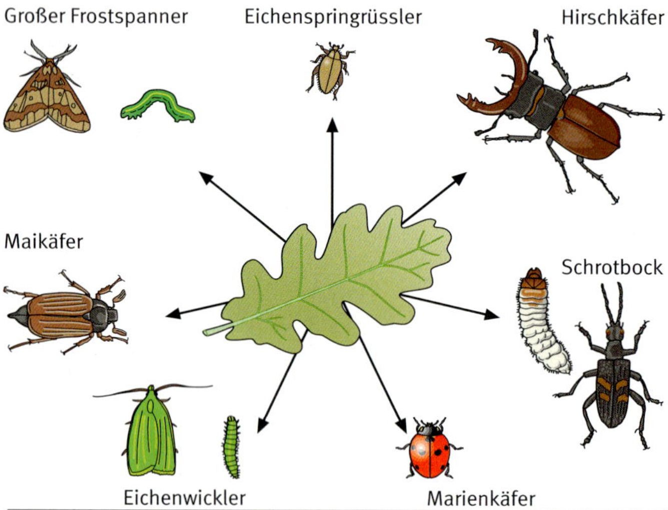

46.2 Eiche als Nahrungsquelle

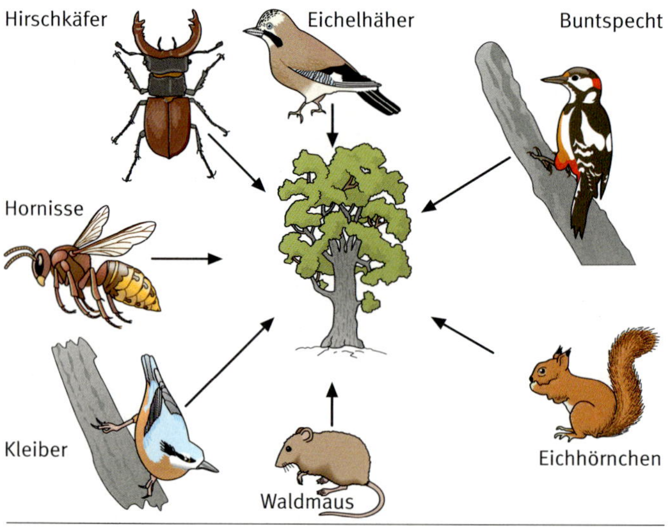

46.3 Eiche als Lebensraum

Andererseits können ähnliche ökologische Verhältnisse auch zu einer ähnlichen Gestalt führen, obwohl die Lebewesen überhaupt nicht miteinander verwandt sind.

So sind sich einige Vertreter der Kakteen und der Wolfsmilchgewächse zum Verwechseln ähnlich. Dabei kommen die Kakteenarten fast ausschließlich in Amerika, die Wolfsmilcharten dagegen in Afrika vor. Sicher zuordnen kann man die kugel- oder säulenförmigen Sukkulenten nur, wenn man sich ihre Blüten anschaut. Außerdem besitzen die Wolfsmilchgewächse, wie unsere heimischen Arten auch, einen weißen Milchsaft.

Ähnliche Beispiele für vielfältige ökologische Nischen finden sich unmittelbar vor unserer Haustür. Eine einzelne alte Stieleiche kann über 250 wirbellose Arten beherbergen. Sie ernähren sich zum Beispiel von unterschiedlichen Teilen der Eiche. Während die Raupen von Eichenwickler und Großem Frostspanner Blätter fressen, bevorzugen Eichennapfläuse und die Larven des Schrotbocks holzige Teile. Es gibt auch Rüsselkäfer, die auf Eichen leben. Ihre Larven entwickeln sich entweder in den Eicheln oder in den Gallen einer Gallwespe. Im Herbst sind viele Eichenblätter auffallend weiß gefleckt. Hier hat eine Schmetterlingsraupe das Innere des Blattgewebes gefressen. Das entstandene Fraßbild bezeichnet man als Mine. Minierende Insekten wie manche Blattwespen und Mückenlarven sind im Blattinneren gut vor Wettereinflüssen und Räubern geschützt. Die besondere ökologische Nische innerhalb eines Blattes setzt spezielle Angepasstheiten voraus. So ist der Körper dieser Tiere stark abgeflacht, Beine und Augen können zurückgebildet sein. Alte Eichen können mit ihren Hohlräumen Hirschkäfer, Eichenbock und Hornisse Wohnraum bieten. Da es kaum noch sehr alte Eichen gibt, sind diese Arten seltener geworden. Im Umfeld einer Eiche leben ferner zahlreiche Wirbeltiere wie Eichelhäher, Spechte, Meisen, Eichhörnchen, Mäuse und Wildschweine. Vielen dieser Tiere bietet die Eiche nicht nur Nahrung, sondern auch Nistmöglichkeiten. Kleiber, verschiedene Meisen-, Specht- und Eulenarten brüten in den Hohlräumen der Eiche.

1 Erläutern Sie die Abbildungen 46.2 und 46.3 im Zusammenhang mit dem Besetzen ökologischer Nischen.

Evolutionsstrategien und Ökologie

Wenn es um das Zusammenleben verschiedener Arten geht, haben sich in der Evolution ganz unterschiedliche Strategien durchgesetzt.
Zum einen können sich aus einer Population verschiedene Teilpopulationen entwickeln, die sich immer mehr voneinander trennen. Es kann zur **ökologischen Sonderung** kommen. Dabei werden durch entsprechende Umweltbedingungen die Nachkommen ausgelesen, die etwas veränderte Gene besitzen und diese im Phänotyp ausprägen. Dabei kann es sich sowohl um äußere Merkmale wie die Schnabelform als auch um Verhaltensweisen oder die Toleranz gegenüber bestimmten abiotischen Faktoren wie der Temperatur handeln. Wird diese Tendenz zum Beispiel durch Isolation unterstützt, verändert sich der Genpool der betroffenen Population weiter. Die Populationen beziehungsweise Arten sind dann **eingenischt** und **ökologisch** voneinander **getrennt**. Ein eindrucksvolles Beispiel findet man auf den kanarischen Inseln: Hier wachsen verschiedene Natternkopfarten, die an bestimmte Höhenlagen vom Tiefland bis zum Gebirge angepasst sind. Dabei werden die Blätter kleiner, dicker und immer behaarter, je höher der Standort der Pflanzen liegt.

Bei vielen interspezifischen Beziehungen haben sich zwei Arten in ihrer Entwicklung gegenseitig beeinflusst. Man spricht hier von **Coevolution.** Typische Beispiele dafür sind *Räuber-Beute-Beziehungen:* Einige Räuber entwickelten kräftigere Körper und erfolgreichere Jagdmethoden. Es überlebten nur die Beutetiere, die sich an diese Veränderungen anpassen konnten.

Besonders eng verlief die Coevolution bei den *Parasit-Wirt-Beziehungen*. Im Laufe der Evolution kam es zu einem „Wettrüsten" zwischen den Angepasstheiten des Parasiten und den entsprechenden Abwehrstrategien des Wirtes.
Deutlich ist die Coevolution auch bei den verschiedenen *Bestäubungssymbiosen*. Hier übertragen zum Beispiel Insekten, Vögel oder Fledermäuse den Pollen und stellen so eine Fremdbestäubung und damit eine hohe genetische Variabilität der Pflanzen sicher. Einige Blüten locken ihre Bestäuber dafür mit Pollen oder Nektar an. Bei vielen Orchideenarten gehen die Anpassungen noch weiter. Sie täuschen mit Aussehen und pheromonartigen Lockstoffen potentielle Partnerinnen vor. Dabei sind die einzelnen Arten stark auf einen bestimmten Bestäuber spezialisiert. Die Männchen mancher Hummel-, Wildbienen- oder Fliegenarten fallen auf diese „Sexualattrappen" herein. Sie steuern die Blüten an und werden mit Pollenpaketen beklebt.
Ein anderes Täuschungsmanöver hat sich in der Evolution bei einigen Passionsblumen entwickelt. Sie sind die Hauptnahrung der recht gefräßigen Raupen des Heliconiafalters. Deshalb legt ein Schmetterlingsweibchen seine gelben Eier nur auf Pflanzen ab, die noch nicht von anderen Faltern belegt wurden. Einige Arten der Passionsblumen können jedoch gelbe „Schwindeleier" auf den Blättern oder an Blattstielen hervorbringen. Diese Pflanzen täuschen die Schmetterlinge damit erfolgreich und verhindern so eine Eiablage.

1 Erläutern Sie die abgebildeten Beispiele als Coevolution.

47.1 Blütenbestäuber. A Kolibri; **B** Hummel

47.2 Passionsblume und Heliconiafalter

48.1 Badende Rotgesichtsmakaken

Verhaltensökologie und Soziobiologie

Die Frage, *warum* ein Tier gerade dieses Verhalten zeigt, lässt sich auf zwei Ebenen stellen. Auf der proximaten Ebene wird die Kausalkette untersucht, also *wie* alle Faktoren zusammenwirken und welche Mechanismen das Verhalten steuern. Die ultimate Ebene fragt, *wozu* das Lebewesen dieses Verhalten zeigt. Sie sucht also nach den biologischen Funktionen des Verhaltens und in welchem Maß dieses Verhalten der **reproduktiven Fitness** des Tieres dient. Dabei geht es darum, möglichst viele Kopien der eigenen Gene weiterzugeben. Eine Population wird durch natürliche Selektion verändert, sodass auch das Verhalten evolutionär an die Erfordernisse der Umwelt angepasst wird. Dabei haben sich auch Verhaltensweisen herausgebildet, die nur indirekt der eigenen Fitness dienen, indem sie Verwandten nützen. So kommt es zum Beispiel bei Affen häufig zu einer gemeinsamen Aufzucht der Jungtiere oder zur sozialen Fellpflege. Sie dient der Körperpflege, festigt Allianzen und vermindert Aggressionen. Dabei werden die Gene nah verwandter Individuen und damit zumindest zum Teil Kopien der eigenen Gene gefördert. Dem *Nutzen*, also dem Fitnessgewinn, stehen immer auch *Kosten* gegenüber. Die Evolution fördert hier ein möglichst günstiges Verhältnis.

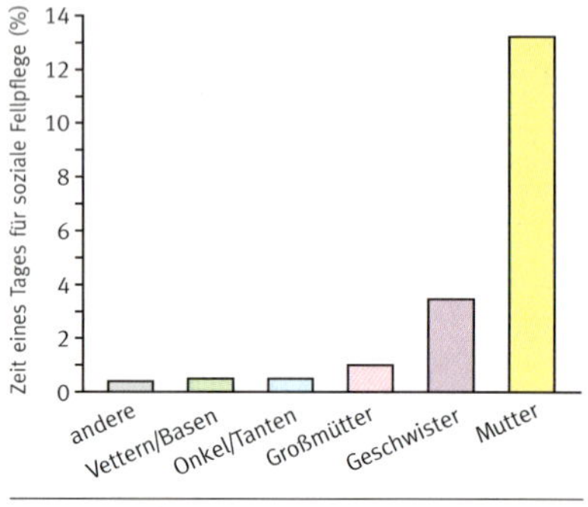

1 Werten Sie das Diagramm aus.

48.2 Fellpflege bei Rotgesichtsmakaken

4.2 Nischenerschließung durch Verhalten

Makaken zählen zu den anpassungsfähigsten Primaten. Die einzelnen Arten leben in den unterschiedlichsten Lebensräumen von Afrika bis Asien. Auch in den Gebirgen Japans ist eine Art, der Rotgesichtsmakak, beheimatet. Hier herrscht im Winter strenger Frost und es liegt hoher Schnee. Neben dem langen, zottigen Fell haben die Affen dieser Region zusätzlich ein Verhalten gelernt, das ihnen hilft, die harten Winter zu überstehen. Sie entdeckten heiße vulkanische Quellen als Bade- und Aufwärmmöglichkeit. Dieses Verhalten haben mittlerweile alle Affen dieses Gebietes übernommen. So hat sich eine **Tradition** herausgebildet. Die nächste Generation profitiert ebenfalls von den Erfahrungen. Hier führte also eine erlernte Verhaltensweise zur Erweiterung der bereits vorhandenen ökologischen Nische.

Andere Verhaltensänderungen haben den betroffenen Lebewesen häufig sogar zu völlig neuen Nischen verholfen. Einige Arten konnten sich den Lebensräumen des Menschen gut anpassen und wurden zu **Kulturfolgern.** So brüten Mauersegler und Turmfalken heute in geeigneten Bauwerken, obwohl sie ursprünglich unzugängliche Gebirge oder dichte Wälder bevorzugten. Dafür müssen sich sowohl das Brut- als auch das Fluchtverhalten etwas verändert haben.
Das ausgeprägte Erkundungsverhalten ermöglichte Füchsen, Mardern und Waschbären, den Lebensraum Stadt zu erobern. Vorteile wie ein reiches Nahrungsangebot, zum Beispiel aus Mülltonnen, ein geringerer Feinddruck und unbesetzte Reviere liegen auf der Hand. Heute leben allein in Berlin tausende Füchse. Selbst Wildschweine haben den urbanen Lebensraum für sich entdeckt.

Bei anderen Tieren haben sich die Strategien zum Nahrungserwerb verändert. In England lernten Meisen das Öffnen von Milchflaschen, die vor der Haustür abgestellt wurden. Sie konnten dann von der Sahne naschen. Diese Tradition breitete sich rasch aus.
Bei uns haben Krähen eine neue Methode zum Öffnen von Nüssen entdeckt. Sie lassen eine Walnuss vor einem fahrenden Auto fallen und fressen die Samen, wenn die Frucht überfahren wurde.

Zugverhalten von Vögeln. In Deutschland brüten etwa 280 Vogelarten. Einige unter ihnen sind Zugvögel. Indem sie in unterschiedlichen Brut- und Überwinterungsquartieren leben, besetzen sie verschiedene ökologische Nischen. Im Sommerhalbjahr finden vor allem die Insekten fressenden Vögel in Nordeuropa reichlich Nahrung. Auch Brutplätze und Fortpflanzungspartner sind meist ausreichend vorhanden. Diese Ressourcen zu nutzen, ist jedoch nur dann sinnvoll, wenn dem kalten, nahrungsarmen Winter ausgewichen werden kann. Dazu verhilft ein **angeborenes Zugverhalten,** das heute gut erforscht ist. Hierfür hielt man Versuchstiere in Rundkäfigen, in denen man verschiedene Tag- oder Nachtbedingungen und Magnetfelder simulieren konnte.

Tagaktive Zugvögel wie die Stare setzen im Herbst stark Fettgewebe an. Man brachte die Stare in Versuchskäfige unter freiem Himmel, sodass die Sonne zu sehen war. Bei einsetzender *Zugunruhe* zeigten die Tiere eine eindeutige Tendenz zur natürlichen Zugrichtung.

Die Zugunruhe wird durch innere Faktoren wie Hormone und äußere Faktoren wie die Tageslänge gesteuert. Die Zugaktivität der Stare hielt bis zu sechs Stunden an, ohne dass sie die Zugrichtung änderten. Obgleich die Sonne weiterwanderte, ließen sich die Stare nicht beirren. Sie konnten also mithilfe ihrer inneren Uhr die Sonnenwanderung richtig kalkulieren und die Zugrichtung trotz veränderten Sonnenstandes einhalten. Man bezeichnet dieses Verhalten auch als **Sonnenkompassorientierung.** Weiterführende Versuche mit Spiegeln konnten diese Befunde bestätigen. Bei geschlossener Wolkendecke verhielten sich die Stare dagegen orientierungslos. Sie konnten keine bestimmte Zugrichtung einhalten.

Die Orientierung nach dem Sonnenkompass kommt nicht nur bei Vögeln, sondern auch bei Krebsen, Spinnen und Fischen vor.

Kompassorientierung ist jedoch auch nach dem **Mond** oder den **Sternen** möglich. Zugaktive Vögel wie die Gartengrasmücke können ihren Lebensrhythmus im Herbst auf Nachtaktivität umstellen. Sie ziehen dann im Schutz der Dunkelheit in Richtung Südwesten. Planetariumsversuche legen nahe, dass sie sich dabei am Polarstern und den umgebenden Sternbildern orientieren. Wurde bei gestörtem Magnetfeld ein bewölkter Himmel simuliert, waren die Tiere orientierungslos. Ihre Orientierung verbesserte sich erst wieder, wenn das Erdmagnetfeld unverändert blieb. Zugvögel besitzen also zusätzlich einen **Magnetsinn.** Versuche mit beiden Größen haben gezeigt, dass die Vögel primär mithilfe des Magnetkompasses die Richtung bestimmen. Dieses Verhalten ist mit großer Wahrscheinlichkeit angeboren und ermöglicht die Einhaltung der Zugrichtung. Sternbilder und Landmarken wie Gebirge und Flüsse werden später erlernt. Diese Lerndisposition ist angeboren.

49.1 Mögliche Versuchsreihe zum Zugverhalten der Gartengrasmücke.
① klarer Himmel, Magnetfeld ungestört
② bedeckter Himmel, Magnetfeld ungestört
③ bedeckter Himmel, Magnetfeld gestört

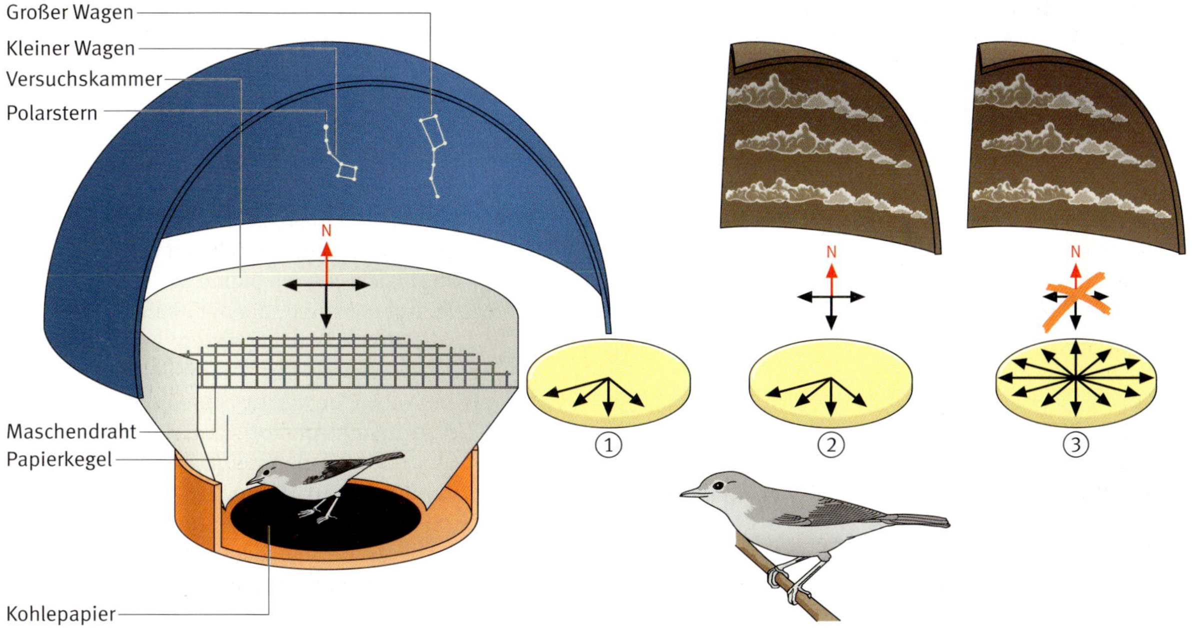

50.1 **Heringsschwarm**

50.2 **Lachmöwenkolonie**

50.3 **Gruppenjagd bei Lachmöwen**

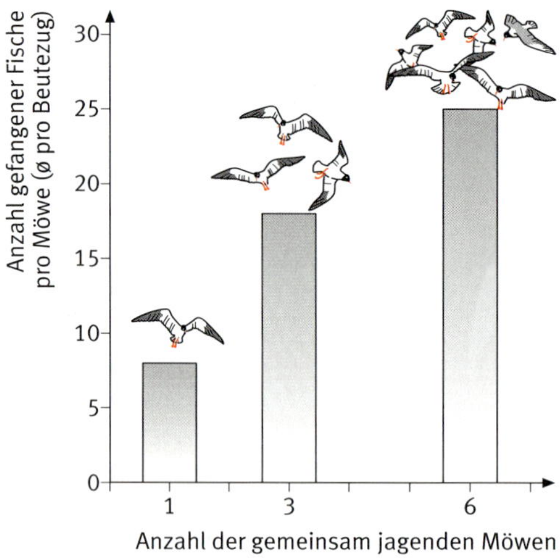

1 Erläutern Sie das Jagdverhalten der Lachmöwen. Gehen Sie dabei insbesondere auf den in Abbildung 50.3. dargestellten Sachverhalt ein.

Zusammenleben und Kooperation. Viele Zugvögel sammeln sich im Herbst zu großen Wandergesellschaften. Dabei kennen sich die Tiere nicht persönlich und fremde Artgenossen können sich ohne Probleme anschließen: Ein **offener anonymer Verband** entsteht. Welchen Vorteil bringt dieses Verhalten?

Ein Fressfeind kann im Überraschungsangriff meist nur ein einzelnes Tier erbeuten. Er muss es dazu genau fixieren können, um die Endhandlung „Fangen und Töten“ exakt auszuführen. Genau das wird jedoch bei der *Schwarmbildung* erschwert. Die Gefahr, von Räubern getötet zu werden, sinkt rapide, je mehr Tiere den Verband bilden. Außerdem wird der Feind durch die vielen gleichzeitigen Bewegungen verwirrt. Der Schwarm erscheint als „Riesenorganismus“, ein gezieltes Beutegreifen ist fast unmöglich. Diese Tendenz wird auch durch ein Absinken der Individualdistanz bei Gefahr belegt: Die Tiere rücken dann enger zusammen.

Ein Zusammenleben in so großen Gruppen kann jedoch auch Nachteile haben: Meist wird die Nahrung knapp. Deshalb treten solche Verbände bevorzugt bei Wanderungen und an Brut- oder Schlafplätzen auf. Der Übergang zum persönlichen Kennen der Tiere untereinander ist dabei fließend. In riesigen Brutkolonien kennen sich die Seevögel in der Nachbarschaft recht genau. Zu den übrigen Koloniebewohnern bestehen dagegen anonyme Beziehungen.

In Gemeinschaften, in denen sich die Mitglieder persönlich kennen, tritt häufig **Kooperation** auf. Bei einem Elternpaar sind beide zu je 50 Prozent genetisch an ihren gemeinsamen Nachkommen beteiligt. Sie müssen beide daran interessiert sein, das Überleben der Jungen zu sichern. Deshalb kooperieren *Paarpartner* oft bei der Jungenaufzucht. Sie fördern so ihre *direkte Fitness.*

In einer Lachmöwenkolonie kann man häufig Möwen beobachten, die mit einem lauten Ruf signalisieren, dass sie einen Fischschwarm entdeckt haben. Man könnte vermuten, dass dieses Verhalten wenig sinnvoll ist, weil so Nahrungskonkurrenten zum Futterplatz gelockt werden. Experimente und Beobachtungen haben jedoch gezeigt, dass Lachmöwen bei einer Gruppenjagd besonders erfolgreich sind. Hier ist deshalb eine Kooperation auf der Basis des *beiderseitigen Vorteils* durchaus sinnvoll.

Vielfach scheint ein kooperierendes Tier aus einer Vorteilsgewährung keinen eigenen Nutzen zu ziehen. Man spricht dann von uneigennützigem (altruistischem) Verhalten.
Ein gutes Beispiel dafür sind **Insektenstaaten.** Bei Bienen oder Ameisen werden die Nachkommen der Königin von Mitgliedern steriler Kasten aufgezogen und verteidigt. Diese evolutionäre Strategie hat sich mehrfach und unabhängig voneinander bei mindestens elf Hautflüglergruppen durchgesetzt. Wie lässt sie sich aus soziobiologischer Sicht erklären? Wurde zum Beispiel die Königin eines Ameisenstaates von nur einem Männchen begattet, werden alle ihre Eizellen immer von genetisch gleichen Samenzellen befruchtet. Aufgrund der ungewöhnlichen Tatsache, dass die Männchen parthenogenetisch entstanden und deshalb haploid sind, haben alle weiblichen Nachkommen der Königin 75 Prozent ihrer Gene gemeinsam. Hätten sie eigene Nachkommen, könnten sie nur 50 Prozent ihres Genoms weitergeben. Es lohnt sich also für die Arbeiterinnen des Ameisenvolkes mehr, in die Geschwister zu investieren und damit ihre *indirekte Fitness* zu erhöhen.

Auch in Wirbeltiergruppen helfen geschlechtsreife Gruppenangehörige bei der Aufzucht des Nachwuchses. Diese **Bruthelfer** verzichten allerdings nur zeitweise auf die eigene Fortpflanzung. Alpenmurmeltiere leben in Gruppen zusammen, die aus einem dominanten territorialen Paar und Jungtieren unterschiedlichen Alters bestehen. Sie bewohnen ein Gebiet von etwa 2,5 Hektar, das von den Nachkommen meist erst nach der dritten oder vierten Überwinterung verlassen wird. Die Tiere können ihren Stoffwechsel durch Winterschlaf weitgehend reduzieren. Sie erreichen dann Körpertemperaturen von 3 bis 5 °C. Einen weiteren Abfall der Temperatur verhindern sie, indem sie über den Stoffwechsel Wärme produzieren. Als Energiereserve fressen sie sich dafür im Herbst Fett an, das etwa 30 Prozent ihres Gewichts ausmacht. Durch gemeinsames Überwintern auf engem Raum lässt sich die Wärmeabgabe an die kalte Umgebung verringern. Freilanduntersuchungen konnten zeigen, dass sich die Überlebenschancen aller Tiere erhöhen, wenn die Eltern gemeinsam mit ihren letztgeborenen Kindern und deren älteren Geschwistern überwintern. Die Helfer gewinnen durch Förderung ihrer Verwandten indirekte Fitness.

51.1 Arbeiterinnen pflegen den Nachwuchs ihrer Königin im Ameisenstaat

51.2 Murmeltiermutter mit Jährling

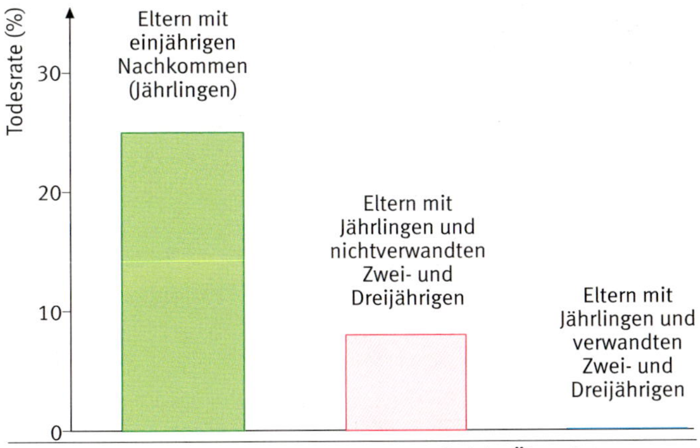

51.3 Einfluss der Gruppenzusammensetzung bei der Überwinterung von Murmeltieren mit Nachwuchs auf die prozentuale Todesrate während des Winterschlafs

2 Werten Sie das Diagramm 51.3 aus. Erläutern Sie das Verhalten der älteren Geschwister im Hinblick auf ihre Fitness.

Biotische Faktoren

1

Benennen Sie die abgebildeten Pflanzenarten und beschreiben Sie die jeweilige Ernährungsweise dieser Pflanzen.

2 Der Gewöhnliche Putzerfisch (A, *Labroides dimidiatus*) gehört zu den Lippfischen. Er wird bis zu 12 Zentimeter lang, lebt im Korallenriff und putzt größere „Kunden" wie Zacken- und Fahnenbarsche. Ritualisiertes Verhalten ermöglicht ein gegenseitiges Erkennen von Putzerfisch und Kunden. Dazu dienen schlängelnde Schwimmbewegungen, die einem Tanz ähneln. Der Kunde schwimmt daraufhin auf der Stelle. Der Putzerfisch zeigt mit leichten Schlägen seiner Flossen die Körperstellen an, die er säubern will. Manche Riffbarsche spreizen zur Säuberung ihre Kiemendeckel ab und öffnen das Maul.
Ein ähnliches Verhalten wie der Putzerfisch zeigt auch der fast völlig identisch aussehende Nachahmer, ein Säbelzahnschleimfisch (B), der jedoch seinen „Kunden" blitzschnell Fleischstücke aus dem Körper beißt.

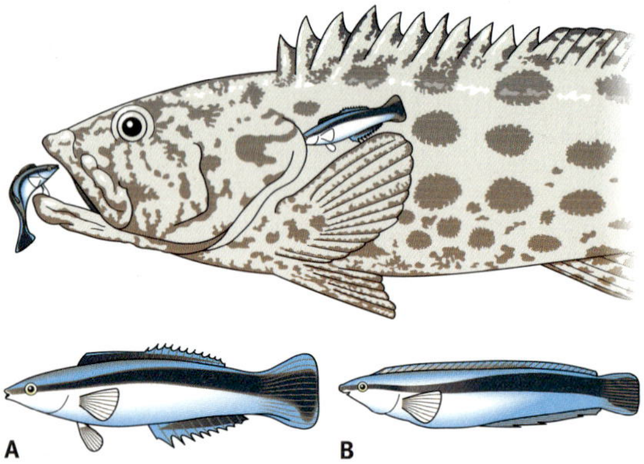

a) Beschreiben und erläutern Sie die Beziehung zwischen Putzerlippfisch und „Kunden".
b) Wie unterscheidet sich davon die Beziehung zwischen Säbelzahnschleimfisch und „Kunden"?
c) Erläutern Sie das Auftreten von Putzerlippfisch und Nachahmer als Coevolution. Welche Bedingungen müssen gegeben sein, damit der Nachahmer Erfolg hat?

3 In Laborversuchen hat man die zwischenartliche Konkurrenz bei verschiedenen Pantoffeltierchen untersucht. Dabei arbeitete man mit drei Arten: *Paramecium aurelia* frisst Bakterien, die sich in der Kahmhaut an der Oberfläche befinden. Diese Art vermehrt sich sehr schnell. *Paramecium caudatum* hat fast die gleichen Umweltansprüche, vermehrt sich jedoch langsamer. Die dritte Art, *Paramecium bursaria,* ernährt sich vor allem von den nach unten sinkenden Bakterien und hält sich deshalb eher am Boden eines Kulturgefäßes auf.
Im ersten Versuch hat man *P. aurelia* und *P. caudatum* in getrennten Kulturen herangezogen. Dann wurden je zwei Arten gemeinsam kultiviert. Die Diagramme zeigen die Ergebnisse dieser Versuche.

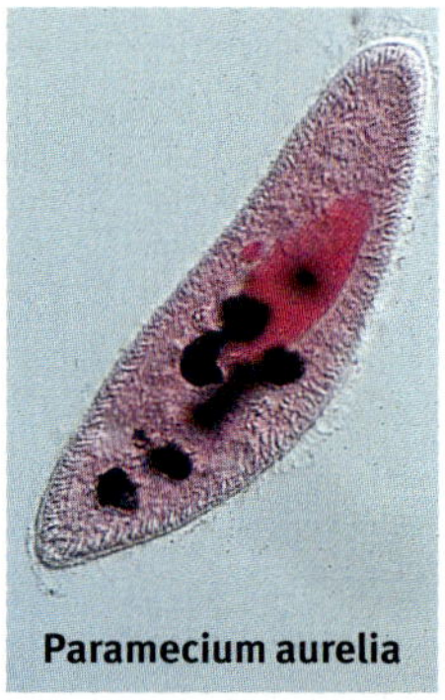

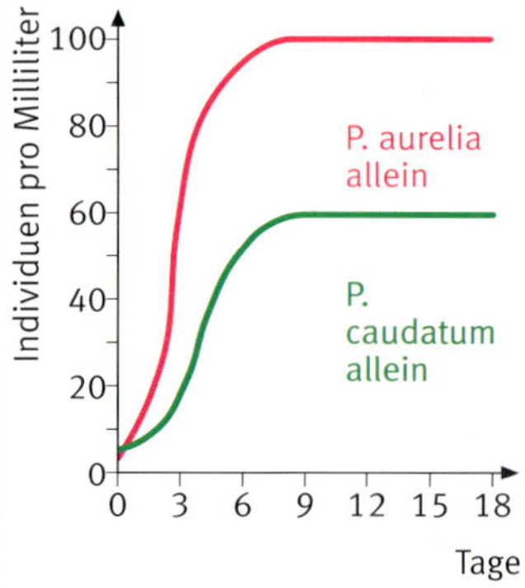

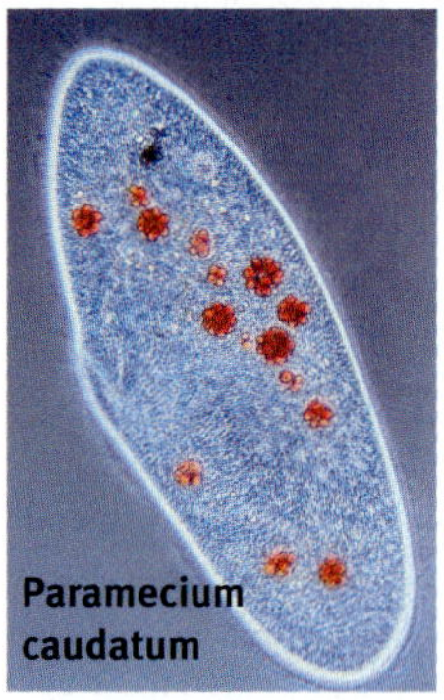

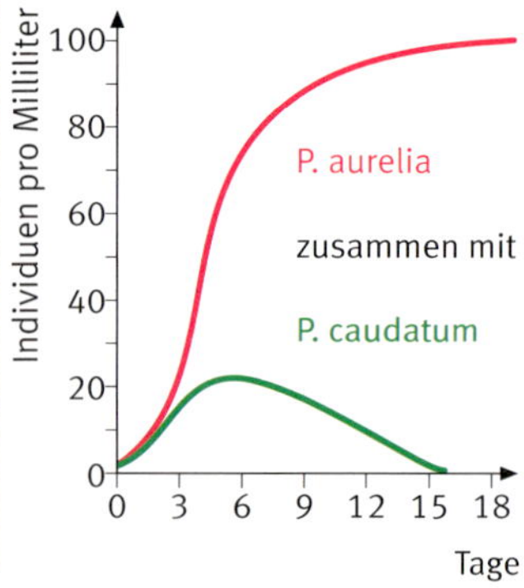

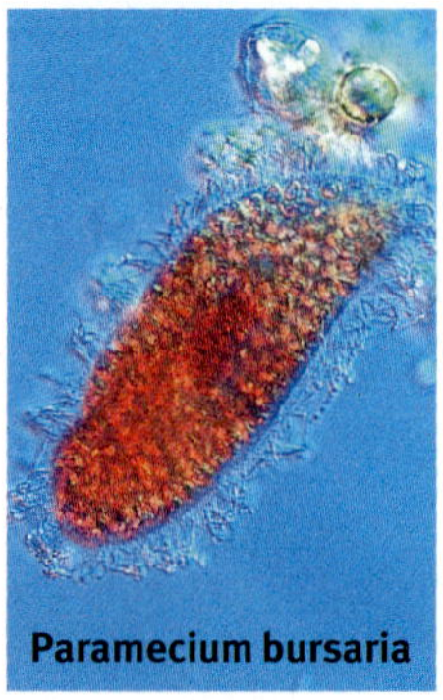

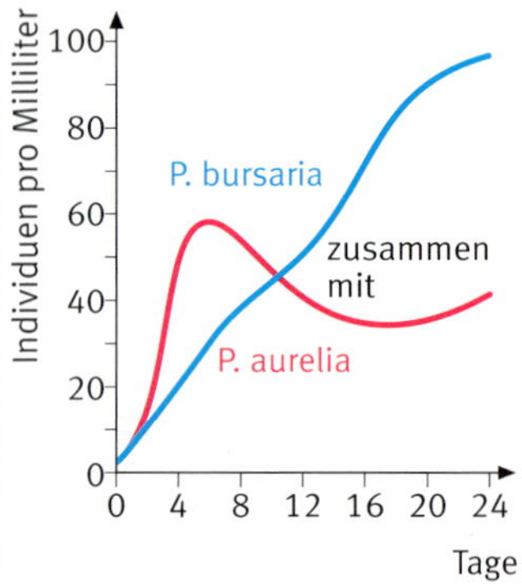

Werten Sie die Versuchsergebnisse aus und ziehen Sie Schlussfolgerungen.

4 Wachstumsraten werden für größere Organismen gewöhnlich in Prozent pro Jahr angegeben. Eine praktische Faustformel, um aus dieser Angabe die Verdopplungszeit (T_V) zu errechnen, ist:

$T_V = 70 : \text{Wachstumsrate in } \%$

a) Welche Verdopplungszeit ergibt sich, wenn man für die Bevölkerung eines Landes eine Wachstumsrate von 2,5 % zugrunde legt?

b) Wir nehmen an, heute habe ein Land mit 2,5 % Wachstum 10 Millionen Einwohner. Wie viele wären es, gleich bleibendes Wachstum vorausgesetzt, nach 300 Jahren?

5 Maränen, regional auch Felchen oder Renken genannt, sind Süßwasserfische, die von Plankton leben. Im Stechlinsee gibt es die verbreitete Kleine Maräne *(Coregonus albula)*, die nahe der Oberfläche lebt und im Herbst laicht (A). Eine endemische, das heißt nur hier vorkommende zweite Maränenart, die nach dem Dichter Theodor FONTANE benannte *C. fontanae,* bewohnt tiefere Wasserschichten und laicht im Frühjahr (B). Man hatte bislang angenommen, dass sich beide Arten isoliert in getrennten Gewässern herausgebildet hätten und dann erst zusammengekommen seien. Neuere DNA-Untersuchungen zeigen aber, dass die Fontane-Maräne sehr eng mit der Kleinen Maräne des Stechlinsees verwandt ist, näher als mit den äußerlich und im Verhalten sehr ähnlichen Tiefenformen anderer Seen.

a) Entscheiden Sie, welche Art der Selektionswirkung nach der neuen Datenlage zur Bildung der Fontane-Maräne geführt hat.

b) Beschreiben Sie die ökologischen Vorteile, die sich für die Merkmalsträger der beiden Arten durch die Aufspaltung ergeben konnten.

c) Worin liegt der entscheidende Ansatz, der zu einer sympatrischen Artaufspaltung, also einer Aufspaltung ohne räumliche Isolation, führen konnte?

6

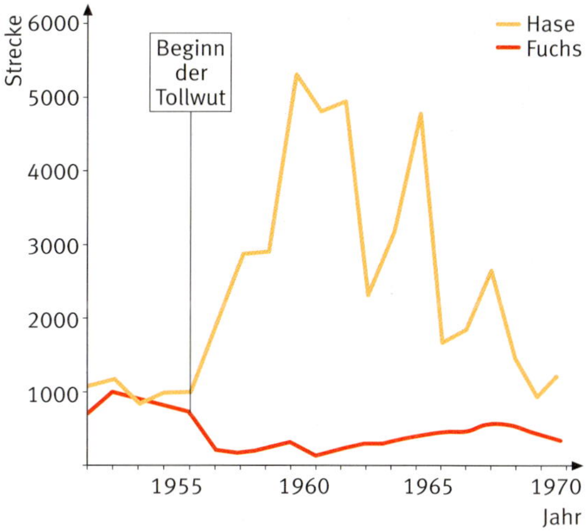

Die Abbildung zeigt die Jagdstatistik für erlegte Füchse und Hasen („Strecke") in einem westfälischen Kreis.

a) Interpretieren Sie die Kurven vorrangig unter den Aspekten Räuber-Beute-Beziehung und Einwirkung von Störfaktoren.

b) Auch bei geringer Fuchsdichte sind Feldhasen vielerorts vom Aussterben bedroht. Welche Faktoren außer Beutegreifern können die Populationsdichte des Feldhasen zusätzlich wesentlich beeinflussen?

7

Die Abbildung zeigt beliebig gesammelte Hainschnirkelschnecken aus einer Population.

a) Wichtige Feinde dieser Schnecken sind Vögel, vor allem Singdrosseln. Sie benutzen besonders günstige Unterlagen, so genannte Drosselschmieden, wo sie die relativ zarten Gehäuse aufhacken. Begründen Sie einen Zusammenhang zwischen der Vielfalt der Zeichnung und den Feinden der Schnecken.

b) In einem Innenstadtbereich gibt es eine Population ganz ohne Streifung. Erklären Sie dies vor dem Hintergrund der Evolution von Populationen.

Systemökologie

1 Funktionaler Aufbau eines Ökosystems

Ökosysteme sind natürliche Systeme mit einem Beziehungsgefüge aus Populationen und ihrer Umwelt. Sie stehen in Stoff- und Energieaustausch mit ihrer Umgebung und haben die Fähigkeit zur Selbstregulation. Die *Systemökologie* betrachtet die Biosphäre und deren Teile unter dem Gesichtspunkt des funktionalen Ganzen.
Ein Modellökosystem auf kleinstem Raum entwickelt sich, wenn man in eine Glaskugel Tümpelwasser mit etwas organischem Sediment einbringt, die Kugel luftdicht verschließt und an einem hellen Ort sich selbst überlässt. In der Regel stellt sich ein System mit perfekter Nachhaltigkeit und anhaltender Dynamik ein. Es enthält in Form von Mikroorganismen alle notwendigen Bestandteile: **Produzenten,** die mithilfe von Lichtenergie organische Substanz aufbauen, und **Destruenten**, die davon leben, indem sie diese wieder abbauen. Obgleich luftdicht verschlossen, beherbergt diese Glaskugel *kein abgeschlossenes System,* weil es sowohl auf Energiezufuhr in Form von Licht als auch auf Energieabgabe in Form von Wärme angewiesen ist: In einer ideal isolierenden Thermosflasche würde dieses System sterben. Im Vergleich zu diesem Modell tauschen natürliche Ökosysteme ebenso wie Einzelorganismen neben Energie auch Stoffe aus. Man bezeichnet sie deshalb als **offene Systeme.**

54.1 Die biotischen Systemkomponenten eines Ökosystems und ihre stofflichen Beziehungen

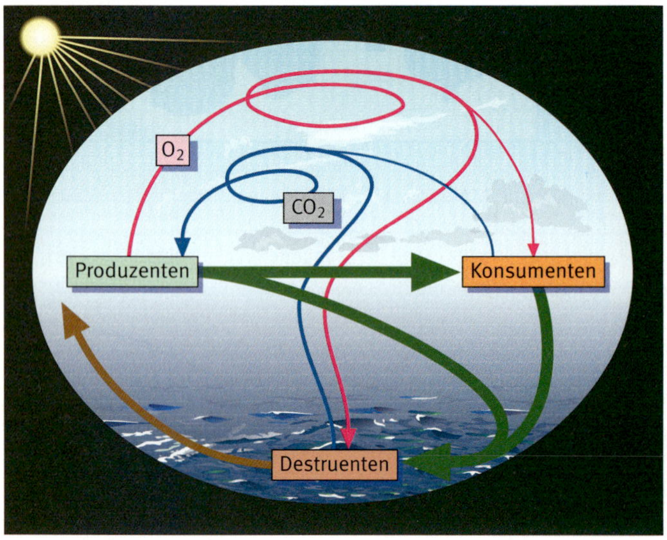

Für das globale System Erde, das alle Teilsysteme umfasst, gelten prinzipiell die gleichen Merkmale wie für das Modell. Die Stoffe bleiben dem System erhalten: Sie werden von den Organismen in Kreisläufen umgesetzt, teils weltweit und in geologischen Zeiträumen. Bezüglich der Stoffe ist die Erde ein geschlossenes System, energetisch betrachtet aber „offen“: Die Energie wird ins System eingestrahlt, zum Teil von den Lebewesen umgewandelt und dann wieder als Wärme ins All abgegeben.

Der Aufbau energiereicher Moleküle durch die Fotosynthese der *autotrophen* Organismen schafft die breite und nachhaltige energetische Grundlage für die Vielfalt von *heterotrophen* Lebewesen, die in den Ökosystemen im Laufe der Evolution entstanden sind. Zwischen den Produzenten und Destruenten gibt es die Stufe der **Konsumenten.** So entstehen Nahrungsketten, die gewöhnlich zu Nahrungsnetzen verflochten sind. Zum Schluss gelangen die Stoffe in anorganischer Form an die Produzenten zurück. Dies geschieht teils direkt, meist aber über die Destruenten.
Um die chemisch gebundene Energie nutzen zu können, bauen Produzenten, Konsumenten und Destruenten die kohlenstoffhaltige Nahrung mithilfe von Sauerstoff ab. Dabei wird Kohlenstoffdioxid frei. Bei der Fotosynthese wird dagegen umgekehrt Kohlenstoffdioxid verbraucht und Sauerstoff abgegeben. Über die Gasphase in der bewegten Atmosphäre sind alle Ökosysteme weltweit miteinander verbunden. Solange Energienachschub und -abfuhr gesichert sind, kann ein solches System in endlosem Wandel von Energie und Stoffen funktionieren. Seine Dynamik besteht nicht nur im ständigen Auf- und Abbau, sondern es finden durch Variationen im Erbgut der Organismen auch Evolutionsprozesse statt. Die *Stabilität von Ökosystemen* ist also nur relativ.

2 Trophieebenen

2.1 Nahrungsbeziehungen

Die Grundlage der Nahrungsbeziehungen eines jeden Ökosystems ist die Einbindung anorganischer Materie in energiereiche organische Substanz, die Biomasse. Außer in wenigen speziellen Lebensräumen stammt die dazu notwendige Energie vom Sonnenlicht. Organismen, die diese binden können und von Licht, Wasser und Kohlenstoffdioxid leben, heißen **fotoautotroph.** Im Ökosystem bezeichnet man sie als **Produzenten.** Dazu gehören alle grünen Pflanzen, aber auch fotoautotrophe Bakterien wie die Cyanobakterien. Sie alle stellen die erste **Trophieebene** dar.
Organismen, die sich von den Produzenten ernähren, gehören zur zweiten trophischen Ebene. Es sind die Pflanzenfresser oder *Herbivoren.* Dabei denkt man zunächst an Weidegänger wie Rinder, Hirsche oder auch Kaninchen. Eine ökologisch oft viel größere Rolle spielen aber die Wirbellosen, vor allem die Insekten. Sie alle sind **Primärkonsumenten** oder *Konsumenten erster Ordnung.* Zusätzlich gibt es viele Lebewesen, die andere Tiere fressen. Soweit sie sich von Pflanzenfressern ernähren, gehören sie zur dritten trophischen Ebene. Sie sind **Sekundärkonsumenten** oder *Konsumenten zweiter Ordnung.* Zu dieser Gruppe zählen neben Raubtieren auch viele Fische und Insekten. Auch Spinnen ernähren sich von Tieren, sind also ebenfalls *carnivor.* Selbstverständlich fressen die meisten Carnivoren nicht nur Pflanzenfresser. Wenn sie sich von Konsumenten zweiter Ordnung ernähren, treten sie selbst als *Konsumenten dritter Ordnung* auf.

Nicht immer müssen die Vertreter der jeweils höheren Trophieebene größer sein als die der darunter liegenden. So können kleinste Parasiten wie Zecken oder Milben auf höchster Ebene leben. Zusätzlich verzweigen sich die Nahrungsbeziehungen und werden dadurch kompliziert, dass sich die meisten Tiere nicht an eine Ebene oder eine Nahrung halten. Die Nahrungskette wird zum **Nahrungsnetz.**

55.1 Nahrungspyramide

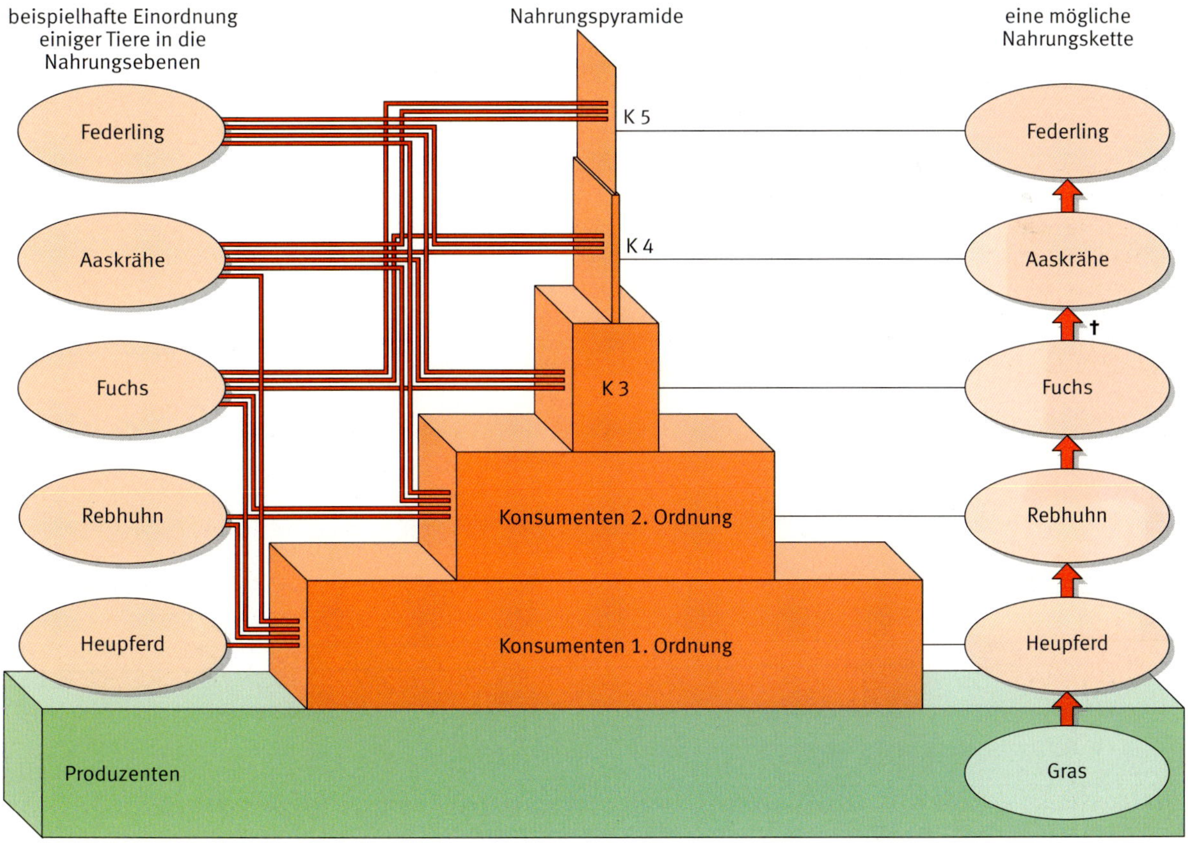

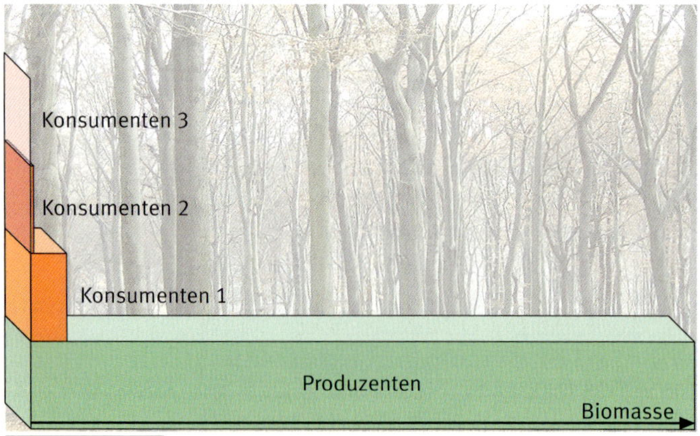

56.1 Wald. Hier überwiegt die Masse der Produzenten.

Gewöhnlich ordnet man in schematischen Darstellungen die Trophieebenen zu einer *Nahrungspyramide.* Das ist im Allgemeinen auch ein zutreffendes Bild: In einem hypothetischen großen Weidegebiet, also auf der Basis von sehr viel Pflanzenmasse, lebt eine Hasenpopulation, die in ihrer Biomasse bei weitem nicht an die der Pflanzen herankommt. Die Biomasse der Füchse, die von den Hasen leben können, ist noch viel geringer. Wenn eine Greifvogelart sich nur von Füchsen ernähren würde, könnten davon auf einer riesigen Fläche nur sehr wenige Individuen existieren. Selbstverständlich ist auch die Biomasse von deren Parasiten noch viel geringer als die ihrer Wirte.

Das Bild der Nahrungspyramide stimmt aber nicht immer. In Seen und im offenen Meer besteht die Ebene der Produzenten allgemein aus *Phytoplankton.* Diese Mikroorganismen haben eine enorme Vermehrungspotenz bei rascher Generationenfolge. Das aktuell vorhandene Phytoplankton kann also schnell ersetzt werden. Es hat eine kurze *Umschlagszeit.* Dadurch kann eine permanent verhältnismäßig geringe Masse von Produzenten eine ständig große Biomasse an Konsumenten erhalten.

Trotz dieser teilweisen Umkehr der Pyramidenstufung gilt auch hier das Prinzip, dass die jeweils untere Stufe mehr Biomasse produzieren muss als die höhere, die davon lebt. Wenn die untere Stufe kleiner ist, muss sie gewissermaßen auf Hochtouren laufen, um *pro Zeiteinheit* die nötige Masse zu erzeugen. Nur dann kann die *aktuell* vorhandene Masse gering sein.

1 Vergleichen Sie die Größenordnungen der aktuellen Biomasse in den einzelnen Trophieebenen eines Wald- und eines aquatischen Ökosystems und begründen Sie die Unterschiede.

2 Erläutern Sie den Zusammenhang zwischen der Größe der Organismen auf der Produzentenstufe und ihrer gesamten Biomasse.

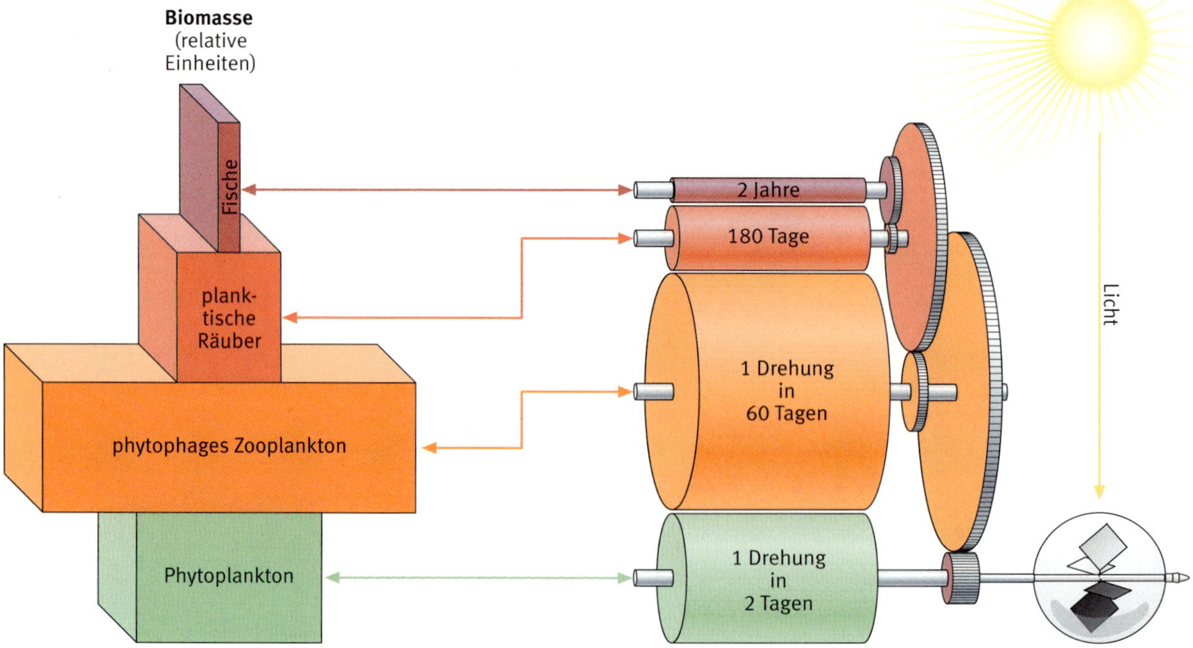

56.2 Gewässer. Die geringe Masse der Produzenten wird durch raschen Umsatz und Ersetzung der Individuen (im Modell: Umdrehungszahl) ausgeglichen.

2.2 Fotosynthese: Energieschöpfung der Ökosysteme

…eren zu können, müssen alle Lebe… …ndig Energie aufbringen. Menschen … nehmen diese mit der Nahrung in … gebundener Form auf, um sie im … durch Abbau wieder nutzen zu … as geschieht im Prozess der *Zell-*… …al, ob man tierische oder pflanz… …zu sich nimmt, entstammt deren … lt der Fotosynthese: bei Pflanzen … Tieren über die Nahrungskette. … st sich die Fotosynthese als der …ende Prozess für die Existenz der …systeme und für unsere eigene Existenz.

…otosynthese ist ein aufbauender Stoffwechselprozess. Sie zählt zur **Assimilation.** Dies bedeutet wörtlich *Angleichung;* gemeint ist die Angleichung körperfremder Materie an die körpereigene der Organismen. Aus Kohlenstoffdioxid und Wasser werden organische Stoffe wie Kohlenhydrate aufgebaut. Dieser Prozess ist *endergonisch,* das heißt, er erfordert Energie. Die Energie entstammt dem Licht. Vor allem deshalb ist dieses ein wichtiger abiotischer Faktor. Lichtmangel bedeutet für die Produzenten und damit auch für die nachgeschaltete Nahrungskette eine Drosselung der Energiezufuhr.
Der energetisch entscheidende lichtabhängige Prozess ist die *Fotolyse* des Wassers, also die Abspaltung des Wasserstoffs vom Sauerstoff. Um die Photonen, die die Energie dazu liefern, zu nutzen, bedarf es entsprechender Pigmente, quasi als Fangeinrichtung. Hier dient die Energie der Photonen dazu, Elektronen eines Chlorophyllmoleküls auf ein höheres Energieniveau zu heben. Die Elektronen durchlaufen dann komplizierte Redoxsysteme. Die dabei frei werdende Energie wird zur ATP-Bildung genutzt. Der Wasserstoff bleibt zunächst an ein Coenzym gebunden und kann dann in einer *lichtunabhängigen* Reaktion im so genannten CALVIN-Zyklus mit Kohlenstoffdioxid zu Glucose und Wasser umgesetzt werden. Als Energiespender dient das ATP. Der Sauerstoff wird als Abfallprodukt an die Umwelt abgegeben.

Mit der Glucose steht nun der Pflanze nicht nur ein wesentlicher biologischer Grundbaustein zur Verfügung, sondern auch eine Verbindung, die mit Sauerstoff wieder in die Ausgangsstoffe der Fotosynthese verwandelt werden kann. Weil dieser Prozess die von den Photonen übernommene Energie wieder frei gibt, ist er *exergonisch.* Mithilfe des Enzymsystems der Zellatmung kann diese Energie zur „Finanzierung“ aller möglichen endergonischen biochemischen Prozesse genutzt werden, zum Beispiel für Transportvorgänge oder zur Eiweißsynthese. Von dieser Möglichkeit lebt außer den Pflanzen die gesamte Konsumentenkette einschließlich der Menschheit.

1 Von welchem Ausgangsstoff stammt der Sauerstoff, den die grünen Pflanzen an die Atmosphäre abgeben? Erläutern Sie.

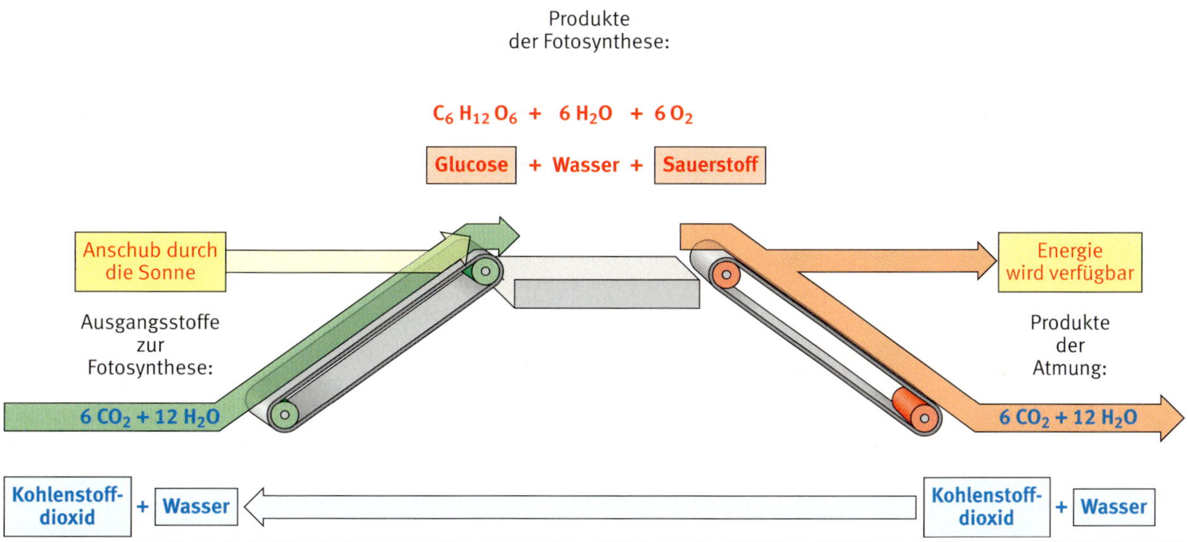

57.1 Fotosynthese und Atmung: ein Kreisprozess mit Solarantrieb

ENGELMANNSCHER Bakterienversuch

Einen frühen Nachweis, dass Licht je nach Frequenzbereich unterschiedlich fotosynthetisch wirksam ist, lieferte ENGELMANN 1883. Er brachte einen Algenfaden zusammen mit sauerstoffbedürftigen Bakterien unter ein Deckglas und beleuchtete den Faden mit Licht, das mithilfe eines Prismas in seine Wellenlängen zerlegt wurde. Die Bakterien sammelten sich vorwiegend im roten und blauen Lichtbereich an der Alge. Das Ergebnis deckt sich mit dem experimentell ermittelten Wirkungsspektrum für die Fotosynthese und dem Absorptionsspektrum der beteiligten Pigmente.

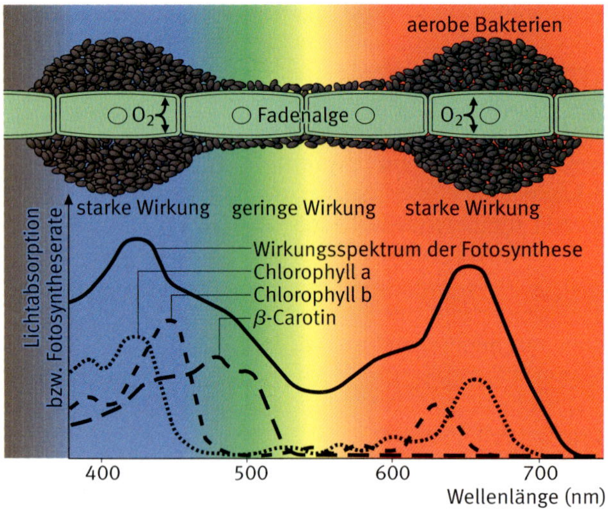

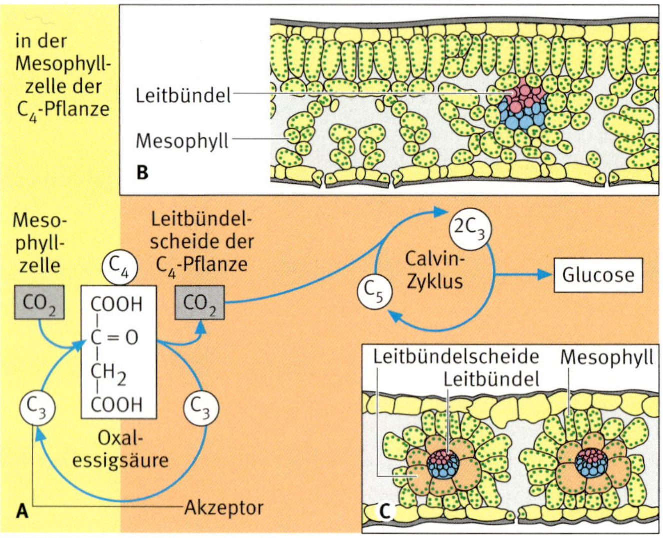

58.1 Kohlenstoffdioxid-Fixierung.
A Vorfixierung im Mesophyll einer C_4-Pflanze; **B** Blattquerschnitt einer C_3-Pflanze; **C** Blattquerschitt einer C_4-Pflanze

2.3 Spezialisten der Kohlenstoffdioxid-Bindung

Bei der Fotosynthese geraten Landpflanzen oft in ein Dilemma: Um Kohlenstoffdioxid (CO_2) aufnehmen und Sauerstoff abgeben zu können, müssen sie die Spaltöffnungen offen halten. Das hat jedoch zur Folge, dass sie viel Wasser verlieren. Wenn sie aber durch Verschließen der Spaltöffnungen den Wasserverlust einschränken, fehlt ihnen das CO_2 für die Fotosynthese. Außerdem werden sie dann den Sauerstoff nicht los, der bei hoher Konzentration die CO_2-Bindungsstelle besetzt und durch *Fotooxidation* die bisherige Fotosyntheseleistung teilweise wieder zunichte macht. Das geschieht bei den meisten heimischen Landpflanzen, den **C_3-Pflanzen.** Ihr Name rührt daher, dass ein **C_3**-Körper entsteht, wenn sie das CO_2 in den CALVIN-Zyklus einbinden.

Einen Ausweg haben die **C_4-Pflanzen** entwickelt. Sie schleusen das CO_2 nicht direkt in den CALVIN-Zyklus ein, sondern binden es zunächst an einen Akzeptor mit drei C-Atomen zu einem **C_4**-Körper. Katalysiert wird diese Reaktion von einem Enzym, das eine so hohe Affinität zu CO_2 hat, dass es auch bei den geringen Konzentrationen, die sich bei weitgehend geschlossenen Spaltöffnungen unvermeidbar einstellen, aktiv ist. Das auf diese Weise in den Mesophyllzellen gebundene CO_2 wird in die Zellen der Leitbündelscheide transportiert. An den Chloroplasten der Leitbündelscheide wird es dann in hinreichend hoher Konzentration abgegeben, sodass es problemlos im CALVIN-Zyklus verarbeitet werden kann. Der Nachteil ist, dass Vorfixierung und Transport des CO_2 Energie kosten. C_4-Pflanzen sind deshalb immer Lichtpflanzen. Zu ihnen gehören vor allem hochproduktive Gewächse der Tropen, darunter Hirse und Mais.

Einen anderen Weg aus dem Dilemma, Wasser zu sparen und dennoch CO_2 hereinzulassen, haben Dickblattgewächse (Crassulaceen) und andere Xerophyten, darunter Kakteen, gefunden. Sie öffnen nachts, wenn es relativ feucht ist, ihre Spaltöffnungen und speichern CO_2 mithilfe geeigneter Verbindungen in großen Vakuolen. Tags können sie dann trotz geschlossener Spaltöffnungen Fotosynthese betreiben. Nach ihrem speziellen Stoffwechselweg, dem **C**rassulacean **A**cid **M**etabolism, nennt man diese Arten **CAM-Pflanzen.**

Chemosynthese. In bestimmten eng begrenzten Zonen der Tiefsee hat man in den letzen Jahrzehnten hoch produktive, wenngleich eng umgrenzte Ökosysteme entdeckt, die vollkommen unabhängig vom Sonnenlicht sind. Das scheint auf den ersten Blick unmöglich. Die besagten Ökosysteme müssen also eine andere Energiequelle haben: Sie leben **chemoautotroph.** Chemosynthese ist, wie die Fotosynthese, ein aufbauender Stoffwechselprozess, nur dass bei dieser Assimilationsform statt Licht eine Energie spendende chemische Reaktion genutzt wird.

Die erwähnten lichtunabhängigen, sehr produktiven Ökosysteme haben sich nur an den so genannten *Schwarzen Rauchern* eingestellt. Das sind Stellen, an denen aufgrund geologischer Prozesse der Meeresboden langsam auseinander driftet und heißes, schwefelwasserstoffhaltiges Wasser aufsteigt. Unter diesen extremen Bedingungen leben spezielle Bakterienarten. Bei ihrem Stoffwechsel wird der Wasserstoff vom Schwefel getrennt. Ein Teil wird, wie bei der Fotosynthese, an ein Coenzym gebunden, in den CALVIN-Zyklus eingeschleust und mithilfe von Kohlenstoffdioxid zu Kohlenhydraten umgesetzt. Ein anderer Teil des Wasserstoffs wird Energie spendend mit hinzutretendem Sauerstoff verbunden. Bei dieser Chemosynthese wird also anders als bei der Fotosynthese kein Sauerstoff, sondern Schwefel abgegeben. Sauerstoff hingegen wird verbraucht.
Chemosynthese betreibende Bakterien kennt man schon lange, etwa von Fäulniszonen in Gewässern, in denen unter Sauerstoffmangel Schwefelwasserstoff entsteht. Bei den Schwarzen Rauchern befinden sich die Chemosynthesebakterien aber nicht im Schlamm, sondern als *Endosymbionten* in Muscheln und Bartwürmern. Die Tiere bieten ihnen einen optimalen Lebensraum, und die Bakterien liefern Kohlenhydrate. Die Bakterien erfüllen damit dieselbe Funktion wie die Chloroplasten bei Pflanzen. Weil die genannten Tiere ihre Energie von ihren Endosymbionten beziehen, brauchen sie auch, wie Pflanzen, keinen Verdauungstrakt. In der Tiefsee bilden diese Tiere in Symbiose mit den Bakterien also die Trophieebene der Produzenten.

1 Erklären Sie den Zusammenhang zwischen dem in Abbildung 58.1 dargestellten Wirkungsspektrum der Fotosynthese und der grünen Blattfarbe.

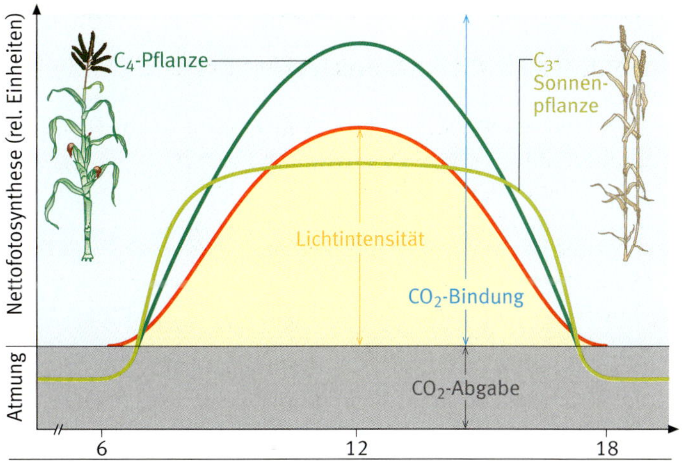

59.1 Tagesverlauf der Kohlenstoffdioxid-Bindung von Sonnenpflanzen des C_3- und des C_4-Typs, schematisch

59.2 Schwarzer Raucher mit einem chemoautotroph gespeisten Ökosystem

2 C_4-Pflanzen verbessern ihre Fotosynthesebilanz durch räumliche, CAM-Pflanzen durch zeitliche Abkopplung der Kohlenstoffdioxid-Bindung von der Fotosynthese. Erläutern Sie.

3 Erläutern Sie die Abbildung 59.1. Wie könnte eine Kurve für die Kohlenstoffdioxid-Bindung bei einer CAM-Pflanze aussehen? Beschreiben und begründen Sie den Verlauf.

4 Stellen Sie die wesentlichen Gemeinsamkeiten und Unterschiede von Foto- und Chemosynthese dar.

2.4 Dissimilation: Energienutzung in Ökosystemen

Bei der autotrophen Assimilation geht es um die Einbindung von anorganischem Kohlenstoffdioxid in organische Kohlenhydrate. Dieser Prozess ist endergonisch. Dementsprechend haben die Kohlenhydrate einen hohen Gehalt an chemisch gebundener Energie. Bei der *Dissimilation* geht es um den umgekehrten Vorgang, nämlich um deren Nutzung für die energieaufwändigen Lebensprozesse.

Der wichtigste Prozess der Dissimilation ist die **Zellatmung.** Dabei wird Glucose durch Sauerstoff oxidiert und zu Kohlenstoffdioxid und Wasser abgebaut. Das ist ein stark exergonischer Prozess, der die Energiemenge wieder freisetzt, die während der Fotosynthese in Glucose-Molekülen gebunden wurde. Es entstehen dabei auch als Endprodukte wieder die Ausgangsstoffe für die Fotosynthese: Kohlenstoffdioxid und Wasser. Bei der Zellatmung geschieht das in einem vielstufigen, enzymatisch genau geregelten Prozess, durch den ATP, die „Energiewährung“ der Zelle gewonnen wird. ATP kann durch Abspaltung von Ⓟ Energie auf andere Verbindungen übertragen und wird durch Energiezufuhr aus ADP + Ⓟ wieder aufgebaut.

Die erste Funktionseinheit bei der Dissimilation ist die **Glykolyse.** Dabei wird die *Glucose* in zwei Teile gespalten. Durch Abgabe von Wasserstoff, der zunächst an das Coenzym NAD^+ gebunden wird, entstehen dann schließlich pro Glucosemolekül zwei Moleküle Brenztraubensäure. Bei diesem Schritt kommt noch kein Sauerstoff ins Spiel, und die Energieausbeute ist mit zwei Molekülen ATP pro Spaltung bescheiden.

60.1 Schema der Zellatmung

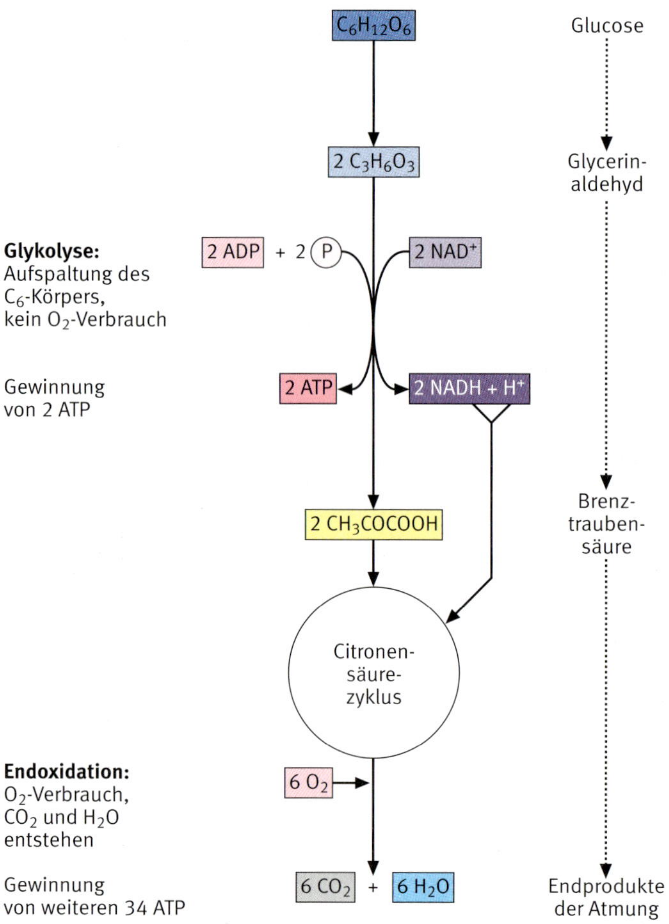

Den Hauptenergiegewinn liefern erst die folgenden Schritte, die zur **Endoxidation** führen. Im Gegensatz zur Glykolyse, die im Cytoplasma stattfindet, laufen diese in den **Mitochondrien** ab. Hier wird die Brenztraubensäure stufenweise durch Abspaltung von Kohlenstoffdioxid und Wasserstoff abgebaut. Der Wasserstoff wird, wie bei der Glykolyse, zunächst an das Coenzym NAD^+ gekoppelt. Dann wird er in der Endoxidation mit Sauerstoff zu Wasser oxidiert. Mit der dabei frei werdenden Energie wird ATP regeneriert. Pro Molekül Glucose ergeben sich aus der Endoxidation 34 Moleküle ATP, mit den zwei weiteren aus der Glykolyse also insgesamt 36. Der Rest der Energie, etwa 50 Prozent, geht als Wärme „verloren“. Bei körperlicher Anstrengung, die intensive Atmung erfordert, kann man die Wärmeentwicklung selbst erfahren.

Wie bei der Assimilation zum Teil spezielle Sonderwege beschritten werden, so gibt es unter bestimmten ökologischen Verhältnissen auch bei der Dissimilation Abwandlungen. Stammesgeschichtlich älter als die Atmung ist der Abbau von organischem Material unter Sauerstoffmangel, die **Gärung.** Eine so reiche Energieausbeute wie bei der Atmung, die **aerob,** also unter Sauerstoffzutritt erfolgt, ist unter **anaeroben** Verhältnissen nicht möglich. Wie bei der Atmung ist auch bei der Gärung die Glykolyse der erste Schritt. Sie erfordert keinen Sauerstoff und liefert immerhin zwei Moleküle ATP pro Molekül Glucose. Wie bei der Atmung wird dabei der Wasserstoff durch das Coenzym NAD^+ abgefangen. Aber anders als bei der Atmung kann er keiner Endoxida-

tion zugeführt werden. Der weitere Abbau ist blockiert, solange das Coenzym den Wasserstoff nicht wieder los wird. Den dazu nötigen *Akzeptor* können die zur Gärung befähigten Organismen auf unterschiedlichem Wege bereitstellen.
Bei der **Milchsäuregärung** ist es die Brenztraubensäure selbst, die den Wasserstoff aufnimmt und dabei zur Milchsäure wird. Das Coenzym wird dadurch wieder für die nächste Aktion frei.
Bei der **alkoholischen Gärung** wird die Brenztraubensäure unter Aufnahme von Wasserstoff zu Ethanol und Kohlenstoffdioxid umgesetzt. Auch dabei wird das Coenzym wieder frei, und die Glykolyse kann fortgesetzt werden.

Die energetisch hocheffiziente Endoxidation ist unter Sauerstoffmangel nicht möglich. Bei allen Gärungsprozessen bleibt organische Substanz zurück, die erst bei Sauerstoffzutritt unter Energiegewinn abgebaut werden kann. Ethanol verwendet man wegen seines Energiegehaltes bekanntlich auch als Brennstoff.

1 Erläutern Sie wesentliche Gemeinsamkeiten und Unterschiede zwischen Atmung und Gärung.

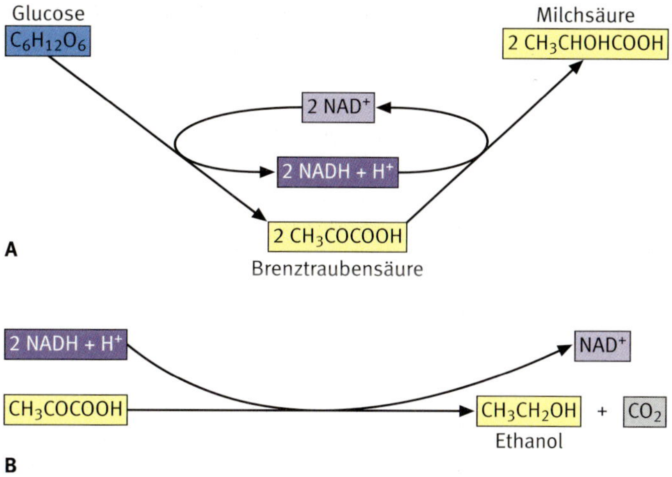

61.1 Gärung. A Milchsäuregärung; **B** alkoholische Gärung

2 Gärung im Weinfass und Chemosynthese an Schwarzen Rauchern (vgl. S. 59) erfolgen beide lichtunabhängig. Erläutern Sie die wesentlichen Unterschiede, die in systemökologischer Hinsicht zwischen diesen beiden Orten bestehen.

3 Welche Eigenschaften von Mitochondrien und Chloroplasten, die Ihnen aus der Cytologie bekannt sind, sprechen außer der DNA für deren evolutionäre Vergangenheit als selbstständige Mikroorganismen?

EVOLUTION

Die Pflanzenzelle als Mikroökosystem

An speziellen Lebensorten treten Organismen mit besonderen Stoffwechselfähigkeiten oft miteinander in Kooperation. Ein Abfallprodukt kann für einen anderen Organismus ein wichtiges Substrat sein. Die ersten Aerobier fanden vor rund 1,5 Milliarden Jahren gute Lebensbedingungen in unmittelbarer Nähe der Cyanobakterien. Diese lieferten nämlich neben Kohlenhydraten auch den Sauerstoff zur Atmung. Eine große Wirtszelle, die sowohl die Spezialisten für Fotosynthese als auch die für Atmung in sich beherbergte, konnte aus dieser Art Gastfreundschaft eigenen Nutzen ziehen. Die einen lieferten Kohlenhydrate und Sauerstoff, die anderen regenerierten dies zu Kohlenstoffdioxid und Wasser und erzeugten dabei ATP. Dieses winzige organisierte „Ökosystem" mit Produzenten und Konsumenten hat sich so bewährt, dass seine Nachkommen zu einer Gesamtheit verschmolzen sind: zur Pflanzenzelle. Die Produzenten wurden zu **Chloroplasten,** die Konsumenten zu **Mitochondrien.**

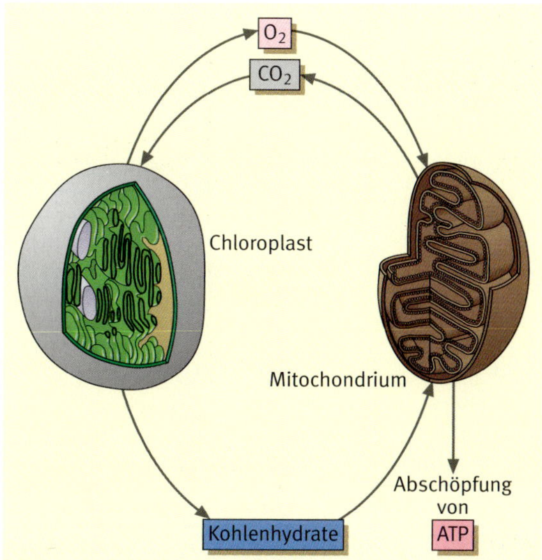

Die hier dargestellte Betrachtung höherer Zellen ist als **Endosymbiontentheorie** bekannt. Ein sicheres Indiz für deren Richtigkeit ist, dass noch heute beide Zellorganellen eigene DNA besitzen.

Fotosynthese und Umweltfaktoren

1 Temperatur und Fotosynthese

Material: 5 Wasserpestpflanzen gleicher Größe, Eiswasser, warmes Wasser, 5 Reagenzgläser, Reagenzglasständer, 5 Thermometer, Rasierklinge, Spatel, Natriumhydrogencarbonat, gleichmäßige helle Beleuchtung, beispielsweise durch einen Dia- oder Tageslichtprojektor

Durchführung: Die Reagenzgläser werden zu vier Fünfteln mit Wasser verschiedener Temperaturen zwischen 5 °C und 35 °C gefüllt. Der Temperaturunterschied sollte jeweils 5 °C bis 10 °C betragen. In jedem Reagenzglas werden genau gleich große Spatelspitzen Natriumhydrogencarbonat gelöst. Fünf gleich große Wasserpestsprosse werden mit einer scharfen Rasierklinge am Sprossende abgeschnitten, wobei die Schnittstellen nicht zugedrückt werden dürfen. Die Pflanzen werden dann mit der Schnittstelle nach oben so in die Reagenzgläser gestellt, dass sie mindestens zwei Zentimeter mit Wasser bedeckt sind. In jedes Reagenzglas stellt man ein Thermometer. Man zählt zehn Minuten lang die von der Wasserpest abgegebenen Gasblasen. Ist die Größe der Gasblasen sehr unterschiedlich, wird dies im Versuchsprotokoll vermerkt.

Aufgaben:
- **a)** Tragen Sie die Temperaturen und die Messwerte in eine zweispaltige Tabelle ein.
- **b)** Stellen Sie die Messwerte gegen die Zeit in einer Grafik dar.
- **c)** Erläutern Sie den Kurvenverlauf. Formulieren Sie eine Fehlerdiskussion.

2 Licht und Fotosynthese

Material: 5 Wasserpestpflanzen gleicher Größe, warmes Wasser (etwa 35 °C), Becherglas (200 ml), 5 Reagenzgläser, 5 Reagenzglasständer, 5 Thermometer, Rasierklinge, Spatellöffel, Beleuchtungsstärkemessgerät (Luxmeter), Zollstock, Diaprojektor, Natriumhydrogencarbonat, abgedunkelter Raum

Durchführung: In das Becherglas wird warmes Wasser gefüllt und darin ein Spatellöffel Natriumhydrogencarbonat gelöst. Die Reagenzgläser werden zu vier Fünfteln mit diesem Wasser gefüllt. Fünf gleich große Wasserpestsprosse werden mit einer scharfen Rasierklinge am Sprossende abgeschnitten, wobei die Schnittstellen nicht zugedrückt werden dürfen. Die Pflanzen werden dann mit der Schnittstelle nach oben so in die Reagenzgläser gestellt, dass sie mindestens zwei Zentimeter mit Wasser bedeckt sind. Jetzt stellt man die fünf Reagenzgläser im Abstand von 25 cm, 50 cm, 100 cm, 200 cm und 400 cm vor dem leuchtenden Diaprojektor auf. Mit dem genau auf den Diaprojektor ausgerichteten Messfühler des Luxmeters wird an jedem Reagenzglas die Beleuchtungsstärke gemessen. Man zählt zehn Minuten lang die von der Wasserpest abgegebenen Gasblasen. Deutliche Größenunterschiede der Gasblasen werden im Versuchsprotokoll vermerkt.

Aufgaben:
- **a)** Tragen Sie die Beleuchtungsstärke und die Messwerte in eine zweispaltige Tabelle ein.
- **b)** Stellen Sie die Messwerte gegen die Beleuchtungsstärke in einer Grafik dar.
- **c)** Erläutern Sie den Kurvenverlauf. Formulieren Sie eine Fehlerdiskussion.

3 Kohlenstoffdioxid und Fotosynthese

Material: 5 Wasserpestpflanzen gleicher Größe, warmes Leitungswasser (etwa 35 °C), abgekochtes Wasser (etwa 35 °C), Becherglas (400 ml), 5 Reagenzgläser, Reagenzglasständer, Thermometer, Rasierklinge, Spatel, Natriumhydrogencarbonat, gleichmäßige helle Beleuchtung, beispielsweise durch einen Dia- oder Tageslichtprojektor

Durchführung: Das erste Reagenzglas wird zu vier Fünfteln mit abgekochtem, dadurch weitgehend kohlenstoffdioxidfreiem Wasser gefüllt, die übrigen Reagenzgläser werden zu vier Fünfteln mit Leitungswasser gefüllt. Abgekochtes Wasser und Leitungswasser sollen dieselbe Temperatur haben. Im dritten Reagenzglas löst man eine kleine Spatelspitze Natriumhydrogencarbonat, im vierten eine normale Spatelspitze Natriumhydrogencarbonat und im fünften eine große Spatelspitze Natriumhydrogencarbonat. Fünf gleich große Wasserpestsprosse werden mit einer scharfen Rasierklinge am Sprossende abgeschnitten, wobei die Schnittstellen nicht zugedrückt werden dürfen. Die Pflanzen werden dann mit der Schnittstelle nach oben so in die Reagenzgläser gestellt, dass sie mindestens zwei Zentimeter mit Wasser bedeckt sind. Man füllt warmes Wasser in das Becherglas und stellt die fünf Reagenzgläser so hinein, dass sie alle gleichmäßig beleuchtet werden. Man zählt zehn Minuten lang die von der Wasserpest abgegebenen Gasblasen. Ist die Größe der Gasblasen sehr unterschiedlich, wird dies im Versuchsprotokoll vermerkt.

Aufgaben:
- **a)** Tragen Sie die jeweilige Kohlenstoffdioxidversorgung und die Messwerte in eine zweispaltige Tabelle ein.
- **b)** Stellen Sie die Messwerte gegen die Kohlenstoffdioxidversorgung in einer Grafik dar.
- **c)** Erläutern Sie den Kurvenverlauf. Formulieren Sie eine Fehlerdiskussion.

Dissimilation

1 Atmung bei grünen Pflanzen

Material: 2 Glasglocken (5 bis 10 Liter Fassungsvermögen) mit passenden Gummistopfen, Verbrennungslöffel mit Kerze an einem Gummistopfen, Stativmaterial, Stoppuhr, frisches Pflanzenmaterial (Gras, Kräuter oder Blattwerk)

Durchführung: Die Glasglocke wird etwa zur Hälfte mit frischem Pflanzenmaterial gefüllt und dunkel aufgestellt. Dabei ist wichtig, dass sie luftdicht verschlossen ist. Die zweite gleichartige Glocke ohne Pflanzen dient als Kontrolle. 24 Stunden später wird nach Entfernen des Stopfens die brennende Kerze jeweils in den Luftraum der Glasglocke gesenkt und in beiden Fällen die Zeit bis zum Erlöschen gemessen.

Aufgabe:
Begründen Sie die unterschiedliche Brenndauer der Kerzenflamme und diskutieren Sie die Bedeutung dieses Versuchsergebnisses für den Sauerstoff- und Kohlenstoffdioxid-Haushalt eines Waldes.

2 Atmungsaktivität von Samen

Material: keimfähige Erbsen, 2 luftdicht verschließbare Glasgefäße mit weiter Öffnung (z.B. Einmachgläser); 2 kleinere Bechergläser (100 ml), Kalkwasser, Klebestreifen

Durchführung: Einen Teil der Erbsen lässt man in einem flachen Gefäß mit Wasser unter Luftzutritt etwa einen Tag bei Zimmertemperatur quellen. Dann werden die Bechergläser mit etwa 10 Millilitern Kalkwasser gefüllt und in den großen Glasgefäßen mit einem Klebestreifen am Rand befestigt. Daneben werden in einem der Gefäße gequollene Erbsen, in dem anderen etwa die gleiche Menge trockener Erbsen bis dicht unter die Oberkante der kleinen Bechergläser eingebracht.

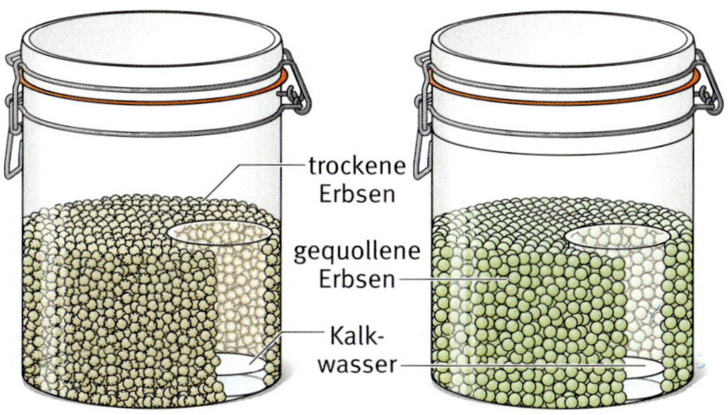

Aufgaben:
- **a)** Beobachten, protokollieren und begründen Sie die Veränderung des Kalkwassers in beiden Versuchsansätzen.
- **b)** Erklären Sie, warum die unterschiedliche Atmungsaktivität in den beiden Versuchsansätzen für die Erbse ökologisch sinnvoll ist.

3 Alkoholische Gärung

Material: Erlenmeyerkolben (250 bis 500 ml), Gäraufsatz oder -röhrchen, durchbohrter Stopfen, Thermometer, Wasserbad, Traubensaft beziehungsweise Rohrzucker- oder Glucoselösung (etwa 10-prozentig), Hefesuspension, Uhr mit Sekundenanzeige

Durchführung: Der Erlenmeyerkolben wird mit Traubensaft oder mit der Zuckerlösung und etwas Hefesuspension gefüllt. Dann setzt man das Gärröhrchen gemäß der Abbildung auf. Der Gärprozess wird durch aufsteigende Bläschen sichtbar. Man zählt, zunächst bei Zimmertemperatur, die Bläschen im Gäraufsatz pro Zeiteinheit. Weitere Messungen werden bei höheren Temperaturen im Abstand von jeweils fünf Grad durchgeführt.

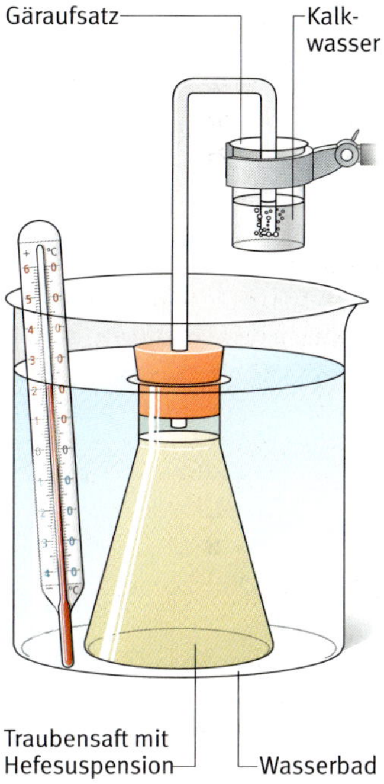

Aufgaben:
- **a)** Protokollieren Sie und stellen Sie das Ergebnis grafisch dar.
- **b)** Interpretieren Sie die Temperaturabhängigkeit der ermittelten Werte.
- **c)** Prüfen Sie, wenn nach Tagen die Gasentwicklung zum Stillstand kommt, die Flüssigkeit im Kolben per Geruchsprobe auf Alkohol. Deuten Sie die Entstehung von Kohlenstoffdioxid und Ethanol vor dem Hintergrund des Problems der Energiegewinnung. Nehmen Sie gegebenenfalls die Abbildungen 60.1 und 61.1 zu Hilfe.

3 Stoffkreisläufe

Auch in der Ökologie gilt das Gesetz von der Erhaltung der Masse. Wenn Stoffe verbraucht werden, lösen sie sich nicht in Nichts auf. Sie unterliegen kleinen oder großräumigen Kreisprozessen. Bisweilen umspannen die Zyklen den gesamten Globus und durchlaufen geologische Zeiträume. Jedes Kind lernt dies beim Wasserkreislauf. Es gibt vielseitige Verflechtungen. So wird Wasser bei der Fotosynthese fotolytisch gespalten, wodurch Sauerstoff freigesetzt wird. Auch dieser wird, zeitweise an Wasser gebunden, weltweit über die Atmosphäre verbreitet.

An der Fotosynthese ist auch das zentrale Element der organischen Moleküle, der **Kohlenstoff** beteiligt. Als Kohlenstoffdioxid (CO_2) befinden sich Hunderte von Milliarden Tonnen in der Atmosphäre oder gelöst im Wasser. Die Konzentration in der Luft ist zwar mit heute knapp 0,04 Volumenprozent gering, aber CO_2 ist an jedem Ort der Welt verfügbar und strömt, wenn es durch Assimilation gebunden wurde, sofort nach. Seine Konzentration sinkt nennenswert nur *innerhalb* der Pflanzen, vor allem, wenn sie ihre Spaltöffnungen schließen. Ein Wald hat große Mengen Kohlenstoffs aus der Gasphase in massivem Holz fixiert. Aber das gesamte Ökosystem assimiliert nicht nur, es atmet auch, sodass ein alter Wald genauso viel CO_2 abgibt, wie er bindet. Das ist ein Ausdruck dessen, was man als natürliches Gleichgewicht bezeichnet. Bei einem Feuer durch Blitzschlag, oder wenn man den Wald zu Brennholz gemacht hat, kann aber in kürzester Zeit nahezu die gesamte oberirdisch fixierte Kohlenstoffmenge wieder als CO_2 in die Luft entschwinden. Vielleicht wird sie später in anderen Erdteilen wieder gebunden – wenn dort nicht gerade auch die Wälder brennen oder gerodet werden. Diese Überlegung zeigt, dass der Mensch heute gewaltig in diesen so wichtigen global verflochtenen Kreislauf eingreift.

Weniger auffällig, aber in der Bilanz noch wirksamer, verändern wir den Kohlenstoffdioxidhaushalt durch Verbrennen von Kohle, Öl und Erdgas. Dabei wird in gigantischer Menge reduzierter Kohlenstoff aus der Erdkruste nach oben befördert und zum Zweck der Energienutzung oxidiert. Auch Katalysatoren verringern den Ausstoß an Kohlenstoffdioxid nicht. Sein Anteil in der Atmosphäre steigt permanent an. Beunruhigend ist dies, weil es den Wärmehaushalt der Erde und damit in unberechenbarer Weise auch das Klima beeinflusst.

64.1 Globaler Kohlenstoffkreislauf (in Mrd. Tonnen Kohlenstoff pro Jahr)

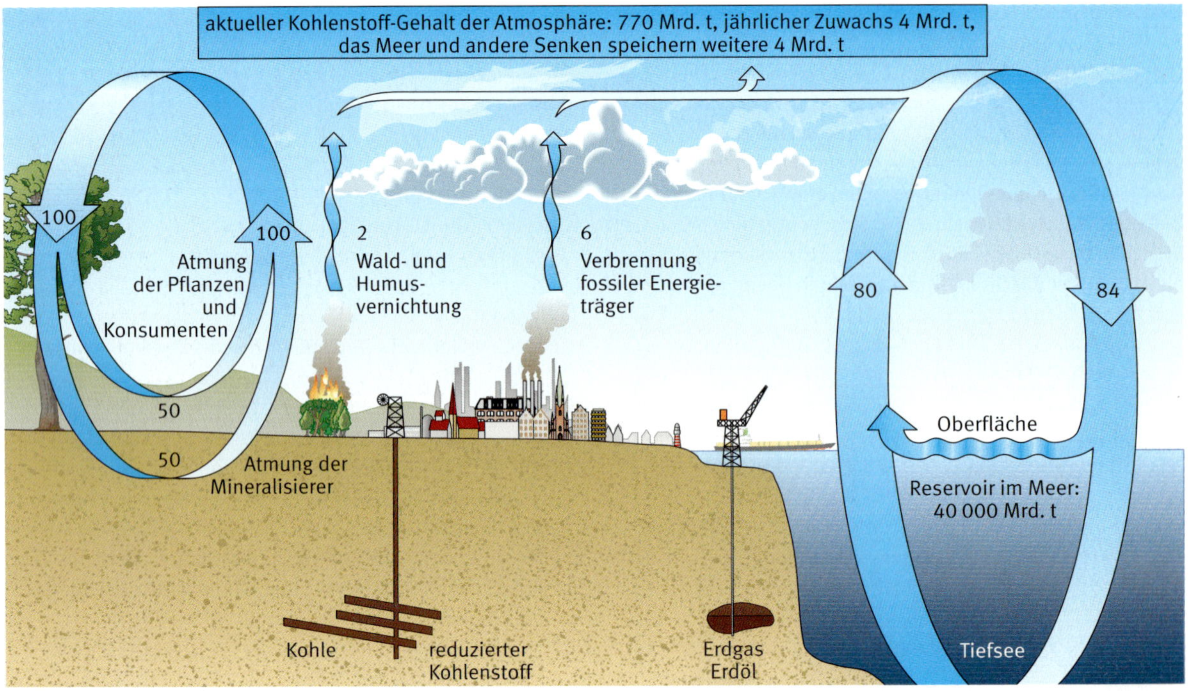

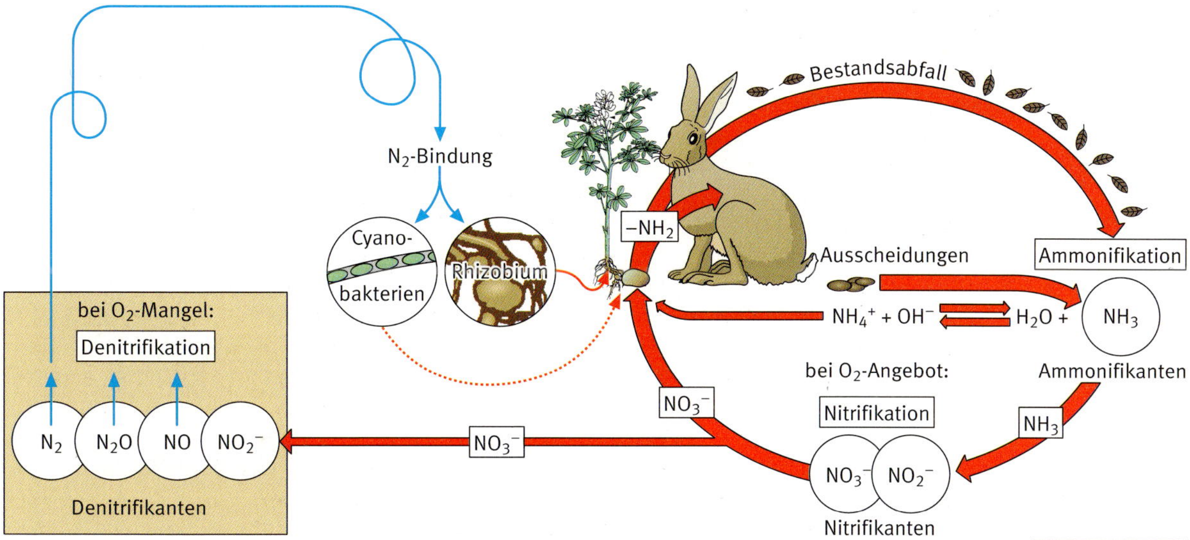

65.1 Stickstoffkreislauf

Stickstoff ist Bestandteil der Eiweißstoffe. Obgleich die Luft zu 78 Prozent aus diesem Gas besteht, ist es in den Ökosystemen oft der produktionsbegrenzende Minimumfaktor, denn der molekulare Stickstoff (N_2) ist für Pflanzen und Tiere nicht nutzbar. Biologisch eingebunden durchläuft er dagegen einen lokalen Kreislauf. In Konsumenten-Nahrungsketten wird die Aminogruppe der Eiweißstoffe (-NH_2) weitergegeben, bis sie schließlich von Destruenten im Prozess der **Ammonifikation** zu Ammonium-Ionen (NH_4^+) mineralisiert wird. Von den Pflanzen wird der Stickstoff zum Teil in dieser Form wieder aufgenommen. In der Regel allerdings wird er zuvor von Mikroorganismen stufenweise über Nitrit- (NO_2^-) zu Nitrat-Ionen (NO_3^-) oxidiert. Diesen Vorgang nennt man **Nitrifikation.** Die nitrifizierenden Bakterien gewinnen daraus Energie, um Kohlenstoffdioxid in organische Substanz einzubinden; sie betreiben also *Chemosynthese*.
Unter anaeroben Bedingungen nutzen andere Bakterien bei der Chemosynthese den Nitrat- oder Nitrit-Sauerstoff für ihren eigenen Stoffwechsel. Dabei wird der Stickstoff in N_2 oder ein gasförmiges Stickstoffoxid überführt. Den Vorgang nennt man **Denitrifikation.** Dieser Verlust kann durch **Stickstoffbindung,** die von Mikroorganismen geleistet wird, ausgeglichen werden. Bekannt sind die Knöllchenbakterien von Schmetterlingsblütlern wie Bohnen, Klee oder Ginster. Sie können den Luftstickstoff zu Ammoniak reduzieren. Die dazu notwendige Energie wird von den Wirtspflanzen in Form von Kohlenhydraten bereitgestellt.

Phosphor ist unverzichtbar als Element der Nukleinsäuren und des ATP. Seine Verbindungen sind niemals gasförmig und kaum wasserlöslich. Deshalb bewegt er sich vor allem in lokalen Kreisläufen. Tiere und neuerdings der Mensch sind wesentlich an seiner Fernmobilität beteiligt.

1 Erläutern Sie die Abbildungen 64.1 bis 65.2.

65.2 Phosphorkreisläufe

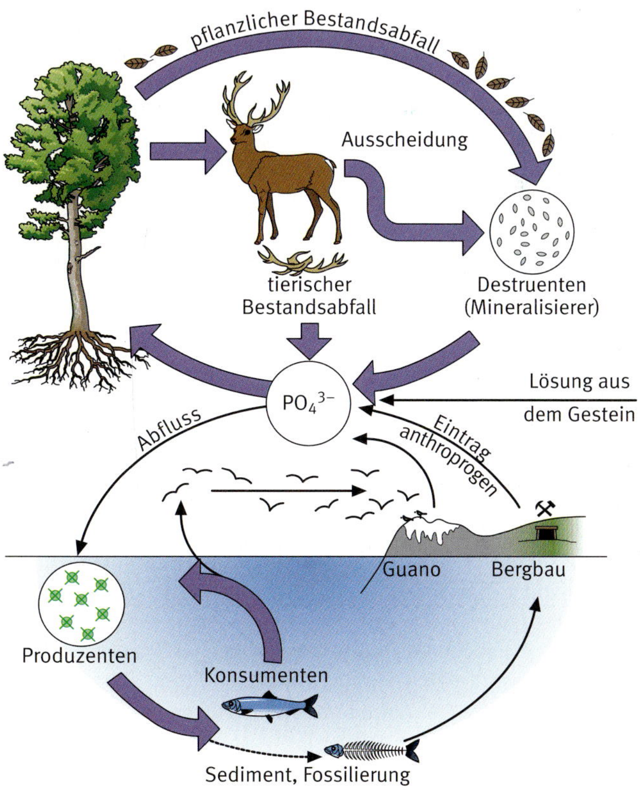

Wie kommt der Sauerstoff in die Luft?

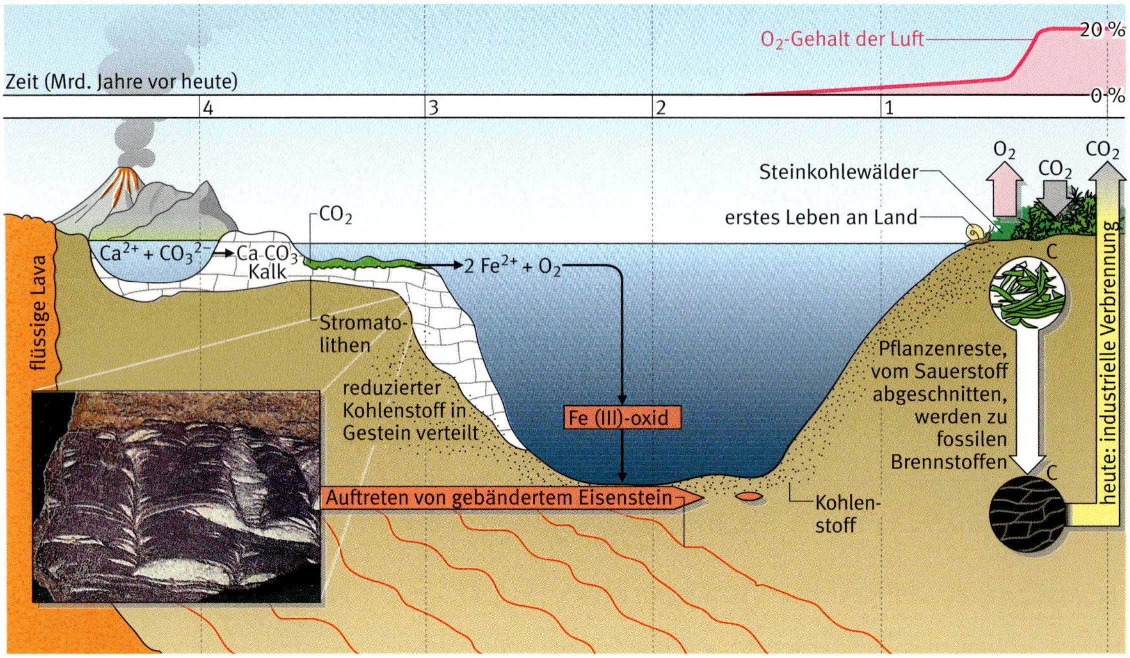

Unter den Planeten unseres Sonnensystems besitzt die Erde als einziger eine sauerstoffhaltige Atmosphäre. Vor ungefähr fünf Milliarden Jahren stabilisierte sich die zunächst noch glühend flüssige Erde in ihrer Planetenbahn. Ihre Oberfläche kühlte ab, Wasser- und Landbereiche entstanden. Die Gravitation war stark genug, eine gasförmige Atmosphäre festzuhalten. Diese enthielt zunächst aber keinen freien Sauerstoff, dagegen sehr viel Kohlenstoffdioxid.

In der „Ursuppe", die stellenweise reich an organischen Verbindungen war, organisierten sich Moleküle zu reproduktionsfähigen Systemen, zu Lebewesen. Die zum Leben per Chemosynthese notwendigen energiereichen Substanzen dürften knapp gewesen sein. Erst die Fotosynthesetätigkeit der Cyanobakterien stellte das Leben auf eine gesicherte breite Energiebasis, die permanent von der Sonne gespeist wird. Dabei wird Kohlenstoffdioxid in den Organismus eingebunden und eine äquivalente Menge von Sauerstoff abgegeben. Diese fotoautotrophen Bakterien wuchsen Schicht über Schicht. Heute findet man ihre Reste im Stromatolithenkalk. Sedimente, die das belegen, sind bis 3,8 Milliarden Jahre alt. Immer mehr durch Fotosynthese reduzierter Kohlenstoff geriet in die Erdkruste, und eine äquivalente Menge Sauerstoff wurde freigesetzt. Dieser kam allerdings Milliarden Jahre lang noch nicht der Atmosphäre zugute. Er wurde von zweiwertigem Eisen „weggefangen", das dadurch zu Eisen(III)-oxid wurde und sedimentierte. Als gebänderter Eisenstein stellt es heute einen großen Teil der abbauwürdigen Eisenerzvorkommen dar. Erst nachdem die Meere kaum noch gelöste Eisen(II)-Ionen enthielten, reicherte sich auch die Luft langsam mit Sauerstoff an.

Erst in dieser Atmosphäre konnten Verbrennungsprozesse stattfinden – und auch Energiegewinnung durch Atmung. Die Entstehung atmender Organismen war nun nicht nur möglich, sie war auch eine Notwendigkeit für einen üppigen Fortbestand der fotoautotrophen Organismen. Denn diesen wäre sonst irgendwann das Kohlenstoffdioxid ausgegangen. Bei der Atmung wird es regeneriert.
Erst durch die Existenz von Sauerstoff konnten sich Konsumenten wie Tiere und Menschen entwickeln. Diese können, anders als Pflanzen, sehr stoffwechselintensiv leben und aktiv in die Ökosysteme eingreifen. Sie alle profitieren von der Vorarbeit der frühen Cyanobakterien. Auch der Mensch verdankt ihnen seine Existenz.

1 Beschreiben Sie anhand der obigen Abbildung die Vorgänge, die zur Bildung einer sauerstoffhaltigen Atmosphäre geführt haben.

4 Der Energiefluss

In unseren geografischen Breiten kann eine Globalstrahlung von 12 000 Kilojoule pro Quadratmeter und Tag auf ein Ökosystem treffen. Etwa die Hälfte davon wird reflektiert, die andere absorbiert. Der größte Teil der absorbierten Strahlung wird ohne Beteiligung biologischer Prozesse in Wärme umgewandelt. Nur ein kleiner Teil geht als **Bruttofotosynthese** in die Produktion ein. Aber Pflanzen veratmen davon wieder die Hälfte. Die nach Abzug dieser „Betriebskosten" verbleibende **Nettofotosynthese** bewegt sich in der Größenordnung von einem Prozent der Globalstrahlung, im Beispiel bei 120 Kilojoule pro Quadratmeter und Tag. Davon lebt die nachgeschaltete Nahrungskette.

Ein Teil der Pflanzen gerät als Bestandsabfall direkt an die Zersetzer oder **Destruenten,** meist Mikroorganismen. Von dem anderen Teil lebt die zweite trophische Ebene, die der Pflanzenfresser. Sie verdauen die aufgenommene Nahrung keineswegs vollständig. Ihr Kot fällt ebenfalls an die Destruenten. Sehr viel Energie wird von den Konsumenten *veratmet*, um ATP zum Leben bereitzustellen. Ein Teil der in den Herbivoren chemisch gebundenen Energie wird in deren Biomasse angelegt. Die auf dieser Ebene permanent enthaltene Energiemenge bewegt sich in der Größenordnung von 10 Prozent der vorgeschalteten Stufe.

Das Gleiche passiert auf den folgenden Trophieebenen: Von Stufe zu Stufe gehen also 90 Prozent des Energiegehaltes als Wärme in die Umwelt „verloren".

Die letzte Stufe sind immer Destruenten, die die verbliebene Energie nutzen und dabei die organische Substanz mineralisieren. Wichtig für die Betrachtung des Energieflusses durch die trophischen Ebenen eines Ökosystems ist, dass dieser von Stufe zu Stufe um etwa den Faktor 10 kleiner wird. Energie unterliegt also keinem Kreisprozess, sondern wird als Wärme abgegeben.

1 Erläutern Sie anhand der Abbildung 67.1 den Energiefluss im Ökosystem.

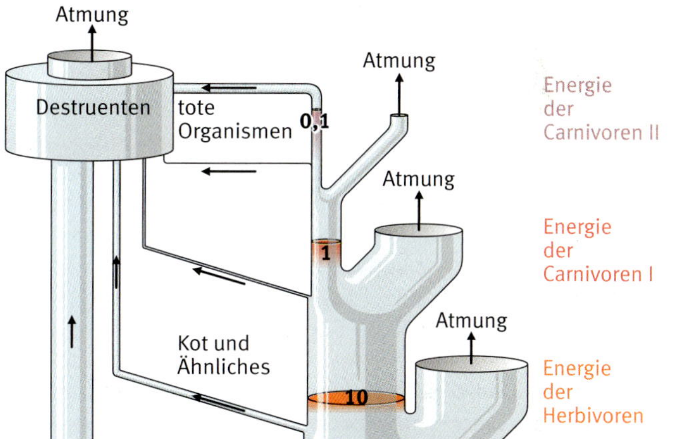
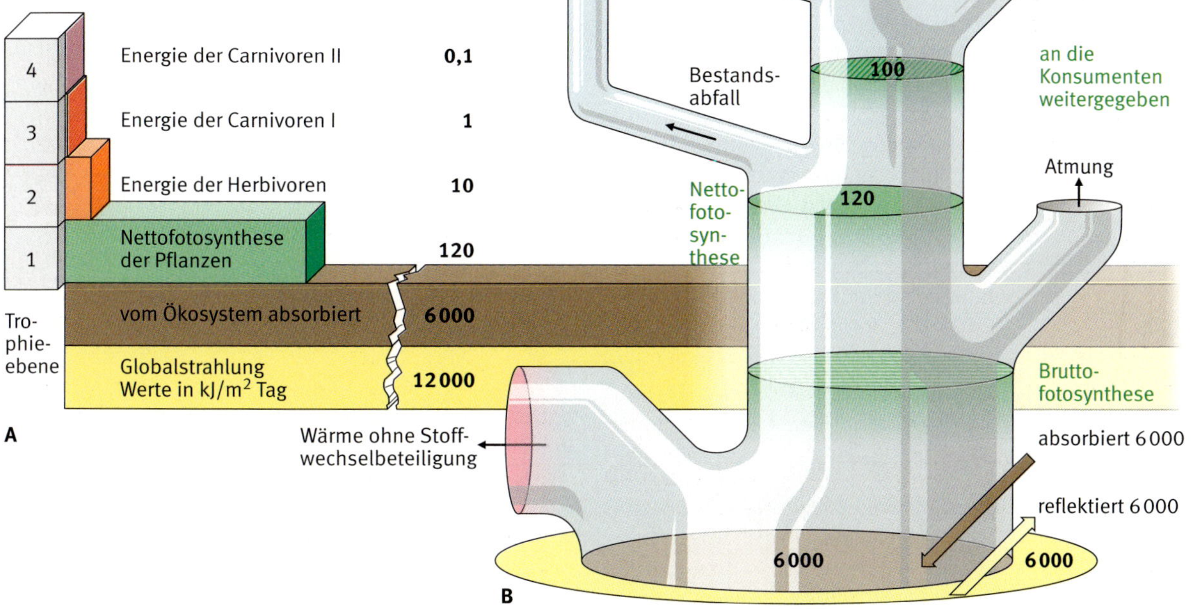

67.1 Energie im Ökosystem. A Energiepyramide; **B** Energiefluss

5 Produktivität in Ökosystemen

68.1 Die Vegetation der Erde aus dem Weltraum. Das Bild ist aus zeitlich versetzt aufgenommenen wolkenfreien Stücken zusammengesetzt.

Aufgrund der unterschiedlichen abiotischen Bedingungen haben sich auf der Erde verschiedene Ökosysteme mit ganz unterschiedlichen Lebensgemeinschaften ausgebildet. Entscheidend für die **Produktivität** eines Ökosystems ist seine *Nettofotosynthese pro Zeiteinheit und Fläche;* denn die nachfolgende Konsumentenkette kann nur veratmen, was die Produzenten an Energie eingebunden haben. Es ist offensichtlich, dass diese Produktivität in eisiger Tundra oder in trockener Wüste geringer ist als in einem üppigen Regenwald. Die moderne Satellitenerkundung gestattet ständig aktualisierte Beobachtung der Vegetation und erlaubt nach entsprechenden Eichuntersuchungen am Boden Rückschlüsse auf die Produktivität.

Das gilt für globale wie für lokale Systeme. So ist auf karger Heide die Produktion sehr viel geringer als auf einem gedüngten Maisfeld mit bestem Lössboden in optimalem Klima. Gemäß dem Wirkungsgesetz der Umweltfaktoren wird die Produktivität am stärksten durch die Faktoren begrenzt, die am weitesten vom Optimum abweichen.

Vegetation	$g/m^2 \cdot a$
tropischer Regenwald	1000 – 3500
europäischer Laubwald	400 – 2500
europäischer Nadelwald	180 – 1200
Wüste	0 – 10
Zuckerrohr	900
Reis, Kartoffeln	500
Weizen	300

68.2 Beispiele für Biomasseproduktion in Gramm Trockenmasse pro Quadratmeter und Jahr

Untersucht man für eine bestimmte Organismengruppe, wie viel *Energie pro Zeiteinheit und Biomasse* in körpereigene Substanz eingebunden wird, dann ermittelt man deren **ökologische Effizienz.** Organismen, die bei geringer Biomasse viel Energie durch Wachstum oder Vermehrung einbinden, haben also eine hohe ökologische Effizienz. Phytoplankton, kann seine Biomasse unter günstigen Bedingungen in zwei Tagen verdoppeln. Es kann demnach trotz geringer Biomasse ständig massiv durch die nächste Trophieebene beerntet werden. Eine geringe Masse hocheffizienter Produzenten kann also eine größere Masse von Konsumenten ernähren.

Generell haben größere Organismen eine geringere ökologische Effizienz als kleinere; sie kann um den Faktor 100 geringer sein. Das gilt auch für die Konsumenten. Allgemein wachsen große Tiere langsamer als kleine. Rind und Kaninchen erlauben einen beispielhaften Vergleich. Zwar erzielt man bei beiden Arten mit der gleichen Menge Heu etwa die gleiche Gewichtszunahme. Was allerdings bei einem Rind ein Jahr dauert, schaffen 300 Kaninchen in nur 90 Tagen. Sie haben also eine größere ökologische Effizienz. Noch größer ist diese bei den kleinen Insekten. Raupen etwa können binnen Tagen ihr Gewicht verdoppeln. Eine Wiese, die 2,7 Tonnen Heu im Jahr produziert, könnte ein Rind ernähren. 300 gewichtsäquivalente Kaninchen hätten diese Menge schon in einem Viertel der Zeit weggefressen. Noch schneller ginge das aber bei der gleichen Masse von Wanderheuschrecken.

	1 Rind	300 Kaninchen
Gesamtkörpergewicht	600 kg	600 kg
täglicher Futterverbrauch	7,5 kg Heu	30 kg Heu
täglicher Wärmeverlust	80 000 kJ	320 000 kJ
tägliche Gewichtszunahme	1 kg	4 kg
Gewichtszunahme pro t Heu	133 kg	133 kg
1 t Heu reicht für	133 Tage	33 Tage
Wiese mit 2,7 t Heu reicht rechnerisch für	360 Tage	90 Tage

68.3 Ökologische Effizienz von Rind und Kaninchen

Beim Vergleich homoiothermer und poikilothermer Tiere ist zu berücksichtigen, dass erstere wegen der Wärmeverluste einen erhöhten Grundstoffwechsel haben. Die Wechselwarmen dagegen „vergeuden" keine Energie zum Erhalt der Körpertemperatur, müssen aber bei niedrigen Temperaturen ihre Aktivität einschränken, wodurch dann deren ökologische Effizienz auf Null absinken kann.

1 Informieren Sie sich im Internet zum Beispiel unter www.caf.dlr.de oder ipn.uni-kiel.de über Satellitenerkundung und erläutern Sie an einem selbst gewählten Beispiel die Möglichkeiten zur Abschätzung der Produktivität landwirtschaftlicher Ökosysteme.

2 Interpretieren Sie das Satellitenbild der Erde aus Abbildung 68.1 im Hinblick auf die Produktivität der erkennbaren Großräume.

3 Erläutern Sie die Ursachen für die unterschiedliche Produktivität der in Tabelle 68.2 angeführten Ökosysteme.

4 Erläutern Sie die Tabelle 68.3. Begründen Sie den relativ großen Wärmeverlust der Kaninchen verglichen mit dem des Rindes.

BIOPHILOSOPHIE

Das ökologische „Gleichgewicht"

Um auf die Gefährdung ökologischer Systeme hinzuweisen, wird oft behauptet, sie befänden sich in einem *labilen* Gleichgewicht. Das ist zwar gut gemeint, aber wissenschaftlich nicht haltbar. Ein labiles Gleichgewicht liegt vor, wenn man ein starres Pendel exakt auf den Kopf stellt und dann nicht mehr daran rührt. Der geringste Anstoß lässt es kippen und auspendeln, bis es im *stabilen* Gleichgewicht verharrt.
Beide hier genannten Gleichgewichtsarten sind zur Beschreibung eines Ökosystems ungeeignet. Ökosysteme sind wie alle Systeme des Lebendigen **offene dynamische Systeme.** Ein ständiger Durchfluss von Energie und Materie hält sie in Gang. Wenn man nach einer anschaulichen Analogie sucht, bietet sich eine Kerzenflamme an:

- Die Flamme „lebt" vom permanenten Stoff- und Energiedurchfluss. Man bezeichnet dies als **Fließgleichgewicht.**
- Ihre chemischen Prozesse laufen in eine bestimmte Richtung, weil sie *nicht* im Gleichgewicht stehen.
- Sie wandelt die chemische Energie organischer Substanz in Wärme und Licht um.
- Bei diesem „Stoffwechsel" entstehen, wie bei der Atmung, Kohlenstoffdioxid und Wasser.
- Wird einer der aufgeführten Prozesse unterbrochen, ist das System „tot".

Jedes biologische System, also auch ein Organismus, nutzt zu seinem Selbsterhalt ein komplexes Gefüge von *Ungleichgewichten* in den physikalisch-chemischen Reaktionen. Bei der Dissimilation werden die exergonischen Prozesse über Enzyme so geleitet, dass dabei ATP entsteht, womit dann endergonische Reaktionen „bezahlt" werden können. Auch in übergeordneten Einheiten, den Ökosystemen, fließen die Energie- und Stoffströme so, dass über längere Zeiträume, oft mit periodischen Schwankungen, eine „dynamische Stabilität" erhalten bleibt. Die Nachspeisung von Energie erfolgt durch die Sonne über die Fotosynthese. Abiotische Faktoren, etwa die Temperatur, ändern sich, wie zur Zeit weltweit zu beobachten. Bislang gebietsfremde Arten

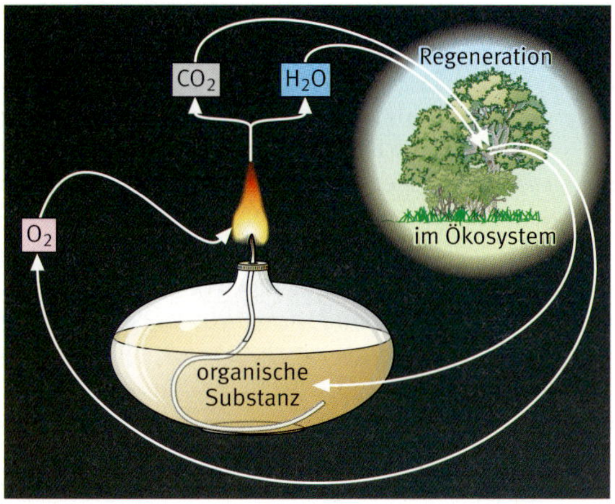

wandern ein. Kleinste Änderungen können dramatische Folgen haben, die zum Aussterben ganzer Populationen und sogar Arten führen. Ein ökologisches Gleichgewicht in dem Sinne, dass sich nichts ändert, hat es nie gegeben. Trotzdem sollten wir eingespielte Fließgleichgewichte und jede bewährte ökologische Dynamik nicht leichtfertig zerstören.

5 Erläutern Sie die Analogie zwischen der Biosphäre und der Abbildung oben.

6 Wo verbleibt die in der Biosphäre umgesetzte Energie?

6 Stabilität und Dynamik von Ökosystemen

Es klingt paradox: Die weitgehende Stabilität von Ökosystemen wird dadurch gewährleistet, dass sich dauernd etwas verändert. Das wird augenfällig in einem ursprünglichen Wald. Die Konsumenten und Destruenten halten die „Kreislaufwirtschaft“ des Systems in Gang und machen die Nährsalze für die Produzenten wieder verfügbar. Tiere fressen Pflanzen und werden von anderen Tieren gefressen; bei manchen Kleintieren wechseln die Generationen mehrmals im Jahr. Bäume werden sehr alt, aber auch sie sterben nach und nach. Dadurch entsteht Platz für eine lichtbedürftige Krautvegetation und junge Bäume, aus denen nach Jahrhunderten wieder neue Baumriesen hervorgehen können. Der Gesamtaspekt eines Urwaldes bleibt über Jahrtausende bestehen. Aber kleinräumig wechselt ständig das Mosaik der Teilbiotope. Die naturnahe Forstwirtschaft orientiert sich an diesem **Mosaikzykluskonzept** mit *Verjüngungs-, Optimal- und Zerfallsphase.* Dem Zerfall der Bäume kommt sie durch Nutzung zuvor.

Bisweilen reißt ein Orkan eine Schneise in den Wald, oder durch Blitzschlag brennt eine größere Fläche nieder. Bei Feuer entweicht in kürzester Zeit nahezu die gesamte oberirdische Biomasse als Kohlenstoffdioxid. Auf einer solchen frei gewordenen Fläche stellt sich eine typische **Sukzession** ein. So nennt man die Aufeinanderfolge von Lebensgemeinschaften. Pflanzen, auch Baumkeimlinge, die bislang keine Entwicklungschance hatten, können sich jetzt entfalten. Vögel und der Wind tragen aus entfernten Gebieten weitere Samen heran. Vor allem r-Strategen, also Lebewesen, die sich bei gebotener Gelegenheit besonders schnell ausbreiten können, besiedeln zunächst den größten Teil der Fläche. In solchen *Reorganisationsphasen* stellt sich ein anderes Artenspektrum ein als im Wald. Die lokale Zusammensetzung der jungen Lebensgemeinschaft hängt zwar vorwiegend von den biotischen und abiotischen Bedingungen ab, aber auch vom Zufall.

Zunächst stellt sich meist eine Krautvegetation mit Gräsern ein. In der *Wachstumsphase* ändert sich das Bild zugunsten der Gehölzpflanzen. Meist sind es Birke, Zitterpappel und Vogelbeere, alles Lichtholzarten, die einen **Vorwald** bilden. In seinem Schutz kommen nach und nach auch Schattenhölzer wie die Buche hoch und verdrängen schließlich die **Pionierarten.** Damit nähert sich der Wald nach langer Zeit dem **Klimaxstadium.** Darunter versteht man das End- und Dauerstadium, dem die jeweilige Lebensgemeinschaft zustrebt. Sie wird vor allem durch Boden und Klima bestimmt. In Mitteleuropa wären ohne Eingriff des Menschen große Teile von der Buche dominiert. Aber auch im Klimaxwald gibt es unter natürlichen Bedingungen permanent den beschriebenen mosaikartigen Wandel, der immer wieder temporäre ökologische Nischen für viele Arten von Pflanzen, Tieren, Pilzen und Mikroorganismen bereithält.

70.1 Sukzessionsstadien, Nettoproduktion, Biomasse und Artenzahl eines mitteleuropäischen Waldes

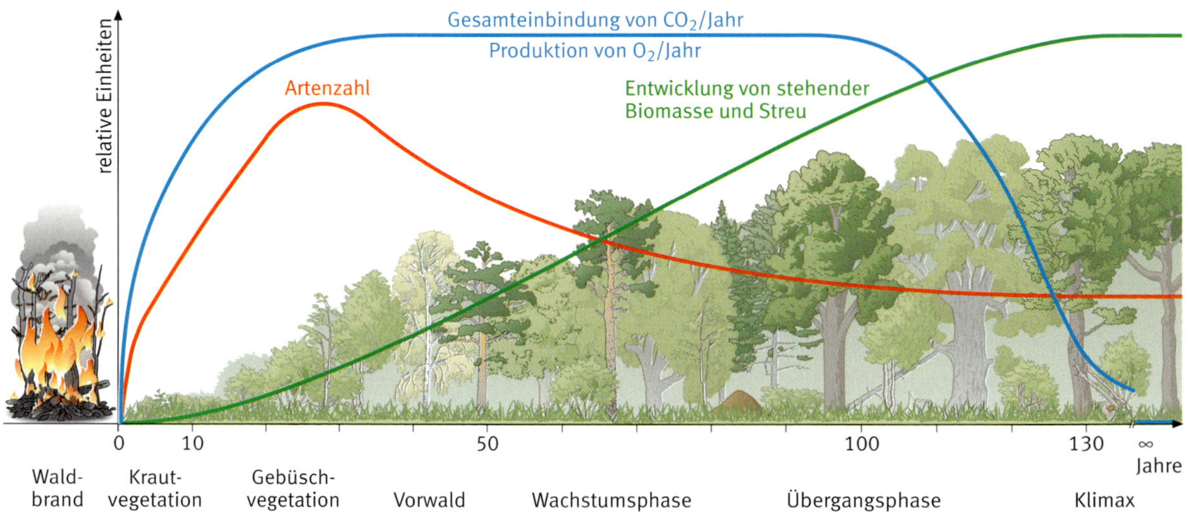

Am Ende der letzten Eiszeit setzten nach dem Rückzug der Gletscher Erstbesiedlungen, so genannte *Primärsukzessionen* ein. Den entstandenen Gewässern wurden durch Zuflüsse und über die Luft Schlammmassen mit organischen und mineralischen Stoffen zugeführt. Dort angesiedelte Pflanzen nahmen die Nährsalze auf und hielten sie fest. Ursprünglich nährstoffarme Gewässer wurden mit der Zeit nährstoffreich und hoch produktiv. In solchen Gewässern kann der Bestandsabfall durch Sauerstoffmangel in der Tiefe nicht mehr oxidativ abgebaut werden. Der Stoffkreislauf ist unterbrochen, die organische Schlammschicht wird immer dicker und der See immer flacher. Vom Ufer dringt der Röhrichtgürtel zur Mitte vor, gefolgt von einem so genannten **Bruchwald,** der vorwiegend aus Erlen, Weiden und Birken besteht. Das Verlandungsstadium geht auch im Zentrum schließlich in ein Flach- oder **Niedermoor** über, bis es schließlich ganz vom Bruchwald verdrängt wird.
In niederschlagsreichen Gebieten finden Torfmoose dort günstige Bedingungen vor. Sie wachsen immer weiter in die Höhe. Dadurch überwuchern sie mit der Zeit alle Holzpflanzen und bringen sie zum Absterben. Die Lebensgemeinschaft verliert jede Verbindung mit dem Untergrund; dadurch wird der Standort wieder extrem nährsalzarm. Nur wenige Spezialisten können dort noch existieren. Im Lauf von Jahrtausenden hat die Sukzession den See in ein **Hochmoor** überführt. Ohne Eingriffe des Menschen befänden sich heute große Gebiete Norddeutschlands und des Alpenvorlandes in diesem Klimaxstadium.

Direkt zu beobachten ist der *jahreszeitliche Wandel* von Ökosystemen. Auf einer Mähwiese zum Beispiel hat sich unter dem Regime des Menschen ein recht stabiles Ökosystem eingependelt. Außer wandernden Organismen gibt es auf einer Wiese nur solche Pflanzen und Tiere, die mit den langfristig herrschenden Bedingungen leben können. Bäume und Sträucher haben wegen der Mahd keine Chance.

Über das Jahr kann man eine regelmäßige **Aspektfolge** beobachten: Auf einer hinreichend feuchten Wiese beginnt der Frühjahrsaspekt mit Gänseblümchen. Diese „weiße Welle" wird schon im April durch das hellviolette Wiesenschaumkraut abgelöst. Es wird bald durch eine mächtige „gelbe Welle" überlagert, die von Löwenzahnblüten geprägt ist. Diese werden eifrig von früh fliegenden Insekten wie Bienen und Hummeln besucht. Im Mai folgt mit dem Scharfen Hahnenfuß eine zweite gelbe Welle, die auf vielen Wiesen von einer „roten Welle" aus Sauerampfer, Rotklee und Roter Lichtnelke abgelöst wird. Im Juni bilden die Fruchtstände des Löwenzahns eine zweite und bald darauf die Blütenstände der Doldenblütler eine dritte weiße Welle. Dann folgt mit der Mahd ein gewaltiger Einschnitt in die Biomasse. Im August, manchmal zusätzlich im Oktober, wird erneut gemäht. Mit diesem anthropogenen Rhythmus muss auch die Tierwelt der Wiese fertig werden.

1 Erläutern Sie die Abbildung 70.1 und beschreiben und begründen Sie analoge Kurven für die Abbildung 71.1.

71.1 Wiese. Aspektfolge und Entwicklung der Biomasse

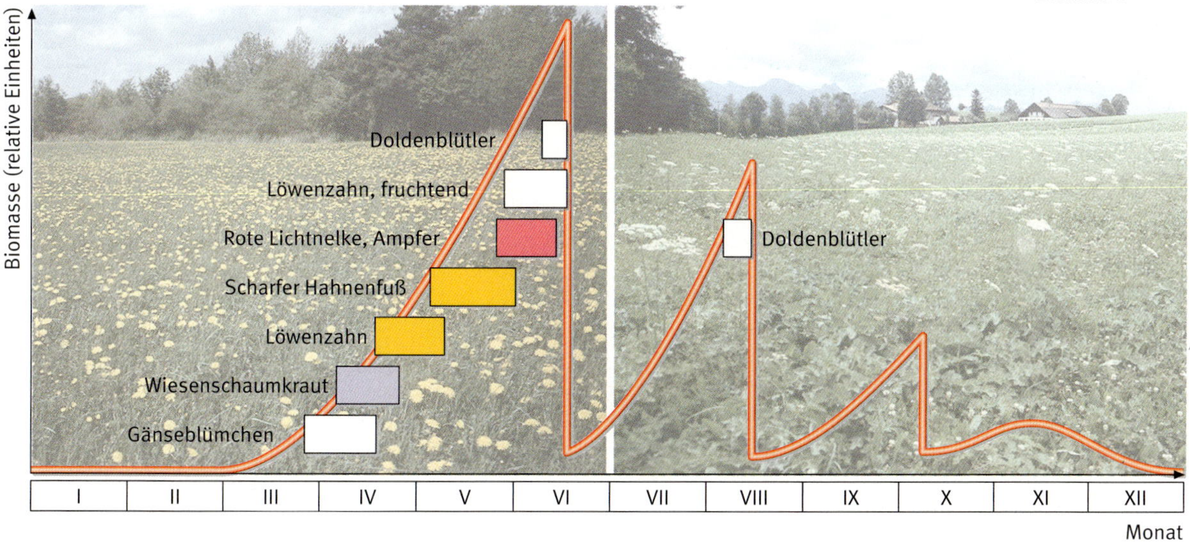

7 Besonderheiten in anthropogenen Ökosystemen

Viele Menschen sind der Ansicht, dass ihre eigene Spezies über der Natur steht. Sie erleben sich als unabhängig von Ökosystemen. Das ist allerdings ein fataler Irrtum; selbstverständlich gelten die Naturgesetze auch für Menschen. Wenn die Lebensressourcen zerstört oder vergiftet sind, betrifft das den Menschen genauso wie jede andere Art. Was den Menschen aber tatsächlich auszeichnet, ist seine Einsichtsfähigkeit in Zusammenhänge. Mithilfe dieser Begabung pflegt er so viel Nutzen aus der Umwelt zu ziehen wie möglich. Das tun andere Arten auch, nur kann der Mensch es effizienter; und mithilfe seiner Kulturfähigkeit hat er die Methoden enorm verbessert.

Millionen Jahre lang griff der Mensch wenig in die Natur ein. Auf der Kulturstufe der Sammler und Jäger reichte ein Quadratkilometer Land nicht einmal, um einen einzigen Menschen zu ernähren. Seit etwa 10000 Jahren erlaubten Weidewirtschaft und aufkommender Ackerbau ein ansteigendes Bevölkerungswachstum. Die Landwirtschaft begann die Ökosysteme so umzugestalten, dass sie Nahrung für den Menschen und seine Nutztiere produzierten. Heute ist dieser Prozess so weit getrieben worden, dass gerade dicht bevölkerte Industrieländer Nahrungsüberschüsse erzielen. Ermöglicht wird dies durch massiven Input technisch erzeugter Energie. Die Mechanisierung hat dazu geführt, dass heute bei uns nur noch etwa drei Prozent der Erwerbstätigen in der Landwirtschaft arbeiten. Entsprechend nimmt die Verstädterung zu.

Städte mussten schon immer Nahrung aus dem Umland importieren und nach deren Verstoffwechslung die Fäkalien wieder loswerden. Moderne Städte sind aber wie auch die moderne Landwirtschaft von einer viel größeren Menge importierter technischer Energie und anderer Rohstoffe abhängig als früher. Deren Umsatz ermöglicht Annehmlichkeiten und Aktivitäten, die früher undenkbar gewesen wären. Dank dieser Energiebeihilfe stehen in Industrieländern jedem Menschen etwa hundert „technische Sklaven“ zur Verfügung, mit denen er noch wirksamer in die Umwelt eingreift als zuvor. Allerdings ist der Vorrat an fossilem Brennstoff als deren „Nahrung“ begrenzt und wächst nicht nach. Abhilfe könnten regenerative Energieträger schaffen.

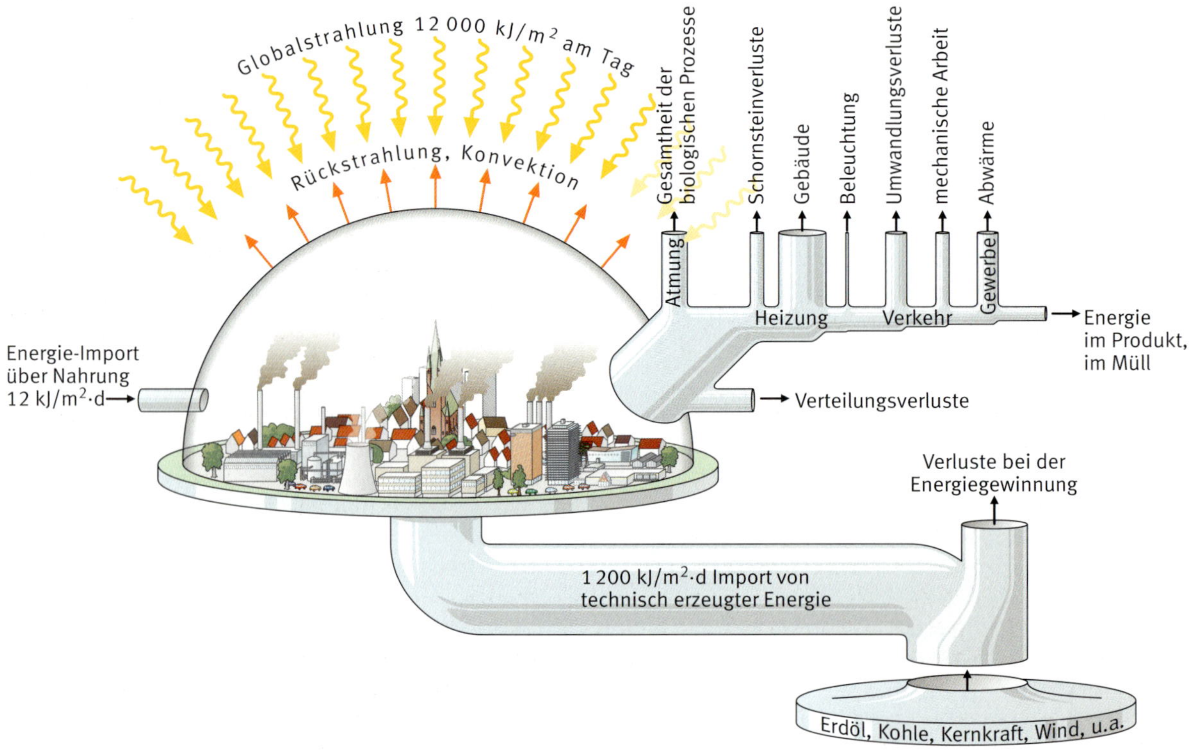

72.1 Energiefluss in einem industriell-urbanen Ökosystem

Systemökologie

1 Es gibt Unterschiede im Energiefluss zwischen natürlichen Ökosystemen und einer Stadt. Erläutern Sie.

2

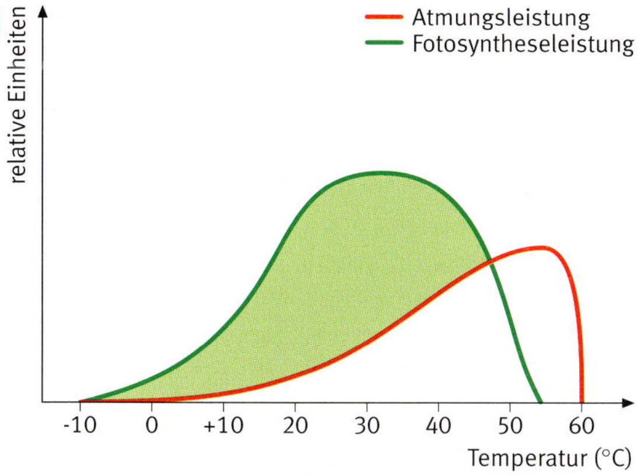

Die Abbildung gibt schematisch die Bruttofotosyntheseleistung und die Atmungsverluste einer winterharten Pflanze in Abhängigkeit von der Temperatur wieder. Die sonstigen Bedingungen sind konstant.

a) Interpretieren Sie den Verlauf der Einzelkurven und definieren Sie Temperaturminimum, -maximum und -optimum für Bruttofotosynthese und Atmung.

b) Ermitteln Sie das Optimum für die Nettofotosynthese.

3 In einer Energiepyramide, die den Energieumsatz pro Zeit darstellt, sind die unteren Stufen aus naturgesetzlichen Gründen größer als die oberen. Bei der Nahrungspyramide gibt es Ausnahmen. Unter welchen Umständen sind solche Ausnahmen möglich? Erklären Sie die Zusammenhänge.

4 Die einzelnen Ökosysteme werden als relativ geschlossene Einheiten betrachtet, deren Biozönosen sich gemäß den abiotischen Faktoren gestalten. So ist die Sahara durch Phosphatreichtum und Trockenheit, Amazonien durch Phosphatarmut und Feuchte geprägt. Weltweit stehen aber alle Ökosysteme über globale Luft- und Wasserströmungen in Verbindung. Im Ökosystem Amazoniens findet man außerhalb der Organismen so gut wie keine Phosphor- und Stickstoffsalze. Obgleich sich nachweisen lässt, dass unvermeidbar immer eine kleine Menge der genannten Elemente den Strom hinab ins Meer gespült wird, ist seit Millionen Jahren vor den Eingriffen des Menschen keine Verarmung eingetreten. Erklären Sie für jedes der beiden Elemente, wodurch die Verluste ausgeglichen werden konnten.

5

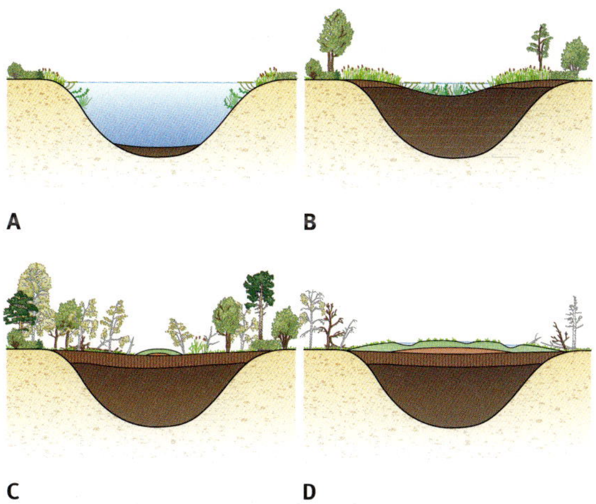

organisches Sediment
Niedermoortorf
Hochmoortorf

Beschreiben und begründen Sie die Veränderungen in den abgebildeten Sukzessionsstadien.

6

a) In welchem Stadium befindet sich die abgebildete Wiese? Begründen Sie.

b) Erläutern Sie den Unterschied zwischen einer Aspektfolge und einer Sukzession.

7 Fossile Brennstoffe sind wie Holz und Pflanzenöle durch Fotosynthese entstanden. Erläutern Sie die unterschiedlichen kurzfristigen und langfristigen ökologischen Auswirkungen, die sich ergeben, je nachdem, ob man fossile Energieträger oder Holz zur Wärmeerzeugung verwendet.

Untersuchung ausgewählter Ökosysteme

1 Ökosystem Wald

1.1 Wälder der Erde

Die Wälder der Erde sind ein wesentlicher Bestandteil des globalen Stoffkreislaufes. Sie haben Einfluss auf unser Klima, indem sie in die Zusammensetzung der Atmosphäre und den Wasserkreislauf eingreifen. Wälder sind riesige Kohlenstoffspeicher. Sie schützen Böden und Gewässer. Im Jahre 2005 betrug die globale Waldfläche schätzungsweise noch etwa 3,8 Milliarden Hektar. Rund 48 Prozent der Wälder liegen in den Tropen, 30 Prozent in den borealen und 22 Prozent in den gemäßigten Zonen der Erde. Weltweit sind etwa 30 000 Baumarten am Aufbau der Wälder beteiligt.

Rund die Hälfte der ursprünglichen Waldfläche ist inzwischen durch menschliche Nutzung verschwunden. Jedes Jahr werden etwa 15 Millionen Hektar der als **Primärwälder** bezeichneten Urwälder abgeholzt. Das entspricht etwa der eineinhalbfachen Fläche der deutschen Wälder. Nur ein Fünftel der globalen Waldflächen gelten als bisher vom Menschen weitgehend unberührt.
Bei den übrigen Wäldern hat der Mensch schon stark eingegriffen oder es handelt sich um **Sekundärwälder.** Sie sind nach Abholzungen auf natürlichem Wege nachgewachsen oder vom Menschen angepflanzt worden. Ein typisches Beispiel dafür sind die heutigen Wälder Mitteleuropas. Hier wurden die ursprünglichen, durch Buchen und Eichen dominierten Laubmischwälder abgeholzt und durch aufgeforstete Wälder meist anderer Zusammensetzung ersetzt.

1 Erläutern Sie unter Verwendung der Abbildung 74.1, in welchen Teilen der Erde die Wälder am stärksten vom Menschen zerstört wurden.

2 Beschreiben Sie anhand der Abbildung 74.1 Zustandekommen und Zusammensetzung der unterschiedlichen Waldtypen auf der Erde.

74.1 Die Wälder der Erde

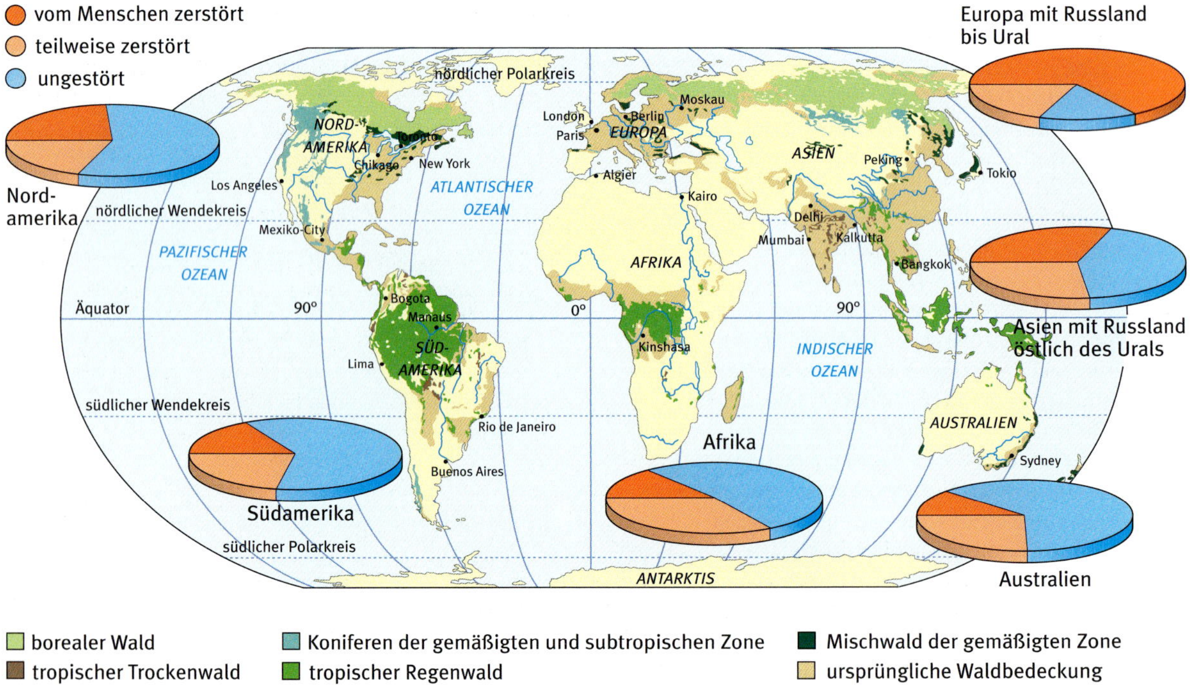

1.2 Aufbau eines Waldökosystems

Solange sich der Mensch als Jäger und Sammler ernährte, blieb sein Einfluss auf die Wälder gering. Erst als er sesshaft wurde, begann er, größere Flächen für Siedlungen und landwirtschaftliche Flächen zu roden. Mit der wachsenden Bevölkerung wuchs auch der Nutzungsdruck auf die Wälder. Jetzt griff der Mensch immer stärker verändernd in diese Ökosysteme ein. Dadurch entstanden, je nach der Nutzung, unterschiedliche Waldformen. Zu ihnen gehörte der **Niederwald.** Er entstand durch die Gewinnung von Brennholz. Alle 10 bis 20 Jahre holzte man den ursprünglichen Laubmischwald ab. Aus den Stümpfen wuchs dann durch Stockausschlag wieder ein Niederwald heran. Ließ man dabei einzelne Bäume, die nicht durch Stockausschlag entstanden waren, stehen, so entwickelte sich ein **Mittelwald.**

Vor etwa 200 Jahren war Deutschland weitgehend waldfrei. Durch Aufforstungen entstanden **Hochwälder.** Dort gehen die Bäume aus Sämlingen oder Setzlingen hervor. Statt der Laubbäume wurden jetzt mehr und mehr schneller wachsende Nadelbäume angepflanzt. War Mitteleuropa ursprünglich zu zwei Dritteln mit Laub- und zu einem Drittel mit Nadelwald bedeckt, so drehte sich dieses Verhältnis in den Wirtschaftswäldern um. Die in *Monokulturen* angepflanzten Nadelbäume gehörten jeweils einer Altersklasse an. Sie konnten im Kahlschlagverfahren nach etwa 80 Jahren geerntet werden. Die freien Flächen wurden dann anschließend wieder aufgeforstet. Wie sich mit der Zeit herausstellte, hatten die Monokulturen eine ganze Reihe von Nachteilen: Sie waren nicht nur ökologisch verarmt, sondern wurden auch stärker von Schnee- oder Windbruch, Waldbränden und Schädlingen heimgesucht als die Mischwälder. Dies hat zu einem Umdenken in der Forstwirtschaft geführt. Man versucht deshalb mehr und mehr, die heute noch bestehenden Monokulturen allmählich wieder in naturnahe Mischwälder zu überführen.
Solche Wälder setzen sich aus mehreren Arten zusammen und weisen eine unterschiedliche Altersstruktur auf. Die Wälder entwickeln dadurch einen **Stockwerkaufbau.** Das oberste Stockwerk, die Baumschicht, besteht aus bestandsbildenden Bäumen wie Buche, Eiche oder Fichte. Es erreicht eine Höhe von bis zu 40 Metern. Darunter befindet sich ein zweites

PALÄOBOTANIK

Waldgeschichte

Moore sind historische Archive, indem sie Pollen konservieren. Die Torfschicht, in der die Pollenkörner gefunden werden, entstand in derselben Zeit, in der die pollenspendenden Bäume wuchsen. An der Form der Pollenkörner kann man die verschiedenen Pflanzenarten erkennen. So lässt sich die Geschichte der Wälder aus den Pollendiagrammen ablesen. Dazu untersucht man die Zusammensetzung des Pollens in den verschiedenen Torfschichten eines Moores. Der Anteil einer Pollenart an der Gesamtmenge des abgelagerten Pollens ist ein Maß für die Häufigkeit der entsprechenden Baumart. Zusätzlich lässt sich aus dem Verhältnis von Baumpollen zu Nichtbaumpollen die Bewaldungsdichte ablesen.

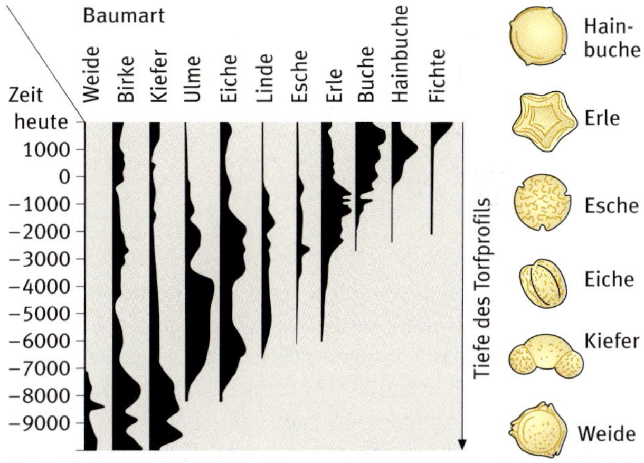

75.1 Baumpollendiagramm aus einem Moor

1 Beschreiben Sie mithilfe der Abbildung 75.1 die Entwicklung der Wälder nach der Eiszeit und mithilfe der Abbildung 75.2 die Zusammensetzung der heutigen Wälder.

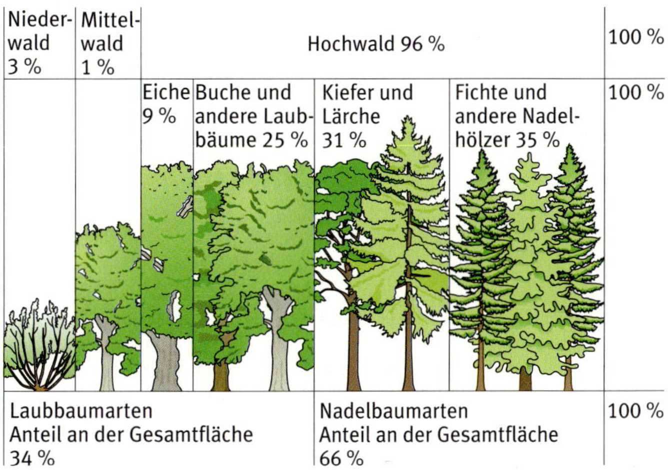

75.2 Aufbau und Zusammensetzung der heutigen Wälder Deutschlands

76.1 Schichtung und Produktion eines Laubwaldes (Eichen-Hainbuchen-Mischwald). Die erste Zahl gibt die Biomasse (Trockenmasse in t/ha) und die zweite Zahl die jährliche Produktion (Trockenmasse in t/ha · a) an.

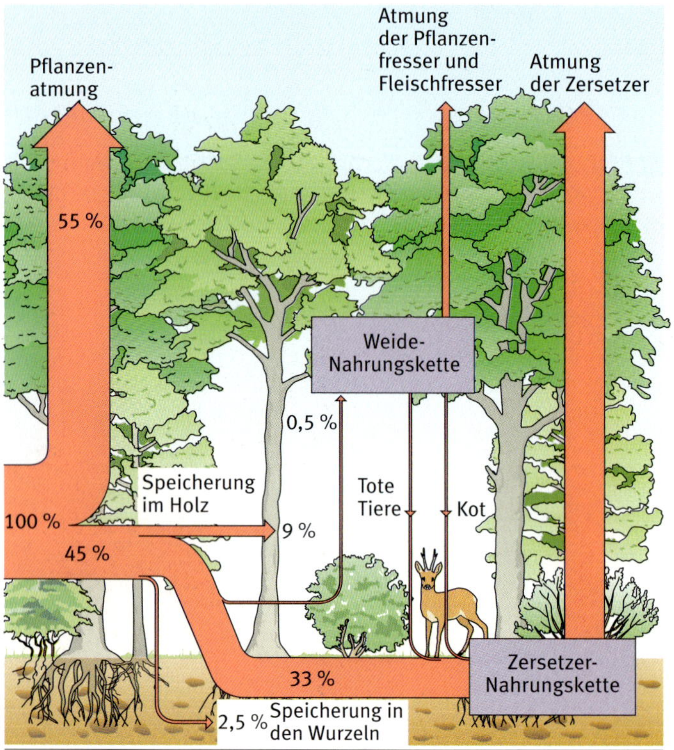

76.2 Energienutzung in einem Laubwald

Stockwerk mit nachwachsenden Jungbäumen der Hauptbaumarten und mit Begleitbaumarten wie Eberesche oder Hainbuche. Unter dieser zweiten Baumschicht schließt sich ein Stockwerk an, das aus Sträuchern besteht. Am Aufbau der Strauchschicht sind zum Beispiel Hasel, Holunder oder Hartriegel beteiligt. Die unterste Schicht bilden Kräuter und Moose. Zu dieser Schicht gehören auch Zwergsträucher wie Heidel- und Preiselbeere, Gräser, Farne, Pilze und Flechten sowie die Sämlinge der Bäume. In einem dichten Bestand aus stark beschattenden Arten lassen die Lichtverhältnisse die Entwicklung des geschilderten Stockwerkaufbaus kaum zu. Solche Schattenbaumarten sind Rotbuche und Fichte. Auch in den heute noch weit verbreiteten Monokulturen wird man den Stockwerkaufbau allenfalls an den belichteten Waldrändern finden. Durch Waldumbau versucht man, die Monokulturen in Wälder mit Stockwerkaufbau zu überführen.

Die beschriebenen Mischwälder gehören zu den produktivsten Ökosystemen Europas. So produziert ein Eichen-Hainbuchen-Mischwald pro Hektar Jahr für Jahr oberirdisch eine Biotrockenmasse von mindestens neun Tonnen. Sie setzt sich aus Blättern, Zweigen und Holzzuwächsen zusammen. Kräuter und Wurzeln produzieren etwa drei weitere Tonnen. Die jährlichen Zuwächse werden fast ausschließlich in der Vegetationsperiode erzeugt. In dieser Zeit können die grünen Pflanzen mithilfe der Fotosynthese die Grundlage für die Biomasseproduktion legen. Insgesamt sind in einem Mischwald pro Hektar mehr als 270 Tonnen Biotrockenmasse oberirdisch und weitere circa 240 Tonnen unterirdisch in Humus und Wurzelmasse festgelegt. Die durch Fotosynthese chemisch in den Nährstoffen der Pflanzen gebundene Energie wird von den Pflanzen selbst und den übrigen Lebewesen zur Deckung ihres Energiebedarfs verwendet. Die Pflanzen des Waldes stellen somit die **Produzenten** dar. Sie bilden die Nahrungsgrundlage für alle übrigen Lebewesen des Waldes.

Über 50 Prozent dieser Energie veratmen die Pflanzen zur Energiefreisetzung. Weitere 33 Prozent werden von den Bodenlebewesen verwendet. Etwas mehr als 11 Prozent werden im Holz und in den Wurzeln gespeichert. Verschwindend gering ist dagegen die Energiemenge, die von den Tieren des Waldes genutzt und über die Nahrungsketten weitergegeben wird. Die Pflanzenfresser oder **Herbivoren** sind die Ersten, die ihren Energiebedarf decken, indem sie die Biomasse der Produzenten aufnehmen. Sie werden als **Primärkonsumenten** oder *Konsumenten 1. Ordnung* bezeichnet. Die Fleischfresser oder **Carnivoren** ernähren sich wiederum als **Sekundärkonsumenten** oder *Konsumenten 2. Ordnung* von den Pflanzenfressern. Die folgenden Fleischfresser, die von den Sekundärkonsumenten leben, werden dann als **Tertiärkonsumenten** bezeichnet. Da sich die verschiedenen Nahrungsketten miteinander verflechten, entsteht im Wald ein komplexes Nahrungsnetz.

Beim Übergang von einer Konsumentenstufe zur nächsten bleiben größenordnungsmäßig nur rund 10 Prozent der Ausgangsenergie nutzbar. Den Tertiärkonsumenten stehen demnach nur noch etwa 0,1 Prozent der Primärproduktion zur Verfügung. Am Ende jeder Nahrungskette stehen schließlich die **Destruenten** oder *Reduzenten*, die dann zur Deckung ihres Energiebedarfs alles absterbende organische Material zersetzen. Durch die dabei ablaufenden Mineralisierungsvorgänge entstehen Nährsalze, die die Produzenten wieder verwerten können. Der **Stoffkreislauf** ist damit geschlossen. Dagegen ist der Energiefluss eine „Einbahnstraße", da schließlich die gesamte biologisch verwertbare Energie in Wärmeenergie umgewandelt wird.

Da die klimatischen Faktoren im Wald jahreszeitlichen Schwankungen unterworfen sind, ändert sich das Erscheinungsbild oder der jeweilige **Aspekt** des Waldes. Im Winter, Frühjahr, Sommer und Herbst bestimmt zum Beispiel die wechselnde Belaubung das unterschiedliche Erscheinungsbild des Waldes. Mit den verschiedenen Aspekten verändern sich die abiotischen Faktoren und die Zusammensetzung der Biozönosen. Auch Nahrungsketten und Nahrungsnetze können sich im Laufe des Jahres ändern. In den mitteleuropäischen Wäldern gibt es nur solche Lebewesen, die auf diese jahreszeitlichen Veränderungen eingestellt sind.

Neben der Aspektfolge, die eine kurzfristige, periodische Veränderung des Waldes darstellt, gibt es auch langfristige Veränderungen im Ökosystem Wald. Durch diese wird ein relativ stabiler, dynamischer Endzustand, das so genannte **Klimaxstadium** erreicht. Während dieser Entwicklung lösen sich jeweils unterschiedliche Biotope mit ihren Biozönosen ab.

Auf einer kahl geschlagenen Waldfläche lassen sich die Veränderungen gut beobachten. Es beginnt mit einer Gras-Krautflur, die mit der Zeit eine erste geschlossene Vegetationsdecke bildet. In dieser Reorganisationsphase nimmt die Artenvielfalt immer mehr zu. Nach rund einem Jahrzehnt wird diese Phase durch eine Wachstumsphase abgelöst. Es entsteht jetzt mehr und mehr eine buschige Gehölzvegetation. Nach ungefähr zehn weiteren Jahren kommen die ersten Baumarten hinzu. Sie bauen mit der Zeit einen Pionierwald auf. In einer anschließenden Übergangsphase lösen sich über Jahrhunderte verschiedene Baumarten ab. Der Wald geht schließlich in das End- oder Klimaxstadium über. Solange die klimatischen Verhältnisse stabil bleiben, können solche Wälder über längere Zeiträume fortbestehen. Die geschilderte Abfolge wird als ökologische **Sukzession** bezeichnet. Moderne Forschungen belegen, dass es einen idealen Endzustand in der Natur nicht gibt. Auch ein Klimaxstadium besteht immer aus einem dynamischen Mosaik verschiedener Entwicklungsstadien.

1 Beschreiben Sie unter Verwendung der Abbildungen 76.1, 76.2 und 77.1 Stockwerkaufbau, Nahrungsbeziehungen, Stoffkreislauf und Energiefluss im Ökosystem Wald.

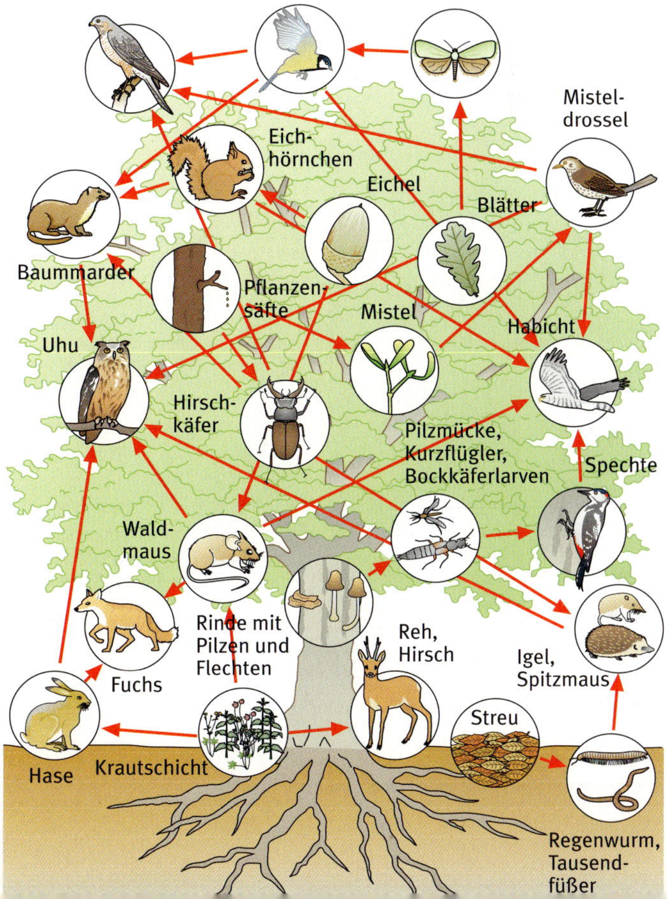

77.1 Einige Nahrungsketten und Nahrungsnetze in einem mitteleuropäischen Eichenwald
(→ wird gefressen von ...)

1.3 Gliederung und Zusammensetzung des Waldbodens

Der Boden stellt ein komplexes System aus organischen und anorganischen Komponenten dar. Die organischen bestehen aus lebenden und abgestorbenen Organismen oder ihren Abbauprodukten. Dagegen sind die anorganischen Bestandteile durch Verwitterung von Gesteinen entstanden. Zusätzlich stammen sie aus biologischen Mineralisierungsvorgängen.

Sticht man mit einem Spaten ein Stück Waldboden ab, so sieht man, dass er horizontal geschichtet ist. Die einzelnen Schichten werden als **Bodenhorizonte** bezeichnet. Die oberste besteht aus weitgehend unzersetztem Bestandesabfall. Diese Streuschicht bildet den **L-Horizont** (Laubhorizont). Darunter befindet sich der **O-Horizont** (organischer Horizont), der aus weitgehend zersetztem Bestandesabfall besteht. Es folgt der **A-Horizont** als mineralischer Oberbodenhorizont. In ihm sammeln sich organische Feinstoffe an. Als **B-Horizont** bezeichnet man den mineralischen Unterboden. Er ist meist reich an Pflanzennährsalzen. Den Abschluss bildet der **C-Horizont,** der als Untergrundhorizont aus nicht oder nur schwach verwittertem Gestein besteht.

78.1 Laubwaldboden.
A Bodenhorizonte;
B Zusammensetzung des Oberbodens

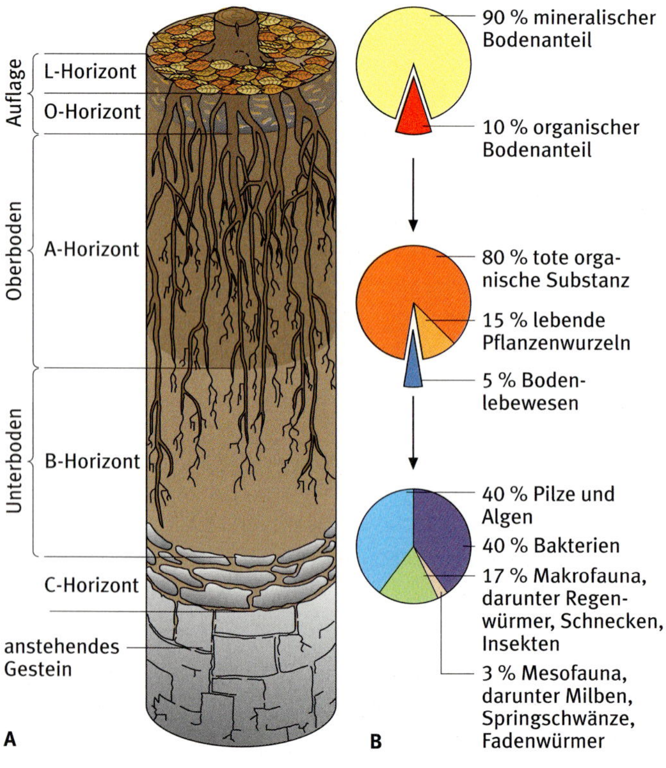

An der Bodenbildung sind verschiedene physikalisch-chemische und biologische Prozesse beteiligt. So spielen Temperaturunterschiede, Quellungs- und Lösungsvorgänge ebenso eine Rolle wie Oxidations- und Reduktionsprozesse. Erstbesiedler wie Cyanobakterien und Flechten können die Gesteine zum Beispiel durch Abgabe von Komplexbildnern direkt angreifen, sodass sie Nährsalze aus ihnen herauslösen. Folgepflanzen scheiden Säuren wie die Kohlensäure ab, die das Gestein zersetzen. Eindringende Wurzeln können das Gestein sprengen. Vor allem L-, O- und A-Horizont bilden den Lebensraum für das **Edaphon,** die Gesamtheit aller Bodenlebewesen. Temperatur, Feuchtigkeit, Durchlüftung und Porenvolumen sind einige der abiotischen Faktoren, die Zusammensetzung und Aktivität des Edaphons bestimmen. Sehr verschiedene Lebewesen besiedeln im Boden zahlreiche ökologische Nischen. Relativ große Bodenlebewesen wie Maulwürfe, Wühlmäuse, Maulwurfsgrillen und Regenwürmer durchziehen mit Gängen und Hohlräumen den Boden. Er wird durch ihre Tätigkeit umgeschichtet und durchmischt. In den luftgefüllten und zumeist mit Wasserdampf gesättigten Bodenporen leben die kleineren Mitglieder des Edaphons, unter anderem Springschwänze und Milben. An den Wänden siedeln Bakterien und Pilze. In den wassergefüllten Poren schwimmen Mikroorganismen wie Flagellaten, Ciliaten, Rotatorien, Nematoden, Pilze und Bakterien. Soweit es die Lichtverhältnisse erlauben, leben dort auch Algen.

Auch die Bodenlebewesen sind über Nahrungsbeziehungen miteinander verknüpft. Im Boden spielen die Zersetzer- oder **Detritusketten** eine besonders wichtige Rolle. Deren Mitglieder zersetzen den Bestandesabfall eines Waldes, der zwischen drei und neun Tonnen pro Hektar und Jahr wiegt. Hinzu kommen circa zwei Tonnen absterbende Wurzelmasse. Die Zersetzerketten beginnen mit den Erstzersetzern. Zu ihnen gehören Ringelwürmer wie die Enchytraeiden und die Regenwürmer. Sie können in riesigen Mengen den Waldboden besiedeln: Man hat bis zu 250000 Enchytraeiden pro Quadratmeter gezählt. Sie zersetzen außer- oder innerhalb ihres Verdauungstraktes den Bestandesabfall. Im Darm der Regenwürmer und anderer Erstzersetzer werden unverdaute organische Reste und aufgenommene Mineralienbestandteile miteinander vermischt und verkittet. Es entstehen *Ton-Humus-Kom-*

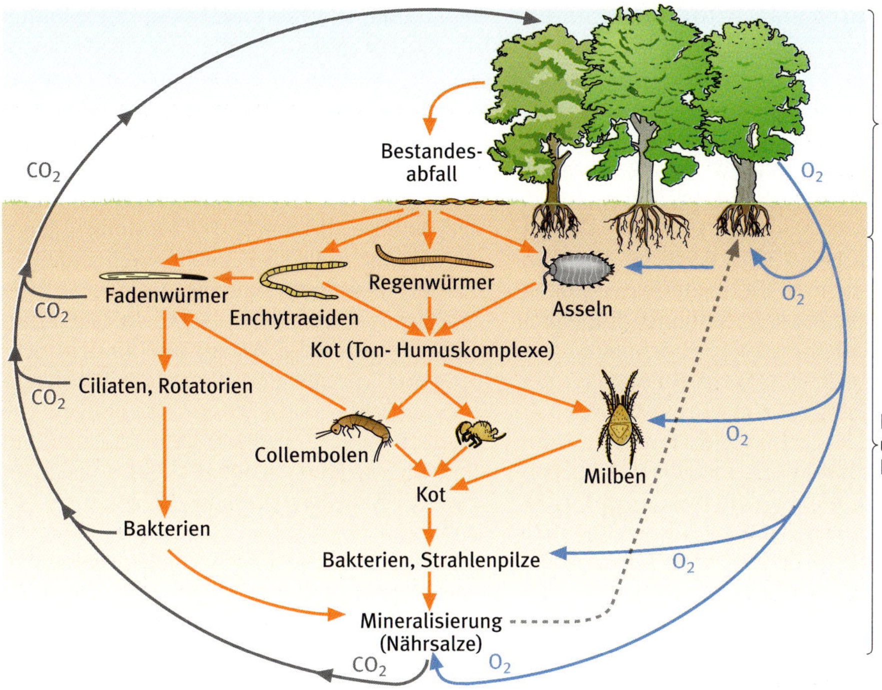

79.1 Ausgewähltes Nahrungsnetz des Edaphons

plexe, die, angereichert mit Mikroorganismen, ausgeschieden werden. Diese Kotkrümel erhöhen das Porenvolumen und damit die Durchlüftung des Bodens. Ebenso können sie relativ viel Wasser speichern und dadurch die Wasserkapazität des Bodens verbessern. Zusätzlich dienen sie Folgezersetzern wie Springschwänzen (Collembolen) und Milben als Nahrung. Der Kot wird von Pilzen und Bakterien zu Kohlenstoffdioxid, Nitrat-, Phosphat-, Sulfat- und anderen Nährsalzionen abgebaut. Dieser Vorgang wird als **Mineralisierung** bezeichnet. Je nach den Bedingungen im Boden werden zum Beispiel Proteine von unterschiedlichen Bakteriengruppen zu verschiedenen Endprodukten mineralisiert. Die aus Aminosäuren bestehenden Proteine werden letzlich unter aeroben Verhältnissen durch *Nitrifikation* zu Nitrat-Ionen umgesetzt. Unter anaeroben Bedingungen kann durch *Denitrifikation* Nitrat zu Nitrit und Ammoniak abgebaut werden.

Die Mitglieder der Zersetzerkette werden auch als **Destruenten** (Reduzenten) bezeichnet. Sie decken aus der Zersetzung des organischen Materials ihren Energiebedarf. Die Endprodukte der Zersetzung, die Nährsalze, können von den im Boden wurzelnden Produzenten wieder aufgenommen werden. Der Stoffkreislauf ist damit geschlossen.

Im Boden gibt es neben Detritusketten auch Nahrungsketten und -netze, in denen die Lebewesen durch Räuber-Beute-Beziehungen verbunden sind. In diesen Nahrungsketten fehlen, sieht man einmal von Bodenalgen ab, bodeninterne Produzenten. Demnach bilden die Waldpflanzen mit ihren Wurzeln und ihrem Bestandesabfall die Nahrungsgrundlage für Primärkonsumenten und Erstzersetzer. Diese wiederum stellen die Nahrung für räuberisch lebende Organismen dar. So fressen bestimmte Collembolenarten die als Erstzersetzer auftretenden Nematoden. Sie nehmen in diesem Beispiel in der Nahrungskette die Stellung der Sekundärkonsumenten ein. Fressen sie hingegen Ciliaten oder Rotatorien, die ihrerseits von Bakterien leben, so haben sie die Stellung von Tertiärkonsumenten. Das Nahrungsgefüge im Boden ist also sehr komplex vernetzt.

1 Beschreiben Sie unter Einbeziehung der Abbildung 78.1 den Aufbau eines Waldbodens.

2 Erläutern Sie die an der Bodenbildung beteiligten physikalisch-chemischen und biologischen Verwitterungs- und Zersetzungsprozesse.

3 Begründen Sie unter Verwendung der Abbildungen 78.1 und 79.1, dass der Boden als Ökosystem anzusehen ist, das mit dem Waldökosystem vernetzt ist.

1.4 Leistungen von Waldökosystemen

Die Leistungen und die Nutzung des Waldes können je nach Sicht des Betrachters unterschiedlich gesehen und bewertet werden. Waldbauern und Forstleute haben vor allem den ökonomischen Wert der Wälder im Auge. Er wird in Deutschland auf etwa 100 Milliarden Euro geschätzt. Der jährliche Holzeinschlag in den rund 11 Millionen Hektar großen Wäldern beträgt etwa 40 Millionen Kubikmeter. Das potenziell nutzbare Holzaufkommen wird sogar auf 57 Millionen Kubikmeter geschätzt. Der Wald gibt in der Forstwirtschaft etwa 100 000 Menschen Arbeit. Hinzu kommen weitere rund 700 000 in der Holz verarbeitenden Industrie. Dort wird der Rohstoff Holz unter anderem zu Zellstoff, Papier, Bauholz oder Möbeln verarbeitet. Die Forstwirtschaft und die Holz verarbeitende Industrie sind also, was die Leistungen des Waldes anbetrifft, vor allem an der Produktionsleistung des Waldes interessiert. Für sie steht die Quantität und Qualität der nachwachsenden Ressource Holz im Mittelpunkt des Interesses.

Für die Biologie ist der Wald vor allem ein Forschungsobjekt. Für sie gilt es, die ökologischen Leistungen des Waldes genauer zu untersuchen. Daraus haben sich wichtige Erkenntnisse zum Beispiel über die Fotosyntheserate, das Holzwachstum und über die Ansprüche der Waldbäume an ihren Standort ergeben. Von diesen Ergebnissen profitiert auch die Forstwirtschaft. Eine ungefähre Vorstellung von den Leistungen des Waldes erhält man, wenn man die Leistungen eines einzelnen Baumes betrachtet. Die Leistungen einer etwa hundertjährigen Buche verdeutlichen, dass der Wert eines Baumes nur zu einem geringen Teil im Holz liegt. Die wichtigste ökologische Leistung des Waldes besteht darin, Lebensraum zu sein: So bieten die Wälder in Deutschland Lebensraum für 48 einheimische Baumarten, 82 Straucharten und 61 Halbsträucher. Ebenso leben in den Wäldern 177 einheimische Wirbeltierarten, davon 54 Säugetier-, 105 Vogel-, 13 Reptilien- und 5 Amphibienarten. In einem naturnahen mitteleuropäischen Buchenwald kommen etwa 3000 Pilzarten und 1000 Pflanzenarten, darunter 200 Samenpflanzenarten, vor. Außerdem gibt es dort etwa 7000 Tierarten, davon allein 5200 Insektenarten. Der Artenreichtum in einem bestimmten Waldbestand hängt vom Aufbau und der Struktur dieses Bestandes ab.

Der Naturschutz wird den Wald unter dem Gesichtspunkt der Biodiversität sehen. Für ihn kommt es darauf an, Wälder so wachsen zu

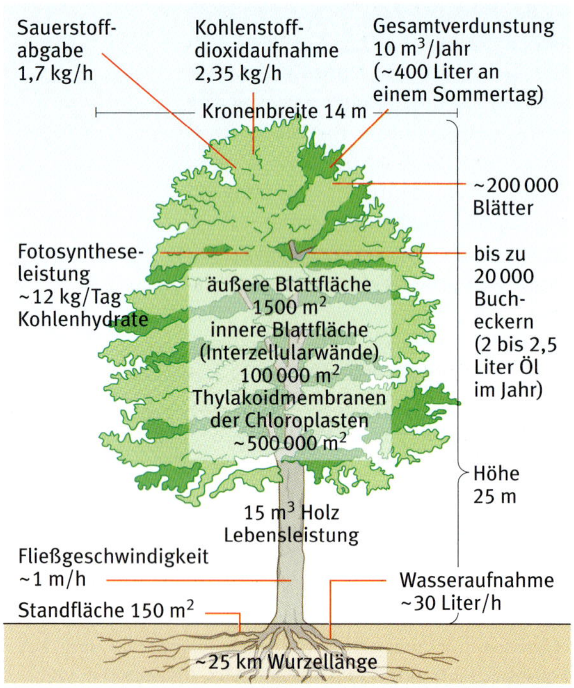

80.1 Leistungen einer ausgewachsenen Buche

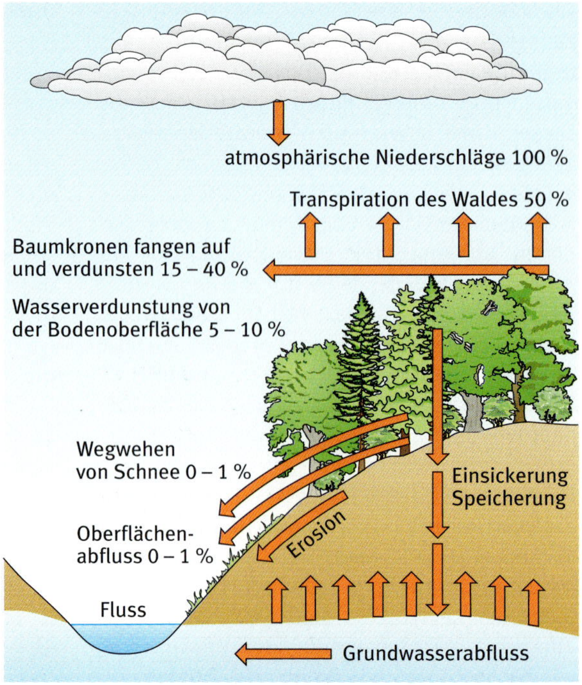

80.2 Wasserhaushalt eines Waldes

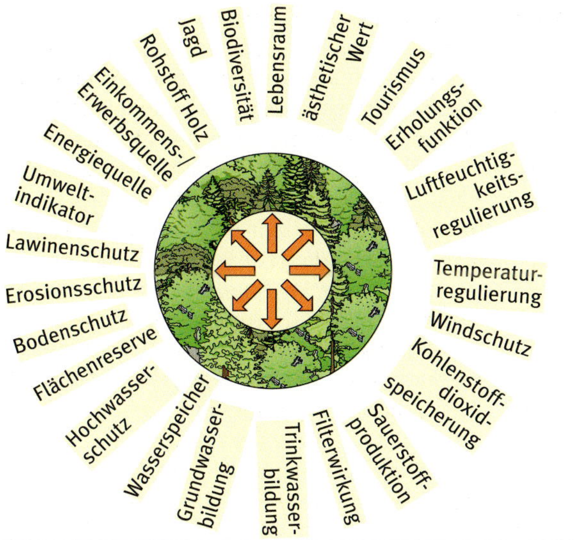

81.1 **Leistungen der Wälder**

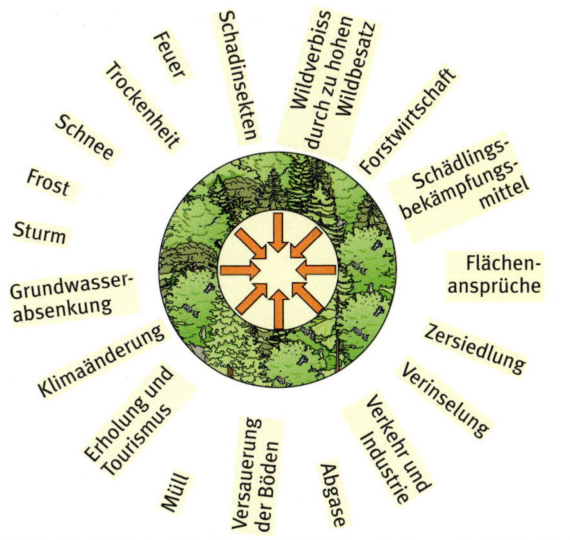

81.2 **Belastungen der Wälder**

lassen, dass sich die Vielfalt der Lebewesen in ihnen entwickeln kann und erhalten bleibt. Wasserwirtschaft und Landschaftsplanung werden wieder andere Leistungen des Waldes besonders betonen. Für sie spielen zum Beispiel die Schutzfunktionen der Wälder eine wichtige Rolle. So bewahrt der Wald mit seinem Wurzelsystem die Bodenkrume vor Erosion. Vor allem im Gebirge schützt er Siedlungen und Verkehrswege vor Erdrutschen, Lawinen oder Steinschlägen.
Der Wald verdunstet über 50 Prozent der Niederschläge. Der Wasserabfluss wird nicht nur gemindert, sondern außerdem zeitlich verzögert und somit gleichmäßiger. Der Wald verhindert dadurch weitgehend Hochwasserspitzen und dient so dem Hochwasserschutz. Zusätzlich filtert der Wald ober- und unterirdisch die Niederschläge und führt sie gereinigt dem Grundwasser zu. Aus diesem kann Trinkwasser guter Qualität gewonnen werden. Damit sie diese Leistungen im Boden- und Wasserschutz erbringen können, werden entsprechende Wälder als Schutzgebiete ausgewiesen. Die Forstwirtschaft muss auf diese Schutzfunktionen der Wälder Rücksicht nehmen.

Aus Sicht der Meteorologie und Klimaforschung stellen die Wälder Luftverbesserer dar, da sie die verschmutzte Luft reinigen und mit Sauerstoff und Feuchtigkeit anreichern. Zusätzlich wirken sie durch ihre Verdunstung temperaturregulierend. Durch die Fotosynthese nehmen die Wälder riesige Kohlenstoffdioxidmengen auf, die zum Teil als Biomasse festgelegt werden. Sie stellen damit Kohlenstoffdioxidspeicher dar. In einer Tonne trockenen Holzes sind 500 Kilogramm Kohlenstoff gebunden. Bei der Verbrennung werden 1,8 Tonnen Kohlenstoffdioxid frei, genauso viel, wie beim Aufbau des Holzes gebunden wurde. Da bei der Verbrennung von Holz kein Kohlenstoffdioxid aus fossilen Brennstoffen freigesetzt wird, ist es unter dem Gesichtspunkt des Klimaschutzes ein umweltfreundlicher Energieträger. Dies gilt allerdings nur für den Fall, dass das Holz aus nachhaltiger Waldwirtschaft stammt. Da Wälder in der Wachstumsphase das Treibhausgas Kohlenstoffdioxid binden, könnte man durch weltweite Waldaufforstungsprogramme dem Kohlenstoffdioxidanstieg in der Atmosphäre entgegenwirken. Wälder können außerdem als Umweltindikator für den Zustand unserer Umwelt herangezogen werden. Das überwiegend durch die Luftverschmutzung bedingte „Waldsterben" ist dafür ein Beispiel.

Auch der „Normalbürger" nutzt die Wälder intensiv. Sie sind für ihn als Erholungsräume in der Freizeit und im Urlaub bedeutsam. In der naturnahen Umgebung der Wälder können die meisten Menschen körperlich und geistig auftanken.

1 Bewerten Sie die in Abbildung 81.2 angegebenen Belastungen der Wälder.

2 Erläutern Sie die Leistungen des Waldes, von denen der „Normalbürger" profitiert.

1.5 Tropische Waldökosysteme

Vergleicht man die mitteleuropäischen Laubmischwälder mit den tropischen Regenwäldern, so fallen sowohl Gemeinsamkeiten als auch Unterschiede auf. Die Unterschiede beruhen auf der geografischen Lage. Die mitteleuropäischen Wälder liegen zwischen dem 48. und 58. Breitengrad. Hier herrschen Jahresdurchschnittstemperaturen von etwa +10 °C, kalte Winter und Jahresniederschläge von rund 700 Millimetern. Dagegen erstrecken sich die tropischen Regenwälder beiderseits des Äquators bis zum 16. Breitengrad. In ihnen findet man Durchschnittstemperaturen von +24 °C und Jahresniederschläge, die um 2000 Millimeter liegen und in den Spitzen auf etwa 15000 Millimeter ansteigen können. Die tropischen Regenwälder gehören, wie die hohe Biomasseproduktion ausweist, zu den produktivsten Ökosystemen der Erde.

Diese hohe Produktion an Biomasse wird durch das klimatisch bedingte schnelle Pflanzenwachstum erreicht. Die Blattfläche im Regenwald ist pro Hektar etwa doppelt so groß wie im gemäßigten Laubwald. Hinzu kommt, dass die Vegetationsperiode kaum durch Trockenheit oder Kälte verkürzt wird.
Die Nährstoffe werden nicht wie in mitteleuropäischen Wäldern überwiegend im Boden, sondern in der Vegetation selbst gespeichert. Sie befinden sich in einem ununterbrochenen Kreislauf, an dem der Boden nur gering beteiligt ist: Alles was abstirbt, wird innerhalb weniger Monate zersetzt und von dem oberflächennahen Flachwurzelystem der Bäume wieder aufgenommen. In Mitteleuropa dauert der Prozess ein bis drei Jahre. Im Tropenwald ist die Humusschicht kaum dicker als zehn Zentimeter. Der Stockwerkaufbau ist durch verschiedene Baumschichten mit ihren Epiphyten und Kletterpflanzen noch differenzierter als in den heimischen Wäldern. So ergeben sich horizontale und vertikale Gliederungen mit einer großen Zahl ökologischer Nischen. Hierauf beruht der außerordentliche Artenreichtum des

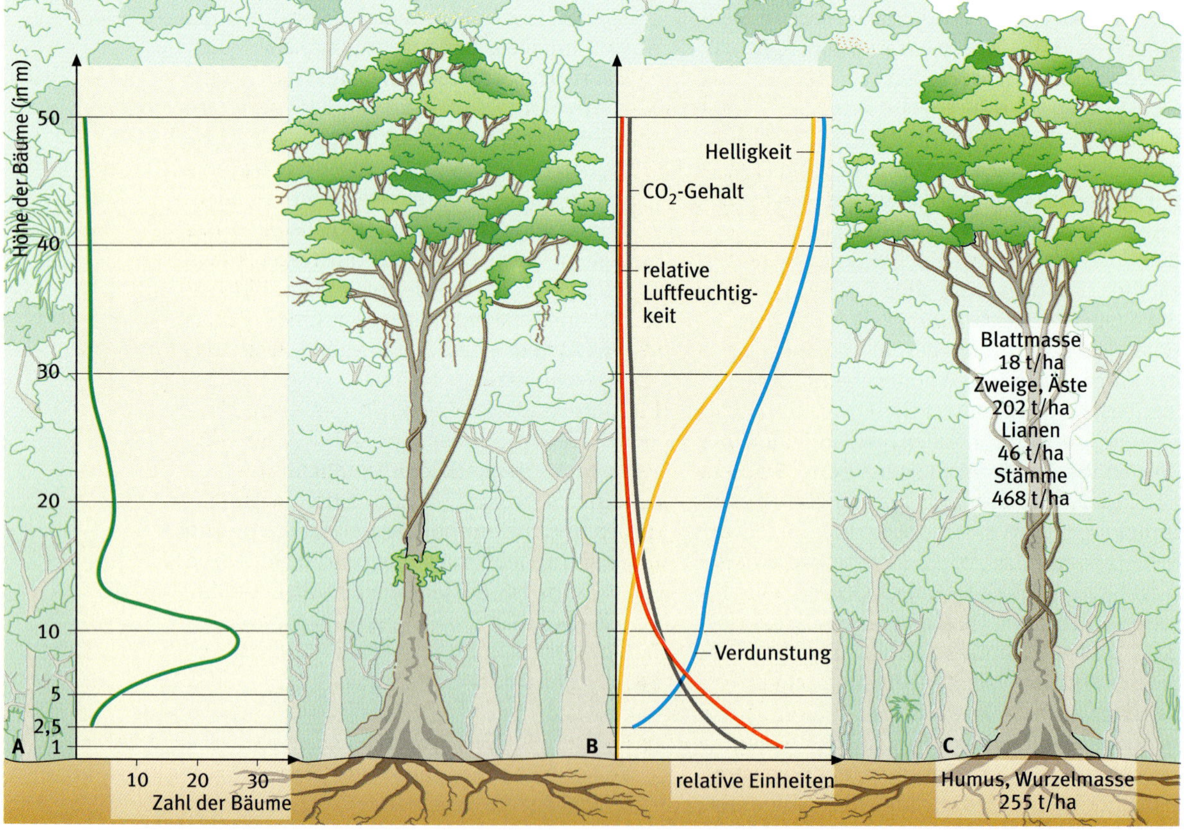

82.1 Tropischer Regenwald.
A Baumhöhen; **B** abiotische Faktoren; **C** Biomasse

tropischen Regenwaldes. Auf einem Hektar können über 100 verschiedene Baumarten in jeweils wenigen Exemplaren vorkommen. In Mitteleuropa wachsen auf der gleichen Fläche nur wenige Baumarten, dafür aber in sehr hohen Individuenzahlen. Das gesamte Artenspektrum des heimischen Laubwaldes umfasst über 10000 Arten. Die Schätzungen für den tropischen Regenwald belaufen sich auf mehrere Millionen Arten.

Ein weiterer Unterschied zwischen den Wäldern der Tropen und Mitteleuropas ist jedoch, dass bei uns die ursprünglichen Wälder nicht mehr existieren. Sie sind überwiegend durch naturferne Holzplantagen ersetzt worden. In den Regenwäldern wird uns das Schicksal unserer Wälder in den letzten Jahrhunderten vor Augen geführt. Durch den wachsenden Nutzungsdruck werden weltweit jährlich etwa 10 Millionen Hektar tropischer Regenwald abgeholzt oder brandgerodet. Der größere Teil der entstehenden freien Flächen dient als landwirtschaftliche Nutzfläche. Viele Millionen Kleinbauern betreiben einen *Waldrodungshackbau*. Diese Nutzung ist eine direkte Folge der Bevölkerungszunahme und der Armut in diesen Regionen. Der geringe Nährstoffgehalt der meisten tropischen Böden ist schnell erschöpft. Zusätzlich wird die Bodenkrume, da die schützende Pflanzendecke des Waldes fehlt, durch die starken Niederschläge weggeschwemmt. Nach wenigen Jahren müssen dann neue Waldflächen gerodet werden, um die unfruchtbar gewordenen Felder zu ersetzen. Die alten Flächen scheiden aufgrund der Bodenzerstörung vielfach für eine Wiederbewaldung aus. Auch bei sorgfältig aufgeforsteten Flächen schätzt man, dass es mindestens 100 Jahre dauern wird, bis sich ein auch nur annähernd ähnlich komplexes Artengefüge des tropischen Regenwaldes wieder eingestellt hat. Weitere Wälder fallen Großprojekten wie Rinderfarmen, Plantagen, Stauseen, Straßen, Industrieansiedlungen und dem Bergbau zum Opfer.
In den tropischen Regenwäldern finden sich viele *Edelhölzer* wie Teak- oder Mahagonibäume, die auf der ganzen Welt als Bauholz oder zur Herstellung von Möbeln gefragt sind. Diese Edelhölzer sind für die tropischen Länder ein wichtiger Exportartikel. Internationale Holzfirmen schlagen große Flächen des Regenwaldes ein, um an die begehrten Tropenhölzer zu gelangen, obwohl nur höchstens zehn Prozent Edelhölzer sind. Zusätzlich werden Zu- und Abfahrtswege geschaffen, die noch mehr Waldflächen kosten und eine weitere Erschließung durch Siedler ermöglichen. Beispielsweise in Indonesien werden Regenwälder auch als Rohstoff für internationale Zellstofffabriken abgeholzt.
Bei der Vernichtung der Regenwälder kommt ein humanitäres Problem hinzu: Es wird vielen Naturvölkern, die in und mit dem Wald leben, die Lebensgrundlage entzogen.

Man schätzt, dass die Regenwälder, wenn die Abholzungen wie bisher weitergehen, in einigen Jahrzehnten verschwunden sein werden. Damit würden aber auch unschätzbare genetische Ressourcen verloren gehen. Viele Nutzpflanzen wie Banane, Kaffee, Kakao, Tee, Reis, Tomate und Kautschuk haben ihren Ursprung in den tropischen Regenwäldern. Das genetische Potenzial könnte zur Züchtung neuer Nutzpflanzen oder zur Gewinnung bisher unbekannter Wirkstoffe für Medikamente genutzt werden.

Auch klimatische Veränderungen sind durch die großflächigen Abholzungen der Regenwälder zu befürchten. In den entwaldeten Gebieten fließt das Wasser ungebremst ab und nimmt dabei die Bodenkrume mit. Ebenso ist die Wasserverdunstung vermindert, da die Transpiration über die riesige Blattoberfläche fehlt. Der kurzgeschlossene Kreislauf zwischen Wald und Atmosphäre wird dadurch unterbrochen. Es kommt zu einer Veränderung des lokalen und regionalen Klimas, das nun durch geringere Feuchtigkeit und höhere Temperaturen bis hin zur Steppen- und Wüstenbildung gekennzeichnet ist. Eine Wiederbewaldung solcher Gebiete ist dann nur schwer möglich.
Die tropischen Regenwälder spielen als Kohlenstoffdioxidspeicher eine große Rolle. Ihre Vernichtung verstärkt den Treibhauseffekt. Da es unrealistisch ist, die tropischen Regenwälder in ihrer Gesamtheit zu schützen, wird nach ökologisch günstigen und nachhaltigen Alternativen gesucht. Man muss den betroffenen Ländern eine angemessene ökonomische Entwicklung unter weitgehender Erhaltung ihrer Regenwälder ermöglichen.

1 Erläutern Sie die in Abbildung 82.1 dargestellten Faktoren und setzen Sie diese zueinander in Beziehung. Erstellen Sie ein Kurzreferat über die dargestellte Thematik.

1.6 Neuartige Waldschäden

Anthropogene Waldschäden sind seit Jahrhunderten bekannt. So traten Rauchgasschäden schon in vorindustrieller Zeit und verstärkt bei der Industrialisierung im 19. Jahrhundert an Wäldern in der Nähe von Verhüttungsanlagen auf. Bei Nadelbaumbeständen verfärbten sich die älteren Nadeljahrgänge und starben schließlich ab. Dadurch verlichteten sich die Kronen dieser Bäume von innen nach außen. Derart geschädigte Bestände wurden vielfach Opfer von Schädlingen und Klimaextremen.

In neuerer Zeit traten ähnliche Symptome auch in Regionen auf, die als Reinluftgebiete galten. Es begann Anfang der siebziger Jahre des 20. Jahrhunderts mit großflächigen Erkrankungen von Weißtannenbeständen. Ende der siebziger Jahre wurden ähnliche Schäden bei den übrigen Nadelbaumarten und einige Jahre später auch bei Laubbäumen entdeckt. Die beobachteten Schäden wurden zuerst mit dem Begriff „*Waldsterben*“ und später unter dem Ausdruck „**neuartige Waldschäden**“ zusammengefasst. Neuartig waren vor allem die weite Verbreitung der Schadsymptome sowie das rasche Fortschreiten und das lange Anhalten der Erkrankung. Die auftretenden Schäden zeigten sich besonders durch Kronenverlichtungen, die durch Nadel- oder Blattverluste entstanden.

Nach der Stärke der Blattververluste wurden vier Schadstufen festgelegt:
- **Schadstufe 0:** ungeschädigte Bäume mit Nadel- bzw. Blattverlusten bis zu 10 Prozent
- **Schadstufe 1:** „Warnstufe“ mit Nadel- bzw. Blattverlusten zwischen 11 und 25 Prozent
- **Schadstufe 2:** Nadel- bzw. Blattverluste zwischen 26 und 60 Prozent
- **Schadstufe 3:** Nadel- bzw. Blattverluste zwischen 61 und 99 Prozent
- **Schadstufe 4:** Bäume abgestorben

Die Schadstufen 2 bis 4 werden als „deutliche Schäden“ zusammengefasst. Im Jahre 2004 hatten 28 Prozent der Wälder in Deutschland keine, 41 Prozent leichte und 31 Prozent deutliche Schäden.

Bei den neuartigen Waldschäden handelt es sich nach heutiger Auffassung um eine Komplexerkrankung. An der Entstehung und Ausprägung der Waldschäden sind abiotische und biotische Faktoren beteiligt, die auslösende oder nur mitwirkende Funktion haben können. Alles spricht jedoch dafür, dass anthropogene Luftverunreinigungen die entscheidende Rolle bei der Entstehung dieser Waldschäden spielen. Dem Wald wird dabei seine Funktion als Luft- und Bodenfilter zum Verhängnis. Schadstoffe wie Schwefel- und Stickstoffoxide oder Ozon werden von den Kronenoberflächen der Bäume aus der Luft ausgekämmt. Dadurch kommt ein gegenüber dem Freiland

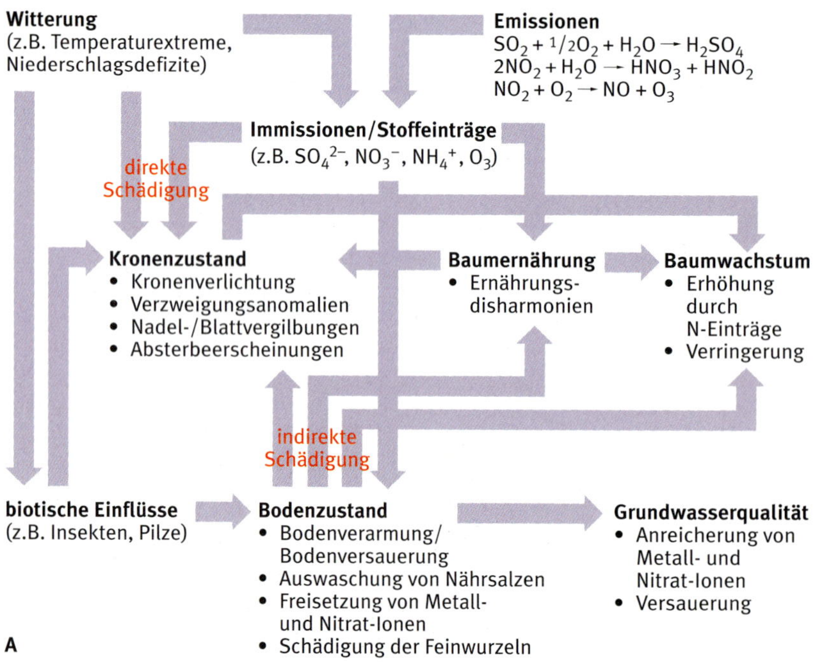

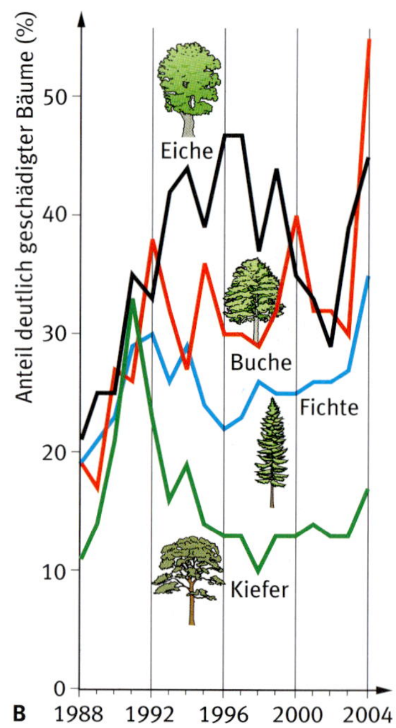

84.1 Neuartige Waldschäden.
A Mögliche Auswirkungen von Luftverunreinigungen auf Waldökosysteme;
B Entwicklung der Waldschäden der Schadstufen 2 bis 4 in Deutschland

bis zu dreimal höherer Stoffeintrag zustande. In den Waldböden haben sich so über Jahrzehnte erhebliche Mengen von Schadsubstanzen angesammelt.
Die Luftschadstoffe setzen sich zum Teil untereinander oder mit dem Niederschlagswasser um. Dabei entstehen Säuren und andere Schadstoffe, die sich in ihrer Wirkung kombinieren oder kumulieren. Die Verunreinigungen gelangen als Gase, Tröpfchen oder Partikelchen auf die oberirdischen Pflanzenteile. Dringen Schwefeldioxid, Ozon oder Säuren über die Spaltöffnungen in die Blätter ein, so greifen sie in lebenswichtige biochemische Stoffwechselprozesse ein. Schädigen sie Chlorophyll und Leitungsbahnen, so kommt es zu Störungen bei Stoffproduktion und -leitung. Einschränkung der Fotosyntheseleistung sowie der Wasser- und Mineralsalzversorgung sind die Folge. Die Nadeln oder Laubblätter beginnen auszubleichen und später abzusterben. Es kommt zu Kronenverlichtungen.
Diese langfristige Stoffzufuhr hat Folgen für das gesamte Waldökosystem. Stickstoffeinträge in Form von Nitrat- und Ammonium-Ionen haben eine düngende Wirkung auf den Wald. Dadurch wächst der Bedarf an anderen Nährsalzen, die der Boden vielfach nicht liefern kann. Es kommt zu Nährsalzungleichgewichten und damit zur Unterversorgung der Bäume mit bestimmten Nährsalzen. Blattverfärbungen und schließlich Kronenverlichtungen sind die Folgen. Die versauernd wirkenden Schwefel- und Stickstoffeinträge schädigen die Mykorrhiza ebenso wie das Feinwurzelsystem der Bäume. Dadurch wird wiederum die Wasser- und Mineralsalzversorgung der Bäume gestört. In versauerten Böden werden Nährsalzkationen wie Ca^{2+}, Mg^{2+}, K^{+} freigesetzt und können durch Auswaschungsvorgänge verloren gehen. Zusätzlich können Metallionen wie Cd^{2+}, Pb^{2+} und Al^{3+}, die sonst fest an Bodenteilchen adsorbiert sind, mobilisiert werden. Die freigesetzten giftigen Ionen beeinträchtigen nun das Wurzelwachstum. Sie können aber auch über die Leitungsbahnen bis in die Blätter gelangen und dort zusätzliche Schäden hervorrufen. Die geschilderten Einwirkungen der Luftschadstoffe beeinträchtigen nicht nur das Wachstum des Waldes, sondern sie erhöhen auch seine Anfälligkeit gegenüber anderen Stressfaktoren wie Trockenheit, Frost oder Schädlingen.

Deutschland versucht den neuartigen Waldschäden durch schärfere Gesetze und geeignete Rahmenbedingungen zu begegnen. Da Luftverschmutzungsstoffe länderübergreifend wirken, müssen die nationalen Maßnahmen durch internationale Absprachen ergänzt werden.

1 Beschreiben Sie mögliche Ursache-Wirkungsbeziehungen bei den neuartigen Waldschäden. Beziehen Sie dabei Abbildung 84.1 ein.

85.1 Gesunde und deutlich geschädigte Waldbäume der Schadstufen 2 oder 3.
A Kiefer;
B Fichte;
C Buche;
D Eiche

1.7 Nachhaltige Bewirtschaftung der Wälder

Als vor etwa 200 Jahren geregelte Forstwirtschaft in Deutschland begann, hatte sie das Ziel, Wälder für eine dauerhafte Holznutzung anzupflanzen. Die heranwachsenden Wälder sollten nachhaltig bewirtschaftet werden. Es sollte also nur so viel Holz geschlagen werden, wie nachwachsen kann. Um eine möglichst hohe Holzproduktion zu erreichen, wurden Monokulturen mit rasch wachsenden Baumarten angelegt. Statt der ursprünglichen Laubwälder wurden überwiegend Nadelwälder mit der Fichte als Hauptbaumart angelegt. Fichten konnten dicht stehend in Holzplantagen angepflanzt werden, wuchsen schnell heran und konnten bereits nach 80 bis 100 Jahren geerntet werden. Man pflanzte auch dort Nadelwälder an, wo sie natürlicherweise nicht vorkamen. Auf diesen weniger geeigneten Standorten waren sie besonders anfällig. Erst später stellte man fest, dass die höhere Holzproduktion in Monokulturen eine ganze Reihe von Nachteilen hat. So kommt es vermehrt zu Schädlingskalamitäten, sodass der Einsatz von Pestiziden notwendig wird. Durch das einheitliche Alter der Bäume und den geringen Unterwuchs können Sturmböen in diese Forsten eindringen und große Teile der Bestände entwurzeln. Die flach wurzelnde Fichte ist besonders sturmanfällig. Ebenso können sich Brände schnell ausbreiten und dadurch große wirtschaftliche Verluste verursachen. Auch die Biodiversität ist in diesen wenig strukturierten Wäldern stark eingeschränkt.

In den letzten Jahrzehnten begann ein Umdenken in der Forstwirtschaft. Man überlegte, wie man den Nachteilen der angepflanzten Wirtschaftsforsten begegnen kann. Dabei wurde auch der Begriff **Nachhaltigkeit** überdacht und umfangreicher gefasst. Oft wird heute auch der englische Begriff *Sustainability* verwendet. Es geht jetzt nicht mehr nur um einen nachhaltig hohen Holzertrag, sondern auch um ökonomische Funktionen, die über die reine Holzwirtschaft hinausgehen. Dazu zählen sowohl Boden-, Wasser- und Klimaschutz als auch Tourismus. Hinzu kommen ökologische Funktionen wie die Erhaltung und Verbesserung der Biodiversität.

In Deutschland versucht man, diese Art von Nachhaltigkeit durch einen ökologischen, also naturnahen Waldbau zu erreichen. Ziel ist es, die durch die alte Forstwirtschaft geschaffenen Nadelforsten wieder in naturnahe Laubwälder umzuwandeln. Während es in Deutschland in erster Linie darum geht, bestehende Sekundärwälder den ursprünglichen Wäldern anzugleichen, strebt man in den Tropen die Erhaltung noch bestehender Primärwälder an. Um diese zu schonen, müsste man die tropischen Sekundärwälder, die aus nachgewachsenen oder angepflanzten Bäumen bestehen, besser pflegen und nutzen. Teilweise werden auf den abgeholzten Flächen schnell wachsende Eukalyptus-, Akazien- oder auch Nadelbaumarten in Monokulturen angepflanzt. Einige dieser Arten wachsen in den Tropen so schnell heran, dass sie schon nach zehn Jahren erntereif sind. Dieses Holz könnte zum Beispiel den Brennholzbedarf der einheimischen Bevölkerung decken helfen. Auch als Baumaterial oder zur industriellen Papierherstellung kann es genutzt werden. Allerdings haben solche Monokulturen in den Tropen mindestens ebenso große Nachteile wie unsere Wirtschaftsforsten. Dennoch könnten sie dazu beitragen, die Urwälder zu schonen. Man darf aber nicht davon

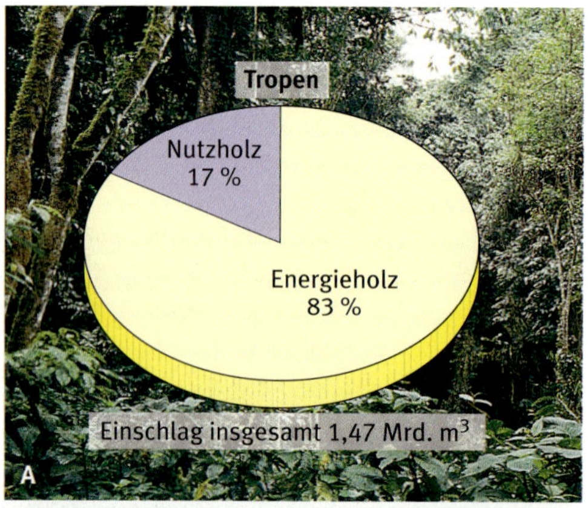

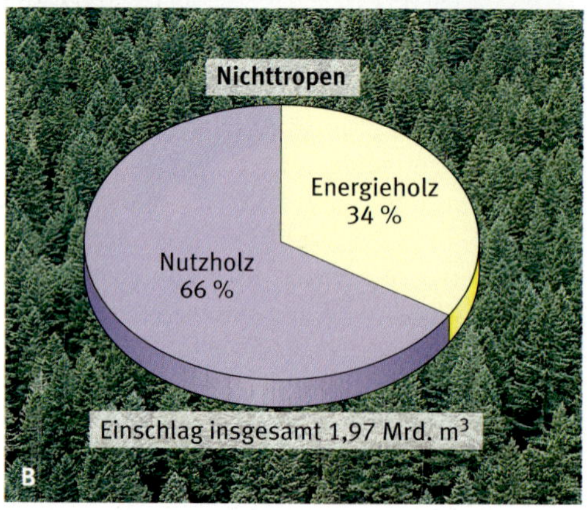

86.1 Weltweite Verwendung von Holz. **A** Tropenholz; **B** Nichttropenholz

ausgehen, dass sie die tropischen Primärwälder in ihrer ökologischen Funktion ersetzen können.
Eine veränderte landwirtschaftliche Nutzung durch die Kleinbauern könnte ebenfalls einen Beitrag zur Erhaltung des Regenwaldes leisten. Dazu werden unterschiedliche Kulturpflanzen aus der Region unter dem Schutz größerer Bäume angebaut. Die negativen Folgen einer Brandrodung würden dadurch abgemildert.

Die Primärwälder sollten, wenn überhaupt, nur nachhaltig genutzt werden. Auf der internationalen Umweltkonferenz 1992 in Rio de Janeiro wurde ein Abkommen zur Erhaltung der biologischen Vielfalt, der Biodiversität, verabschiedet. Die borealen, temperierten und vor allem die tropischen Wälder bieten eine unermessliche Fülle ökologischer Nischen. Diese bilden wiederum die Lebensgrundlage für eine große Zahl von Arten, die jeweils speziell an sie angepasst sind. Daher muss bei einer nachhaltigen Nutzung der Wälder diese Vielfalt, besonders die in den tropischen Regenwäldern, geschützt werden.

Internationale Organisationen versuchen für die nachhaltige Nutzung Regeln aufzustellen, die möglichst auf alle Wälder der Erde anwendbar sind. Holznutzer, die diese Regeln einhalten, erhalten nach Überprüfung eine Zertifizierung, eine Art Gütesiegel. Das bekannteste Siegel vergibt der private, unabhängige, weltweit operierende *Forest Stewardship Council* (FSC). Zu den Regeln der Organisation gehört zum Beispiel die Nutzung der Leistungen und Produkte des Waldes unter Erhaltung der biologischen Vielfalt und Einheit des Waldes. Ebenso sollen bei der Nutzung der Wälder die Rechte der Urbevölkerung berücksichtigt werden. Dazu gehören Sicherung der Lebensgrundlagen und Verdienstmöglichkeiten. Die Aufkäufer und später die Verbraucher können durch Kauf von zertifiziertem Holz diese Entwicklung unterstützen.

1 Erläutern Sie die folgende Definition für Nachhaltigkeit in der Forstwirtschaft:
„In der Forstwirtschaft bedeutet Nachhaltigkeit die Forderung und das Streben nach stetiger und optimaler Bereitstellung sämtlicher materieller und immaterieller Waldleistungen und Waldfunktionen zum Nutzen der jetzigen und künftigen Generationen.“

STECKBRIEF

Naturnaher Waldbau

Naturnaher Waldbau basiert auf der Nachahmung natürlicher Verjüngungsvorgänge. Dadurch sollen Wälder entstehen, die ihre ökologischen Funktionen besser erfüllen können.
Dies soll unter anderem durch folgende Maßnahmen erreicht werden:
- Abbau von Monokulturen zugunsten von Mischkulturen
- Aufforstung mit Baumarten, die optimal an den Standort angepasst sind und am Aufbau der ursprünglichen Wälder beteiligt waren
- natürliche Verjüngung durch Samen der Altbestände
- Entwicklung gemischter, ungleichaltriger, stufiger Bestände, um die Biodiversität durch Schaffung vieler Nischen im Wald zu fördern
- Integration von Alt- und Totholz, um Lebensräume für spezialisierte Arten zu schaffen
- Pflegemaßnahmen, die in erster Linie der Erhaltung und Verbesserung der Gesundheit des Waldes dienen
- Ernte des Holzes nicht durch Kahlschläge, sondern mit boden- und waldschonender Technik und Einzelstammentnahme

STECKBRIEF

Ökologische Nutzung tropischer Wälder

Durch ökologische Nutzung soll die biologische Vielfalt dieser Primärwälder erhalten bleiben.
Dies könnte durch folgende Maßnahmen erreicht werden:
- Stärkung einer traditionellen Waldnutzung durch Sammeln von Früchten, Harzen und Heilpflanzen zur Einkommenssicherung der einheimischen Bevölkerung
- Beteiligung der tropischen Länder an der Nutzung der genetischen Ressourcen ihrer Wälder
- Stärkung einer effizienteren und schonenden Holznutzung wie etwa durch Einzelstammentnahme
- Export nur von zertifiziertem Tropenholz
- Eindämmung von Brandrodungen
- Stärkung einer Landwirtschaft mit verschiedenen Kulturen unter dem Schirm von Urwaldresten
- Stärkung eines sanften Ökotourismus zur Einkommenssicherung der einheimischen Bevölkerung

Untersuchung eines Waldökosystems

1 Bestimmung der Licht-, Temperatur- und Feuchtigkeitsverhältnisse

Material: Hygrometer, Beleuchtungsstärkemessgerät (Luxmeter), Thermometer (zum Beispiel Digitalthermometer mit Sonde), Zollstock oder Bandmaß, Holzstückchen zum Markieren von Messpunkten

Durchführung: Zunächst legt man die Messpunkte für die folgenden Untersuchungen fest. Sie sollten in geeigneten Abständen vom Waldrand ins Waldinnere reichen. Zusätzlich wird bei jeder Messreihe ein Vergleichsmesspunkt im Freiland ausgewählt. Die einzelnen Messpunkte werden mit Holzstöckchen markiert.

a) *Lichtmessungen:* Die Lichtintensität wird mit einem Luxmeter etwa 50 Zentimeter über der Krautschicht gemessen. Dabei ist zu beachten, dass der Fühler immer waagerecht gehalten und nicht vom eigenen Körper beschattet wird. Die ermittelten Werte setzt man in Relation zum Freilandwert und berechnet den relativen Lichtgenuss nach folgender Formel:

$$\frac{\text{Wert am Messpunkt} \cdot 100\,\%}{\text{Freilandwert}} = \text{relativer Lichtgenuss}$$

b) *Temperaturmessungen:* An den gleichen Stellen wie bei der Lichtmessung wird etwa 50 Zentimeter über dem Boden die Lufttemperatur bestimmt. Das Thermometer muss dabei beschattet sein. Zusätzlich ermittelt man die Bodentemperatur in etwa 10 Zentimetern Tiefe. Die Temperatursonde eines Digitalthermometers wird dazu vorsichtig in den Boden gesteckt. Bei der Benutzung eines Alkoholthermometers wird ein entsprechend großes Loch vorgebohrt.

c) *Feuchtigkeitsmessungen:* Die Luftfeuchtigkeit wird an den gleichen Messpunkten wie bei den beiden anderen Messungen bestimmt. Die Werte werden mit einem Haarhygrometer oder einem digitalen Hygrometer etwa 50 Zentimeter über dem Boden ermittelt.

Aufgaben:

a) Halten Sie die Werte für den berechneten relativen Lichtgenuss, für die Temperatur und Luftfeuchtigkeit in einer Tabelle fest .

b) Stellen Sie die Messwerte grafisch dar.

c) Werten Sie die Grafiken aus und erörtern Sie dabei, von welchen Faktoren die Messergebnisse beeinflusst werden.

d) Erläutern Sie die Bedeutung der untersuchten abiotischen Faktoren für das Waldökosystem.

2 Bestimmung von Baumhöhe, Baumdurchmesser und Baumalter

Material: Bandmaß, Stock (etwa 1 m)

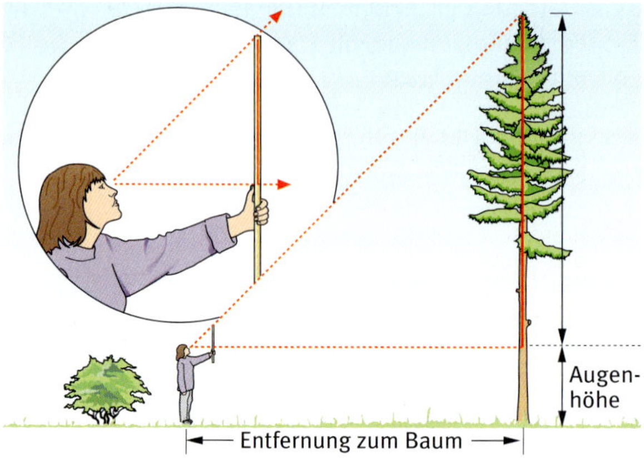

Durchführung:

a) *Bestimmung der Baumhöhe:* Man sucht Bäume aus, die für das zu untersuchende Waldstück charakteristisch sind und auf die man freie Sicht hat. Für die Messung greift man einen etwa einen Meter langen Stock so, dass bei waagerecht ausgestrecktem Arm die überstehende Stockhöhe dem Abstand vom Stock zum Auge entspricht. Jetzt fixiert man über das Stockende die Baumspitze und über den Daumen den Baumstamm in Augenhöhe. Dazu entfernt man sich so weit von dem Baum, dass dies möglich ist. Mit dem Bandmaß wird der Abstand zum Baum und die Augenhöhe in Metern gemessen. Die Summe beider Werte ergibt die Baumhöhe in Metern.

b) *Bestimmung des Baumdurchmessers und des Baumalters:* Man bestimmt mit dem Bandmaß in etwa 1,5 Metern Höhe den Stammumfang (u). Dann berechnet man den Durchmesser ($d = u/\pi$) und mithilfe der Abbildung das ungefähre Alter des Baumes. Zusätzlich kann an frischen Baumstümpfen durch Auszählen der Jahresringe das Alter der Bäume genauer bestimmt werden (siehe Versuch 11, Seite 93).

	Jungwald	Stangenholz	schwaches Baumholz	mittleres Baumholz	starkes Baumholz
Baumalter (Jahre)	1 – 20	20 – 40	40 – 60	60 – 80	80 – 100
Durchmesser (cm)	0 – 10	10 – 20	20 – 35	35 – 50	› 50

3 Vegetationsaufnahme

Material: Bandmaß, Bestimmungsbücher, Schnur, Zeichenbrett, Protokollbogen

Bedeckungsdiagramm Beispiel 10 x 10 m²

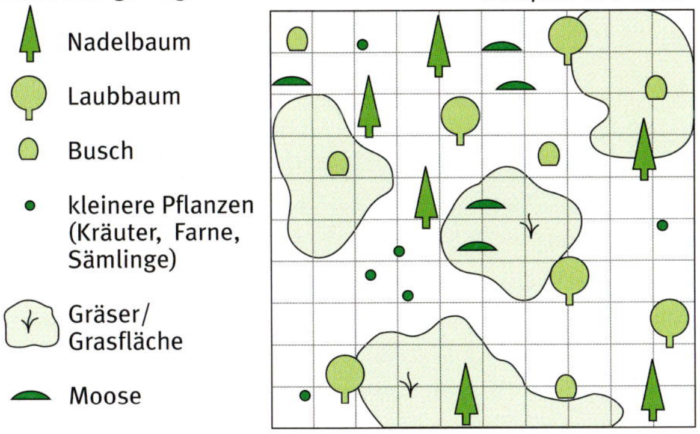

Durchführung:

a) *Auswahl der Probefläche:* Bei der Auswahl der Probeflächen sollten folgende Hinweise beachtet werden: Sie sollte mindestens 10 m x 10 m groß sein, nur aus einer Pflanzengesellschaft bestehen, eine einheitliche Vegetationsverteilung aufweisen und nicht von Wegen oder Bächen durchzogen werden. In Laubwäldern ist eine Vegetationsaufnahme im April und Mai besonders günstig.

b) *Erstellung eines Protokollbogens:* Nach dem vorgegebenen Muster wird ein Protokollbogen angefertigt.

c) *Bestimmung der Pflanzenarten, des Deckungsgrades und der Artmächtigkeit:* Mithilfe von Bestimmungsbüchern werden die auf der Probefläche wachsenden Pflanzen bestimmt und in die Protokollliste eingetragen. Anschließend wird der Deckungsgrad festgestellt. Unter dem Deckungsgrad der Pflanzen versteht man die Fläche, die bedeckt würde, wenn man alle oberirdischen Pflanzenteile der jeweiligen Art auf den Boden projiziert. Berücksichtigt man bei geringem Deckungsgrad der Pflanzen zusätzlich deren Häufigkeit, so erhält man die Artmächtigkeit. Sie kann nach folgender Skala eingeschätzt werden:

5 = 75 bis 100 Prozent der Fläche deckend
4 = 50 bis 75 Prozent der Fläche deckend
3 = 25 bis 50 Prozent der Fläche deckend
2 = 5 bis 25 Prozent der Fläche deckend
1 = weniger als 5 Prozent deckend
+ = wenige Individuen vorhanden
r = selten, rar

Die Artmächtigkeit wird in den Protokollbogen eingetragen. Zusätzlich wird der Deckungsgrad nach Schichten zusammengefasst. Die erste Baumschicht wird mit B 1, die zweite Baumschicht mit B 2, die Strauchschicht mit Str. und die Krautschicht mit Kr. bezeichnet.

Aufgaben:

a) Fertigen Sie Vegetationsaufnahmen vom Waldrand, vom Waldinneren und von einer Waldlichtung an.

b) Entnehmen Sie der Literatur (z. B. HOFMEISTER, H., 1997: Lebensraum Wald. Parey-Verlag, Berlin) die Zeigerwerte der vorgefundenen Pflanzen. Die Zeigerwerte geben Aufschluss über die ökologischen Ansprüche der Pflanzen an den Standort. Kennt man ihre Ansprüche, so kann man im Umkehrschluss aus ihrer Anwesenheit auf die vorhandenen Standortfaktoren schließen. Es werden die Zeigerwerte für die Standortfaktoren *Licht* (L), *Feuchtigkeit* (F), *Bodenreaktion* (R) und *Stickstoffversorgung* (N) eingetragen. Die Zeigerwerte für L, R, N werden in einer neunteiligen, diejenigen für F in einer zwölfteiligen Skala angegeben. Dabei stehen jeweils die 1 für das geringste Ausmaß und die 9 beziehungsweise die 12 für das größte Ausmaß des jeweiligen Standortfaktors. Arten, die indifferent auf einen Faktor reagieren, erhalten ein x. Anschließend addiert man für jeden Faktor die Zeigerwerte der verschiedenen Pflanzen und dividiert sie durch die Zahl der berücksichtigten Pflanzenarten. So erhält man Durchschnittszeigerwerte. Bei den Berechnungen können die Arten der Baumschicht nur bedingt berücksichtigt werden, da sie in der Regel angepflanzt wurden.

c) Charakterisieren Sie mithilfe der erstellten Protokollbögen die untersuchten Waldstücke.

d) Charakterisieren Sie das im folgenden Musterprotokoll untersuchte Waldstück:

Waldart: Buchenwald	**Datum:** 25.5.2005
Höhe ü. NN: 120 m	**Hanglage/Neigung:** eben
Fundort: Zarst, Brandenburg	**Boden:** Braunerde
	pH-Wert: 6,5
Größe der Untersuchungsfläche: 10 m x 10 m	

Schichtung:	**Höhe**	**Deckungsgrad**
B 1	28–32 m	80 %
B 2	–	–
Str.	2 m	5 %
Kr.	bis 0,4 m	90 %

Artenliste:	**Artmächtigkeit**	**Zeigerwerte** L	F	R	N
B 1 Rotbuche	5	(3)	(5)	x	x
Str. Rotbuche	2	(3)	(5)	x	x
Kr. Scharbockskraut	4	4	7	7	7
Waldziest	1	4	7	7	7
Große Brennnessel	1	x	6	6	8
Waldsauerklee	2	1	6	4	7
Frauenfarn	+	4	7	x	6
Hohe Schlüsselblume	2	6	6	7	7
Waldmeister	3	2	5	x	5
Summe der Zeigerwerte:		21	44	31	47
Zahl der berücksichtigten Arten:		6	7	5	7
Mittlere Zeigerwerte:		3,5	6,3	6,2	6,7

Untersuchung eines Waldökosystems

4 Bestimmung von Bodenbestandteilen und Bodenarten

Material: Dreifuß, Folienstift, Gasbrenner, Hammer, Lineal, Lupe, Magnesiastäbchen, Messzylinder (200 ml) mit passendem Stopfen, Pipette, Plastiktüten, Porzellanschale, Salzsäure (10 %), Schutzbrille, 2 Spaten, Stopfen, Tondreieck, Uhrglas, Waage, Wasser

Durchführung:

a) *Bodenprobeentnahme und Bodenhorizonte:* Mit der so genannten Spatendiagnose werden die Bodenhorizonte bestimmt. Hierzu sticht man einen Spaten bis zum Anschlag senkrecht in den Boden. Dann hebt man mit dem zweiten Spaten auf der Spatenrückseite des ersten Spatens ein Loch aus. Anschließend sticht man den vor dem ersten Spaten liegenden Boden rechteckig ab und kippt ihn auf das Spatenblatt des ersten Spatens. Die verschiedenen Bodenhorizonte und ihre Schichtdicke werden bestimmt. Für die Versuche b) bis d) werden zusätzlich Proben (jeweils etwa 1 Liter) aus Streuschicht, Ober- und Unterboden entnommen. Die Proben werden in beschriftete Plastiktüten verpackt.

b) *Bestimmung der Bodenart:* Man führt mit den feuchten Proben des Ober- und Unterbodens die Fingerprobe durch. Sie besteht aus folgenden Teiluntersuchungen:

1. Quetschprobe: Zerreiben des Bodens zwischen Daumen und Zeigefinger zur Ermittlung der Korngröße.
2. Haftprobe: Einschätzen der beim Zerreiben in den Fingerrillen verbleibenden Rückstände.
3. Knet-/Rollprobe: Prüfen der Knet- und Rollbarkeit des Bodens zwischen den Fingern beziehungsweise Handflächen.

Man vergleicht die Ergebnisse mit folgender Tabelle:

Bodenart	Quetschprobe	Haftprobe	Knet-/Roll-probe
Sand	rau, körnig	keine	nicht formbar
lehmiger Sand	rau, körnig	sehr wenig	etwas formbar, brüchig
sandiger Lehm	etwas körnig	wenig	formbar
Lehm	etwas körnig	stark	gut form- und rollbar
toniger Lehm	schlüpfrig	sehr stark	gut form- und rollbar
Ton	„fettig", seifig	sehr stark	dünn ausrollbar

c) *Kalkgehalt:* Man gibt einen Löffel lufttrockener Erde auf ein Uhrglas. Anschließend werden mithilfe einer Pipette einige Tropfen Salzsäure hinzugegeben. Dann vergleicht man das Verhalten der Bodenprobe mit der folgenden Tabelle:

Kohlenstoffdioxidentwicklung	Kalkgehalt (%)
kein Aufbrausen	bis 0,5
schwaches, nicht anhaltendes Aufbrausen	0,5 bis 2
starkes, aber nicht anhaltendes Aufbrausen	2 bis 10
starkes, lang anhaltendes Aufbrausen	über 10

d) *Humusgehalt:* Etwa 10 g jeder Bodenprobe werden in einer Porzellanschale mit fächelnder Flamme so lange erwärmt, bis die im Boden befindliche Feuchtigkeit verdampft ist. Man lässt die Probe abkühlen und wägt sie anschließend genau. Dann wird die Probe über heißer Flamme etwa 15 Minuten lang geglüht. Mit einem Magnesiastäbchen rührt man die Probe hin und wieder um. Nach dem Abkühlen wird die Probe erneut gewogen und der Anteil der verbrannten Humusbestandteile in Prozent errechnet. Der Wert wird mit der folgenden Tabelle verglichen:

Humusgehalt (%)	Farbe	Bodenbewertung
bis 1	hellgrau	humusarm
1 bis 2	grau	humushaltig
2 bis 4	dunkelgrau	humos
4 bis 8	schwarzgrau	humusreich
8 bis 15	schwarz	sehr humusreich
15 bis 30	schwarz	extrem humusreich
über 30	schwarz/braun	Streu/Torf

e) *Schlämmanalyse:* Man gibt jeweils mindestens 50 ml der zu untersuchenden Bodenprobe in einen Messzylinder und füllt ihn mit Wasser auf. Nachdem man den Zylinder mit einem Stopfen verschlossen hat, wird er etwa 2 Minuten lang kräftig geschüttelt. Dann lässt man den Zylinder etwa 30 Minuten erschütterungsfrei stehen.

Aufgaben:

a) Bestimmen Sie die Bodenart mit der Fingerprobe sowie den Kalk- und Humusgehalt der Bodenproben.

b) Untersuchen Sie mithilfe einer Lupe die Schichten, die bei der Schlämmanalyse entstehen. Messen Sie die erkennbaren Schichten des aufschwimmenden beziehungsweise abgesunkenen Materials mittels eines Lineals aus. Berechnen Sie den prozentualen Anteil der verschiedenen Bestandteile an dem untersuchten Boden.

c) Skizzieren, beschreiben und bezeichnen Sie die verschiedenen Bodenhorizonte an den verschiedenen Messpunkten. Berücksichtigen Sie dabei Horizontmächtigkeit, Färbung, Konsistenz und Durchwurzelung.

d) Erstellen Sie eine Tabelle, in der die Ergebnisse der Aufgabe a), die Bodenfarbe sowie die pH- und Nitratwerte aus Versuch 5 für Streuschicht, Ober- und Unterboden eingetragen werden können. Werten Sie die Tabelle aus.

5 Bestimmung des pH- und Nitratwertes

Material: Aqua dest., Bechergläser (50 ml), Bodenproben (10 g luftgetrocknet), Glasstab, pH-Meter, Indikator (Messgenauigkeit mindestens 0,5 pH-Einheiten), Nitrat-Teststäbchen beziehungsweise Nitrat-Testkit, Messzylinder (25 ml), Rundfilterpapiere, Uhrglas

Durchführung:

a) Man führt eine Bestimmung des pH- und Nitratwertes in den verschiedenen Bodenhorizonten jedes Messpunktes durch. Dazu werden jeweils 10 Gramm Erde mit 25 ml Aqua dest. übergossen und etwa drei Minuten lang durchgerührt. Dann bleibt die Probe etwa zehn Minuten stehen. Man faltet einen Rundfilter und taucht ihn in die überstehende Lösung ein. In dem filtrierten Wasser werden die Werte bestimmt.

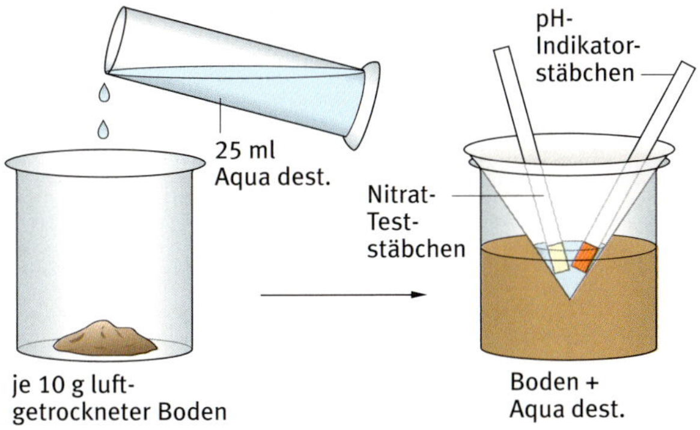

b) Entsprechend kleine Mengen der Bodenproben können auch in Uhrgläschen angerührt werden. Nach Absetzung der Bodenteilchen werden in der überstehenden Flüssigkeit die Werte mit den Teststäbchen bestimmt.

Aufgaben:

a) Informieren Sie sich über die Entstehung der pH- und Nitratwerte im Boden.

b) Berechnen Sie den Nitratgehalt des Bodens aus dem im Wasser gemessenen Wert. Beträgt der Messwert zum Beispiel 50 mg/l, dann sind in den mit 25 ml Wasser ausgewaschenen 10 g Boden 1,25 mg Nitrat-Ionen enthalten.

c) Tragen Sie die in den verschiedenen Bodenhorizonten gemessenen Werte in die gemäß Aufgabe 4 d) (Seite 90) erstellte Tabelle ein und interpretieren Sie die Werte.

6 Bestimmung von Wasserdurchlässigkeit und Wasserkapazität

Material: Bechergläser (250 ml), Bodenproben, Messzylinder (200ml), Glasröhren (ca. 30 cm, Ø ca. 5 cm), Glasrohr mit Quetschhahn und Gummistopfen (durchbohrt), Gummiringe, Verbandsmull, Stativmaterial, Watte, Uhr, Wasser

Durchführung: Die Glasrohre werden mit einem Stopfen mit Quetschhahn oder mit Verbandsmull, der mit Gummiringen befestigt wird, verschlossen. Man gibt auf den Boden der Glasröhren etwas Watte. Anschließend werden die Röhren mit 300 g lufttrockenem Boden gefüllt. Unter den Auslauf wird ein Messzylinder gestellt. Dann werden langsam 200 ml Leitungswasser auf die Bodenprobe gegeben.

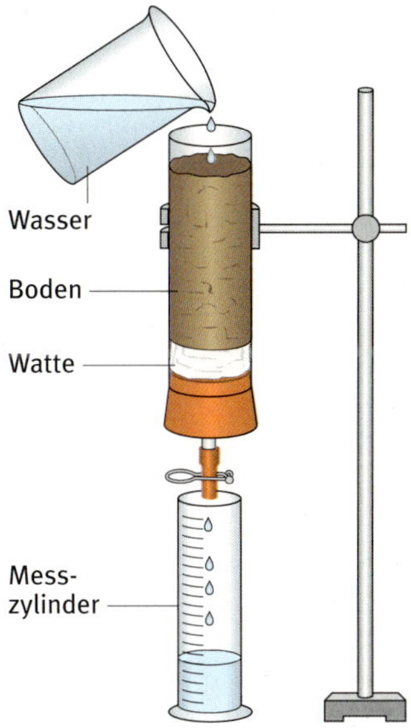

Aufgaben:

a) Bestimmen Sie die Wassermenge, die nach 1, 2, 3 ... Minuten und insgesamt durchläuft. Errechnen Sie den Wassergehalt und die Wasserkapazität der Bodenprobe. Der Wassergehalt ergibt sich aus der vom Boden zurückgehaltenen Wassermenge (1 ml Wasser wird gleich 1g gesetzt).

$$\text{Wasserkapazität (\%)} = \frac{\text{Wassergehalt} \times 100}{\text{Ausgangsmasse des Bodens}}$$

b) Erläutern Sie Beziehungen, die zwischen Bodenaufbau, Wasserkapazität und Wasserdurchlässigkeit bestehen.

7 Tiere der Moos- und Krautschicht

Material: Federstahlpinzetten, Plastikbecher (ca. 200 ml, 50 pro Messpunkt), Plastikschale, kleine Schaufel

Durchführung: Der Versuch sollte am Vortag der Walduntersuchung angesetzt werden. Zunächst bedeckt man den Boden der Becher mit Material aus der Streuschicht. Dann gräbt man 50 Becher im Abstand von einem Meter rund um den Messpunkt ein. Die Öffnung der Becher muss dabei gerade mit der Bodenoberfläche abschließen.

Aufgaben:

a) Entleeren Sie am Ende der Untersuchung den Inhalt der Becher in eine Plastikschale. Protokollieren Sie die Anzahl der Individuen jeder unterscheidbaren Gruppe und lassen Sie die Tiere dann wieder frei.

b) Stellen Sie die Werte grafisch dar und werten Sie sie aus.

c) Informieren Sie sich über die Ernährungsweise der am häufigsten gefangenen Tiere.

d) Erläutern Sie für einige der gefangenen Tiere die Stellung und Funktion im Waldökosystem.

Untersuchung eines Waldökosystems

8 Lebewesen des Waldbodens

Material: Erlenmeyerkolben (200 ml), Haushaltssieb, Haushaltstrichter, Lampe mit 60 Watt, Fixierflüssigkeit (9 Teile vergällter Alkohol und 1 Teil Glycerin), Karton oder Papier (schwarz), Stereolupe

Durchführung: Man hängt ein Küchensieb in einen passenden Trichter und gibt etwa 200 Gramm frischen Boden hinein. Das Sieb sollte dabei die Wände des Trichters nicht berühren. Bei der Füllung des Siebes mit frischem Boden müssen alle Lebewesen, die nicht die Maschen des Siebes passieren können, ausgelesen werden. Die gesamte Apparatur wird mit schwarzem Karton umhüllt. Jede Bodenprobe wird dann etwa zwei Tage lang dem Licht und der Wärme der Lampe ausgesetzt. Man kann mit dieser so genannten BERLESE-Apparatur die Lebewesen in den verschiedenen Bodenhorizonten untersuchen.

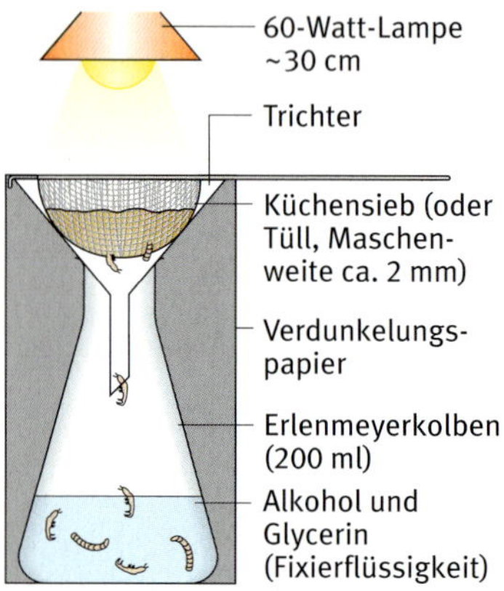

Aufgaben:

a) Bestimmen Sie mithilfe einer Stereolupe die in der Fixierflüssigkeit gefangenen Tiere. Ordnen Sie die Tiere möglichst Gattungen oder Arten zu, andernfalls größeren systematischen Gruppen (z. B. Fadenwürmern, Spinnen, Milben, Krebstieren, Insekten ...).

b) Zählen Sie die Anzahl der Tiere jeder Gruppe aus und stellen Sie die Ergebnisse grafisch dar.

c) Informieren Sie sich über die Ernährungsweise der am häufigsten gefangenen Tiere und erläutern Sie deren Funktion im Waldökosystem.

9 Abbauvorgänge im Waldboden

Material: Material aus Streuschicht und Oberboden, Millimeterpapier (transparent), Petrischalen, Klebefilm, Einmachgläser, Zelluloserundfilter, Zigarettenpapier

Durchführung: Man befestigt mit dem Klebefilm den oberen Rand eines Zigarettenpapiers an der Innenseite eines Einmachglases. Anschließend füllt man gut durchfeuchtetes Material aus der Streuschicht beziehungsweise aus dem Oberboden in das Glas, bis das Zigarettenpapier völlig vom Boden bedeckt ist. Ebenso kann man einen Zellulose-

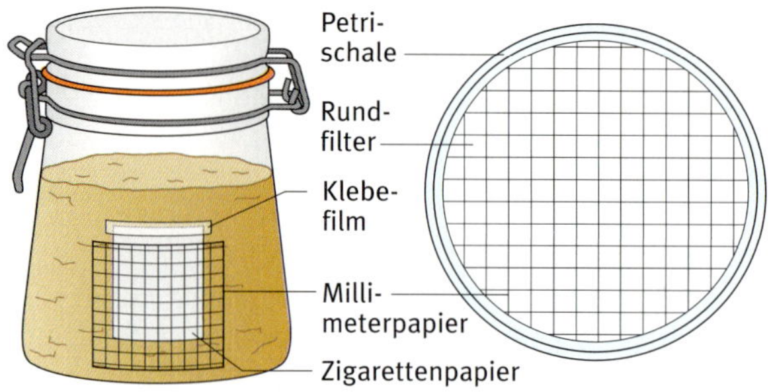

rundfilter auf den Boden einer Petrischale legen und mit dem gut durchfeuchteten Boden bedecken. Dann verschließt man die Petrischale mit dem Deckel. Die Versuchsansätze werden an einem warmen, dunklen Ort längere Zeit verschlossen aufbewahrt.

Aufgaben:

a) Protokollieren Sie über einen längeren Zeitraum die an den Papieren zu beobachtenden Veränderungen. Legen Sie von außen Millimeterpapier über die Zigaretten- beziehungsweise Rundfilterpapiere und schätzen Sie jeweils die verfärbte und später auch die zersetzte Fläche in Prozent ein.

b) Stellen Sie ihre Ergebnisse grafisch dar und werten Sie die Grafiken aus. Erläutern Sie, welche Vorgänge mit den Versuchen simuliert werden sollen.

10 Untersuchung von Schadsymptomen an Kiefernadeln

Material: Glasstab, Kompass, Klebeband (beidseitig), Objektträger, Plastiktütchen, Stereolupe (20 × bis 40 ×)

Durchführung:

a) *Probenahme:* Als Probebäume kommen vor allem Kiefern am Waldrand, an verkehrsreichen Straßen oder an Autobahnen in Frage. Zum Vergleich können Bäume aus dem Waldinneren oder an emissionsarmen Standorten herangezogen werden. Man entnimmt den Kiefern Nadeln der letzten drei Jahrgänge. Von jedem Jahrgang werden jeweils fünf etwa gleich lange Nadelpaare (10 Einzelnadeln) entnommen. Die Nadeln gibt man in Plastiktütchen und fügt Zettel mit den folgenden Angaben bei:
- Datum
- Probeort
- Wetterseite
- Stellung und Entfernung zu Emissionsquellen
- Nadeljahrgang

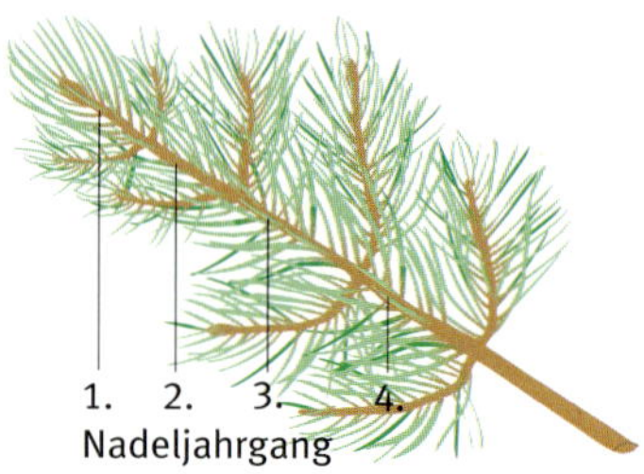

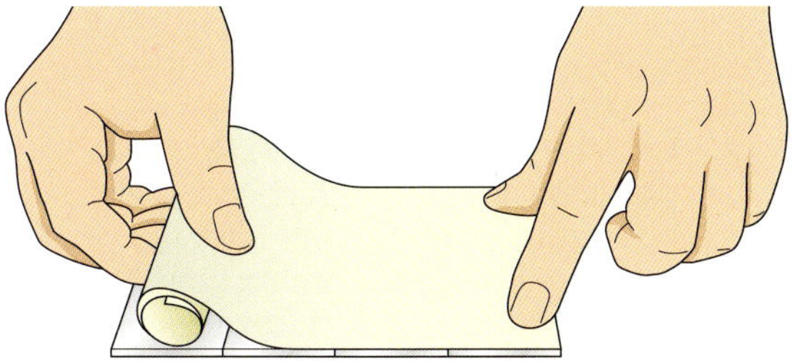

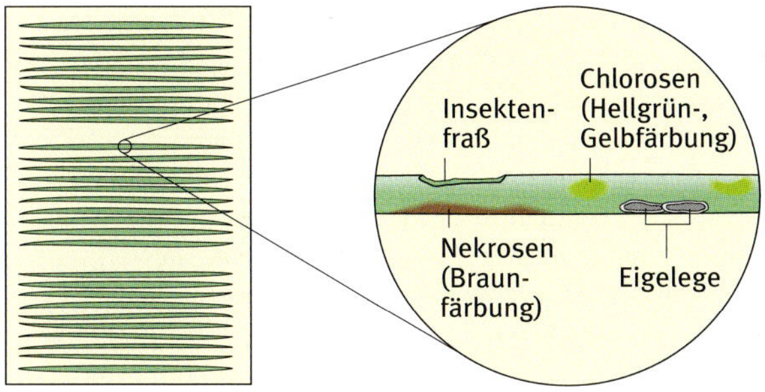

b) *Untersuchung der Nadeln:* Man legt vier Objektträger an den langen Seiten zusammen und überzieht diese in voller Länge und Breite mit einem beidseitig klebenden Band. Dann legt man jeweils fünf Paar Nadeln eines Jahrgangs mit der konvexen Seite nach unten untereinander auf die Klebefläche. Um die Nadeln auf der Klebefläche zu fixieren, streicht man mit einem Glasstab vorsichtig über jede Nadel. Jetzt untersucht man mit einer Stereolupe die 10 Nadeln eines Jahrgangs auf Schadereignisse. Als Schadereignisse werden Chlorosen (Chloropyllzersetzung: hellgrüne bis hellgelbe Verfärbungen), Nekrosen (Zell-, Gewebezerstörung: bräunliche Verfärbungen), Pilzbefall und Insektenfraß angesehen. Zusätzlich können die Nadeln auf Staub- und Rußpartikelchen untersucht werden.

Aufgaben:

a) Zählen Sie die Schadereignisse auf jeder Nadel eines Jahrgangs aus und tragen Sie den Wert in eine Tabelle ein, die nach folgendem Vorbild erstellt wird:

Datum: 6. 5. 2005 **Ort:** Autobahn, Baum: NW-Seite
Alter des Probebaumes: ca. 30 Jahre

Jahrgang	**1**	**2**	**3**
Schadereignisse der einzelnen Nadeln	6 7 4 7 8 4 9 3 8 5	33 35 30 28 20 28 37 25 29 26	70 65 54 36 75 69 67 58 40 69
Durchschnittswerte für jeweils 10 Nadeln	6,1	29,1	60, 3
Vergleichsbaum: ca. 30 Jahre alt, 200 m waldeinwärts			
Durchschnittswerte (10 Nadeln)	0,7	3,7	10,3

b) Errechnen Sie anschließend den Durchschnittswert für alle 10 Nadeln eines Jahrgangs.

c) Stellen Sie die Schadsituation des Probebaumes aus der Tabelle und die der von Ihnen untersuchten Bäume in einem Balkendiagramm dar. Werten Sie aus.

11 Untersuchung von Wachstumsstörungen an Baumscheiben

Material: Bleistift, Akkubohrmaschine mit Schleifscheibe, Sandpapier, Lineal, Stechzirkel

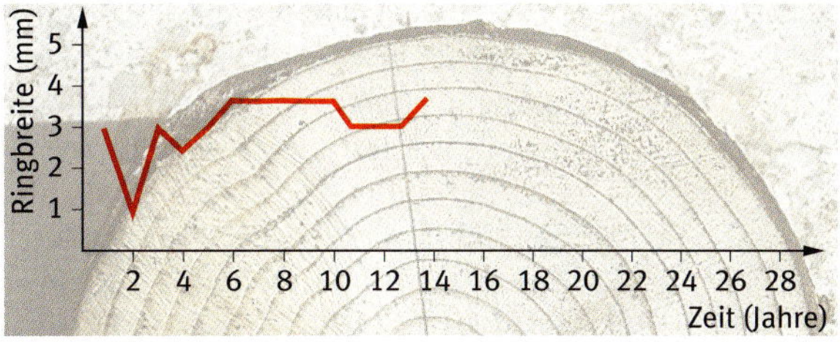

93.1 Jahresringbreite bei einer gesunden Fichte

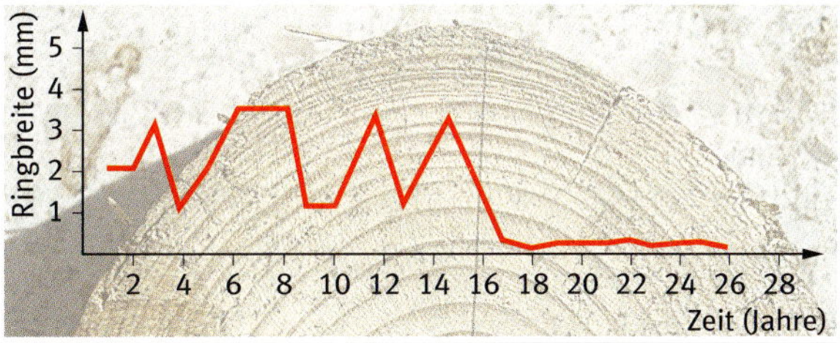

93.2 Jahresringbreite bei einer geschädigten Fichte

Durchführung: Man sucht ein Waldstück aus, in dem kürzlich Bäume gefällt wurden. Mit einer Akkubohrmaschine mit Schleifscheibe oder mit Sandpapier wird jeweils ein Segment der Baumscheiben von Baumstümpfen glatt geschliffen. Man zeichnet mit einem Bleistift den Radius im abgeschliffenen Segment ein. Anschließend misst man von innen nach außen mithilfe eines Lineals oder Stechzirkels am eingezeichneten Radius die Jahresringe aus. Hierbei greift man jeweils mit dem Stechzirkel die Entfernung zwischen dem Mittelpunkt der Baumscheibe und dem dunklen Teil jedes Jahresringes nacheinander ab. Die Entfernung zwischen den beiden Schenkeln des Zirkels wird nach jeder Messung auf dem Lineal abgelesen. Die Differenz zwischen zwei Messungen wird protokolliert. Folgen mehrere, etwa gleich große, aber sehr kleine Zuwächse aufeinander, so misst man die Zuwächse mehrerer Jahre und dividiert durch die Anzahl der Jahre.

Aufgaben:

a) Stellen Sie die Werte grafisch dar und erläutern Sie Ihre Grafiken.

b) Werten Sie die Abbildungen 93.1 und 93.2 aus.

2 Ökosystem See

2.1 Gliederung eines Sees

Anders als in den angrenzenden terrestrischen Ökosystemen prägt im See der abiotische Faktor Wasser die Lebensbedingungen und damit die Zusammensetzung der *Biozönose* in diesem *Biotop*. Im Flachland sind naturnahe Seen oft von einem **Bruchwald** umgeben. Dort müssen die Pflanzen stauende Nässe und sauerstoffarmen Boden vertragen. Die Pflanzen der folgenden **Seggen-** und **Röhrichtzone** besitzen besondere Angepasstheiten, die Wasserabgabe und Gasaustausch fördern. In der **Schwimmblattpflanzenzone** sind die Pflanzen mit Luftgewebe zur Schwimmfähigkeit und zum Gastransport ausgestattet. In der **Unterwasserpflanzenzone** nehmen die Pflanzen Wasser und Nährsalze über die gesamte Oberfläche auf. Pflanzen beider Zonen haben schwach ausgebildete Festigungsgewebe. Da Pflanzen zur Fotosynthese Licht benötigen, kommen sie im See nur bis in die Tiefen vor, die ausreichend Licht erhalten.

Die **Freiwasserzone** wird in verschiedene Schichten unterteilt. In der oberflächennahen **Nährschicht** werden mehr Biomasse und Sauerstoff gebildet, als durch Atmung verbraucht werden. In der **Zehrschicht** überwiegen die Prozesse der Atmung und Gärung, dort wird unter Sauerstoffverbrauch mehr Biomasse abgebaut als produziert. Dazwischen liegt die **Kompensationsebene.** Dort halten sich Fotosynthese und Atmung die Waage.
Mit der Wassertiefe ändern sich die abiotischen Faktoren. So ist im Sommer die Wassertemperatur im zirkulierenden Oberflächenwasser, dem **Epilimnion,** relativ hoch. Im folgenden **Metalimnion,** der Sprungschicht, sinkt sie stark ab. Im stagnierenden Tiefenwasser, dem **Hypolimnion,** bleibt sie, ausreichende Tiefe vorausgesetzt, bei etwa +4 °C.
Die Organismen des Sees leben entweder im Freiwasser, dem **Pelagial,** oder am Gewässerboden, dem **Benthal.** Im Benthal unterscheidet man das lichtdurchflutete **Litoral** vom dunklen **Profundal.**

94.1 Eutropher See im Sommer mit seinen abiotischen und biotischen Faktoren

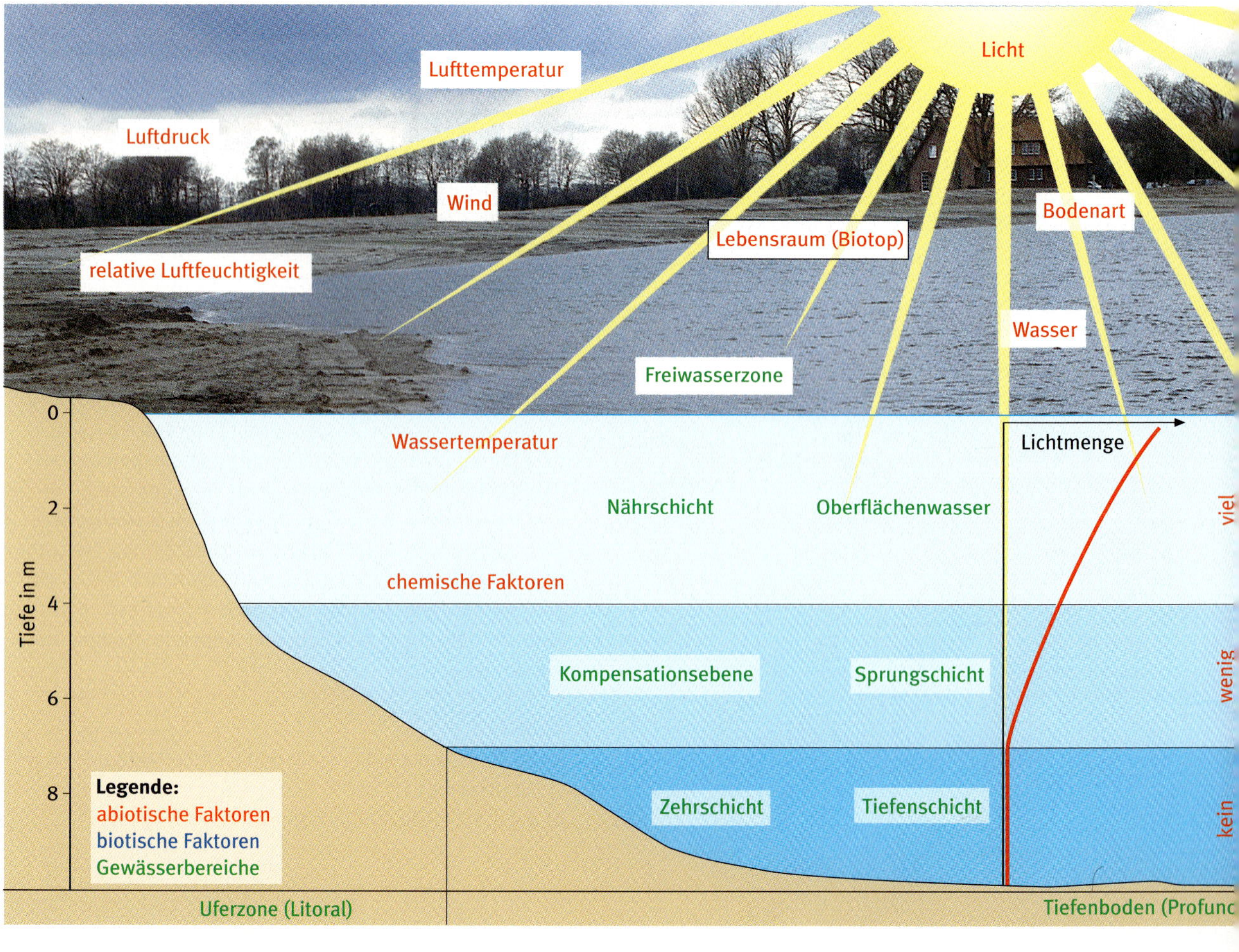

Am Oberflächenhäutchen der Wasseroberfläche lebt das *Neuston*, eine aus speziellen Bakterien, Pilzen, Algen und Protozoen bestehende Lebensgemeinschaft. Größere an der Wasseroberfläche lebende Tiere und Pflanzen wie Wasserläufer oder Schwimmfarn zählt man zum *Pleuston*.
In der darunter liegenden Zone lebt das *Plankton*. Diesen schwebenden Organismen fehlt weitgehend eine Eigenbewegung. Man unterscheidet Phyto- und Zooplankton. Die Arten des Planktons sind in der Regel nur mit dem Mikroskop zu erkennen.
Aktiv schwimmende Lebewesen bilden das *Nekton*. Hierzu gehören Insekten und ihre Larven, die Lurche mit ihren Jugendstadien sowie die Fische.
Am Boden des Gewässers leben hauptsächlich Bakterien, Pilze, Würmer, Schnecken, Krebse und Insekten. Sie zerkleinern und zersetzen abgestorbenes Material, den *Detritus*.

STECKBRIEF

Gewässertypen

Je nach Wassertiefe und Entstehung unterscheidet man verschiedene Typen stehender Gewässer:

Als **See** bezeichnet man ein mehr als zwei Meter tiefes und in der Regel am Boden nicht durchgängig mit Pflanzen bewachsenes natürliches Gewässer. *Bagger-* und *Stausee* sind vom Menschen künstlich angelegte Seen.

Der **Weiher** ist ein natürlich entstandenes Gewässer, das ganzjährig Wasser führt, aber nur eine Tiefe bis zu zwei Metern erreicht und deshalb auch am Gewässerboden mit Pflanzen bewachsen ist. Die vom Menschen angelegten Gewässer dieses Typs heißen **Teich**.

Als **Tümpel** bezeichnet man ein kleines Gewässer, das von Zeit zu Zeit austrocknet. Das Fehlen von Fischen und anderen permanent an Wasser gebundenen Arten ist daher ein Kennzeichen dieses Gewässertyps.

1 Erstellen Sie mithilfe der Abbildung 94.1 eine zweispaltige Tabelle zum Ökosystem See mit den Rubriken „Biotop und abiotische Faktoren“ sowie „Biozönose“. Listen Sie jeweils 15 Umweltfaktoren auf. Geben Sie bei den abiotischen Faktoren zusätzlich in Klammern die Maßeinheit an, bei den Arten oder Organismengruppen die Funktion im Ökosystem See, zum Beispiel „Produzent“.

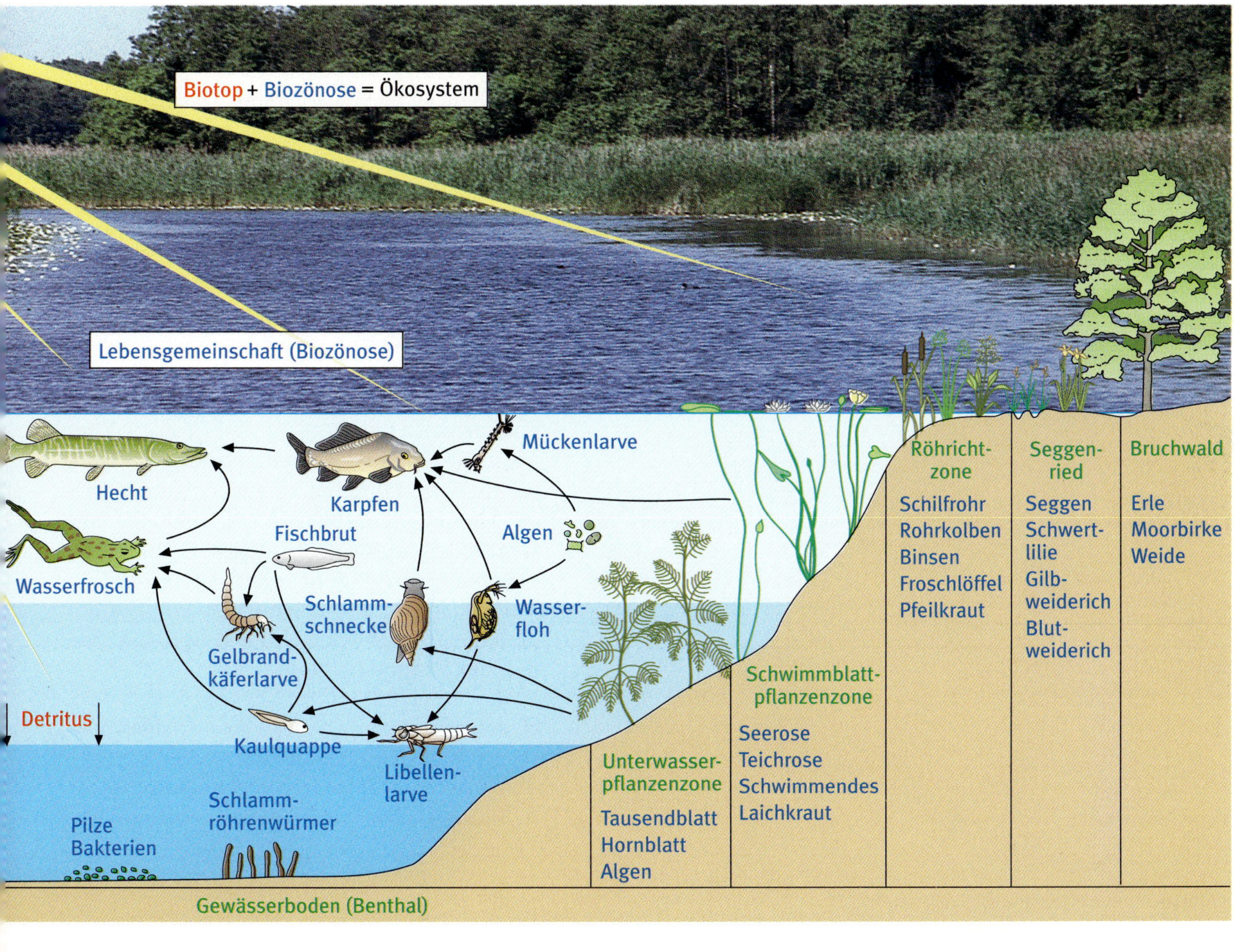

96.1 Sommerstagnation im See

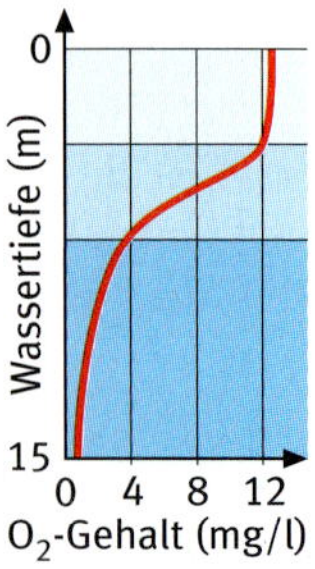

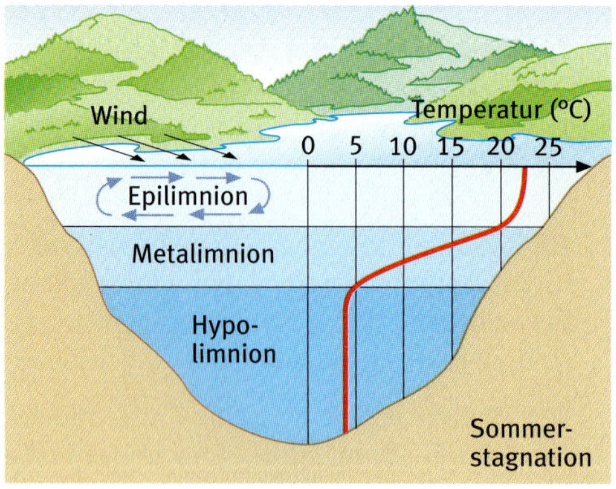

96.2 Herbstzirkuation im See

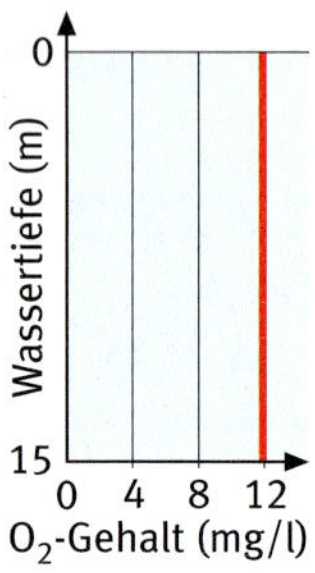

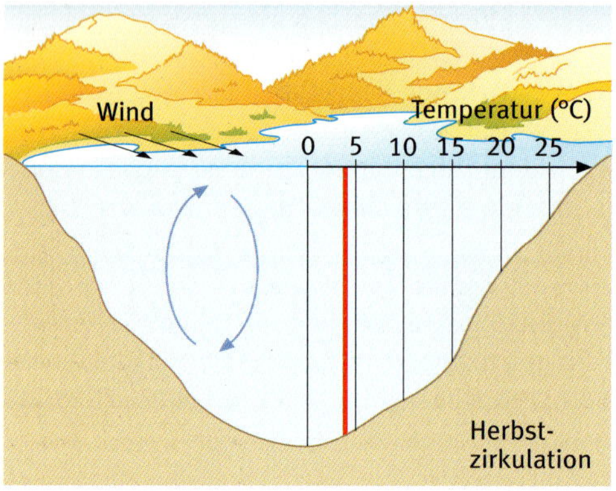

96.3 Winterstagnation im See

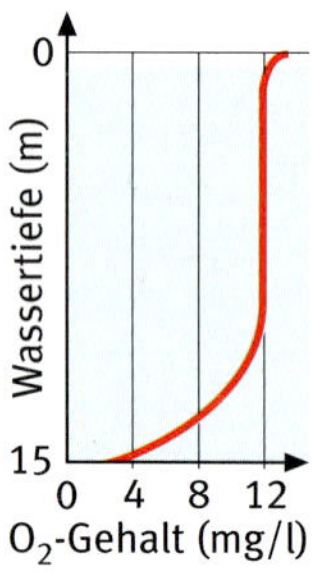

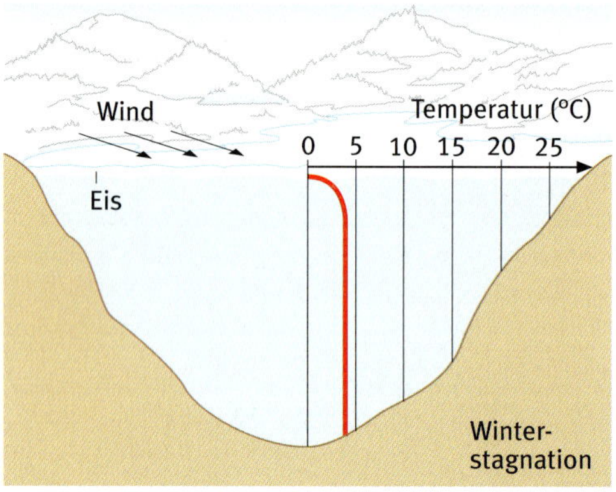

96.4 Frühjahrszirkuation im See

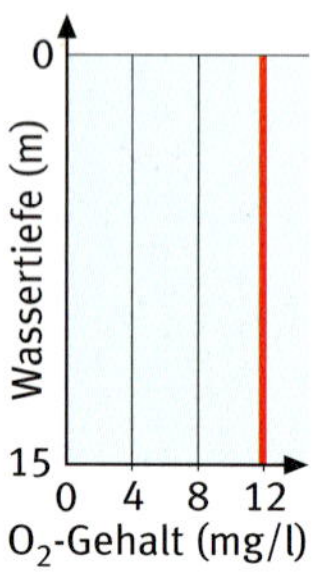

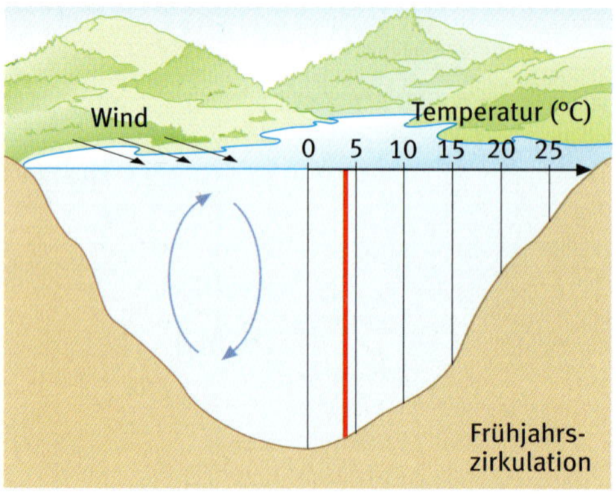

2.2 Der See im Wechsel der Jahreszeiten

Im Sommer stellt sich in einem ausreichend tiefen See eine stabile Wasserschichtung ein. Sie besteht aus der wärmeren und damit leichteren Oberflächenwasserschicht und einer zu +4 °C hin tendierenden und damit schwereren Tiefenschicht. Diesen Zustand nennt man **Sommerstagnation.**
Die Temperatur nimmt an der Grenze zwischen oberem Wasserkörper *(Epilimnion)* und Tiefenwasser *(Hypolimnion)* sprunghaft ab. Deshalb heißt diese Schicht Sprungschicht *(Metalimnion)*. Im Sommer werden nur die obersten Wasserschichten durch Wind und Schwankungen der Lufttemperatur durchmischt und bilden so einen einheitlichen Wasserkörper, das Epilimnion. Während dort durch Austausch mit der Atmosphäre ausgeglichene Sauerstoffverhältnisse entstehen, bleibt das Hypolimnion isoliert. Weder gelöste Gase noch Wärmemengen oder Nährsalze können während der Sommerstagnation mit dem Oberflächenwasser ausgetauscht werden. Dadurch entsteht im Laufe des Sommers sauerstoffreiches und nährsalzarmes Oberflächenwasser und sauerstoffarmes und nährsalzreiches Tiefenwasser.

Liegen im Herbst im gesamten See annähernd gleiche Temperaturen vor, so wird das Wasser bereits durch schwachen Wind in Bewegung versetzt. Es durchmischt sich im gesamten Wasserkörper. Der See befindet sich in der **Herbstzirkulation.** Wenn im Winter die Lufttemperaturen im Mittel unter +4 °C liegen, kühlt sich das Wasser an der Oberfläche stark ab. Da Wasser unter +4 °C wieder eine geringere Dichte hat, liegt nun die kühlere Schicht stabil an der Oberfläche. Eis ist spezifisch noch leichter und bedeckt den Wasserkörper während dieser **Winterstagnation.** Dadurch wird das Durchfrieren eines ausreichend tiefen Gewässers verhindert. Im Frühjahr entsprechen die Verhältnisse denen des Herbstes, es kommt zur **Frühjahrszirkulation.**
Die Schichtung hat erheblichen Einfluss auf die Tiefenprofile der physikalischen und chemischen Parameter im See.

1 Beschreiben und erläutern Sie die Tiefenprofile des Sauerstoffgehalts in einem eutrophen See anhand der Abbildungen 96.1 bis 96.4. Stellen Sie Beziehungen zu den Temperaturkurven her.

Die besonderen Eigenschaften des Wassers

Im gewinkelten Wassermolekül treten aufgrund der polaren Atombindungen Teilladungen am Sauerstoffatom und an den Wasserstoffatomen auf, die dem Molekül Dipolcharakter verleihen. Die unterschiedlichen Ladungen führen dazu, dass die freien Elektronenpaare am Sauerstoff mit den positiv teilgeladenen Wasserstoffatomen von Nachbarmolekülen in Wechselwirkung treten und relativ starke zwischenmolekulare Bindungen bilden. Diese chemischen Bindungen heißen **Wasserstoffbrückenbindungen.** Sie bewirken, dass die Wassermoleküle zu größeren Einheiten zusammentreten. Beim Verdampfen von Wasser muss deshalb besonders viel Energie aufgewendet werden. Dies bedingt den relativ hohen Siedepunkt des Wassers. Zudem ist Wasser wegen solcher Wechselwirkungen ein gutes Lösungsmittel für andere polare Moleküle und für Ionen. Wasser hat seine größte Dichte von 1 g/cm³ bei +4 °C. Diese Eigenschaft bezeichnet man als Dichteanomalie.

1 Berechnen Sie die Dichte des Wassers bei den in der Abbildung angegebenen Temperaturen und stellen Sie sie grafisch dar. Erläutern Sie, weshalb der Dipolcharakter eine Voraussetzung für das Leben im Wasser ist. Erläutern Sie, welche Bedeutung die Dichteanomalie für das Ökosystem See hat.

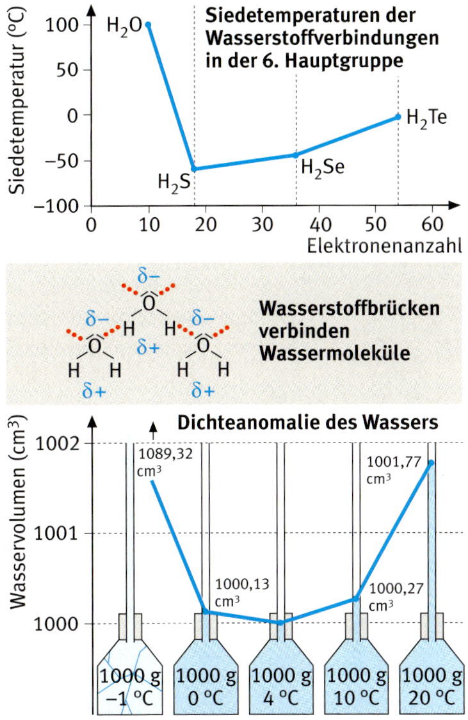

97.1 Besondere Eigenschaften des Wassers

2.3 Nahrungsbeziehungen und Stoffkreisläufe im See

Im Pelagial des Sees stehen planktische *Produzenten,* also frei schwebende Bakterien und Pflanzen, am Anfang der *Nahrungsketten* und *Nahrungsnetze.* Kleinkrebse wie Wasserflöhe ernähren sich von diesen fotosynthetisch aktiven Organismen. Sie zählen in der Nahrungskette zu den *Primärkonsumenten* und können deshalb in eutrophen Seen „Algenblüten“, Massenentwicklungen von Algen, entgegenwirken. Größere Zooplankter, manche wirbellosen Tiere und pelagische Fische fressen vielfach die Pflanzenfresser und sind somit als *Sekundärkonsumenten* einzuordnen. Wenn Tiere sich von Sekundärkonsumenten ernähren, treten sie als *Tertiärkonsumenten* auf. Das ist oft bei Hecht und Graureiher der Fall. Eine besonders wichtige Gruppe im Nahrungsnetz bilden die *Destruenten,* die sich von toter organischer Substanz ernähren. Zu den Destruenten gehören viele Bakterienarten.
Die Nahrungsnetze und Stoffkreisläufe des Sees sind mit denen an Land und in der Atmosphäre in vielfältiger Weise verknüpft.

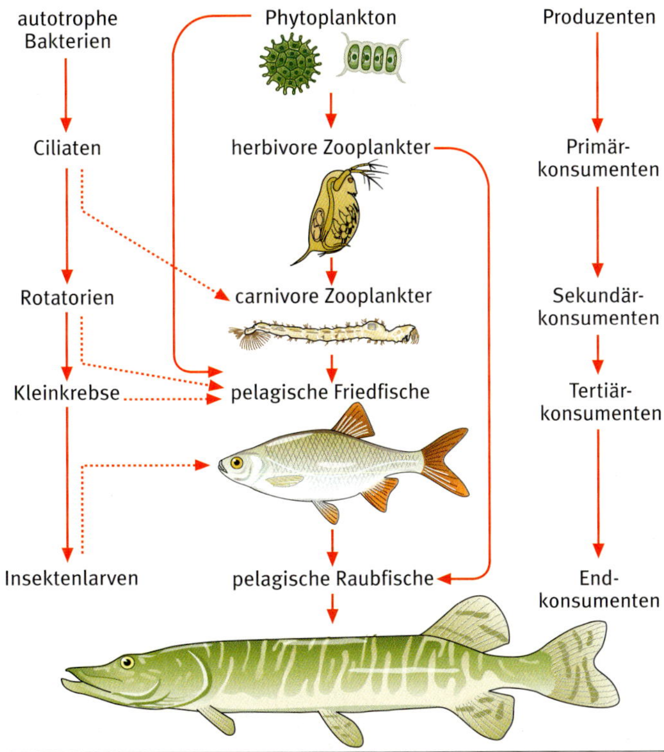

97.2 Nahrungsketten im Pelagial

Auf den **Kohlenstoffkreislauf** im Wasser wirken Fotosynthese und Atmung stark ein. Steigt die Kohlenstoffdioxidkonzentration durch Atmung an, entsteht Kohlensäure, die unter Abgabe von Protonen weiter zu Hydrogencarbonat-Ionen reagiert. Der pH-Wert des Wassers sinkt also, während er bei Kohlenstoffdioxidverbrauch durch Fotosynthese steigt. Bei hohen pH-Werten gibt Hydrogencarbonat ein Proton ab, und es entstehen Carbonat-Ionen, die sich etwa mit Calcium-Ionen als Calciumcarbonat am Boden oder auf Wasserpflanzen absetzen. In Lebewesen ist der Kohlenstoff in verschiedensten organischen Molekülen, insbesondere in Kohlenhydraten, gebunden. Sinkt tote organische Substanz zum sauerstoffarmen Gewässerboden, kann sie unter Bildung von Methan oder Kohlenstoffdioxid abgebaut werden. Kohlenstoffdioxid dient den Pflanzen wieder zur Fotosynthese. So schließt sich der Kohlenstoffkreislauf. Kohlenstoff scheidet aus diesem Kreislauf aus, wenn organische Substanzen unter anaeroben Bedingungen zu Torf, Kohle oder Erdöl umgesetzt werden.

98.1 Kohlenstoffkreislauf im See. Beispiel: eutropher See im Sommer

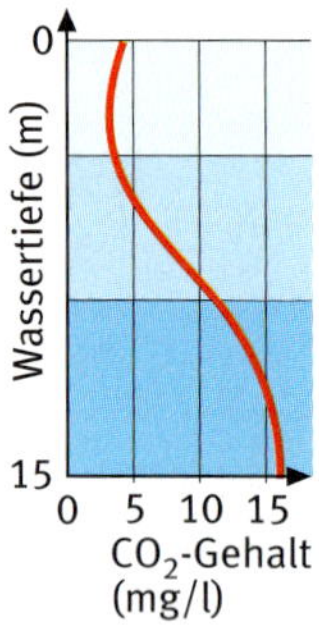

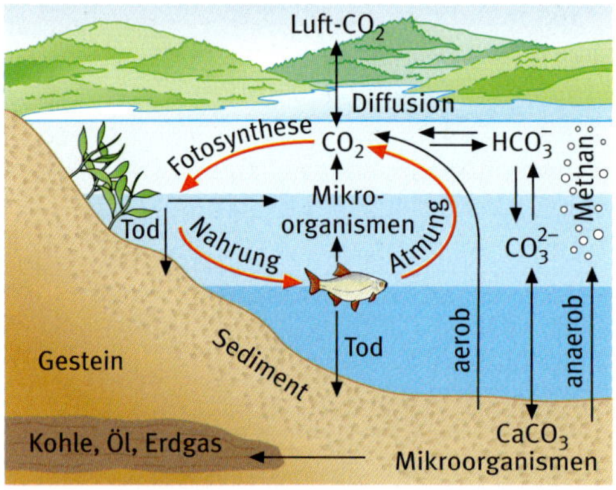

98.2 Stickstoffkreislauf

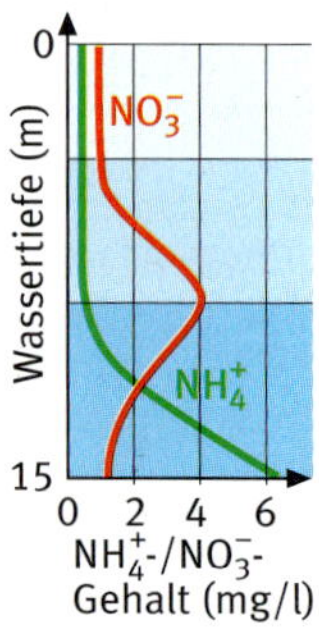

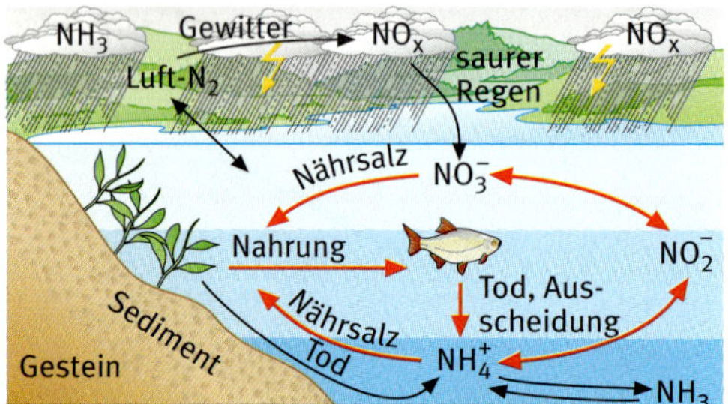

NH_4^+-/NH_3-Gleichgewicht und pH-Wert

NH_4^+-Konz. (%)	100	99	96	75	22	5	0
NH_3-Konz. (%)	0	1	4	25	78	95	100
pH-Wert	6	7	8	9	10	11	12

98.3 Phosphorkreislauf

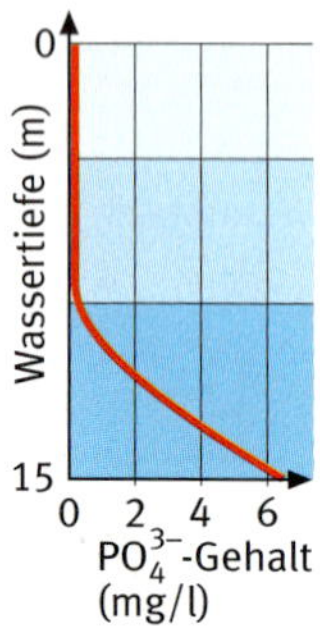

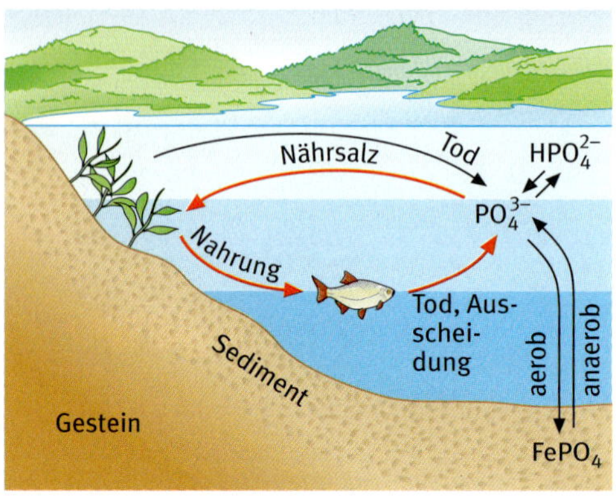

Der **Stickstoffkreislauf** beginnt mit der Zersetzung von organischen Stoffen wie Proteinen. Hierbei können zum Beispiel Harnstoff und Ammonium-Ionen freigesetzt werden. Letztere werden unter anaeroben Bedingungen in alkalischen Gewässern zu giftigem Ammoniak umgesetzt. In aeroben Gewässern werden Ammonium-Ionen dagegen von nitrifizierenden Bakterien zu Nitrit und weiter zu Nitrat oxidiert. Unter sauerstoffarmen Bedingungen entsteht umgekehrt bei der Ammonifikation aus Nitrat wieder Ammonium, bei der Denitrifikation elementarer Stickstoff. Stickstoff fixierende Mikroorganismen können elementaren Stickstoff zu Ammonium-Ionen reduzieren. Als Nährsalze werden Ammonium- und Nitrat-Ionen von Pflanzen wieder aufgenommen. Hiermit schließt sich der Stickstoffkreislauf.

Der **Phosphorkreislauf** ist ein Stoffkreislauf, der kaum mit der Luft in Verbindung steht. Phosphat-Ionen entstehen beim Abbau toter organischer Substanzen, beispielsweise der Nukleinsäuren. In sauren Gewässern reagieren die Phosphat-Ionen zu Hydrogenphosphaten. Die Hydrogenphosphate geben im alkalischen Bereich die Protonen wieder ab, sodass die anorganischen Phosphorverbindungen eine ausgleichende Wirkung auf den pH-Wert, eine Pufferwirkung, haben. Ein Teil der entstehenden Phosphat-Ionen werden von Pflanzen wieder aufgenommen. Hiermit schließt sich der Phosphatkreislauf. Phosphat kann aus diesem Kreislauf ausfallen, indem es unter oxidierenden Bedingungen in Form von Eisen-III-phosphat im Sediment abgelagert wird.

1 Beschreiben Sie die Kreisläufe der Abbildungen 98.1 bis 98.3 mit ihren chemischen Vorgängen.

2 In Fisch- und Parkteichen kommt es häufig zur „Algenblüte“. Erklären Sie diesen Vorgang mithilfe der Abbildungen 97.2 und 98.3.

2.4 Oligotropher und eutropher See im Vergleich

Ein entwicklungsgeschichtlich junger See enthält sehr nährstoffarmes Wasser. Man nennt diesen Zustand **oligotroph.** Ist ein See sehr tief und werden aus dem Umland wenige Stoffe eingetragen, so behält er über Jahrhunderte oder Jahrtausende diesen Charakter. Deshalb findet man Oligotrophie in tiefen Alpenseen und jungen Baggerseen. Erst durch Zufuhr von Nährsalzen und organischen Nährstoffen wird ein Gewässer nährstoffreich oder **eutroph.** Seen im Übergangszustand zwischen den beiden Stadien nennt man **mesotroph.** Durch starke Einträge über ihre Zuflüsse und die Luft haben sich die meisten Stillgewässer in den letzten Jahrzehnten zu eutrophen Gewässern verändert. Durch die sich stark vergrößernde Biomasse wird dabei die lichtdurchflutete Schicht immer flacher. Die Zone der Sauerstoffzehrung weitet sich aus und kann im Extremfall das gesamte Epilimnion erfassen. Man spricht dann vom „Umkippen" des Sees.

Den oligotrophen See erkennt man bereits bei der Annäherung an seinem im Vergleich zum eutrophen Gewässer weniger üppigen Pflanzenbestand und an seinem klaren Wasser. Das Artenspektrum der Lebensgemeinschaften unterscheidet sich ebenfalls sehr stark. Da das Licht im oligotrophen See bis in große Wassertiefen vordringt, können auch dort fotosynthetisch aktive Produzenten leben. Selbst im Sommer ist in allen Tiefen freier Sauerstoff in der Nähe des Sättigungswertes vorhanden. Stoffaufbau und Stoffabbau stehen im Gleichgewicht. Der Kohlenstoffdioxidgehalt unterliegt somit in den verschiedenen Tiefen des Sees ebenfalls keinen wesentlichen Veränderungen, während er in tieferen Bereichen des eutrophen Sees durch den Abbau absinkender organischer Stoffe stark zunimmt.

Ammonium-, Nitrat- und Phosphat-Ionen sind im gesamten Wasserkörper des oligotrophen Sees nur in Spuren nachzuweisen. Im eutrophen See sind diese Salze hingegen nach der Frühjahrszirkulation in der Nährschicht reichlich vorhanden. Sie werden jedoch bald durch die Produzenten verbraucht. Im Gewässer treten Phosphat-Ionen fast immer als Minimumnährsalz auf, das die Biomasseproduktion begrenzt. Das bedeutet, dass eine Zufuhr anderer Nährsalze zu keinem weiteren Anstieg der Pflanzenentwicklung führt, sobald der Phosphatgehalt im Wasser erschöpft ist.
In den tieferen Schichten eines eutrophen Sees reichern sich durch Abbau von organischen Stoffen Nährsalze wie Phosphat-, Nitrat- und Ammonium-Ionen an. Es gibt dort kein Phytoplankton, das die Nährsalze aufnehmen könnte. Der Phosphatgehalt nimmt in der Tiefenzone bei der im Sommer vorherrschenden Sauerstoffarmut zusätzlich zu, weil im Sediment fixiertes Phosphat unter anaeroben Bedingungen wieder in Lösung geht. Unter Sauerstoffmangel werden Nitrat-Ionen mikrobiell zu Nitrit- und Ammonium-Ionen abgebaut. Darum sinkt in der Tiefenzone der Nitratgehalt.
Neben den genannten Hauptabbauprodukten organischer Stoffe entstehen wegen des in ihnen enthaltenen Schwefels noch Sulfat-Ionen und Schwefelwasserstoff. Letzterer wird unter Abwesenheit von Sauerstoff in eutrophen Seen besonders am Gewässerboden gebildet. Da er ein starkes Gift für viele Tiere darstellt, ist der Boden stark belasteter Seen nur von wenigen Spezialisten bewohnbar.

1 Beschreiben und begründen Sie Änderungen von Wassertemperatur, Sauerstoff-, Kohlenstoffdioxid-, Nitrat- und Phosphatgehalt im Epilimnion eines eutrophen Sees im Jahresgang. Vergleichen Sie mit dem oligotrophen See.

99.1 Oligotropher See im Sommer.
Legende:
+ hoch/viel;
○ mittel;
– niedrig/wenig

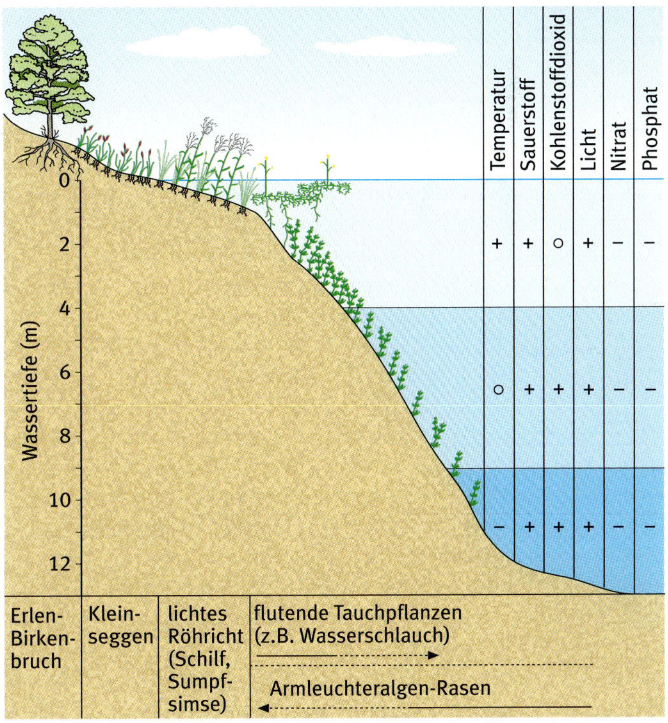

Untersuchung stehender Gewässer – Vorbereitung im Labor

1 Auswählen geeigneter Exkursionsmaterialien

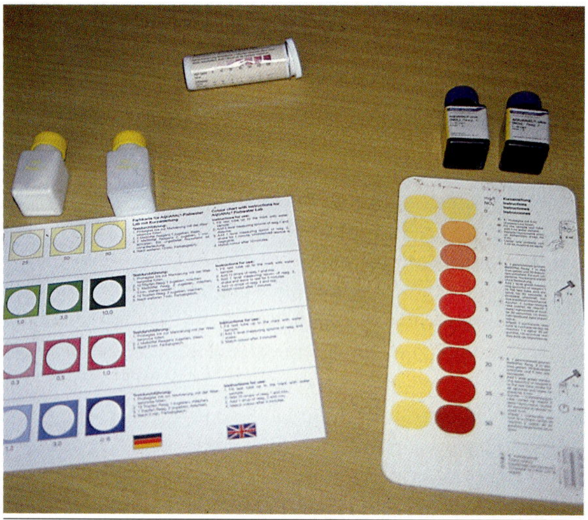

100.1 Nitrattests mit unterschiedlichen Messbereichen

Die sorgfältige Vorbereitung einer *Exkursion* ist Bedingung für erfolgreiche Freilandarbeit. Die Auswahl der Geräte und Hilfsmittel steht dabei am Anfang. Überlegen Sie zunächst, welche Rahmenbedingungen Sie vor Ort erwarten, was Sie untersuchen wollen und in welchen Größenordnungen die Messwerte der zu erfassenden physikalischen und chemischen Parameter liegen. Entscheiden Sie danach, welches Exkursionszubehör benötigt wird und welche witterungsgerechte Kleidung Sie mitnehmen müssen. Zur Dokumentation der Daten sind Schreibunterlage, Erfassungsbögen, Bleistift, Lineal, Fotoapparat und Diktiergerät hilfreich. Gläser und Tüten werden für Aufbewahrung und Transport von Probenmaterial benötigt. Die Auswahl der Bestimmungsbücher richtet sich nach den zu untersuchenden Organismen und der geplanten Bestimmungsgenauigkeit.
Die meisten chemischen Parameter werden im Freiland mit Schnelltests erfasst. *Messgeräte* und *Testkits* müssen die im Untersuchungsgebiet zu erwartenden Messgrößen abdecken. So liegen Nitratgehalte im Oberflächenwasser oft unter 10 mg/l, seltener zwischen 10 und 50 mg/l. Ein kolorimetrischer Nitrattest für entsprechende Messungen sollte also eine hohe Genauigkeit im Bereich von 0 bis 10 mg/l haben. Noch genauer ist bei kolorimetrischen Tests die Auswertung mit einem Taschenfotometer. Sind die Messwerte einer Probe größer als der Messbereich des Testkits, so verdünnt man 10 Milliliter des zu untersuchenden Wassers mit 90 Millilitern destilliertem Wasser und multipliziert die so ermittelten Werte mit dem Faktor zehn. Lupen, Stereolupen und Mikroskope ermöglichen eine erste Untersuchung von Kleinstorganismen im Gelände.
Alle Geräte und Hilfsmittel werden während der Exkursion in Rucksäcken oder geeigneten Kisten transportiert.

2 Eichung von Geräten und Testkits

Messgeräte und Testkits werden entsprechend der zugehörigen Bedienungsanleitung benutzt. Sie sind vor der Exkursion auf Funktionstüchtigkeit zu prüfen. Die Batterien sollten auf ihren Ladungszustand getestet werden. Um pH-Messgeräte zu eichen, werden drei Pufferlösungen mit genau bekannten pH-Werten verwendet. Zur Eichung von Leitfähigkeitsmessgeräten verwendet man eine 0,01-molare Kaliumchloridlösung, die bei 25 °C eine Leitfähigkeit von 1,413 mS/cm aufweist, bei 20 °C eine Leitfähigkeit von 1,278 mS/cm. Zur Überprüfung der Testkits kauft man Checklösungen oder stellt von den zu untersuchenden Ionen Lösungen bekannter Konzentrationen her. Auch wenn das Verfallsdatum von Testkits überschritten ist, können sie noch funktionstüchtig sein. Dies gilt besonders, wenn sie im Kühlschrank gelagert wurden.

3 Mögliche Fehler bei den Untersuchungen

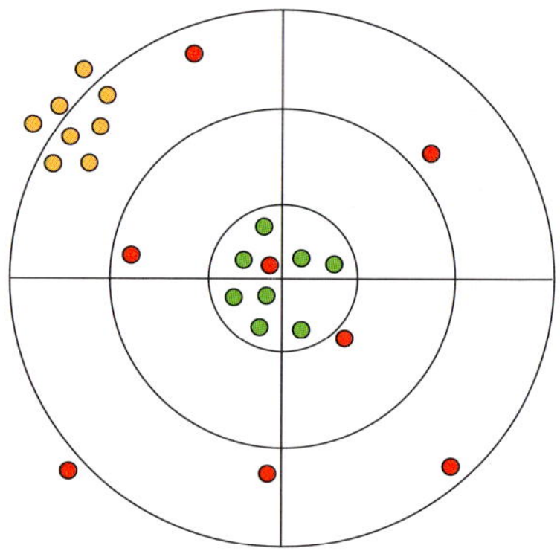

Legende:
- kein Fehler; Richtigkeit und Präzision gut (grün)
- systematischer Fehler; Richtigkeit schlecht; Präzision gut (orange)
- zufälliger Fehler; Richtigkeit gut; Präzision schlecht (rot)

Bei hoher *Richtigkeit* und *Präzision* (Reproduzierbarkeit) stimmen die Messwerte mit der Realität überein (grün) und sind sinnvoll auszuwerten.
Bei fehlerhaften Geräten oder Eichlösungen sowie bei falscher Handhabung kommt es zu präzisen, aber systematisch von der Realität abweichenden Messwerten (orange). Die Richtigkeit ist schlecht. Wenn man die Größe der Abweichung nachträglich ermittelt, kann man solche Fehler rechnerisch kompensieren.
Bei großen nichtsystematischen Streuungen ist die Präzision gering. Ursachen zufälliger Fehler (rot) sind zum Beispiel die einmalige Verwechslung der Proben, Pipetten oder Reagenzien sowie verschmutzte Gefäße. Durch Wiederholungsmessungen und Mittelwertbildung lassen sich zufällige Fehler minimieren.

4 Orte und Rahmenbedingungen der Probenahme

101.1 Entnahme von Wasserproben mit dem Wasserschöpfer nach RUTTNER

Einzelmessungen werden bei der Gewässeruntersuchung die Ausnahme sein. Erst durch Vergleich mehrerer Messungen an verschiedenen Orten oder zu verschiedenen Zeiten lassen sich Zusammenhänge zwischen Ursache und Wirkung erkennen. Interessante Ergebnisse kann man also bei Untersuchungen im *Tiefenprofil* eines Sees erwarten. Auch Vergleichsuntersuchungen im *Jahresgang* sind sinnvoll. Hier müssen die Messwerte allerdings immer in genau *derselben Position* im Gewässer und *zur selben Tageszeit* genommen werden. Kleinräumige Unterschiede der Messwerte oder Unterschiede im Tagesgang (Abbildung 101.2) sind oft so groß, dass sie die jahreszeitlich bedingten Unterschiede überdecken und dann eine sinnvolle Auswertung der Reihenuntersuchung stören.

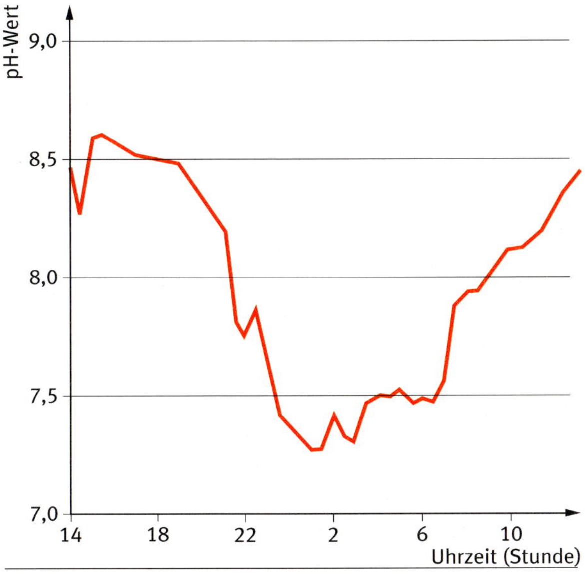

101.2 Tagesgang des pH-Wertes in einem Gewässer

Material: Marmeladenglas oder Wasserschöpfbecher, gegebenenfalls Teleskopstange, Sektflasche, Korkstopfen, Kunststoffnetz, Kunststoffschnur, Ringschraube mit Kontermutter, Steine, gegebenenfalls batteriebetriebene Tauchpumpe oder RUTTNER-Schöpfer sowie ein Boot

Durchführung:

a) *Entnahme von Oberflächenwasserproben:* Wasserproben von der Oberfläche entnimmt man, ohne das Wasser aufzuwirbeln, mit dem Marmeladenglas oder mit dem an einer Teleskopstange montierten Schöpfbecher.

b) *Entnahme von Tiefenwasserproben:* Aus tieferen Schichten wird Wasser mittels einer batteriebetriebenen Tauchpumpe oder mit Schöpfgeräten nach RUTTNER oder nach MEYER gewonnen. Eine Schöpfflasche nach MEYER kann man leicht selbst bauen:

Herstellung: Man legt auf den Boden eines Kunststoffnetzes einige größere Steine und bindet es oberhalb der Steine ab. Anschließend stellt man die Sektflasche in den oberen Teil des Netzes und bindet es am Flaschenhals zusammen. Unterhalb des Flaschenwulstes wird die der Gewässertiefe entsprechende Kunststoffschnur, an der alle 50 Zentimeter ein Knoten als Markierung angebracht wurde, befestigt. In den Flaschenkorken dreht man die Ringschraube. Etwa 20 Zentimeter vom Flaschenhals entfernt verknotet man die Kunststoffschnur mit der Ringschraube im Korken.
Die mit dem Korken leicht verschlossene Flasche lässt man an der Leine langsam zur vorgesehenen Tiefe hinab.
Anschließend entfernt man mit einem kurzen Ruck an der Leine den Korkstopfen aus der Flasche. Nachdem die Luft aus der Flasche entwichen ist, wird diese mithilfe der Leine nach oben gezogen.

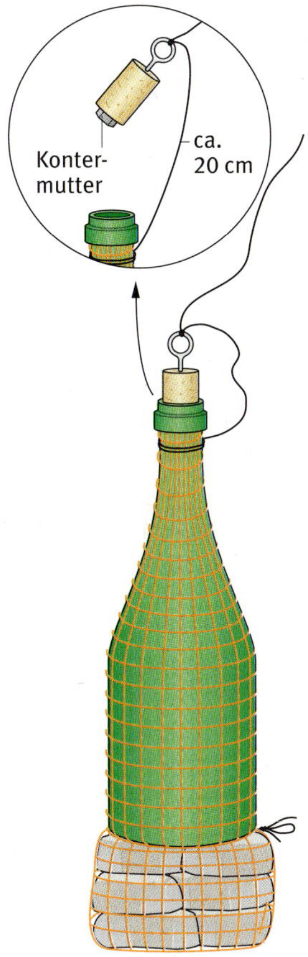

Aufgabe:

Entnehmen Sie im Abstand von je einem Meter Wasserproben und bestimmen Sie sofort die physikalischen und chemischen Parameter.

Untersuchung stehender Gewässer – Geländepraktikum

5 Gewässerprotokoll

Zur Erfassung der Daten sind geeignete Protokollbögen erforderlich. Der folgende Bogen dient zur Erfassung der Daten einer physikalisch-chemischen Wasseruntersuchung. Es sind Ergebnisse einer Tiefenprofiluntersuchung eingetragen.

Protokollbogen Gewässeranalytik

Gewässername: *Feriensee* **Gewässertyp:** *Baggersee*

Messstelle: *Südufer*

Wasserkörper: Länge: *250 m* Breite: *350 m* Tiefe: *11 m*
Bodensediment: *Schlick*
Pflanzen: *Seerose, Laichkräuter, Wasserpest*

Ufer: Neigung: *flach* Befestigung: *Baumwurzeln*

Zonierung: *Erlenbruch, Röhrichtzone, Schwimmblatt-, Unterwasserpflanzen*

Landschaft: Höhe über NN: *25 m* Gewässerumgebung: *naturnahe Kulturlandschaft mit Feldgehölzen und Grünland; Wanderweg am Ufer*

Probenummer	1	2	3	4	5	6
Probenehmer/ -nehmerinnen	BioAG	BioAG	BioAG	BioAG	BioAG	BioAG
Wassertiefe (m)	0	2	4	6	8	10
Datum	19.8.	19.8.	19.8.	19.8.	19.8.	19.8.
Uhrzeit	~12.00	~12.00	~12.00	~12.00	~12.00	~12.00
Wetterlage	sonnig					
Lufttemperatur (°C)	23,0					
Luftdruck (hPa)	1040					
Wassertemperatur (°C)	17,6	17,6	16,7	12,3	8,0	7,4
Leitfähigkeit (μS)	–	–	–	–	–	–
Sichttiefe (m)	–					
Beleuchtungsstärke (Lux)	3800	418	13	0	0	0
Trübung	klar					
Farbintensität	schwach					
Farbton	gelblich					
Schaumbildung	mäßig					
Geruchsintensität	schwach					
Geruch (Art)	erdig					
Müll/Verschmutzung (Art)	Bierdosen					
pH-Wert	8,4	8,2	7,6	7,5	7,5	7,5
Sauerstoffgehalt (mg/l)	9,4	10,1	5,4	0,1	0,0	0,0
Sauerstoffsättigungswert (mg/l)	9,3	9,3	9,5	10,3	11,5	11,6
Sauerstoffüberschuss/ Sauerstoffdefizit (mg/l)	+0,1	+0,8	–4,1	–10,2	–11,5	–11,6
BSB_5 (mg/l)	3,1					
Gesamthärte (°d)	–					
Ammonium-Ionen (mg/l)	0,34	0,34	0,4	0,6	2,1	4,2
Nitrat-Ionen (mg/l)	0,15	0,15	1,5	0,35	0,1	0,0
Nitrit-Ionen (mg/l)	–	–	–	–	–	–
Phosphat-Ionen (mg/l)	0,0	0,0	0,0	0,1	1,0	4,2

Trübung: klar, schwach getrübt, mäßig trüb, stark getrübt

Farbintensität: farblos, schwach gefärbt, stark gefärbt

Farbton: gelblich, bräunlich gelb, rötlich, schwarzbraun, grünlich usw.

Schaumbildung: keine, mäßig, stark

Geruchsintensität: geruchlos, schwach, stark

Art des Geruchs: erdig, modrig, faulig, aromatisch, grasartig, beißend, nach Benzin usw.

6 Physikalische Wasseruntersuchung

Material: Wasserproben, Marmeladengläser mit Deckel, Thermometer, Leitfähigkeitsmessgerät und Beleuchtungsstärkemessgerät (für Tiefenprofile gegebenenfalls mit längerem Kabel zwischen Messgerät und Messfühler), Luftdruckmessgerät, Zollstock, Sichtscheibe nach SECCHI mit einer im Abstand von 10 Zentimetern markierten Kunststoffschnur, Protokollbogen

Durchführung:

a) Zuerst wird der *Kopf des Protokollbogens* ausgefüllt. Man macht Angaben zur Gewässergröße und zum Gewässersediment (Fels, Stein, Kies, Sand, Schlick), zur Uferneigung (senkrecht, steil, mäßig steil, flach) und Uferbefestigung (Baumwurzeln, Gras, Steine, Faschinen), zur Uferzonierung sowie zu Pflanzen in und am Gewässer. Charakterisiert wird auch die umgebende Landschaft.

b) Man misst die *Lufttemperatur* und gegebenenfalls den *Luftdruck* am Gewässer. Dabei sind die Hinweise aus Versuch 1 auf Seite 88 zu beachten.

c) Man misst *Temperatur* und *Leitfähigkeit* des Wassers.

d) Man lässt die Sichtscheibe langsam und senkrecht in die Tiefe, bis die Umrisse gerade verschwinden, und liest die *Sichttiefe* an der markierten Schnur ab. Bei einem Vergleich verschiedener Messstellen müssen ähnliche Lichtverhältnisse herrschen. Im Tiefenprofil misst man die *Beleuchtungsstärke* in den verschiedenen Tiefen mit dem Beleuchtungsstärkemessgerät.

e) Man beurteilt *Trübung, Farbintensität* und *Farbton* des Wassers. Der Farbton kann unterschiedliche Ursachen haben, zum Beispiel: bräunlich gelb (Siloabwasser, Humusstoffe), rötlich gelb (Eisenoxid), grünlich blau oder gelblich grün (Cyanobakterien, Algen), graugelbschwarz (Schmutzwasser).

f) Die *Schaumbildung* wird beurteilt, nachdem man eine Wasserprobe im Glas mit Deckel kräftig geschüttelt hat. Ursache der Schaumbildung ist oft der Abbau von Zellen und deren Zellmembranen oder die Einleitung von Tensiden.

g) Auch für die Geruchsprobe schüttelt man das Wasser im Marmeladenglas kräftig, öffnet den Deckel und prüft sofort mit der Nase. Der *Geruch* kann unterschiedliche Ursachen haben, zum Beispiel: aromatisch, erdig, grasartig oder nach Gurken (Mikroorganismen), faulig (Schlammablagerungen), süßlich (Abwasserpilz), chemisch (nach oftmals charakteristisch riechenden Chemikalien).

Aufgaben:

a) Tragen Sie die Messwerte in den Protokollbogen ein.

b) Stellen Sie die Messwerte der physikalischen Parameter grafisch dar.

7 Chemische Wasseruntersuchung

103.1 Chemische Wasseruntersuchung

Material: Untersuchungskoffer zur chemischen Wasseruntersuchung mit Fotometer und Testkits für folgende Parameter: pH-Wert, Sauerstoffgehalt, Gesamthärte, Ammonium-Ionen (ca. 0–10 mg/l), Nitrit-Ionen (ca. 0–1 mg/l), Nitrat-Ionen (ca. 0–50 mg/l) und Phosphat-Ionen (ca. 0–1 mg/l), Messzylinder (100 ml), destilliertes Wasser, Sammelgefäß für Chemikalienreste, luftdicht verschließbare Flaschen für Wasserproben, gegebenenfalls Aquarienpumpe mit Schlauch und Sprudelstein, Protokollbogen, Schutzbrille

Durchführung: Man bestimmt pH-Wert, Sauerstoffgehalt, Gesamthärte sowie Ammonium-, Nitrit-, Nitrat- und Phosphat-Ionengehalt entsprechend der Anleitungen zu den Geräten und Testkits. Der Sauerstoffgehalt muss immer an der Probestelle bestimmt werden, die übrigen Parameter können in einer gekühlten Probe auch sofort nach Rückkehr im Labor gemessen werden. Überschreitet die Konzentration einer Ionensorte den Messbereich des entsprechenden Schnelltests, so gibt man 10 Milliliter Probenwasser in den Messzylinder und füllt mit destilliertem Wasser auf 100 Milliliter auf. Die Ionenkonzentration wird dann erneut bestimmt und der Messwert mit dem Faktor 10 multipliziert. Zur Bestimmung des biochemischen Sauerstoffbedarfs (BSB_5) wird eine Flasche vollständig mit Probenwasser gefüllt und luftdicht verschlossen. Liegt der Sauerstoffgehalt des Probenwassers unter 8 mg/l, wird er im Labor zunächst mittels Aquarienpumpe und Sprudelstein auf einen Sauerstoffgehalt über 8 mg/l gebracht und der Wert erneut bestimmt. Die gefüllte Flasche wird für fünf Tage bei 20 °C in einem dunklen Raum aufbewahrt. Dann wird der Sauerstoffgehalt ein weiteres Mal bestimmt.

Aufgaben:

a) Die im Wasser lösliche Sauerstoffmenge hängt vom Luftdruck und von der Wassertemperatur ab. Diese *Sauerstoffsättigungswerte* sind in der Tabelle für Normaldruck angegeben. Bestimmen Sie unter Verwendung der gemessenen Wassertemperaturen und der Tabelle die Sauerstoffsättigungswerte Ihrer Wasserproben.

T (°C)	O_2 (mg/l)	T (°C)	O_2 (mg/l)	T (°C)	O_2 (mg/l)	T (°C)	O_2 (mg/l)
0,0	14,16	8,0	11,47	16,0	9,56	24,0	8,25
0,5	13,97	8,5	11,33	16,5	9,46	24,5	8,18
1,0	13,77	9,0	11,19	17,0	9,37	25,0	8,11
1,5	13,59	9,5	11,06	17,5	9,28	25,5	8,05
2,0	13,40	10,0	10,92	18,0	9,18	26,0	7,99
2,5	13,22	10,5	10,80	18,5	9,10	26,5	7,92
3,0	13,05	11,0	10,77	19,0	9,01	27,0	7,86
3,5	12,87	11,5	10,55	19,5	8,93	27,5	7,81
4,0	12,70	12,0	10,43	20,0	8,84	28,0	7,75
4,5	12,54	12,5	10,31	20,5	8,76	28,5	7,69
5,0	12,37	13,0	10,20	21,0	8,68	29,0	7,64
5,5	12,22	13,5	10,09	21,5	8,61	29,5	7,58
6,0	12,06	14,0	9,98	22,0	8,53	30,0	7,53
6,5	11,91	14,5	9,87	22,5	8,46	30,5	7,47
7,0	11,76	15,0	9,76	23,0	8,38		
7,5	11,61	15,5	9,66	23,5	8,32		

103.2 Sauerstoffsättigungswerte in Abhängigkeit von der Wassertemperatur (bei 1013 hPa)

b) Als *Sauerstoffüberschuss* beziehungsweise *Sauerstoffdefizit* bezeichnet man die Differenz zwischen dem gemessenen Sauerstoffgehalt und dem Sauerstoffsättigungswert. In Phasen starker Fotosynthesetätigkeit steigt der Sauerstoffgehalt oft weit über den Sättigungswert, und Sauerstoff diffundiert erst nach und nach aus dem Wasser, während der Sauerstoffgehalt durch aerobe Abbauprozesse insbesondere nachts erheblich unter den Sättigungswert absinken kann. Berechnen Sie Sauerstoffüberschüsse beziehungsweise -defizite für Ihre Proben.

c) Der *biochemische Sauerstoffbedarf (BSB)* kommt durch die Atmung der Organismen zustande. Er sinkt durch ihre Tätigkeit langsam ab. Um verschiedene Wasserproben miteinander vergleichen zu können, wird der im Laufe von fünf Tagen verbrauchte Sauerstoff (BSB_5) in einer bei 20 °C in der Dunkelheit aufbewahrten Probe bestimmt. Berechnen Sie den biochemischen Sauerstoffbedarf als Differenz des Sauerstoffgehalts zu Versuchsbeginn und des Sauerstoffgehalts nach fünf Tagen.

d) Tragen Sie alle Werte in den Protokollbogen ein. Stellen Sie die Messwerte grafisch dar und interpretieren Sie die Beobachtungen unter Einbeziehung der physikalischen Daten.

e) Erläutern Sie die Werte im Musterprotokollbogen (auf Seite 102 links) und vergleichen Sie sie mit Ihren eigenen Werten.

Untersuchung stehender Gewässer – Geländepraktikum

8 Datenlogger und Messwerterfassung

104.1 Gerätetisch, Stativ und Datenlogger für Tagesgangmessungen

Material: Messgeräte zur Erfassung von Temperatur, pH-Wert, Sauerstoffgehalt, elektrischer Leitfähigkeit mit zugehörigen Datenloggern und Zubehör, Stativ, Stativklemmen, Doppelmuffen, Gerätetisch (vergleiche Abbildung 104.1), Personalcomputer mit Zubehör

Durchführung: Der als Wetter- und Sichtschutz dienende Messgerätetisch wird mit den Geräten an der Probestelle aufgestellt. Die Messfühler werden mithilfe des Stativmaterials positioniert. Sollen Messreihen an verschiedenen Gewässern oder an demselben Gewässer zu verschiedenen Zeiten miteinander verglichen werden, ist immer genau dieselbe Position der Messfühler erforderlich, da sich manche Parameter schon kleinräumig stark verändern. So ist der Sauerstoffgehalt im Uferbereich eines nährstoffreichen Sees fünf Zentimeter unterhalb der Wasseroberfläche oft deutlich höher als direkt auf dem Schlammboden. Jetzt werden die Datenlogger programmiert. Man erfasst die zu untersuchenden Parameter zum Beispiel über 24 Stunden im Abstand von jeweils 30 Minuten. Nach Ende der Messung werden die Werte nacheinander am Messgerät abgelesen und in eine Tabelle übertragen, oder sie werden auf einen Personalcomputer überspielt.

Aufgaben:
- **a)** Ermitteln Sie unter Verwendung der Abbildung 103.2 die Sauerstoffsättigungswerte für die von Ihnen ermittelten Wassertemperaturen und berechnen Sie die zugehörigen Sauerstoffdefizite beziehungsweise Sauerstoffüberschüsse.
- **b)** Stellen Sie die Messreihen grafisch dar.
- **c)** Beschreiben und interpretieren Sie Ihre Grafiken.
- **d)** Interpretieren Sie die Abbildung 101.2.

9 Untersuchung frei lebender Planktonorganismen

104.2 Gewinnung einer Planktonprobe mit Eimer und Planktonnetz

Material: Planktonnetz, Schreib- und Zeichenmaterial, Mikroskop und Mikroskopierzubehör wie Objektträger, Deckgläser und Pipette, Küchenrolle, Gläser, Eimer, Wasserschöpfflasche; Bestimmungsbuch, zum Beispiel STREBLE, H., KRAUTER, D., 2002: Das Leben im Wassertropfen. 9. Auflage, Franckh-Kosmos, Stuttgart.

Durchführung: Mit einem sauberen Planktonnetz wird im Gewässer Plankton gesammelt. Hierzu wird das Netz einige Male unter der Wasseroberfläche durch das Wasser gezogen. Dabei wird es auch an Wasserpflanzen entlanggestreift. Alternativ entnimmt man mit einem Eimer etwa 50 Liter Wasser aus dem Gewässer oder man entnimmt Wasser mit der Schöpfflasche aus verschiedenen Tiefen und gießt es durch das Planktonnetz. Den Inhalt des Fangbechers gibt man jeweils in ein Glas und bewahrt ihn bis zur Untersuchung, die möglichst noch am selben Tag erfolgen soll, an einem kühlen Ort auf. Aus Pfützen werden mit einem Marmeladenglas einige Liter Wasser entnommen und durch das Planktonnetz gegossen.
Um größere Lebewesen wie Wasserflöhe, Hüpferlinge oder Rädertiere zu isolieren, überträgt man sie mit einer feinen Pipette auf einen gesonderten Objektträger. Bei Bedarf klemmt man die Organismen durch vorsichtiges Absaugen des Wassers zwischen Deckglas und Objektträger ein.

Aufgaben:
- **a)** Bestimmen Sie die gefundenen Planktonformen.
- **b)** Zeichnen Sie ausgewählte Arten.
- **c)** Halten Sie ihre Häufigkeit unter Verwendung folgender Häufigkeitsangaben fest:
  I = Einzelexemplar; II = wenige Exemplare; III = häufig; IV = massenhaft. Erläutern Sie Ihre Beobachtungen.

10 Untersuchung von Aufwuchsorganismen

105.1 Einsetzen eines Objektträgerfloßes zur Gewinnung von Aufwuchsorganismen

Material: Styroporplatte (ca. 3 cm dick), Paketschnur, Flaschenkorken, Gewicht, Polystyrolkleber, Objektträger, Messer; Bestimmungsschlüssel für Planktonorganismen, Bestimmungsbuch, zum Beispiel STREBLE, H., KRAUTER, D., 2002: Das Leben im Wassertropfen. 9. Auflage, Franckh-Kosmos, Stuttgart.

Durchführung: Festsitzende Organismen aus verschiedenen Tiefen eines Gewässers sollen erfasst werden. Man schneidet aus der Styroporplatte mehrere Quadrate von etwa zehn Zentimeter Kantenlänge. Dann schneidet man etwa zwei Zentimeter tiefe und drei Zentimeter breite, waagerechte Schlitze in die vier Seiten und klebt jeweils zwei aufeinanderliegende Objektträger ein. Anschließend zieht man die Schnur mittig durch die Platten, kürzt sie so, dass ihre Länge der Tiefe des Untersuchungsgewässers entspricht und fixiert die Styroporplatten durch Knoten im Abstand von einem halben oder einem Meter an der Schnur. Schließlich befestigt man an einem Ende der Schnur das Gewicht und am anderen Ende zur Markierung den Korken und setzt die Versuchsanordnung an einer ruhigen Stelle in das Untersuchungsgewässer. Ein bis zwei Wochen später entnimmt man die Objektträger und mikroskopiert die Aufwuchsorganismen.

Aufgaben:

a) Bestimmen Sie die Organismen. Zeichnen Sie einige der auf den Objektträgern festsitzenden Lebewesen. Halten Sie jeweils ihre Häufigkeit unter Verwendung folgender Häufigkeitsangaben fest: I = Einzelexemplar; II = wenige Exemplare; III = häufig; IV = massenhaft.

b) Beschreiben Sie Unterschiede in der Besiedlung von Objektträgeroberseite und -unterseite sowie in verschieden Tiefen. Erläutern Sie Ihre Beobachtungen.

11 Hinweise zur Auswertung der Untersuchungsergebnisse

Beobachtung: Am Anfang der Auswertung steht die präzise Beschreibung der Beobachtungen. Für Messreihen bietet sich eine grafische Darstellung an. Dabei gehören die vorgegebenen Parameter, zum Beispiel der Tag der Untersuchung, auf die Abszisse, die Messwerte auf die Ordinate. Beim Tiefenprofil des Sees kann man die vorgegebene Wassertiefe ausnahmsweise auch entsprechend der Lage im Raum auf der Ordinate abtragen.

Deutung: Erst mithilfe der grafischen Darstellung werden Veränderungen der gemessenen Parameter deutlich. In der Regel wird mit Messreihen versucht, Antwort auf eine bestimmte Fragestellung zu finden, zum Beispiel: „Wie verändern sich Wassertemperatur, Sauerstoffgehalt sowie Ammonium-, Nitrat- und Phosphat-Ionengehalt in einem eutrophen See in Abhängigkeit von der Wassertiefe und welche Ursachen haben die Veränderungen?“

Die Ergebnisse sind stark von der Jahreszeit abhängig. Dabei spielt die physikalische Schichtung des Wasserkörpers beziehungsweise deren Auflösung eine entscheidende Rolle. Weiterhin haben chemische und biologische Prozesse einen wesentlichen Einfluss. Zu ihnen gehören in der Nährschicht vor allen Dingen die Fotosynthese und in der Zehrschicht die Atmung und Gärung.
In der lichtdurchfluteten Nährschicht entsteht durch Fotosynthese viel Sauerstoff. Nährsalze, besonders das als Minimumnährsalz fungierende Phosphat-Ion, werden von den Pflanzen verbraucht und sind daher nur in geringen Konzentrationen vorhanden. Oft liegen sie unterhalb der Nachweisgrenze. In der Zehrschicht wird hingegen beim Abbau des Detritus viel Sauerstoff verbraucht und viele Nährsalze werden freigesetzt. Stickstoffverbindungen kommen hier bevorzugt in der reduzierten Form als Ammonium-Ionen oder Ammoniak vor.
Aussagen zum Planktongehalt, zum Artenreichtum und zum Artenspektrum ermöglichen weitere Rückschlüsse auf die Ernährungssituation und untermauern die aufgestellten Hypothesen oder stellen sie wieder in Frage.

Sinnvoll ist in der Regel ein Vergleich mit Daten und Interpretationen aus anderen Untersuchungen, die mit ähnlicher Fragestellung an anderen Orten oder in der Vergangenheit am selben Ort durchgeführt wurden.
Widersprechen die Messwerte teilweise oder insgesamt den Erwartungen, so ist eine gründliche Fehlersuche und -diskussion erforderlich. Vielleicht ist man auch einem unerwarteten Sachverhalt auf der Spur.

3 Ökosystem Fließgewässer

3.1 Gliederung eines Fließgewässers

Von der Quelle bis zur Mündung gibt es in einem natürlichen Fließgewässer einschneidende Veränderungen. Seine Abschnitte bezeichnet man nach den dort vorkommenden Leitfischarten oder nennt sie einfach **Oberlauf**, **Mittellauf** und **Unterlauf**.
Während das Quellwasser über das ganze Jahr hinweg nahezu konstante Temperaturen von 5 °C bis 10 °C aufweist, schwankt die Temperatur im Unterlauf zwischen 0 °C im Winter und über 20 °C im Sommer.
Bei starkem Gefälle im Oberlauf liegt die **Fließgeschwindigkeit** teilweise weit über 100 cm/s, während sie im Unterlauf auf unter 10 cm/s absinken kann. An Stellen mit hoher Fließgeschwindigkeit bleiben nur Steine und grober Kies als Bachsediment zurück, während sich an ruhigeren Stellen auch feinere Kiesbestandteile absetzen und vor allem im Unterlauf schließlich Sand und Schlick sedimentieren.

Der **Sauerstoffgehalt** im Fließgewässer wird erheblich durch Wassertemperatur, Fließgeschwindigkeit, Turbulenzen und Mikroorganismen beeinflusst. Direkt im Quellbereich entspricht er den niedrigen Werten des Grundwassers, bald darauf erreicht er den Sättigungswert und liegt dann im Oberlauf fast immer um 100 Prozent Sauerstoffsättigung. Die Tages- und Jahresamplituden werden im Mittellauf wesentlich größer. In nährstoff- und damit organismenreichen Gewässern kann der Sauerstoffgehalt während der Vegetationsperiode mittags doppelt so hoch sein wie nachts.

1 Vergleichen und erläutern Sie die abiotischen und biotischen Umweltfaktoren in Oberlauf und Mündungsbereich eines Fließgewässers.

2 Beurteilen Sie die ökologische Potenz der in den unterschiedlichen Gewässerabschnitten lebenden Organismen bezüglich des Umweltfaktors Temperatur.

106.1 Gliederung eines Fließgewässers

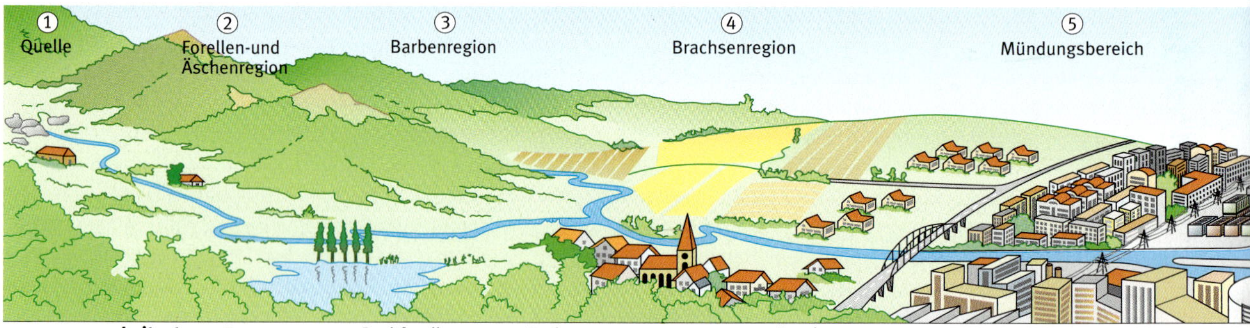

Leitarten	Feuersalamander 	Bachforelle, Äsche 	Barbe 	Brachsen 	Kaulbarsch, Flunder 
abiotische Faktoren Gefälle	nimmt stetig ab				
Wasserführung/Wassertrübung/Nährstoffgehalt	nimmt stetig zu				
Bodenart	Fels, Steine	Steine, Kies	Kies, Sand, Feinsediment	Sand, Feinsediment	Sand, Feinsediment
max. Temperatur	< 10 °C	< 15 °C	> 15 °C	< 20 °C	> 20 °C
Sauerstoffgehalt	gering	hoch mit geringen Tages- und Jahresamplituden	hoch mit ausgeprägten Tages- und Jahresamplituden	geringer	geringer
biotische Faktoren Hauptnahrungsquelle für Wirbellose	Falllaub	Falllaub und Aufwuchsalgen	zerkleinertes Falllaub (Feindetritus) und Aufwuchsalgen	Phytoplankton	Phytoplankton
Ernährungstypen (Makrobenthos)	überwiegend Zerkleinerer	überwiegend Zerkleinerer	überwiegend Weidegänger und Sedimentfresser/Filtrierer	überwiegend Sedimentfresser/Filtrierer	überwiegend Sedimentfresser/Filtrierer
Produktion/Respiration	Produktion < Respiration	Produktion < Respiration	Produktion = Respiration	Produktion > Respiration	Produktion > Respiration
	① Quelle	② Oberlauf	③ Mittellauf	④ Unterlauf	⑤ Mündungsbereich

3.2 Lebewesen im Fließgewässer

Bei den beschriebenen Unterschieden in den abiotischen Faktoren der verschiedenen Fließgewässerabschnitte gibt es naturgemäß auch entsprechende Unterschiede in den Lebensgemeinschaften. Die Fischereibiologen leiteten die in der Abbildung dargestellte biozönotische Längsgliederung der Fließgewässer aus der Fischfauna ab.
Auch wirbellose Tierarten sind oft speziell an die abiotischen Umweltbedingungen angepasst und können daher nur in eng begrenzten Gewässerbereichen leben. Die Bewohner von Zonen hoher Fließgeschwindigkeit besitzen besondere Angepasstheiten an die starke Strömung. Köcherfliegenlarven kleben hier oft ihre Gehäuse aus Steinchen an den Untergrund. Eintagsfliegenlarven haben besonders flache und strömungsgünstige Körperformen und Lidmückenlarven können sich mit Saugnäpfen auf dem Untergrund festsaugen. In Stillwasserzonen bauen Köcherfliegenlarven ihre Gehäuse hingegen oft aus leichtem Pflanzenmaterial und Eintagsfliegenlarven haben eine rundlichere Körperform.

Sowohl im Ober- als auch im Mittel- und Unterlauf haben sich in Anpassung an die unterschiedliche Nahrung verschiedene **Ernährungstypen** herausgebildet. Die *Zerkleinerer* beißen Teile aus Pflanzen und Falllaub heraus und zerkleinern diese. Häufige Vertreter sind Bachflohkrebse und Wasserasseln. *Weidegänger* raspeln oder schaben den Algenaufwuchs von Substraten ab. Zu ihnen gehören verschiedene Schneckenarten sowie viele Eintagsfliegen- und kleinere Steinfliegenlarven. *Sedimentfresser* ernähren sich von Detritus und Mikroorganismen. Die meisten Zuckmückenlarven gehören in diese Gruppe. Die *Filtrierer* sind teilweise ortsgebunden. Sie filtrieren Feindetritus und Plankton aus dem fließenden Wasser. Muscheln und Kriebelmückenlarven ernähren sich auf diese Weise. *Räuber* fangen gezielt Tiere als Nahrung. Hierzu zählen Libellenlarven und räuberisch lebende Fischarten.

1 Erläutern Sie mithilfe der Abbildungen 106.1, 107.1 und 107.2 die Verteilung der Ernährungstypen in den Gewässerabschnitten und die Einnischung ausgewählter Arten.

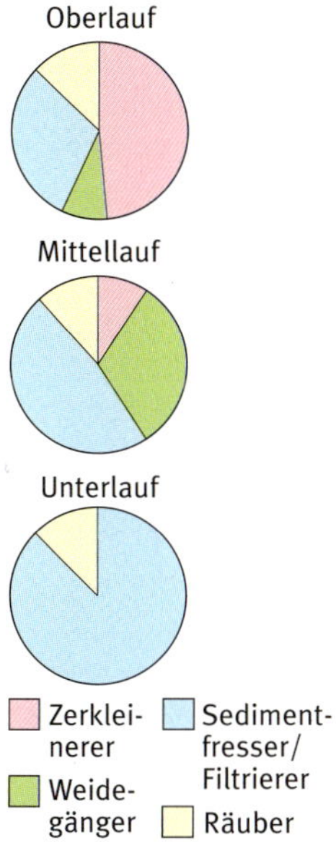

107.1 Ernährungstypen

107.2 Flussquerschnitt mit Kleinlebensräumen

3.3 Vorgänge in natürlichen und belasteten Fließgewässern

Das saubere, nährstoffarme und sauerstoffreiche Wasser eines Fließgewässeroberlaufes hat die **Güteklasse I**. Weitere Kennzeichen eines solchen Fließgewässerabschnitts sind geringe Individuendichten bei Einzellern und Bakterien, wenig organische Stoffe und damit ein geringer biochemischer Sauerstoffverbrauch. Das Bild ändert sich, wenn Abwässer mit organischen Stoffen eingeleitet werden. Das Wasser enthält dann sehr viele Nähr-und Abfallstoffe, die das Gewässer belasten. Hohe Konzentration organischer Stoffe, ein hoher biochemischer Sauerstoffbedarf, hohe Konzentrationen an Methan, Schwefelwasserstoff, Ammoniak, Ammonium- sowie Phosphat-Ionen lassen sich jetzt nachweisen. Unter Sauerstoffmangel werden Nitrat-Ionen zu Nitrit-Ionen beziehungsweise Ammoniak reduziert. Durch die eingeschwemmten organischen Stoffe erhöht sich der Trübungsgrad. Die Dichte der Bakterien und Einzeller steigt rapide. Der Sauerstoffgehalt im Wasser sinkt drastisch, sodass empfindliche Aerobier ersticken.

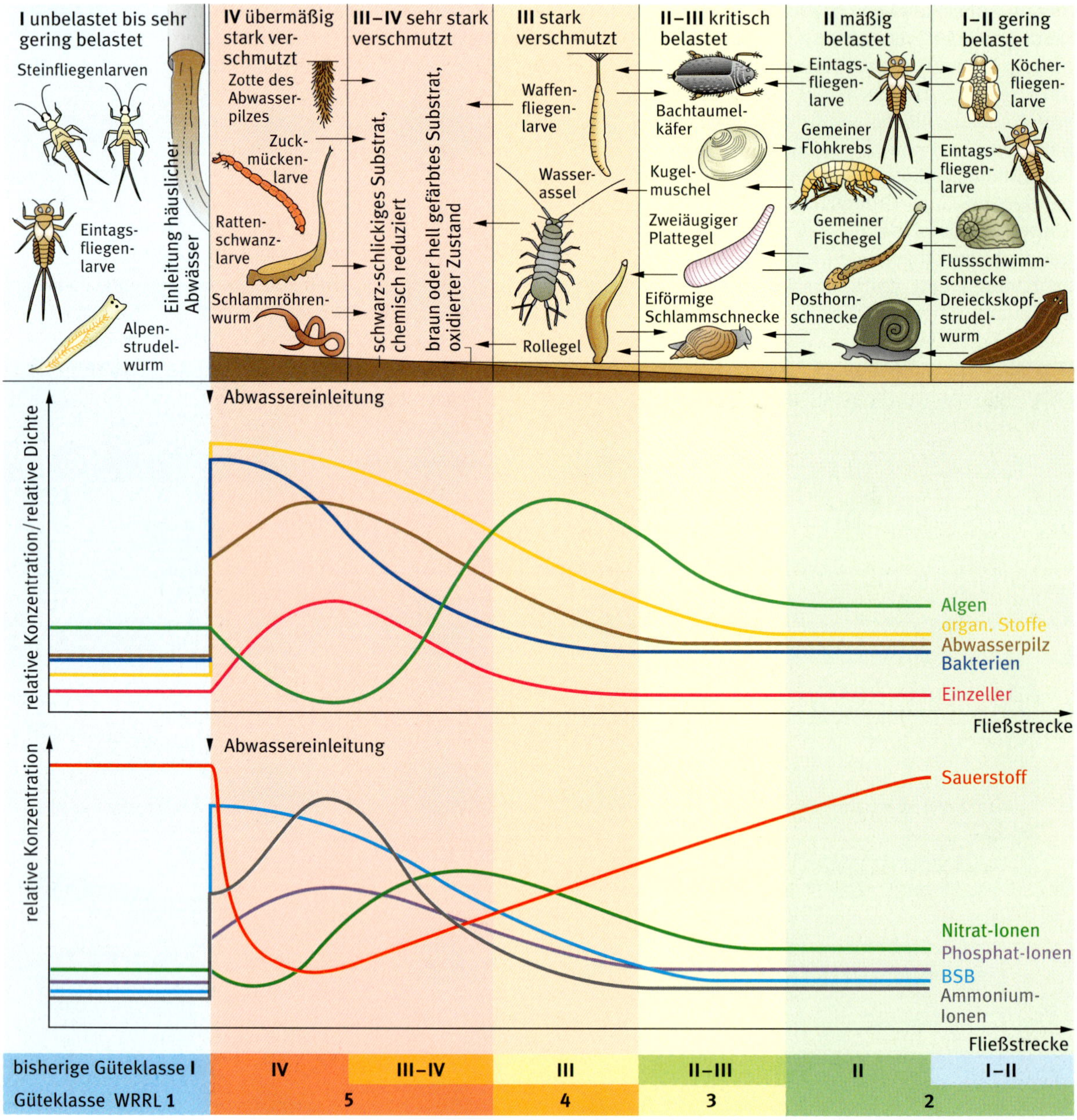

108.1 Selbstreinigung eines Fließgewässers nach Abwassereinleitung

Dieses Wasser hätte nach alter Einteilung die Güteklasse IV. Nach der Neuordnung der Gewässergütebeurteilung gemäß Wasserrahmenrichtlinie der Europäischen Union (WRRL) hat es nun **Güteklasse 5**. Anaerobier wie der „Abwasserpilz“ und wenige an sauerstoffarme Bedingungen angepasste Tiere wie Schlammröhrenwürmer, Rattenschwanz- und Zuckmückenlarven leben in großer Zahl in solchen Gewässerabschnitten. Sie sind *Zeigerorganismen* für übermäßig verschmutztes Wasser.

Im verschmutzten Gewässer führen natürliche **Selbstreinigungsvorgänge** zum Abbau der organischen Stoffe. Je nach dem Verschmutzungsgrad des Wassers ändert sich die qualitative und quantitative Zusammensetzung der Biozönosen. Als Einteilungsprinzip dienen, von der anaeroben Fäulnis (Saprobie) ausgehend, die im Selbstreinigungsprozess auftretenden Hauptabbaustufen. Chemisch gesehen sind sie gekennzeichnet durch Reduktion, einsetzende Oxidation und vollendete Oxidation. Sie entsprechen den biologischen Stufen *Poly-*, *Meso-* und *Oligosaprobie*. Die mesosaprobe Stufe kann man weiter in α- und β-Abschnitt unterteilen. Die jeweils typischen Organismen nutzt man als Indikatororganismen im Saprobiensystem. Biologische Prozesse bewirken eine Selbstreinigung der Fließgewässer. Aus übermäßig organisch verschmutztem Wasser der Güteklasse 5 wird stromabwärts die **Güteklasse 4** (bisher Güteklasse III). Organische Verschmutzung, Bakteriendichte, biochemischer Sauerstoffbedarf, Methan- und Schwefelwasserstoffgehalt sowie die Nährsalzkonzentrationen nehmen langsam ab, während Algendichte und Sauerstoffgehalt ansteigen. Hohe Algendichten dieser Gewässerabschnitte werden auch als „**Wasserblüte**“ bezeichnet. Die beschriebenen Tendenzen setzen sich in den mäßig belasteten Gewässerabschnitten der **Güteklassen 3** und **2** (bisher Güteklasse II) fort. Oxidierende Abbauprozesse führen zur vollständigen Oxidation von organischen und anorganischen Stoffen. Die Algendichte geht unter anderem durch Verdünnungsprozesse zurück, sodass sich die Verhältnisse wieder dem unbelasteten Wasser annähern.

1 Erstellen Sie anhand der Abbildungen 108.1 und 109.1 ein Referat über die Veränderungen der abiotischen und biotischen Faktoren nach der Einleitung organisch belasteter Abwässer.

109.1 Gewässergüteklassen und ihre typischen Merkmale

bisherige Güteklasse	Grad der organischen Belastung	Saprobiestufe	Saprobienindex	Kennzeichnung	Chemische Parameter (Richtwerte) O_2-Minima (mg/l)	NH_4^+ (mg/l)	NO_2^- (mg/l)	NO_3^- (mg/l)	PO_4^{3-} (mg/l)	BSB_5 (mg/l)	Güteklasse nach WRRL
I	unbelastet bis sehr gering belastet	Oligosaprobie	1,0–< 1,5	Wasser kaum verunreinigt; vollendete Oxidation, Mineralisation; Wasser klar und sauerstoffgesättigt	8	höchstens Spuren	< 0,01	< 1	< 0,01	< 1	1
I–II	gering belastet		1,5–< 1,8		8	um 0,1	< 0,01	um 1	< 0,1	1–2	2
II	mäßig belastet	Betamesosaprobie	1,8–< 2,3	Wasser mäßig verunreinigt; Prozess der fortschreitenden Oxidation bzw. Mineralisation; Sauerstoffzehrung mäßig	6	< 0,3	< 0,1		< 0,3	2–4	
II–III	kritisch belastet	alpha-betamesosaprobe Grenzzone	2,3–< 2,7		4	<1	< 0,3	< 5		4–7	3
III	stark verschmutzt	ausgeprägte Alphamesosaprobie	2,7–< 3,2	Wasser stark verunreinigt; starke Oxidationsprozesse; starke Sauerstoffzehrung; Faulschlammbildung	2	0,5–1,5	< 0,5			7–10	4
III–IV	sehr stark verschmutzt	Polysaprobie mit alphamesosaprobem Einschlag	3,2–< 3,5		2	mehrere mg/l	wenige mg/l	> 5	menschliche Verunreinigungen	> 10	5
IV	übermäßig verschmutzt	Polysaprobie	3,5–4,0	Wasser außerordentlich stark ver unreinigt; starke Sauerstoffzehrung; vorwiegendes Auftreten von Fäulnisprozessen durch Reduktion und Spaltung; Bildung von H_2S und CH_4; hoher Gehalt an organischen Stoffen	< 2	mehrere mg/l	wenige mg/l	> 10	mehrere mg/l	> 10	

3.4 Technische und ökologische Gewässerbewirtschaftung

In der Naturlandschaft veränderte sich der Verlauf eines Fließgewässers ständig. In breiten Tälern entstanden zumeist mäandrierende Flussläufe. Durch Erosion bildeten sich Steilufer und Vertiefungen, die Kolke, während es durch Sedimentation zu flachen Stellen, den Furten, kam. Im Fluss entwickelten sich so sehr viele Kleinlebensräume, und auch die angrenzenden Auenwälder waren durch regelmäßige Überflutungen sehr eng mit der Flusslebensgemeinschaft verknüpft.

Dies änderte sich mit der Besiedlung durch den Menschen. Viele Auenwälder wurden gerodet und ihre Flächen als Grünland genutzt. Durch die regelmäßigen Überflutungen gelangten nährstoffreiche Sedimente auf die Flächen. Das führte zu einer willkommenen Düngung und damit zu guten Erträgen. Allerdings traten die Überflutungen unkontrolliert auf. Durch Gewässerbegradigung sowie den Bau von Deichen und Wehren kam man nach und nach zu einer aus menschlicher Sicht günstigeren kontrollierten Bewässerung. Auch Schifffahrt und Nutzung der Wasserkraft wurden so verbessert. Allerdings hatten diese Veränderungen nachteilige Folgen für die Gewässerlebensgemeinschaften. Beispielsweise konnten Fischarten wie Stör und Lachs durch die Wehre zwischen ihren verschiedenen Teillebensräumen nicht mehr wandern, sodass sie aus solchen Flüssen verschwanden.

Gewässerausbaumaßnahmen hatten neben der Schiffbarmachung zumeist das Ziel, die Überflutung angrenzender Flächen zu unterbinden und den Grundwasserstand zu senken. So wurden die Gewässer kanalisiert, ihre Altarme verfüllt und die Gewässerauen durch Tieferlegung der Gewässersohle trockengelegt. Schließlich konnte man auf den einstigen Auenwaldflächen sogar Ackerbau betreiben und Siedlungen anlegen. Die ausbleibende Düngung durch die Sedimente wurde mittels Mineraldünger ersetzt.

110.1 Veränderung einer Flussauenlandschaft durch menschliche Eingriffe

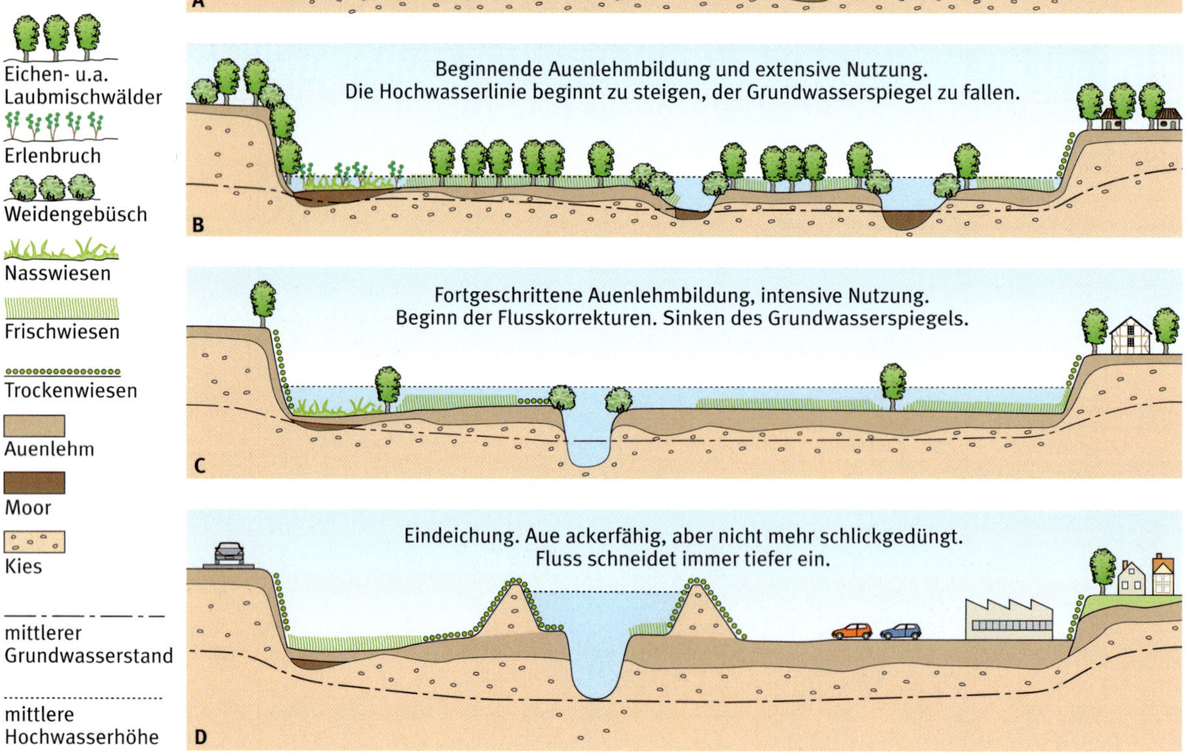

Ab 1817 schuf Oberst TULLA am Oberrhein den „Modellfall einer totalen Technisierung einer Stromlandschaft“. Der einst wild mäandrierende Oberrhein wurde immer mehr in ein stark verkürztes Kanalbett gedrängt.

Ein solcher eingedeichter Kanal mit Trapezprofil und ohne Gehölzsaum ist ökologisch, aber auch technisch ein instabiles System. Den Bodenlebewesen wurde die Nahrung entzogen, Brut- und Nistplätze an Steilufern verschwanden, unterhöhlte Uferbereiche und Ufervegetation als Laich- und Ruheplätze sowie als Nahrungsquelle fehlten. Hinzu kam die Verschlechterung der Gewässerqualität durch organisch belastete Abwässer und Chemikalieneinträge. Die Vielfalt der Arten verschwand. Wenige Arten können sich in solchen Fließgewässern in Massen entwickeln.

Die Gewässerausbaumaßnahmen hatten die Einrichtung eines aufwändigen Apparates zur **Gewässerunterhaltung** zur Folge. Hauptaufgabe der entstandenen Gewässerunterhaltungsverbände ist der Erhalt der Fließgewässer in ihrem Ausbauzustand. Pflegemaßnahmen wie Ausbaggern und Einbringen von Steinen zum Ausgleich von Erosionsschäden stören dabei immer wieder die Gewässerlebensgemeinschaft. Wegen der Instabilität technisch gestalteter Gewässer müssen die Maßnahmen teilweise mehrfach im Jahr durchgeführt werden.
Die Beseitigung von Ufergehölzen hat zur Folge, dass die Ufer schlecht durchwurzelt sind und das Substrat vom Wasser abgetragen wird. Künstliche Befestigungen aus Holz, Stein, Beton oder Kunststoff müssen daher eingebaut und gewartet werden. Ohne Gehölze kommt es weiterhin zu starkem Lichteinfall in das Gewässer und zu vermehrtem Nährstoffeintrag von angrenzenden Agrarflächen. Dies hat ein verstärktes Pflanzenwachstum im Gewässer zur Folge. Die absterbende Biomasse muss in manchen Fällen durch kostspielige „Entkrautungen“ wieder entfernt werden. Auch die Sedimente der Unterläufe müssen von Zeit zu Zeit mit dem Bagger ausgeräumt werden, da man deren Verteilung in einer verbauten Flusslandschaft nicht mehr der Natur überlassen kann.
Die ökologischen und ökonomischen Folgen der wasserbaulichen Maßnahmen und die trotz Deichen auftretenden Überschwemmungen haben zu einem Umdenken geführt. Einige Fließgewässer wurden inzwischen bereits in einen naturnahen Zustand zurückgeführt; man spricht von **Gewässerrenaturierung.** An manchen Fließgewässern versetzt oder entfernt man die Deiche und schafft so wieder eine breitere Flussaue, in der das Gewässer mäandrieren kann. Hier dürfen wieder Gehölze wachsen, die als Uferbefestigung und Lebensraum dienen. So wird zugleich ein zusätzlicher Überflutungsraum geschaffen. Für wandernde Fischarten werden an Staustufen Hilfen, zum Beispiel Fischtreppen, eingebaut. Auch der Bau von Kläranlagen hat wesentlich zur Verbesserung der ökologischen Situation der Fließgewässer und ihrer Gewässergüte beigetragen.

111.1 Oberrhein bei Breisach

1 Beschreiben Sie die in Abbildung 110.1 dargestellten Veränderungen der Flussauenlandschaft und erläutern Sie deren ökologische Auswirkungen.

2 Erörtern Sie das Pro und Kontra der am Rhein durchgeführten wasserbaulichen Maßnahmen.

3 Beschreiben und begründen Sie Maßnahmen, die der Gewässerrenaturierung dienen. Nutzen Sie auch die Abbildungen 111.2 und 111.3.

111.2 Fischtreppe für wandernde Fischarten

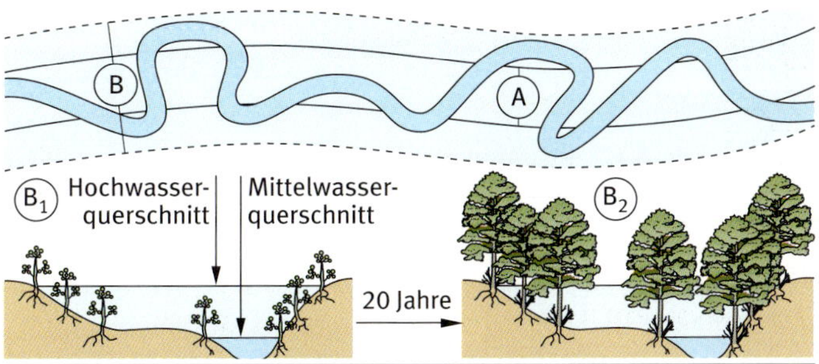

111.3 Rückbau eines ausgebauten Fließgewässers Ⓐ in den naturnahen Zustand Ⓑ

Untersuchung fließender Gewässer

1 Gewässerstrukturgüte

Material: Schreibunterlage, Protokollbogen (kariertes Papier), Karte 1 : 5000 oder 1 : 25 000, Maßband, Zollstock, Gummistiefel

Durchführung: Man wählt einen etwa 100 Meter langen Abschnitt eines kleineren Fließgewässers von 0,5 bis maximal 10 Meter Breite als Untersuchungsgebiet. Hier werden zehn *Einzelparameter* entsprechend den Angaben in Abbildung 112.1 beurteilt. Die Zuordnung der *Bewertungsstufen* erfolgt für jeden Parameter, indem man der Leitfrage in der ersten Spalte des Bewertungsbogens die auf den Bachabschnitt am besten zutreffende Beschreibung aus einer der folgenden Spalten zuordnet und die zugehörige Einzelbewertung (1, 2, 3, 4 oder 5) auf dem Protokollbogen notiert. Für die Parameter Gewässerverlauf, Strömungsbild und Gewässersohle sind jeweils zwei Beschreibungen angegeben. Hier trifft die obere Beschreibung (a) auf Mittelgebirgsbäche, die untere (b) auf Flachlandbäche zu.
In Kleingruppen wird die Gewässerstrukturgüte mehrerer Bachabschnitte bestimmt. Bei manchen Gewässerabschnitten kann es sinnvoll sein, zunächst linkes und rechtes Ufer getrennt zu bewerten und daraus den Mittelwert zu bilden.

Bewertungsstufe Einzelparameter		**1 natürlich/sehr gut**	**2 naturnah/gut**
1. Gewässerumgebung: Wie wird die Aue im überschaubaren Umfeld des Gewässers überwiegend genutzt?		☐ naturnaher Wald (Laubbäume)	☐ extensive Nutzung oder Brache: nicht gedüngte oder wenig beweidete Wiesen, keine Bebauung
2. Gewässerrandstreifen: Wie breit ist der naturbelassenen Randstreifen ab Uferkante?		☐ > 20 m	☐ ca. 5–20 m
3. Gewässerverlauf: Wie ist der überwiegende Verlauf des Gewässers? Ist er verändert worden?	**a)**	☐ geschwungen (nicht verändert)	☐ mäßig geschwungen (z. T. verändert)
	b)	☐ mäandrierend (nicht begradigt)	☐ stark geschwungen (wenig begradigt)
4. Uferbewuchs: In welchem Ausmaß ist eine standorttypische Ufervegetation vorhanden?		☐ durchgehender Gehölzsaum (Laubbäume) von mehreren Metern Breite	☐ schmaler, aber durchgehender Gehölzsaum ☐ Feuchtwiese, Hochstauden oder Röhrichte
5. Uferstruktur: Wie ist das Ufer beschaffen?		☐ keine festgelegte Uferlinie, viele Einbuchtungen und Aufweitungen, Gewässer kann sich ungehindert in die Breite ausdehnen	☐ Ufer stellenweise begradigt, aber nicht sichtbar befestigt; mit einigen Einbuchtungen und Aufweitungen
6. Gewässerquerschnitt: Wie stark ist der Bach im Verhältnis zum Umland unnatürlich eingetieft?		☐ sehr flach Breite : Tiefe-Verhältnis > 10 : 1	☐ flach Breite : Tiefe-Verhältnis > 5 : 1
7. Strömungsbild: Wie deutlich ist ein Wechsel von unterschiedlichen Fließgeschwindigkeiten anhand der Strömung erkennbar?	**a)**	☐ mosaikartig; d. h. neben- und hintereinander finden sich unterschiedliche Strömungsbilder	☐ dicht hintereinander wechseln sich schnell und langsam fließendes Wasser ab
	b)	☐ unterschiedliche Fließgeschwindigkeiten auf engem Raum zu erkennen	
8. Tiefenvarianz: Wie groß ist die Variation von tiefen und flacheren Gewässerbereichen? (ggf. mit Stock sondieren)		☐ sehr groß, d. h. tiefe und flache Gewässerbereiche wechseln mosaikartig ab	☐ groß
9. Gewässersohle: Wie ist die Gewässersohle beschaffen? (ggf. mit Stock sondieren)	**a)**	☐ mosaikartige Verteilung von Sand/Kies/Steinen und Totholz; Inselbildungen ausgeprägt	☐ Gewässersohle abwechslungsreich (Sand/Kies/Steine/Totholz); Inselbildungen in Ansätzen
	b)	☐ Gewässersohle abwechslungsreich (Kies/Sand/Lehm oder andere Feinsubstrate), viel Totholz	
10. Durchgängigkeit: Gibt es unnatürliche Hindernisse im Wasser, die Wanderungen von Tieren im Gewässer einschränken? (schlechteste Bewertung zählt)		☐ keine Hindernisse ☐ natürlicher Wasserfall/Kaskade	☐ Verrohrung < 2 m ☐ künstliche Stufe aus einzelnen Steinen, kann von Fischen und Wirbellosen überwunden werden

112.1 Gewässerstrukturgüte kleiner Fließgewässer

Aufgaben:

a) Notieren Sie die Einzelbewertungen für die zehn Parameter auf Ihrem Protokollbogen, bilden Sie die Summe und berechnen Sie den Mittelwert. Ermitteln Sie nun unter Verwendung der folgenden Tabelle die Gewässerstrukturgüte.

Mittelwert	1,0–1,6	1,7–2,4	2,5–3,4	3,5–4,4	4,5–5,0
Gewässerstrukturgüte	1 sehr gut	2 gut	3 mäßig	4 unbefr.	5 schlecht

b) Erstellen Sie nach dem vorgegebenen Beispiel (Abbildung 113.1) eine Querschnittzeichnung des untersuchten Fließgewässers im Maßstab 1 : 50 oder 1 : 100.

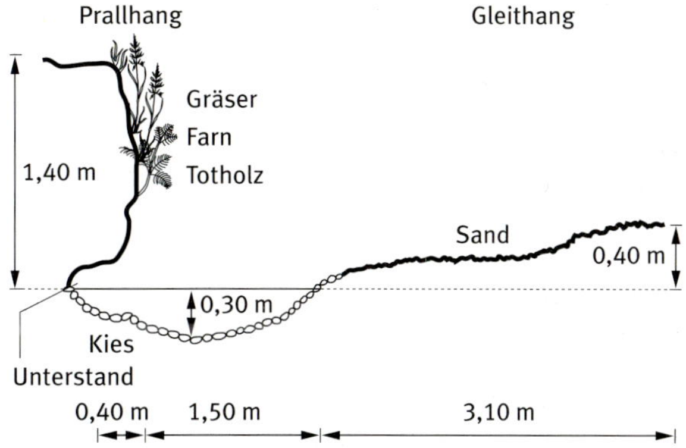

113.1 Bachquerschnitt

3 wenig naturnah/mäßig	4 naturfern/unbefriedigend	5 schlecht
☐ kleinere Äcker, Weiden oder Gärten ☐ Nadelwald	☐ intensive Landwirtschaft; Äcker ☐ stellenweise Bebauung	☐ geschlossene Ortschaft ☐ Industriegebiet
☐ ca. 2–5 m	☐ < 2 m	☐ nicht vorhanden
☐ gestreckt (mäßig verändert)	☐ weitgehend gerade (stark verändert)	☐ gerade (sehr stark verändert)
☐ geschwungen (mäßig begradigt)	☐ leicht gekrümmt (überwiegend begradigt)	☐ gerade (vollständig begradigt)
☐ lückiger Gehölzsaum mit Krautflur ☐ Krautflur aus Brennnesseln u. a. Stickstoffzeigern	☐ Einzelbäume; evtl. Krautflur ☐ standortfremde Vegetation (z. B. Pappeln, Nadelbäume oder Ziersträucher) ☐ gemähtes Ufer	☐ keine Uferbäume, keine Krautflur, befestigter Uferrand
☐ Ufer stellenweise (< 50%) befestigt, doch sind Uferabbrüche möglich	☐ Ufer überwiegend befestigt (durch Steinschüttungen oder Holzpfähle)	☐ gerade Uferlinie, Ufer steil abfallend, befestigt (Pflaster, Beton o. Ä.)
☐ mäßig tief Breite : Tiefe-Verhältnis > 3 : 1	☐ tief Breite : Tiefe-Verhältnis > 2 : 1	☐ sehr tief Breite : Tiefe-Verhältnis < 2 : 1
☐ Wechsel von langsam und schnell fließendem Wasser in größeren Abständen	☐ Wechsel von langsam und schnell fließendem Wasser erkennbar	☐ Strömung einheitlich
☐ unterschiedliche Fließgeschwindigkeiten auf längeren Strecken erkennbar	☐ Strömung einheitlich, aber Fließen des Wassers deutlich zu erkennen	☐ Strömung kaum erkennbar, glatte Wasseroberfläche
☐ mäßig	☐ gering	☐ keine
☐ Gewässersohle gleichmäßiger, unterschiedliche Strukturen in größeren Abständen	☐ Gewässersohle über größere Strecken verschlammt, versandet und/oder gepflastert bzw. betoniert	☐ einförmige Gewässersohle, vollständig verschlammt und/oder gepflastert bzw. betoniert
☐ Gewässersohle gleichmäßiger, unterschiedliche Strukturen in größeren Abständen	☐ Gewässersohle über größere Strecken verschlammt und/oder befestigt	☐ gleichförmige Gewässersohle, vollständig verschlammt und/oder befestigt
☐ Verrohrung 2–5 m ☐ Stufe < 30 cm, kann von Fischen überwunden werden; ggf. Fischtreppe	☐ Verrohrung > 5 m ☐ Stufe oder andere Barriere 30–100 cm	☐ Verrohrung > 10 m ☐ Stufe oder andere Barriere > 1 m

Untersuchung fließender Gewässer

2 Physikalische und chemische Wasseruntersuchung

114.1 **Fließgewässeruntersuchung**

Hinweis: Die physikalischen und chemischen Untersuchungen fließender Gewässer erfolgen entsprechend den Anleitungen für stehende Gewässer auf den Seiten 102 bis 103. An dieser Stelle werden nur die in Fließgewässern zusätzlich erforderlichen Materialien und Untersuchungen beschrieben.

Material: Uhr mit Sekundenzeiger, Spritzflasche mit Lehm- oder Tonsuspension, kleines Holzstück, Glasrohr oder durchsichtiges Kunststoffrohr (Länge etwa 30 Zentimeter, Durchmesser etwa 6 Millimeter), wasserunlöslicher schwarzer Folienstift

Durchführung:

a) *Driftkörpermethode:* Man bestimmt die *Strömungsgeschwindigkeit an der Wasseroberfläche,* indem man zunächst den Zollstock parallel zum Bach auf das Ufer legt. Dann misst man die Zeit, die ein im Wasser schwimmendes Holzstück benötigt, um zwei Meter zurückzulegen. Aus drei Messergebnissen wird der Mittelwert gebildet.

b) *Farbmethode:* Man ermittelt kleinräumige *Strömungsunterschiede* am Boden, beispielsweise im Umfeld eines Steins, indem man mit der Spritzflasche die trübe Suspension in das Wasser gibt und deren Verteilung mit Pfeilen skizziert. Je schneller die Wolke sich bewegt, umso länger können die Pfeile sein.

c) *Staurohr:* Man baut sich im Labor ein Staurohr. Hierzu biegt man das durchsichtige Glas- oder Kunststoffrohr etwa fünf Zentimeter vom Ende im Winkel von 90 Grad. Am längeren Rohrende oberhalb der Biegestelle trägt man mit dem Folienstift bis zum Ende des Staurohrs im Abstand von jeweils 5 Millimetern Striche als Skala auf. Man führt mit dem Staurohr in Fließgewässerbereichen mit starker Strömung eine halbquantitative *Bestimmung der Strömungsgeschwindigkeit* durch. Hierzu taucht man das kurze Ende des Staurohrs an verschiedenen Stellen in das Wasser und richtet die Öffnung gegen die Strömung. Am Anstieg des Wassers im Rohr über den Wasserspiegel hinaus liest man den Staudruck in „Millimeter Wassersäule" ab.

Aufgaben:

a) Berechnen Sie die Strömungsgeschwindigkeit an der Wasseroberfläche in Zentimetern pro Sekunde.

b)

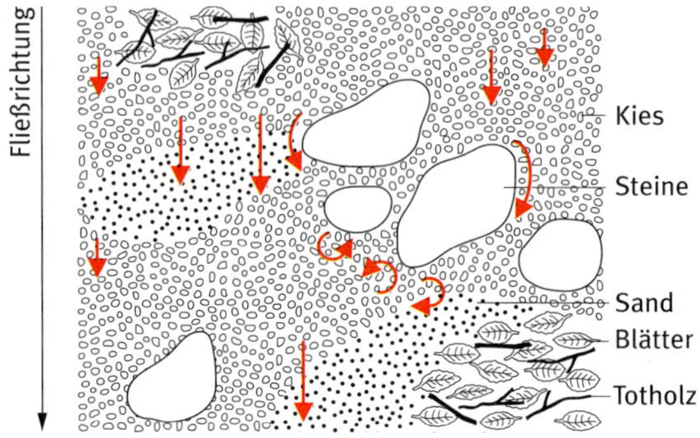

Skizzieren Sie einen kleinen Bereich des Gewässerbodens maßstabsgetreu mit all seinen Strukturen entsprechend der Abbildung. Tragen Sie die beobachteten Strömungsunterschiede mit roten Pfeilen ein. Tragen Sie für Bäche mit starker Strömung die mit dem Staurohr ermittelten Zahlenwerte in die Zeichnung ein.

c) Beschreiben Sie die Strömungsverhältnisse in der Abbildung und vergleichen Sie diese mit Ihren eigenen Beobachtungen.

d) Führen Sie weitere physikalische und chemische Untersuchungen entsprechend den Anleitungen auf den Seiten 102 bis 103 durch und werten Sie die Ergebnisse aus.

3 Chemische Gewässergütebestimmung

Um aus physikalisch-chemischen Parametern, die nur den Augenblickszustand eines Gewässers wiedergeben, Rückschlüsse auf die Gewässergüte zu ziehen, muss man möglichst viele Parameter betrachten. Zur Berechnung des *Chemischen Index* nach BACH werden acht Parameter herangezogen. Jedem Messwert wird dabei zunächst eine dimensionslose Indexzahl zwischen 0 und 100 zugeordnet. Die Indexzahl 0 steht dabei für den denkbar schlechtesten Wert, die Zahl 100 für den besten Wert. Weiterhin werden alle Parameter mit einer Gewichtung versehen, die ihrer Bedeutung im Ökosystem entspricht. Diese Gewichtung ist eine Zahl zwischen 0 und 1, wobei die Gewichtungen aller Parameter zusammengerechnet genau 1 ergeben. Indexzahlen und die zugehörigen Messwerte für die verschiedenen Parameter werden in den folgenden Tabellen (Abbildung 115.1) angegeben.

Parameter	Gewichtung
aktuelle Sauerstoffsättigung (%)	0,20
BSB_5 (mg/l)	0,20
Ammonium-Ionen (mg/l)	0,15
Nitrat-Ionen (mg/l)	0,10
Phosphat-Ionen (mg/l)	0,10
pH-Wert	0,10
Wassertemperatur (°C)	0,08
elektrische Leitfähigkeit (µS/cm)	0,07
n = 8	**Σ = 1,0**

Aufgaben:

a) Stellen Sie die in Abbildung 115.1 aufgelisteten Werte grafisch dar. Sie erhalten dann *Transformationskurven* zur Bestimmung des Chemischen Index nach BACH. Erläutern Sie die Transformationskurven.

b) Bei einer physikalisch-chemischen Gewässeruntersuchung wurden folgende Parameter bestimmt: Sauerstoffsättigung 92 %, BSB_5 7,9 mg/l, Wassertemperatur 10 °C, Ammonium-Ionengehalt 0,4 mg/l, Nitrat-Ionengehalt 5,0 mg/l, Phosphat-Ionengehalt 0,18 mg/l, pH-Wert 7,9, Elektrische Leitfähigkeit 820 µS/cm.
Ermitteln Sie unter Verwendung Ihrer Transformationskurven die zugehörigen Indexzahlen.

c) Multiplizieren Sie die Indexzahlen mit den zugehörigen Gewichtungen und addieren Sie die Ergebnisse.
Die sich ergebende Summe ist der *Chemische Index*.
Beurteilen Sie jetzt die chemische Gewässergüte entsprechend folgender Tabelle:

Chemischer Index	100–83	82–73	72–56	55–44	43–27	26–17	16–0
Gewässergüte (alt)	I	I–II	II	II–III	III	III–IV	IV
Gewässergüte (WRRL)	1	2		3	4	5	

d) Berechnen Sie die chemische Gewässergüte für die von Ihnen untersuchten Fließgewässer.

Temperatur absolut (°C)		Leitfähigkeit (µS/cm)		pH-Wert		akt. Sauerstoffsättigung (%)		Nitrat-Ionen (mg/l)		Ammonium-Ionen (mg/l)		Phosphat-Ionen (mg/l)		BSB_5 (mg/l)	
T	Index	LF	Index	pH	Index	O_2-Geh.	Index	NO_3^-	Index	NH_4^+	Index	PO_4^{3-}	Index	O_2-Zehrung	Index
≤14	100,0	0	72,0	3,0	1,0	0	2,0	0	100,0	0,0	100,0	0,0	100,0	0,0	100,0
15	99,0	25	85,0	3,5	2,5	5	2,5	2	94,0	0,2	84,0	0,1	95,0	0,5	99,5
16	97,5	50	91,0	4,0	7,0	10	3,0	4	88,0	0,4	60,0	0,2	84,0	1,0	98,0
17	95,0	75	95,0	4,5	13,0	15	4,5	6	82,0	0,6	49,0	0,3	72,0	1,5	95,0
18	90,0	100	97,5	5,0	22,0	20	6,0	8	76,0	0,8	40,0	0,4	60,0	2,0	90,0
19	79,0	125	99,5	5,5	34,5	25	9,0	10	70,5	1,0	35,0	0,5	48,0	2,5	84,0
20	67,5	150	100,0	6,0	56,5	30	12,0	12	64,5	1,2	31,0	0,6	39,0	3,0	76,0
21	56,0	175	99,5	6,5	78,5	35	15,0	14	58,5	1,4	28,5	0,7	31,5	3,5	68,0
22	45,0	200	98,5	6,6	83,0	40	19,0	16	52,5	1,6	26,5	0,8	25,0	4,0	61,0
23	33,5	225	97,0	6,7	87,5	45	24,0	18	46,5	1,8	24,5	0,9	20,0	4,5	54,0
24	22,0	250	95,5	6,8	92,0	50	30,0	20	40,5	2,0	23,0	1,0	16,0	5,0	48,0
25	15,0	275	93,0	6,9	96,0	55	36,0	22	35,5	2,5	20,0	1,1	12,5	5,5	42,0
26	9,0	300	91,0	7,0	98,5	60	43,0	24	30,0	3,0	18,0	1,2	10,0	6,0	37,0
27	5,5	350	85,0	7,1	99,5	65	53,0	26	26,0	4,0	15,5	1,3	8,0	7,0	28,0
28	3,0	400	77,0	7,2	100,0	70	63,0	28	23,0	5,0	12,0	1,4	7,0	8,0	20,5
29	1,5	450	70,0	7,3	100,0	75	71,0	30	20,0	6,0	10,0	1,5	6,0	9,0	14,5
≥30	1,0	500	63,0	7,4	99,5	80	79,0	36	15,0	8,0	6,5	1,6	5,5	10,0	10,0
		550	56,0	7,5	98,5	85	86,0	≥40	10,0	10,0	4,5	1,8	5,0	15,0	4,0
		600	50,0	7,6	96,0	90	93,0			13,0	3,5	2,0	5,0	>15,0	3,0
		700	39,0	7,7	92,0	95	99,0			>13,0	3,0	2,5	4,0		
		800	31,0	7,8	87,5	96	100,0					3,0	3,0		
		900	24,0	7,9	83,5	100	100,0					4,0	2,0		
		1000	19,0	8,0	78,5	105	100,0					5,0	1,0		
		1100	15,0	8,5	55,5	106	100,0								
		1200	13,0	9,0	33,0	110	97,0								
		1300	11,0	9,5	18,0	115	95,0								
		1400	10,0	10,0	10,5	120	90,5								
		1500	9,0			125	87,0								
		2000	8,0			130	83,0								
		3000	6,0												
		4000	4,0												
		5000	2,0												

115.1 Physikalische und chemische Parameter mit zugeordneten Indexzahlen nach BACH

Untersuchung fließender Gewässer

4 Erfassung wirbelloser Wassertiere und biologische Gewässergütebestimmung

Hinweis: Zahlreiche wirbellose Tiere des Süßwassers sind als Zeiger für die langfristige Gewässergüte geeignet. Eine den DIN-Normen entsprechende Gütebestimmung erfordert jedoch die genaue Bestimmung der Zeigerarten. Obwohl in der Schule in der Regel nur die Gattung oder Familie eindeutig bestimmbar ist, lässt sich mit dem vorliegenden Material eine Gütebeurteilung vornehmen, die in der Größenordnung mit den Ergebnissen professioneller Untersuchungen übereinstimmt.

Material: Marmeladengläser, Küchensieb oder Drahtsieb-Käscher, weiße Kunststoffschale, Tuschkastenpinsel, kleine Petrischale, Lineal, Lupe, Stereolupe, Protokollbogen, Bestimmungsschlüssel, z. B. ENGELHARDT, W., 2003: Was lebt in Tümpel, Bach und Weiher? 15. Auflage, Franckh-Kosmos, Stuttgart; GRAW, M., 2004: Ökologische Bewertung von Fließgewässern. 3. Auflage, Schriftenreihe der Vereinigung Deutscher Gewässerschutz, Band 64, Bonn; WELLINGHORST, R., 2002: Wirbellose Tiere des Süßwassers. 5. Auflage, Friedrich Verlag, Seelze

Durchführung: Man sammelt etwa 15 Minuten lang Wassertiere zwischen Pflanzen, unter Steinen und im Sediment. Hierbei führt man den Käscher gegen die Strömung. Man überträgt die Tiere mit dem Pinsel in die mit etwas sauberem Bachwasser gefüllte Schale. Hier können sie mit der Lupe untersucht und dann für genauere Untersuchungen im Labor in ein Marmeladenglas überführt werden. Sie müssen stets kühl gehalten und umgehend nach den Untersuchungen wieder an der Probestelle ausgesetzt werden. Die Naturschutzbestimmungen sind zu beachten.

Aufgaben:

a) Bestimmen Sie die gefangenen Wassertiere und halten Sie alle Namen in einem Protokollbogen fest.
Notieren Sie die Häufigkeit jeweils durch folgende Symbole: I = Einzelexemplar; II = wenige Exemplare; III = häufig; IV = massenhaft

b) Multiplizieren Sie für alle Zeigerorganismen die Häufigkeitszahl mit dem zugehörigen Saprobienindex und schreiben Sie die Produkte in die letzte Spalte. Addieren Sie jetzt die Häufigkeitszahlen der Zeigerorganismen zur Gesamthäufigkeit und die Produkte zur Gesamtsumme und berechnen Sie schließlich den Saprobienindex für das Gewässer aus dem Quotienten Gesamtsumme : Gesamthäufigkeit. Aus Abbildung 109.1 wird dann die Güteklasse abgelesen. Orientieren Sie sich am Beispielprotokoll.

c) Stellen Sie für ausgewählte Arten Zusammenhänge zwischen deren Lebensraumansprüchen und physikalisch-chemischen Messergebnissen am Fundort dar.

Protokollbogen Gewässergüte

Gewässername: Kleine Hase **Gewässertyp:** Tieflandbach
Untersuchungsort: Freilandlabor Wasserhausen
Probennehmer/-in: Naturkunde-AG **Datum:** 6.3.2005

Liste der Tiere	Häufigkeit (H)	Saprobienindex (S)	Produkt (H x S)
Süßwasserschwamm *(Spongilla lacustis)*	–	2,2	–
Strudelwurm *(Dendrocoelum lacteum)*	–	2,0	–
Schlammröhrenwurm *(Tubifex tubifex)*	–	3,6	–
Rollegel *(Erpobdella octoculata)*	II	2,8	5,6
Schneckenegel *(Glossiphonia complanata)*	–	2,3	–
Napfschnecke *(Ancylus fluviatilis)*	–	2,0	–
Tellerschnecke *(Planorbarius corneus)*	III	2,2	6,6
Schlammschnecke *(Radix peregra)*	III	2,3	6,9
Blasenschnecke *(Physa fontinalis)*	–	2,0	–
Schnauzenschnecke *(Bithynia tentaculata)*	–	2,3	–
Flussmuschel *(Unionidae)*	–	2,0	–
Kugelmuschel *(Sphaerium corneum)*	II	2,2	4,4
Flohkrebs *(Gammarus spec.)*	IV	2,0	8,0
Wasserassel *(Asellus aquaticus)*	IV	2,8	11,2
Eintagsfliegenlarve *(Ephemerellidae)*	–	1,6	–
Eintagsfliegenlarve *(Baetidae)*	–	2,1	–
Eintagsfliegenlarve *(Ephemera spec.)*	I	2,0	2,0
Eintagsfliegenlarve *(Ecdyonurus spec.)*	–	1,5	–
Steinfliegenlarve *(Leuctra spec.)*	–	1,5	–
Steinfliegenlarve *(Dinocras spec.)*	–	1,4	–
Steinfliegenlarve *(Perla marginata)*	–	1,2	–
Köcherfliegenlarve *(Hydropsyche spec.)*	–	2,0	–
Köcherfliegenlarve *(Rhyacophila spec.)*	–	1,8	–
Köcherfliegenlarve *(Sericostoma spec.; Silo spec.)*	–	1,5	–
Köcherfliegenlarve *(Anabolia spec.)*	II	2,0	4,0
Schlammfliegenlarve *(Sialis spec.)*	–	2,3	–
Kleinlibellenlarve *(Calopteryx splendens)*	II	2,0	4,0
Großlibellenlarve *(Aeshna cyanea)*	–	2,0	–
Rattenschwanzlarve *(Eristalis spec.)*	–	4,0	–
Lidmückenlarve *(Liponeura spec.)*	–	1,0	–
Zuckmückenlarve *(Chironomus thummi)*	–	3,2	–
Bachtaumelkäfer *(Orectochilus villosus)*	–	2,0	–
Gesamthäufigkeit:	**23**	**Gesamtsumme:**	**52,7**

Gesamtsumme 52,7 : Gesamthäufigkeit 23 = Saprobienindex 2,3 → Güteklasse II–III bzw. 3

Legende:
S = Saprobienindex
H = Höhe / B = Breite
L = Länge

START

stabile Schalen oder stabiles Gehäuse vorhanden

einteiliges Gehäuse – **Schnecke**

- Gehäuse ohne Deckel
  - Gehäuse flach – **Tellerschnecke**
    S 2,2 – B bis 33 mm
    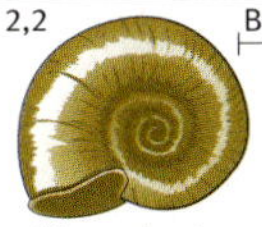
    Planorbarius corneus
  - Gehäuse mützenförmig – **Napfschnecke**
    S 2,0 – L bis 7 mm

    Ancylus fluviatilis
  - Gehäuse von oben rechts gewunden – **Schlammschnecke**
    S 2,3 – H bis 30 mm

    Radix peregra
  - Gehäuse von oben links gewunden – **Blasenschnecke**
    S 2,0 – H bis 12 mm

    Physa fontinalis
- Gehäuse mit Deckel – **Schnauzenschnecke, Wasserdeckelschnecke, Sumpfdeckelschnecke, Federkiemenschnecke**
  S 2,3 – H bis 12 mm

  Bithynia tentaculata

zweiteiliges Gehäuse – **Muschel**

- Schale sehr klein; Wirbel seitlich der Mitte – **Erbsenmuschel**
  L bis 8 mm

  Pisidium spec.
- Schale klein; Wirbel mittelständig – **Kugelmuschel**
  S 2,2 – L bis 22 mm

  Sphaerium spec.
- Schale groß; L über 25 mm – **Fluss- und Teichmuschel**
  S 2,0 – L bis 150 mm

  Unio spec.

stabile Schalen oder stabiles Gehäuse fehlen

Körper nicht segmentiert

- festsitzend; Form sehr variabel – **Süßwasserschwamm**
  S 2,2 – L mehrere dm

  Spongilla lacustris
- langgestreckt; Bauchseite gleitet auf Untergrund – **Strudelwurm**
  S 2,0 – L bis 26 mm

  Dendrocoelum lacteum
- ohne deutliche Körperanhänge
  - ohne Saugnapf am Hinterleib – **Wenigborster**
    S 3,6 – L bis 85 mm

    Tubifex tubifex
  - mit Saugnapf am Hinterleib – **Rollegel** (wurmförmig)
    S 2,8 – L bis 60 mm

    Erpobdella octoculata
    Schneckenegel (harter, flacher Körper)
    S 2,3 – L bis 30 mm

    Glossiphonia complanata

Körper segmentiert

- beinlos oder scheinbar beinlos
  - mit deutlichen Körperanhängen – **Fliegen- oder Mückenlarven** (Seite 118 unten)
  - ohne deutliche Körperanhänge (siehe oben)
- mit Beinen
  - drei Beinpaare – **Insekt** (Seite 118 oben)
  - vier Beinpaare – **Wasserspinne/Milbe**
    L bis 16 mm

    Argyroneta aquatica
    L bis 5 mm
    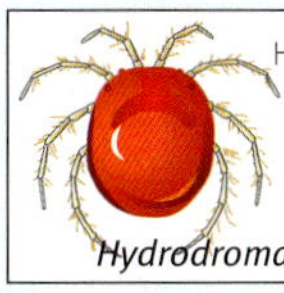
    Hydrodroma spec.
  - mehr als vier Beinpaare – **Flohkrebs/Wasserassel**
    S 2,0 – L bis 20 mm
    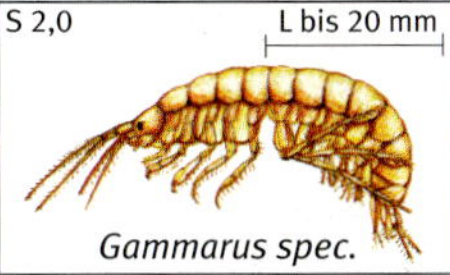
    Gammarus spec.
    S 2,8 – L bis 12 mm
    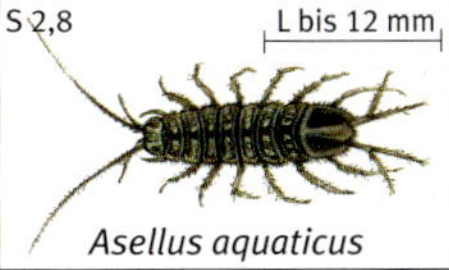
    Asellus aquaticus

Untersuchung fließender Gewässer

Insekten:

drei Beinpaare vorhanden

- mit zwei Flügelpaaren oder auf der Wasseroberfläche anzutreffen
- flügellos oder mit Flügelstummeln → **Insektenlarven** (Seite 119)

mit zwei Flügelpaaren oder auf der Wasseroberfläche anzutreffen:

- Vorderflügel als derbe Deckflügel → **Käfer**
- nur Vorderhälfte der Deckflügel derb

Käfer

Fühler fadenförmig

Schwimmkäfer

L bis 35 mm

Dytiscus marginalis

Fühler am Ende keulenförmig

Wasserkäfer

L bis 18 mm

Hydrophilus caraboides

klein und sehr aktiv auf der Wasseroberfläche

Taumelkäfer

S 2,0 L bis 8 mm

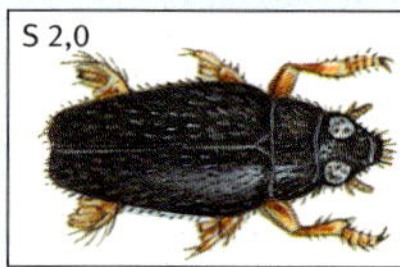

Orectochilus villosus

nur Vorderhälfte der Deckflügel derb

- auf der Wasseroberfläche → **Wasserläufer**
- im Wasser → **Wasserwanze**

Wasserläufer

Körper stabförmig

Teichläufer

L bis 12 mm

Hydrometra spec.

Vorderbeine sehr kurz

Wasserläufer

L bis 20 mm

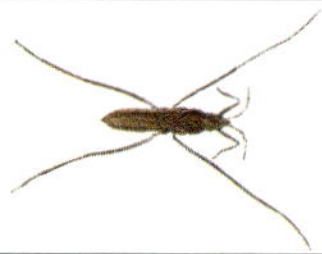

Gerris spec.

Vorderbeine wenig verkürzt

Bachläufer

L bis 8 mm

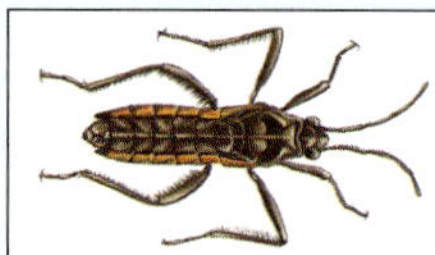

Velia spec.

Wasserwanze

Hinterleib mit Atemrohr

Skorpionswanze

L bis 40 mm

Nepa spec.

Vorderbeine kurz; Vorderflügel flachliegend

Ruderwanze

L bis 15 mm

Corixa spec.

auf dem Rücken schwimmend; Vorderflügel dachartig

Rückenschwimmer

L bis 17 mm

Notonecta spec.

Fliegen- oder Mückenlarven:

deutliche Körperanhänge wie lange Borsten vorhanden

- deutlicher Kopf fehlt → **Fliegenlarve**
- deutlicher Kopf vorhanden → **Mückenlarve**

Fliegenlarve

Schwebfliegenlarve

S 4,0 L bis 35 mm

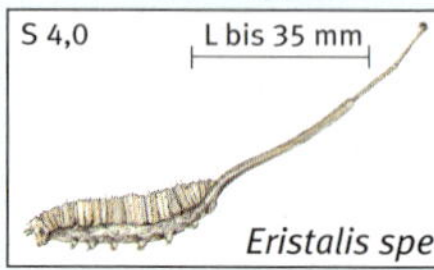

Eristalis spec.

Bremsenlarve

L bis 40 mm

Tabanus spec.

Mückenlarve

Lidmückenlarve

S 1,0 L bis 9 mm

Unterseite mit 6 Saugnäpfen

Liponeura spec.

Zuckmückenlarve

S 3,2 L bis 10 mm

Chironomus spec.

Gnitzenlarve

L bis 15 mm

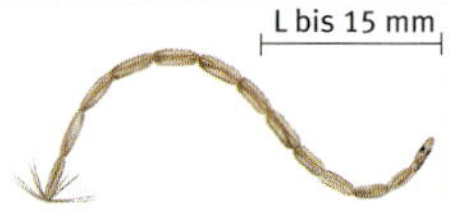

Bezzia spec.

Kriebelmückenlarve

S 2,0 L bis 15 mm

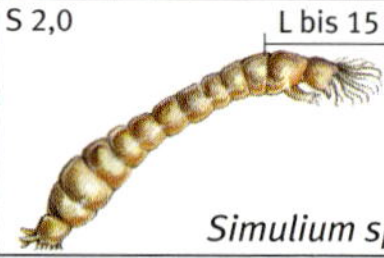

Simulium spec.

Stechmückenlarve

L bis 10 mm

Culex spec.

Büschelmückenlarve

L bis 15 mm

Corethra spec.

Insektenlarven:

drei Beinpaare vorhanden; flügellos oder mit Flügelstummeln

→ Unterlippe nicht als Fangmaske ausgebildet
→ Unterlippe als Fangmaske ausgebildet

Unterlippe nicht als Fangmaske ausgebildet:

- ein langer Hinterleibsanhang – **Schlammfliegenlarve**

S 2,3 | L bis 40 mm

Sialis spec.

- zwei kurze Hinterleibsanhänge – **Wasser- oder Schwimmkäferlarve**

L bis 60 mm

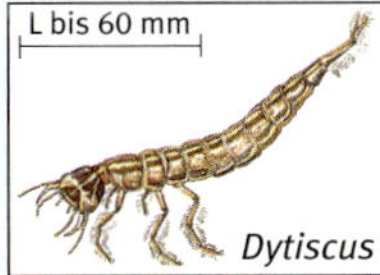

Dytiscus spec.

Unterlippe als Fangmaske ausgebildet:

- drei blattförmige Hinterleibsanhänge – **Kleinlibellenlarve**

S 2,0 | L bis 22 mm

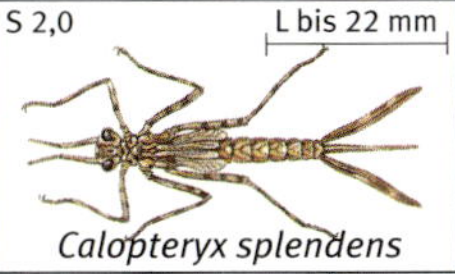

Calopteryx splendens

- fünf kurze Hinterleibsfortsätze – **Großlibellenlarve**

S 2,0 | L bis 45 mm

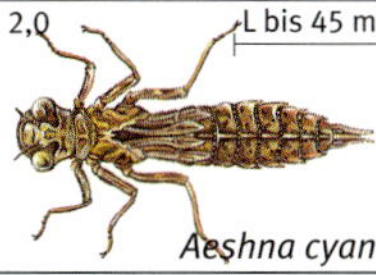

Aeshna cyanea

zwei lange Hinterleibsborsten; keine Kiemen seitlich am Hinterleib

Steinfliegenlarve

- Flügelscheiden stehen nach hinten schräg ab; gedrungen; braun

L bis 10 mm

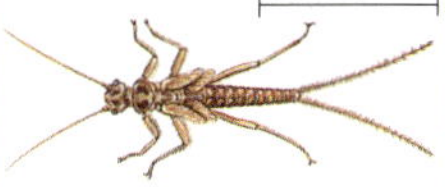

Nemoura spec.

- Flügelscheiden parallel nach hinten gerichtet; schmaler langer Körper; gelb bis hellbraun

S 1,5 | L bis 12 mm

Leuctra spec.

- helle Kiemenbüschel zwischen den Beinwurzeln; braun-rot bis dunkelbraun mit hellere Zeichnung

S 1,4 | L bis 30 mm

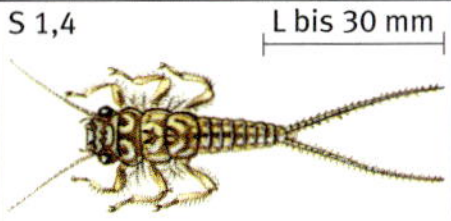

Dinocras spec.

- mit Kiemenbüscheln zwischen den Beinen; gelb mit schwarzer Zeichnung

S 1,2 | L bis 30 mm

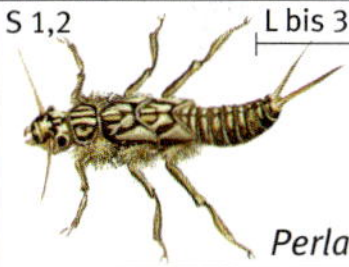

Perla spec.

drei lange Hinterleibsborsten; Tracheenkiemen seitlich am Hinterleib

Eintagsfliegenlarve

- 7 Paar Kiemenblätter; Körper und Kopf stark abgeplattet; Augen auf der Kopfoberseite

S 1,5 | L bis 15 mm

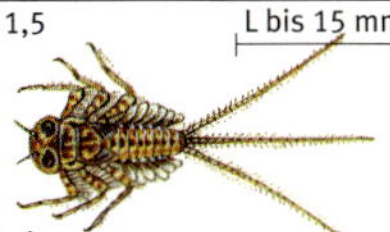

Ecdyonurus spec.

- 7 Paar federförmig gefranste Kiemen; Oberkiefer dolchartig den Kopf überragend; grabend

S 2,0 | L bis 23 mm

Ephemera spec.

- 5 Paar Kiemenblätter dachziegelartig auf Oberseite; das 4. und 5. Paar oft verdeckt

S 1,6 | L bis 10 mm

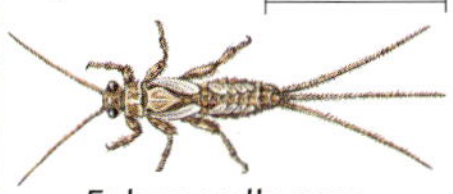

Ephemerella spec.

- 7 Paar Kiemenblätter doppelt (Cloëon) oder einfach (Baëtis); Kopf senkrecht zur Körperachse

S 2,1 | L bis 9 mm

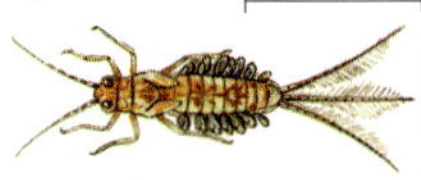

Cloëon spec.

lebt im Köcher oder lebt frei und hat Büschelkiemen am Körper

Köcherfliegenlarve

- mit Köcher; bis 15 mm lang; Baumaterial oft Sand oder Steinchen

S 1,5 | L bis 15 mm

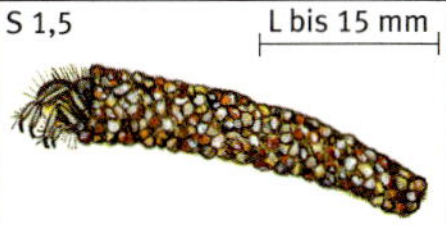

Sericostoma spec.

- mit Köcher; über 15 mm lang; Baumaterial oft pflanzlich

S 2,0 | L bis 30 mm

Anabolia spec.

- frei lebend mit Büschelkiemen

S 1,8 | L bis 25 mm

Rhyacophila spec.

- in Wohngespinsten ohne Köcher; 3 verhornte Brustplatten; mit Büschelkiemen

S 2,0 | L bis 20 mm

Hydropsyche spec.

4 Ökosystem Meer

4.1 Relief, Salzgehalt und Strömungen

Meere bedecken zu 71 Prozent die Erdoberfläche. Sie sind horizontal und vertikal gegliedert. Nach dem Relief des Meeresbodens unterscheidet man zwischen *Kontinentalschelf* mit 0 bis 200 Meter Tiefe, *Kontinentalabhang* mit 200 bis 2400 Meter und *Tiefsee* mit den Tiefseegräben bis 11 000 Meter. Neben den drei zum großen Teil tiefen Ozeanen gibt es die weniger tiefen interkontinentalen Meere wie das Mittelmeer oder die intrakontinentalen Meere wie die Ostsee. Hinzu kommen Randmeere wie die Nordsee. Die Meere unterscheiden sich nicht nur durch die Tiefe, sondern auch durch eine ganze Reihe weiterer abiotischer Faktoren. Zu ihnen gehören Druck sowie Gas- und Salzgehalt, Temperatur-, Licht-, Wind- und Strömungsverhältnisse und auch das Ausmaß von Ebbe und Flut.

Besondere Bedeutung hat der Salzgehalt des Meerwassers. Er liegt durchschnittlich bei 35 Gramm pro Liter. Ein Salzgemisch von Natriumchlorid (77,8 %), Magnesiumchlorid (10,8 %), Magnesiumsulfat (4,7 %) und Calciumsulfat (3,6 %) ergibt in etwa die Zusammensetzung von Meerwasser. In Spuren enthält es Verbindungen von über 50 weiteren Elementen. Flüsse, Vulkane und der Meeresboden selbst haben über 40 000 Billionen Tonnen gelöste Salze in die Weltmeere eingetragen.

Meeresorganismen müssen an den hohen Salzgehalt des Meerwassers angepasst sein. Das Blut der Seefische hat eine geringere Salzkonzentration als Meerwasser, sie sind *hypotonisch.* Sie müssen jedoch Meerwasser aufnehmen. Das überschüssige Salz wird aktiv über die Kiemen wieder ausgeschieden.

Viele Seevögel leben von Wirbellosen. Diese sind *isotonisch;* sie haben etwa den gleichen osmotischen Wert wie das Meerwasser. Die Vögel nehmen mit der Nahrung also viel Salz auf. Die überschüssigen Salze werden über Salzdrüsen in der Nasenregion wieder abgegeben. Die meisten Meeressäuger nehmen mit der salzarmen Fischnahrung ohnehin weniger Salz auf. Deshalb genügen bei ihnen die Nieren zur Salzausscheidung.

Der Salzgehalt beeinflusst auch Dichte und Gefrierpunkt des Wassers. Anders als beim Süßwasser liegt das Dichtemaximum des Meerwassers nicht bei + 4 °C, sondern wie der Gefrierpunkt unterhalb von 0 °C. Ausbildung und Bewegung von Wasserschichten hängen im Meer nicht nur von Wind und Temperatur, sondern auch vom Salzgehalt ab. Kühlt sich Meerwasser unter 4 °C ab, so steigt es nicht wie Süßwasser auf, sondern sinkt aufgrund seiner höheren Dichte ab. Die relativ warme

120.1 Meer. Gliederung, Nahrungsnetz und Zyklen in der Planktonproduktion

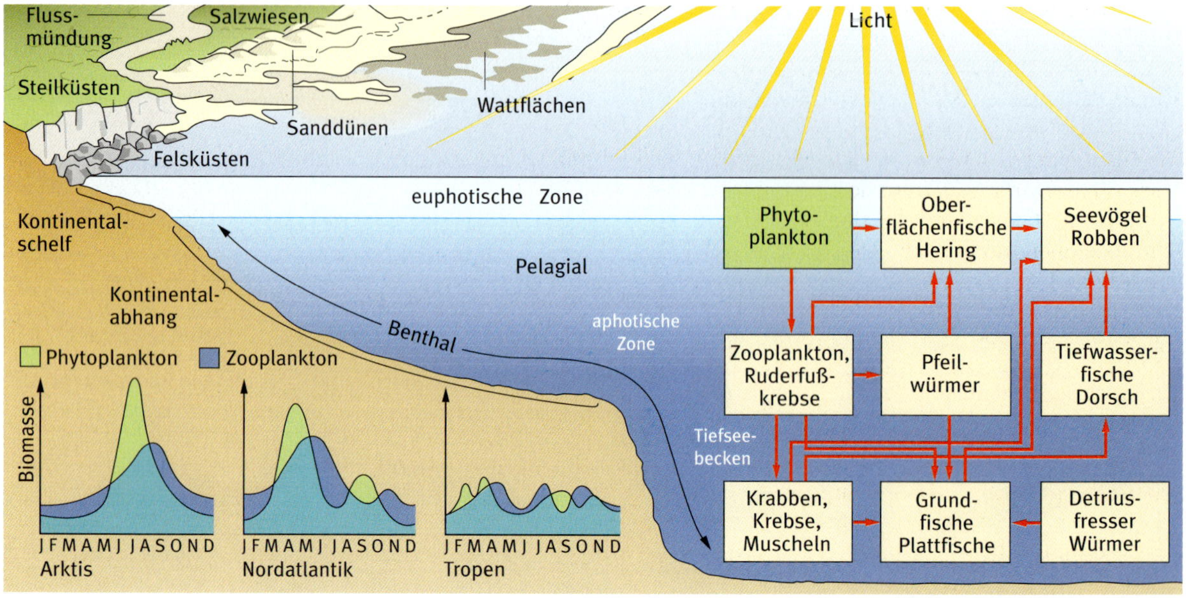

obere Meereszone, das *Epipelagial*, wird von darunter liegenden, wesentlich kälteren Meeresschichten durch einen Temperatursprung getrennt. In einer Tiefe von 100 bis 300 Metern sinken die Temperaturen rapide auf bis zu –1 °C ab.

Die Dichteunterschiede und die Schubkraft der Winde bedingen Meeresströmungen. Sie beeinflussen nicht nur die Meeresökosysteme, sondern auch das Klima der Erde. So strömt das in den tropischen Regionen der Erde aufgeheizte Wasser des Golfstroms nach Norden. Es wird dabei durch die Erdrotation nach Osten abgelenkt. So transportiert der Golfstrom große Wärmemengen nach Europa und beeinflusst damit unser Klima ganz entscheidend. Er stellt eine Art Warmwasserheizung dar. Auf seinem Weg nach Norden verliert er mehr und mehr Wärme. Das Wasser des Golfstroms wird dadurch spezifisch schwerer. Die kälteren, salzhaltigen Wassermassen sinken im Norden in die Tiefe ab. In der Tiefsee strömt das Wasser langsam wieder in die tropischen Regionen zurück. Da Temperatur und Salzgehalt das spezifische Gewicht des Wassers und damit die vertikalen Strömungen beeinflussen, spricht man von einer *thermohalinen Zirkulation.*
Die Stabilität dieser Vorgänge könnte durch den Treibhauseffekt gefährdet werden. Würde durch eine Temperaturerhöhung das Polareis schmelzen, so würden sich größere Süßwassermengen mit dem Salzwasser vermischen. Das ausgesüßte, spezifisch leichtere Wasser wäre irgendwann nicht mehr schwer genug, um abzusinken. Der Golfstrom käme dadurch zum Erliegen. Das hätte fatale Folgen für unser Klima: Es käme zu einem Klimasprung mit dramatisch sinkenden Temperaturen in Europa. Skandinavien hätte dann das Klima von Alaska, Landwirtschaft wäre dort kaum noch möglich. In Deutschland würden die Durchschnittstemperaturen nach Schätzungen um mindestens 4 °C sinken.
Auch in der Antarktisregion kühlt sich das wärmere Wasser der Ozeane so stark ab, dass es spezifisch schwerer wird und absinkt. Es verdrängt auch hier das Tiefenwasser, das äquatorwärts ausweicht. Bereiche, in denen dieses Tiefenwasser wieder an die Oberfläche gelangt, werden als **Auftriebszonen** bezeichnet. An den Westküsten Südamerikas und Afrikas gibt es solche Zonen, die durch ablandige Winde bedingt sind.

4.2 Produktivität und Stoffkreislauf

Im Ökosystem Meer ist das Angebot an Nährsalzen ein wichtiger abiotischer Faktor. Ein Teil dieser Salze gelangt über die Flüsse der Kontinente, durch Erosion der Küsten und durch Einträge aus der Luft in die Meere. Über dem Festlandsockel werden die Meere durch die Fracht der Flüsse reichlich mit Nährsalzen und Nährstoffen versorgt. In den Auftriebszonen gibt es ebenfalls hohe Nährsalzkonzentrationen. Dort gelangt nährsalzreiches Tiefenwasser an die Oberfläche. Im Gegensatz zum Tiefenbereich sind hier die entsprechenden Lichtverhältnisse gegeben, um die Primärproduktion durch das Phytoplankton anzukurbeln.
Die fotoautotrophen Bakterien und Algen des Phytoplanktons bilden neben den sessilen Pflanzen der Flachwasserzonen die wesentliche Nahrungsgrundlage für die marinen Nahrungsketten.

Die Phytoplankter benötigen für ihre Fotosynthese ausreichend Licht als Energiequelle. Deshalb kommen sie nur in der obersten Wasserschicht, der so genannten euphotischen Zone des Epipelagials der Meere vor. Diese reicht meist bis in eine Tiefe von etwa 40 bis 60 Metern. Außer Licht und Kohlenstoffdioxid benötigt das Phytoplankton noch Mineralsalze wie Nitrat- und Phosphat-Ionen. Sie sind neben dem Licht die wachstumsbegrenzenden Faktoren.

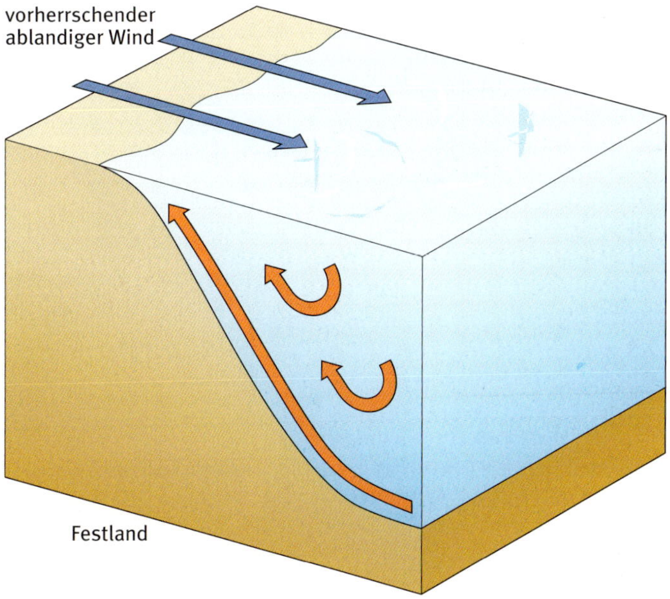

121.1 Auftriebszone

Von den Produzenten leben in der euphotischen Zone Zooplankter als Konsumenten erster Ordnung. Dazu gehören Ruderfußkrebse, Schnecken und Salpen ebenso wie die Larven mariner Wirbelloser und Fischlarven. Eine zweite Konsumentenstufe schließt sich in Form des räuberisch vom Zooplankton lebenden Nektons an. Hierzu zählen unter anderem Quallen, Krebse, Pfeilwürmer, Tintenfische und bestimmte Fischarten wie Hering und Makrele. Größere Fisch-, Säugetier- und Vogelarten können als weitere Konsumentenstufen die Nahrungsketten fortsetzen.

Absterbende Meeresorganismen sinken auf den Boden. Auf dem Wege dorthin, es können mehrere tausend Meter sein, dienen sie Detritusfressern als Nahrung. Spätestens am Meeresgrund werden die Reste schließlich von den Destruenten abgebaut. Da die Tiefseegebiete weitab von den Orten möglicher Fotosynthese liegen, können die Nährsalze erst nach langen Zeiträumen und oft langen Wegen in die euphotische Zone gelangen, wo sie in der beschriebenen Weise eine lebhafte Fotosynthese ermöglichen. Deshalb gehören die Auftriebszonen zu den produktivsten Bereichen der Meere. Ihr Reichtum an Krebsen wie Krill oder kleinen Fischen wie Sardinen ernährt viele Säugetier- und Vogelarten. Auch der Mensch findet in diesen Regionen seine besten Fischgründe. Dagegen sind die küstenfernen Regionen der Ozeane meist nährstoffarm. In solchen Gebieten ist das Wasser klar und blau. Deshalb bezeichnet man Blau auch als die „Wüstenfarbe der Meere". Da auch Temperatur und Lichtangebot wichtige Faktoren sind, ändert sich die Primärproduktion im Laufe des Jahres vor allem in den polnahen Gebieten erheblich. Aufgrund der unterschiedlichen abiotischen und biotischen Faktoren in den verschiedenen Teilen der Meere haben sich sehr unterschiedliche Ökosysteme herausgebildet. Sie reichen von artenreichen Korallenriffen über die artenärmere Hochsee bis zu den chemosyntheseabhängigen „Schwarzen Rauchern" der Tiefsee. Auch die den Küsten vorgelagerten Wattflächen, Mangrovensümpfe und Lagunen bilden spezielle Ökosysteme.

1 Beschreiben und erläutern Sie mithilfe der Abbildungen 94.1 und 120.1 Gemeinsamkeiten und Unterschiede zwischen dem Gesamtökosystem Meer und einem Süßwassersee.

2 Erklären Sie mithilfe der Abbildung 120.1 den Verlauf der Planktonproduktion in den angegebenen Meeresgebieten.

3 Vergleichen Sie anhand der Abbildung 122.1 die Primärproduktion in den verschiedenen Meeresgebieten mit denen terrestrischer Ökosysteme.

4 Stellen Sie unter Einbeziehung der Steckbriefe auf Seite 123 Unterschiede zwischen Nord- und Ostsee zusammen.

122.1 Primärproduktion von Land- und Meeresökosystemen (in Gramm Kohlenstoff pro Quadratmeter und Jahr)

warme Strömung
kalte Strömung

Landökosysteme
- 0-100 g C/m² · a
- 100-400 g C/m² · a
- 500-800 g C/m² · a
- über 800 g C/m² · a

Meeresökosysteme
- 0- 50 g C/m² · a
- 50-100 g C/m² · a
- 100-200 g C/m² · a
- über 200 g C/m² · a

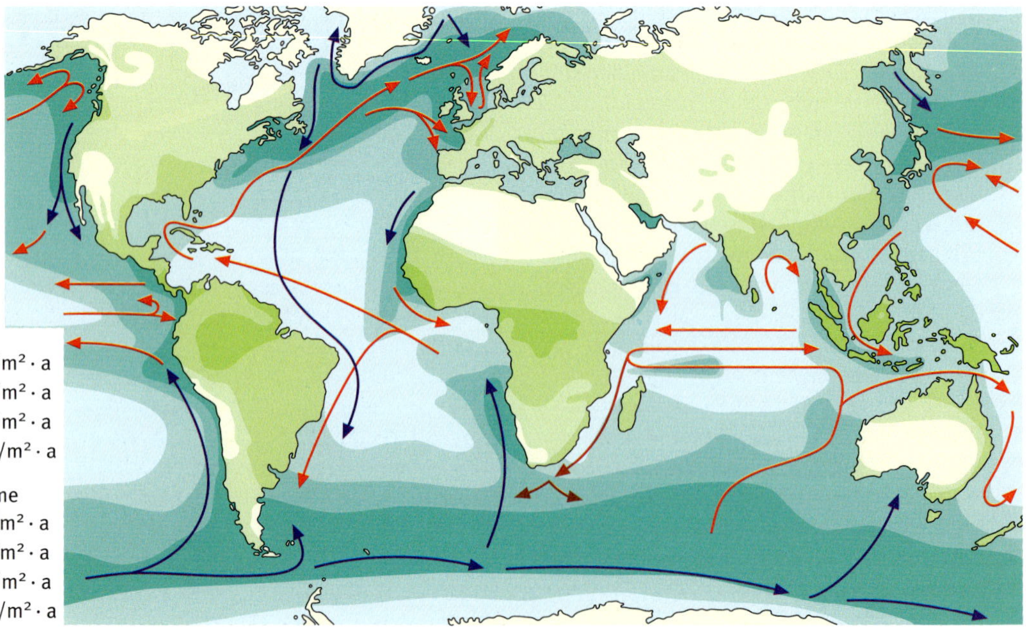

Nordsee

Die Nordsee ist ein 500 000 Quadratkilometer großes und mit einer mittleren Tiefe von 100 Metern relativ flaches Randmeer des Atlantischen Ozeans. Durch Zuflüsse wie Rhein und Elbe gehört sie zu den nährstoffreichen und produktiven Meeren. Im Frühjahr kommt es bei hohem Nährsalzangebot mit zunehmender Tageslänge und Wassertemperatur zu einer starken Entwicklung des Phytoplanktons. Zum Sommer hin nimmt es, bedingt durch die Aufzehrung der Nährsalze und durch das sich sehr stark vermehrende Zooplankton, ab. Da sich eine mehr oder weniger stabile Wasserschichtung zwischen warmem Oberflächen- und kaltem, salzhaltigem Tiefenwasser ausbildet, werden kaum Nährsalze nachgeliefert. Erst im Herbst heben starke Stürme die Schichtung auf.
Das nach oben gelangte nährsalzreiche Tiefenwasser lässt die Phytoplanktonproduktion wieder ansteigen. In den Wintermonaten nimmt das Phytoplankton durch ungünstige Temperatur- und Lichtverhältnisse ab. Das gesamte Plankton bildet die Nahrungsgrundlage für rund 170 verschiedene Fischarten. Von ihnen wiederum leben 30 Wal- und Delfin-, 6 Robben- und etwa 70 Seevogelarten. Eine Vielzahl von Lebensräumen, einschließlich der Felsküsten, Flussmündungen und Wattflächen, bieten sehr vielen Pflanzen und Tieren Nahrung und Raum. Besonders reich an Lebewesen ist das Wattenmeer. Es handelt sich um eine Schwemmlandküste, die einem sechsstündigen Wechsel von Ebbe und Flut ausgesetzt ist.
Die Produktivität der Wattflächen ist mit der eines eutrophen Sees vergleichbar. Das riesige Nahrungsangebot wird von Fischen, Vögeln und nicht zuletzt auch vom Menschen genutzt. Pro Quadratkilometer werden jährlich etwa 3,5 Tonnen Fisch angelandet. Durch Überfischung, Einleitung von giftigen oder eutrophierenden Abwässern, Schiffsverkehr oder Erdöl- und Gasförderung greift der Mensch in die Ökosysteme der Nordsee ein. Durch internationale Absprachen auf Nordseekonferenzen versucht man, die Belastungen zu reduzieren.

STECKBRIEF

Ostsee

Die Ostsee ist mit 420 000 Quadratkilometern das größte Brackwassermeer der Erde. Sie hat eine mittlere Tiefe von 55 Metern. Etwa 200 Flüsse speisen die Ostsee mit Nährstoffen und Süßwasser. Aus der Nordsee dringt Salzwasser ein. So entsteht von West nach Ost ein Salzgradient: Beträgt der Salzgehalt am Skagerrak 35 Promille, so sinkt er in der zentralen Ostsee auf 12 und im hohen Norden auf etwa 2 Promille. Salzgehalt und Temperatur bedingen die Ausbildung einer stabilen Wasserschichtung. Eine salzärmere, spezifisch leichtere Schicht liegt über einer salzhaltigeren und damit schwereren Tiefenschicht. Der Dichteunterschied ist so groß, dass sich die beiden Schichten kaum durchmischen. Es dauert etwa 25 bis 50 Jahre, bis sich der gesamte Wasserkörper der Ostsee austauscht. Querliegende Schwellen und Becken am Meeresboden behindern zusätzlich den Austausch mit dem einströmenden Nordseewasser.

Auch die Ostsee bietet eine Vielzahl von Lebensräumen. Dazu gehören die Freiwasser- und Bodenzonen des Meeres ebenso wie die Steil- und Schärenküsten sowie die Nehrungen und Haffs. Durch den unterschiedlichen Salzgehalt haben die Lebensräume in der westlichen Ostsee überwiegend marinen, diejenigen im Nordosten limnischen Charakter.
Die an marine Verhältnisse angepasste Flora und Fauna geht von Westen nach Nordosten in Lebensgemeinschaften über, die an Brackwasser und schließlich an Süßwasser angepasst sind.
Durch das spezifisch schwerere Salzwasser in den Senken der Ostsee ist die natürliche Zirkulation eingeschränkt, was hier einen Sauerstoffmangel bewirken kann. Anthropogene Einleitungen von nährsalz- und nährstoffreichen Abwässern führen zu einem vermehrten Ablauf von Sauerstoff verbrauchenden Zersetzungsprozessen und damit zu völligem Sauerstoffschwund. Als Hauptverursacher der Nähr- und Schadstoffeinträge sind Landwirtschaft, Kläranlagen, Kraftwerke, Schiffsverkehr und Industriebetriebe anzusehen.

STECKBRIEF

5 Ökosystem Stadt

5.1 Biotope und Biozönosen im Stadtökosystem

Eine Stadt lässt sich mit einem riesigen Organismus vergleichen. Sie nimmt Bau- und Nährstoffe aus der Umgebung auf, um daraus neue Teile aufzubauen oder sich mit Energie zu versorgen. Ein Verteilungssystem aus Straßen, Leitungen und Röhren transportiert feste, flüssige und gasförmige Stoffe in die einzelnen Teile der Stadt. Wie in einem Organismus laufen auch in der Stadt ständig Auf-, Um- und Abbauvorgänge ab. Dabei fallen riesige Abfallmengen an, die an die Umgebung abgegeben werden.

Eine Stadt ist ein Ökosystem, das vom Menschen geschaffen wurde. In ihm existieren zahlreiche Biotope und Kleinstlebensräume, in denen einige hundert Pflanzen- und Tierarten leben können. Größere naturnahe Lebensräume bieten Parkanlagen mit kleineren Teichen und Seen, aber auch die durch die Städte fließenden Flüsse. Kleinere Lebensräume reichen von Friedhöfen, Alleen und Bahndämmen über Baumscheiben, Pflasterritzen, begrünte Fassaden und Dächer bis hin zu den Wohnungen der Menschen. In einem urbanen Ökosystem sind die Stoffflüsse durch starken Import und Export bestimmt. Stoffkreisläufe sind wenig ausgeprägt. Die Zersetzungsprodukte aus Mülldeponien werden den Produzenten im Allgemeinen nicht wieder zugeführt. Kläranlagen mineralisieren zwar organische Abfälle, die Rückführung zu den Produzenten erfolgt aber, wenn überhaupt, außerhalb der Stadt.

Das Klima in der Stadt unterscheidet sich von dem des Umlandes. So weisen die Innenstädte höhere Durchschnittstemperaturen auf. Städte stellen geradezu Wärmeinseln dar. Ursachen sind verstärkte Aufnahme der Sonnenstrahlung durch versiegelte Flächen und die weitgehend fehlende Abkühlung durch Transpirationsvorgänge. Zusätzlich bedingt Abwärme aus Heizungen, Kraftwerken und Verkehr diese Temperaturerhöhung. Trotz höherer Starkniederschläge sind Innenstädte trockener als die Umgebung. Das Wasser wird über die versiegelten Flächen und die Kanalisation beschleunigt abgeführt. Ein Stadtökosystem ist also wärmer, trockener und in aller Regel auch schadstoffreicher als die Umgebung. Abgase mit Schadstoffen aus Heizungen, Kraftwerken, Verkehr und Gewerbe sammeln sich in der Luft. Sie belasten über die Niederschläge auch den Boden. Zu solchen Schadstoffen gehören toxische Verbindungen, die bei Verbrennungsprozessen freigesetzt werden, aber auch

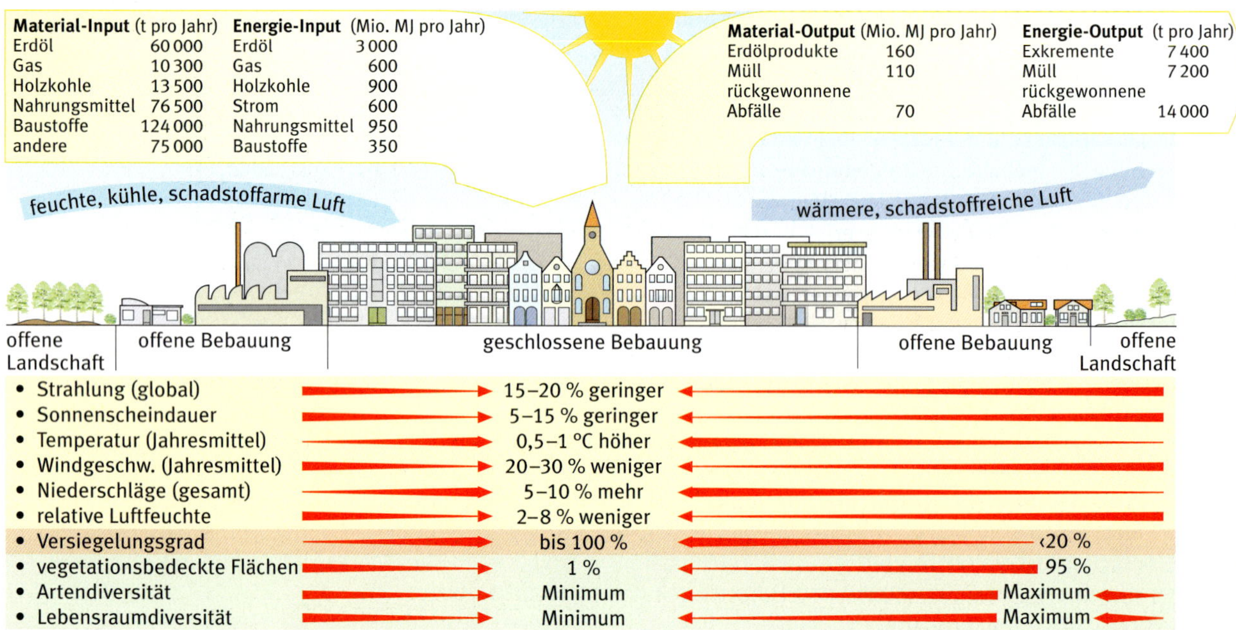

124.1 Input – Output: abiotische und biotische Faktoren eines Stadtökosystems mit etwa 150 000 Einwohnern

Stickstoffverbindungen, die die Pflanzen als Nährstoffe nutzen können.

Als Folge der höheren Temperaturen hat sich die Vegetationsperiode gegenüber dem Umland um ein bis zwei Wochen verlängert. Deshalb haben sich in den Städten wärmebedürftige Pflanzen aus anderen Ländern ansiedeln können. Als **Archaeophyten** bezeichnet man solche Pflanzen, die vor der Entdeckung Amerikas, zum Beispiel mit Saatgut, eingeschleppt wurden. Zu ihnen gehört der Weiße Gänsefuß. Dagegen nennt man Pflanzen, die erst in der Neuzeit eingeführt wurden, Neubürger oder **Neophyten**. Zu ihnen gehören zum Beispiel die Kanadische Goldrute und das Kanadische Berufkraut. Sie besiedeln zusammen mit Brennnessel und Beifuß Schuttflächen, Brachflächen, Baumscheiben sowie Weg- und Straßenränder. Solche Standorte sind wiederkehrenden Störungen unterworfen. Je nach Nährstoff- und Feuchtigkeitsverhältnissen tragen sie verschiedene **Ruderalpflanzengesellschaften.**

Mit besonders extremen Verhältnissen müssen Pflanzen der **Trittgesellschaften** fertig werden. Zu ihnen gehört zum Beispiel der Vogelknöterich. In Pflasterritzen oder auf trittbelasteten Gehwegen wächst er flach mit kriechenden Ausläufern. Dagegen kann er auf kaum betretenen Flächen eine Höhe von über 20 Zentimetern erreichen. Jede Pflanze kann durchschnittlich 150 Früchte pro Jahr produzieren. Die Samen bilden im Boden eine „Samenbank": Nur ein Teil der Samen keimt, während eine Reserve von lebenden Samen im Boden verbleibt. Diese Samen sind beim Vogelknöterich etwa 600 Jahre lang keimfähig. Andere Pflanzen, die auf den gleichen Flächen vorkommen, haben wie der Löwenzahn Pfahlwurzeln ausgebildet. Mit ihrer Hilfe können sie auch tieferes Bodenwasser erreichen und aus ihnen bei Verletzungen immer wieder austreiben. Pflanzen wie der Breitwegerich sind mit besonders trittfesten Blattgeweben ausgestattet. Die meisten Pflanzen dieser Biotope produzieren sehr viele langlebige Samen. Diese sind meist klebrig oder mit feinen Widerhaken ausgestattet, die an Tieren und Menschen sehr gut hängen bleiben. Auf diese Art und Weise können die Samen sehr leicht verschleppt und damit verbreitet werden. Andere Pflanzenarten haben einen Konkurrenzvorteil, indem sie besonders tolerant gegenüber Luftverschmutzungsstoffen sind.

125.1 Pflasterritzengesellschaft

125.2 Ruderalpflanzengesellschaft

125.3 Begrünte Fassade als Kleinbiotop

125.4 Allee mit Grünstreifen

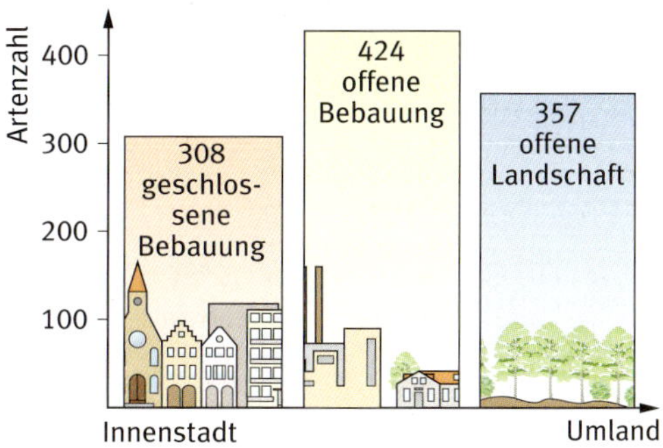

125.5 Anzahl der Farn- und Samenpflanzen pro Quadratkilometer in Berlin

Das warme Stadtklima und das künstliche Licht bewirken bei verschiedenen Vogelarten eine frühere Brutzeit. Die meisten der etwa 100 Brutvogelarten in der Großstadt Berlin sind so genannte **Kulturfolger**. So nennt man Lebewesen, die ihren Lebensraum auf den Wirtschafts- und Siedlungsbereich des Menschen ausgedehnt haben. Die Städte bieten ihnen Ersatzbiotope, die ihren ursprünglichen Lebensräumen zumeist ähneln.

Tiere, die ursprünglich auf Baumhöhlen angewiesen waren, wie Dohlen und Fledermäuse, oder in Felswänden nisteten, wie Wander- und Turmfalke sowie Mauersegler, gehören zu diesen Kulturfolgern. Sie finden Brutplätze in Kirchtürmen, Schornsteinen, unter Hausdächern oder in Mauerspalten. Wanderratte und Hausmaus haben Kanäle, Leitungsschächte oder Keller als Lebensräume angenommen. Auch Kaninchen, Eichhörnchen, Igel, Fuchs, Marder und Waschbär haben sich die Innenstädte als Lebensraum erschlossen. Das gute Nahrungs- und Revierangebot bei gleichzeitig besserem Schutz vor den natürlichen Feinden hat zur erfolgreichen Ansiedlung anpassungsfähiger Arten geführt.

Vielfach haben die Tiere der Städte die Scheu vor dem Menschen verloren oder leben nachtaktiv unter uns. Den größten Teil der Tiere, die mit uns in den Städten leben, bemerken wir nur selten. Dazu gehören Bodentiere wie Regenwürmer oder Asseln, aber auch viele Spinnen- und Insektenarten. Einige andere Arten, wie verschiedene Möwen-, Enten- und Rabenvögel benutzen die Städte als Überwinterungsplätze. Sie profitieren vom direkten Füttern oder von den Abfällen des Menschen. Bei genaueren Untersuchungen der Flora und Fauna in den Innenstädten hat man eine erstaunliche Biodiversität gefunden. So wurden in einem zwei Hektar großen geschlossenen Wohngebiet in der Berliner Innenstadt 153 verschiedene Pflanzen-, 36 Käfer-, 38 Spinnen-, 9 Schmetterlings-, 11 Vogel- und 8 Säugetierarten festgestellt.

Die Biotope in der Stadt sind, werden sie nicht vom Menschen in entsprechender Weise „gepflegt", Veränderungen unterworfen. So durchlaufen nicht mehr genutzte Wirtschaftsflächen oder Bahngleisanlagen typische *Sukzessionsstadien.* Zunächst besiedeln einjährige Kräuter wie Vogelknöterich oder Kamille diese Flächen. Sie werden von mehrjährigen Kräutern und Stauden abgelöst. Quecke, Beifuß, Ackerdistel oder Rainfarn gehören zu ihren Vertretern. Es folgt eine Gebüschvegetation, die sich durch Ansiedlung von Bäumen zu einem Pionierwald entwickelt.

1 Beschreiben und erläutern Sie anhand der Abbildung 124.1 die Veränderung der abiotischen und biotischen Faktoren vom Umland bis in den Kern der Stadt.

2 Erläutern Sie, welche der in Abbildung 126.1 angegebenen Faktoren für die in Innenstädten brütenden Saatkrähen eine Rolle spielen .

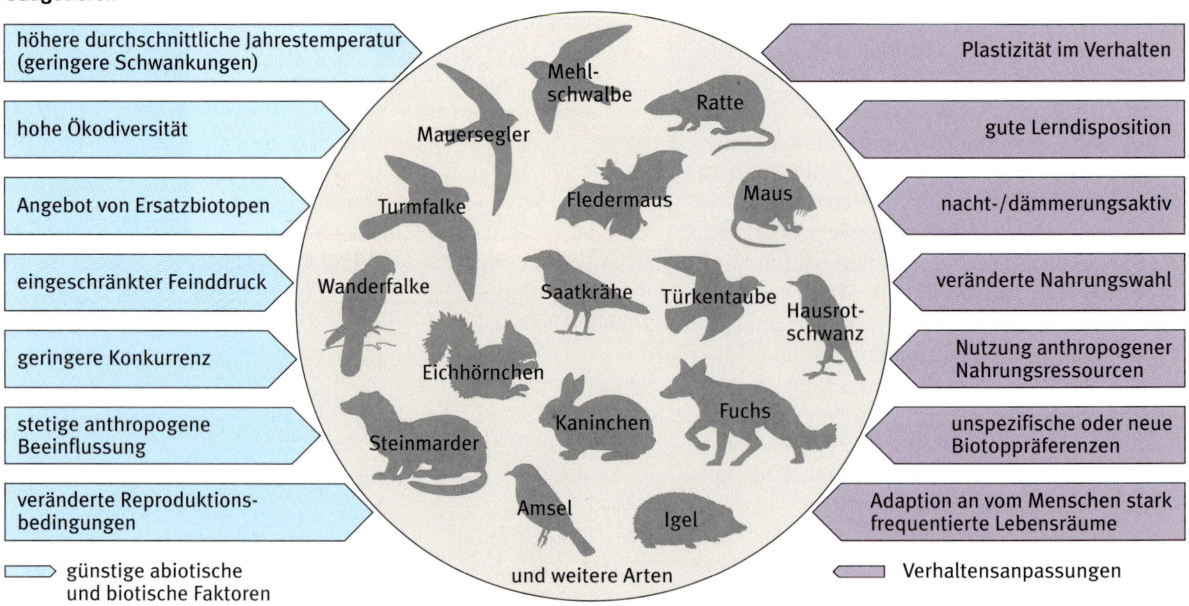

126.1 Einnischungsfaktoren von Kulturfolgern unter den Vögeln und Säugetieren

5.2 Ökologisch verträgliche Stadtplanung

In den letzten Jahrzehnten wurden Städte immer dichter bebaut und damit Böden versiegelt. Der zunehmende Verkehr erhöhte sowohl den Lärmpegel als auch die Schadstoffbelastung in den Städten. Die Wohnqualität ließ mehr und mehr nach, was zu einer Stadtflucht führte. Dadurch wurde das Umland zersiedelt und zusätzlich Verkehr mit seinen negativen ökologischen Folgen erzeugt. Dieser Entwicklung versucht man inzwischen durch einen ökologischen Stadtumbau zu begegnen. Die Innenstädte sollen für die Menschen wieder attraktiver gemacht werden. Bei diesem Umbau geht es unter anderem darum, die Natur, die der Mensch mehr und mehr verdrängt hat, in die Innenstädte zurückzuholen und die Belastungen zu verringern. So bepflanzt man vermehrt Mittel- und Randstreifen mit Bäumen und Sträuchern. Einförmige Rasenflächen werden in naturnähere Wiesen umgewandelt. Ebenso werden innerstädtische Parks mit ihren Kleingewässern ökologisch umgestaltet.

Ein Ziel ökologischer Stadtplanung ist die Vernetzung der unterschiedlichen Biotope. Im Idealfall sollte ein Netz aus Rasenflächen, Grünstreifen, Alleen sowie kleinen und großen Parkanlagen die Städte durchziehen. Dadurch werden Korridore für den Austausch und die Einwanderung von Lebewesen geschaffen.
Durch das verbesserte Mikroklima fühlen sich Menschen in solchen Innenstädten wohler. Beschattung durch Bäume und Kühlung durch die Transpiration wirken sich besonders an heißen Sommertagen angenehm aus. Zusätzlich filtert die Vegetation Staub und Schadstoffe aus der Luft und mindert gleichzeitig den Lärmpegel. Einschränkung des motorisierten Individualverkehrs und die Förderung alternativer Verkehrsmittel sowie die Schaffung von Tempo-30- und Fußgängerzonen sind weitere wichtige Maßnahmen. „Grüne Städte“ verbessern also insgesamt die Wohnqualität und damit auch den Wirtschaftsstandort.

Ein wichtiges Ziel beim ökologischen Umbau der Städte ist die Förderung der Nachhaltigkeit, also eines haushälterischen Umgangs mit den Ressourcen der Stadt. Dazu zählen zum Beispiel der sparsame Einsatz von Wasser und Energie, aber auch die Förderung von Recyclingsystemen bei Abwasser und Müll.

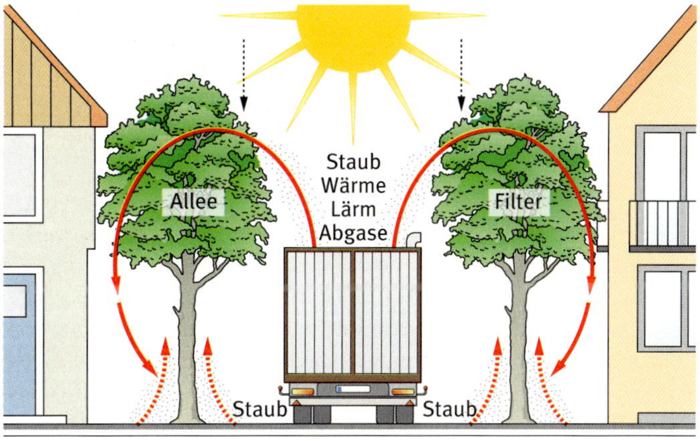

127.1 Straße mit Grünstreifen im Wohngebiet

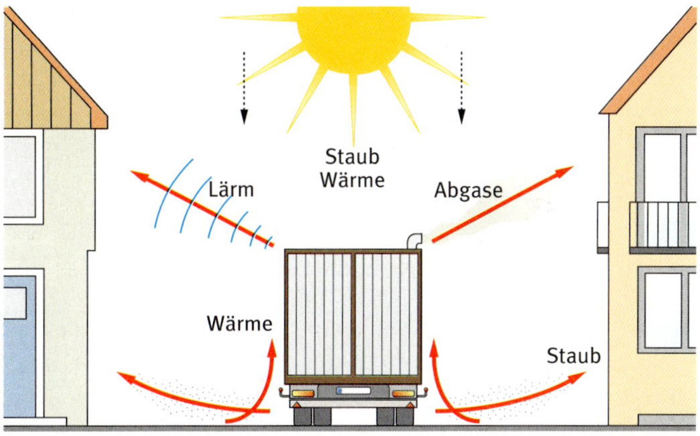

127.2 Straße ohne Grünstreifen im Wohngebiet

Auch eine ganze Reihe von Umweltschutzmaßnahmen wie die Begrenzung des Schadstoffausstoßes von Kraftwerken, Heizungen, Kraftfahrzeugen oder Gewerbebetrieben wirken in diese Richtung. Vielfach müssen Kompromisse zwischen ökonomischen Belangen und ökologischen Notwendigkeiten geschlossen werden. Sehr oft zahlt sich aber ökologisch vernünftiges Verhalten auch ökonomisch aus. So senken zum Beispiel eine gute Wärmedämmung oder Kraftfahrzeuge mit einem geringeren Kraftstoffverbrauch den Energieverbrauch und damit auch die Energiekosten.

1 Erläutern Sie mithilfe der Abbildungen 127.1 und 127.2 die Bedeutung von Alleen für das Mikroklima.

2 Informieren Sie sich über Umweltschutzmaßnahmen, die für eine ökologische und nachhaltige Stadtentwicklung von Bedeutung sind.

Untersuchung eines Stadtökosystems

1 Regenwasseruntersuchung

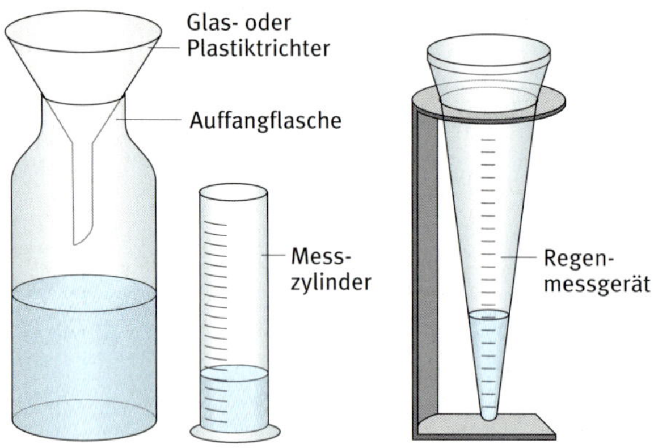

Material: Glas- oder Plastiktrichter (∅ 20 cm), Glas- oder Plastikflaschen (1 l), Leitfähigkeitsmessgerät, Messzylinder (100 ml), pH-Meter oder Indikatorpapier (Messgenauigkeit mindestens 0,2 pH-Einheiten), 2 Regenmessgeräte, Schnelltestsätze zur Untersuchung von Nitrat- und Sulfat-Ionen, Taschenfotometer

Durchführung: Man stellt je einen Regenmesser in der Innenstadt (zum Beispiel auf dem Schulgelände) und einen im Stadtrandbereich (zum Beispiel in einem Garten) windstabil auf. Sie sollten zu Bäumen, Gebäuden oder anderen Hindernissen einen Abstand von 10 bis 15 m haben.

Aufgaben:
- **a)** Bestimmen Sie nach jedem Regen die Regenmenge, die Leitfähigkeit, den pH-Wert, den Nitrat- und den Sulfat-Ionengehalt nach den Vorschriften der Messgeräte und der Testsätze.
- **b)** Erstellen Sie nach dem angegebenen Vorbild eine Tabelle und tragen Sie Ihre Werte ein.
- **c)** Erläutern Sie die Werte in der vorgegebenen Tabelle und vergleichen Sie diese mit Ihren Werten.
- **d)** Ziehen Sie Rückschlüsse auf die Luftbelastung.

	Innenstadt		Stadtrand	
Datum	10.7.04	15.12.04	10.7.04	15.12.04
Regenmenge (mm)	5,0	5,5	4,5	4,9
Leitfähigkeit (µS/cm)	46	97	14	46
pH-Wert	4,6	3,6	5,0	4,1
Nitrat-Ionen (mg/l)	1,2	1,1	0,8	0,9
Sulfat-Ionen (mg/l)	5	30	5	25

2 Datenerhebung an einem Straßenbaum

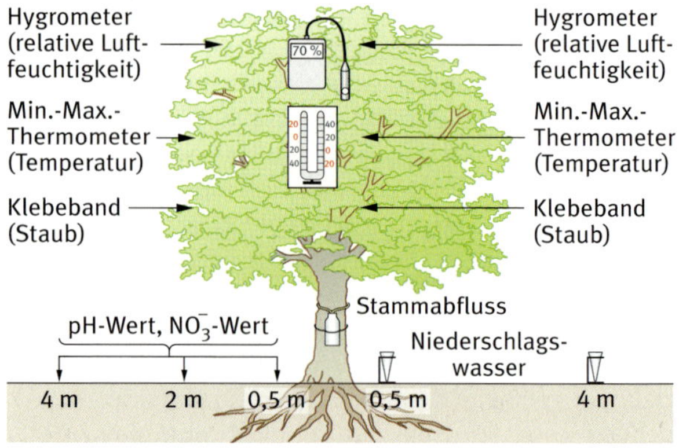

Material: 2 Hygrometer, Klebeband (durchsichtig), Messzylinder, 2 Minimum-Maximum-Thermometer, pH-Meter, Plastikflasche, Plastilin, 2 Regenmessgeräte, Schnelltest zur Nitrat-Ionenbestimmung, Stereolupe

Durchführung:
- **a)** Man hängt in belaubte Bäume der Innenstadt (zum Beispiel auf dem Schulgelände) jeweils in den Innen- und Außenbereich der Krone ein Hygrometer und ein Minimum-Maximum-Thermometer. Die Geräte dürfen nicht dem direkten Sonnenlicht ausgesetzt sein.
- **b)** Um den Stammabfluss aufzufangen, formt man am unteren astfreien Bereich des Baumes mithilfe von Plastilin oder anderen Materialien einen Ring mit einer Auslauftülle, die in eine am Baum befestigte Flasche mündet.
- **c)** Man bestimmt unmittelbar über dem Boden unter- und außerhalb der Baumkrone die Temperatur, die relative Luftfeuchtigkeit und mit einem Regenmesser die Niederschlagsmenge.
- **d)** Man misst die pH- und Nitrat-Werte in dem aufgefangenen Regenwasser der Teilversuche b) und c).
- **e)** Man bestimmt den pH- und Nitrat-Wert des Bodens in unterschiedlicher Entfernung vom Baumstamm nach der Versuchsanweisung 5 auf Seite 91.
- **f)** Man entnimmt je ein Blatt aus dem Inneren und aus der Außenseite der Baumkrone. Dann beklebt man die Ober- und Unterseite der entnommenen Blätter vollständig mit durchsichtigem Klebeband und drückt dieses vorsichtig an. Anschließend zieht man die Streifen wieder ab und klebt sie auf eine durchsichtige Folie oder auf weißes Papier. Die aufgeklebten Streifen werden mit einer Stereolupe untersucht. So bekommt man ein Bild von der Staubbelastung.

Aufgaben:
- **a)** Erstellen Sie eine Tabelle mit Ihren Messwerten.
- **b)** Erläutern Sie Ihre Messwerte und Beobachtungen.

3 Untersuchung am Boden lebender Tiere

Material: Einmachgläser (1 l), Plastiktrichter (Austrittsöffnung 2 cm), Schaufel, kleine Gläser

Durchführung: Man bestückt ein Einmachglas mit Pflanzenmaterialien von der Oberfläche der zu untersuchenden Fläche. Jedes Glas wird mit einem Plastiktrichter verschlossen. Man gräbt mehrere dieser Gläser im Abstand von zwei Metern in den Boden des zu untersuchenden Biotops. Die obere Öffnung des Trichters muss gerade mit der Bodenoberfläche abschließen. Ebenso können Gurkengläser in den Boden eingegraben werden.

Aufgaben:
a) Entleeren Sie die Behälter möglichst jeden Tag.
b) Protokollieren Sie die Anzahl der Tiere von jeder Art oder Gruppe. Lassen Sie die Tiere in einem ähnlichen Biotop wieder frei.
c) Stellen Sie Ihre Ergebnisse grafisch dar und werten Sie diese aus.

4 Kresse- und Zellulosetest mit belasteten Böden

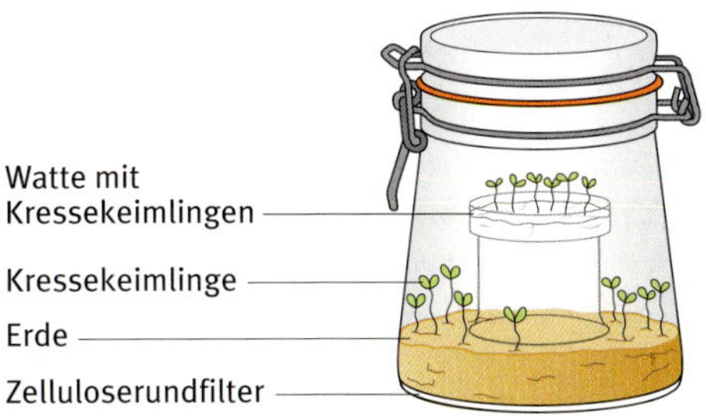

Material: Bechergläser (50 ml), Bodenproben, Kressesamen, Millimeterpapier (durchsichtig), Petrischalen (∅ 5 cm), verschließbare Einmachgläser (1 l), Watte, Zelluloserundfilter

Durchführung: Man legt auf den Boden des Einmachglases einen Zelluloserundfilter. Er wird etwa drei Zentimeter dick mit feuchter Erde aus Pflasterritzen, von Straßenrändern oder Mittelstreifen bedeckt. Dann stülpt man ein kleines Becherglas umgekehrt auf den Boden und stellt eine kleine Petrischale mit gut durchfeuchteter Watte darauf. Auf dem Boden im Einmachglas und auf der Watte verteilt man je 20 Kressesamen. Das Glas wird verschlossen und an einen hellen Ort gestellt. Man setzt einen geeigneten Kontrollversuch an.

Aufgaben:
a) Bestimmen Sie die Anzahl der auf dem Boden beziehungsweise auf der Watte gekeimten Samen.
b) Entnehmen Sie nach etwa 8 Tagen vorsichtig jede einzelne Kressepflanze und bestimmen Sie mithilfe des Millimeterpapiers die Wurzel- und Keimlänge jeder Pflanze. Stellen Sie die Ergebnisse grafisch dar und werten Sie sie aus.
c) Beobachten Sie über einen längeren Zeitraum (14 bis 21 Tage) die Zersetzungserscheinungen an den Zellulosefiltern. Schätzen Sie mithilfe des Millimeterpapiers jeweils nach 7, 14 und 21 Tagen die Verfärbungen und Zersetzungserscheinungen an den Zelluloserundfiltern ein.
d) Formulieren Sie Ergebnisse Ihrer Untersuchungen.

5 Wie grün ist das Stadtökosystem ?

Material: Transparentes Millimeterpapier, Stadtplan (1 : 10 000)

Durchführung: Man sucht auf dem Stadtplan ein repräsentatives Gebiet für die entsprechende Stadt aus, das viele Biotope aus Abbildung 129.1 umfasst. Das Gebiet sollte so groß sein, dass es von 100 Quadratzentimetern des durchsichtigen Millimeterpapiers bedeckt wird. Bei einer Begehung dieses Gebiets trägt man zusätzlich alle nicht in der Karte vermerkten Grünanlagen wie Alleen, grüne Mittelstreifen oder Rasenflächen ein.

Aufgaben:
a) Schätzen Sie das Verhältnis zwischen bebauten und grünen Flächen ein.
b) Werten Sie Ihre erstellte Karte nach ökologischen Gesichtspunkten aus. Berücksichtigen Sie dabei nicht nur die Quantität und Qualität der Grünanlagen, sondern auch ihre Vernetzung.
c) Fertigen Sie ein Diagramm für das prozentuale Vorkommen der verschiedenen Biotope im untersuchten Stadtökosystem an. Ziehen Sie Abbildung 129.1 zum Vergleich heran.

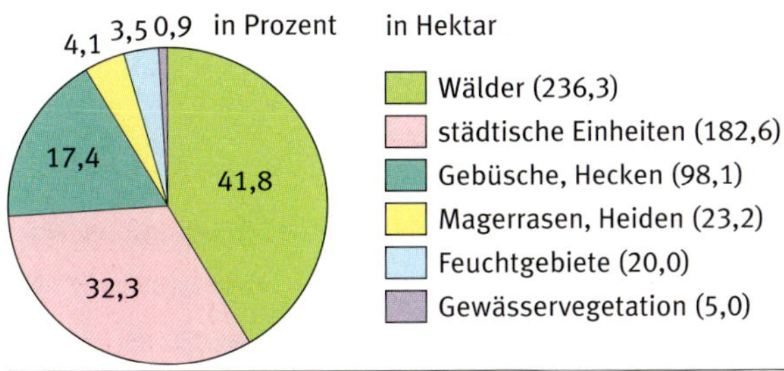

129.1 Flächenanteile verschiedener Biotope in Bamberg

6 Weitere Ökosysteme in Deutschland

Natur und Landschaft sind für die meisten Menschen Begriffe, die zusammengehören. Laien verwenden zur Landschaftsgliederung grobe Strukturen wie Berge, Wälder oder Seen. In der Biologie unterscheidet man zunächst die aquatischen und terrestrischen Ökosysteme. Diese werden in untergeordnete kleinere Ökoysteme unterteilt. Das terrestrische Gesamtökosystem Wald kann unter anderem in Buchen-, Eichen-, Auen- oder Nadelwaldökosysteme differenziert werden. Sie sind durch charakteristische Biotope mit ihren Biozönosen gekennzeichnet. Welche Ökosysteme an welchen Orten vorkommen, hängt vor allem von klimatischen Faktoren ab.

STECKBRIEF

Ökosystem Watt

Als Watt wird derjenige Teil des Wattenmeeres bezeichnet, der bei Ebbe trocken fällt. In diesem natürlichen Ökosystem sind die Lebewesen extremen Bedingungen ausgesetzt. Die Temperatur schwankt bei Niedrigwasser je nach Jahreszeit zwischen etwa 0 °C und über 40 °C. Der Salzgehalt variiert zwischen 25 und 38 Promille. Die hohe Verfügbarkeit von Nährsalzen und Licht macht das Watt zu einem produktiven Ökosystem. So können in einem Quadratmeter unter anderem bis zu 5000 Wattschnecken oder 4000 Schlickkrebse leben. Das riesige Nahrungsangebot wird vor allem von den Jungfischen und Millionen Zugvögeln genutzt.

STECKBRIEF

Ökosystem Hochmoor

Hochmoore kommen in niederschlagsreichen Gebieten vor. Charakterpflanzen dieses natürlichen Ökosystems sind Torfmoose. Niedrige pH-Werte und Sauerstoffmangel verhindern den Abbau der abgestorbenen Pflanzenteile. Es entsteht Torf. Durch den unterbrochenen Stoffkreislauf müssen die Hochmoorpflanzen mit extrem wenig Nährsalzen auskommen. Einige, wie der Sonnentau, gleichen ihr Stickstoffdefizit durch den Fang von Insekten aus. Da der organische Zuwachs im Zentrum eines Hochmoores meist stärker ist als am Rand, ergibt sich eine uhrglasförmige Aufwölbung.

Das Klima in Mitteleuropa ist durch warme bis heiße Sommer, gemäßigte bis kalte Winter und Übergangszeiten im Frühjahr und Herbst mit ausreichend hohen Temperaturen und Niederschlägen gekennzeichnet. Trotz regionaler Unterschiede ist das Klima für Wälder gut geeignet. So entwickelten sich nach der letzten Eiszeit Waldökosysteme, die mit der Zeit fast ganz Mitteleuropa bedeckten. Ausnahmen bildeten nur Sonderstandorte wie Küsten, Moore, Gewässer und Hochgebirge. Von den ursprünglichen Buchen- und Eichenwäldern sowie den Nadelwäldern im Osten und im Gebirge sind keine Urwaldreste übrig geblieben. Sie sind Rodungen, die etwa 800 nach Christus im großen Stil einsetzten, und der Waldweide zum Opfer gefallen.

Erst vor etwa 200 Jahren begann man mit Wiederaufforstungen. Hierbei wurden viele artenreiche Mischwälder durch artenarme Monokulturen aus schnell wachsenden Nadelhölzern ersetzt. Der größere Teil der entwaldeten Flächen wurde in landwirtschaftliche Nutzflächen umgewandelt. Die bearbeiteten Parzellen waren relativ klein und wurden vielfältig genutzt. Dadurch entstand ein abwechslungsreiches *Biotopmosaik* mit artenreichen Agrarbiozönosen. Viele Pflanzen und Tiere wanderten in diese **Kulturlandschaft** ein. Neben den parzellierten Agrarflächen waren Kleinstbiotope wie Weg- und Ackerraine sowie Tümpel, Bäche, Gebüsche, Hecken, Feldgehölze und kleine Waldstücke vorhanden. Einige Gebiete, in denen diese Strukturen bis heute erhalten geblieben sind, hat man inzwischen als Biosphärenreservate unter Schutz gestellt. Dort will man durch traditionelle Bewirtschaftungsweise diese Biotope und Biozönosen pflegen und erhalten.

Das Bild der stark strukturierten Agrarlandschaft änderte sich, als von der Industrie Dünge- und Pflanzenschutzmittel zur Verfügung gestellt wurden. Hinzu kamen verbesserte Anbau- und Arbeitsmethoden sowie die Mechanisierung der Landwirtschaft. Die kleinen Parzellen wurden durch Flurbereinigungsmaßnahmen zu großen Flächen zusammengelegt. Die Saumbiotope wurden dabei zum großen Teil vernichtet. Es kam zu einer Ausräumung der landwirtschaftlich genutzten Flächen, um immer größere und schwerere Maschinen einsetzen zu können. Vor allem die Grundwasserabsenkung, die Überdüngung, der Einsatz von Bioziden und die Vernichtung der Kleinstbiotope führten zu einem dramatischen Rückgang von Pflanzen- und Tierarten.

Inzwischen ist ein Umdenken im Gange. Durch Schutzprogramme, die mit Ausgleichszahlungen für die Bauern einhergehen, versucht man zum Beispiel artenreiche Grünlandflächen und Ackerrandstreifen zu fördern. Beim Ackerrandstreifenprogramm werden diese Bereiche weder gedüngt noch mit Herbiziden behandelt. Hier sollen sich Ackerwildkräuter wie Kornblume und Mohn wieder ansiedeln. Ebenso wird die Anpflanzung von Hecken unterstützt. Sie schützen die Äcker vor Winderosion und dienen der Vernetzung verschiedener Biotope der Kulturlandschaft. Außerdem wirken die dort lebenden Tiere regulierend auf Schädlinge der angrenzenden Felder. Auch durch finanzielle Förderung der Stilllegung von landwirtschaftlichen Flächen versucht man, alte Strukturen zu erneuern, um Wildpflanzen und Tieren wieder mehr Lebensraum zur Verfügung zu stellen.

1 Informieren Sie sich über die Biosphärenreservate in Deutschland. Erläutern Sie die Bedeutung der Biosphärenreservate für die Erhaltung der Tier- und Pflanzenwelt. Beziehen Sie die Abbildung 131.1 in Ihre Überlegungen mit ein.

2 Erstellen Sie einen Steckbrief für das Ökosystem Hecke.

STECKBRIEF

Ökosystem Heide

Dieses Ökosystem wurde in Mitteleuropa vom Menschen geschaffen und wird heute durch Pflegemaßnahmen wie Brennen und Beweidung erhalten. Die Heide ist auf nährstoffarmen, sauren Sandböden aus ehemals bewaldeten Flächen hervorgegangen. Beweidung und Streugewinnung führten zu einer weiteren Ausmagerung des Bodens. Mit der Zeit siedelten sich Zwergsträucher wie die zu den Heidekrautgewächsen zählende Besen- und Glockenheide an. Die Heide ist Lebensraum für viele seltene Tierarten wie Heidelerche, Ziegenmelker, Wiedehopf und Birkhuhn.

STECKBRIEF

Ökosystem Streuobstwiese

Dieses ebenfalls vom Menschen geschaffene Ökosystem ist aus einer traditionellen Form des Obstanbaues entstanden, die zusätzlich die Gewinnung von Stalleinstreu erlaubte. Verschiedene Obstbaumarten stehen auf Grünland, oft wie zufällig gestreut. Die Streuobstwiese bildet ein Mosaik verschiedener Kleinstlebensräume. In ihnen leben über 5000 Tier- und Pflanzenarten. Gerade die alten Bäume bieten mit Baumhöhlen seltenen Tieren wie Siebenschläfer, Steinkauz und Wendehals Brut- und Lebensraum. Streuobstwiesen stellen ein Genreservoir für etwa 45 Obstarten mit zirka 5800 Sorten dar.

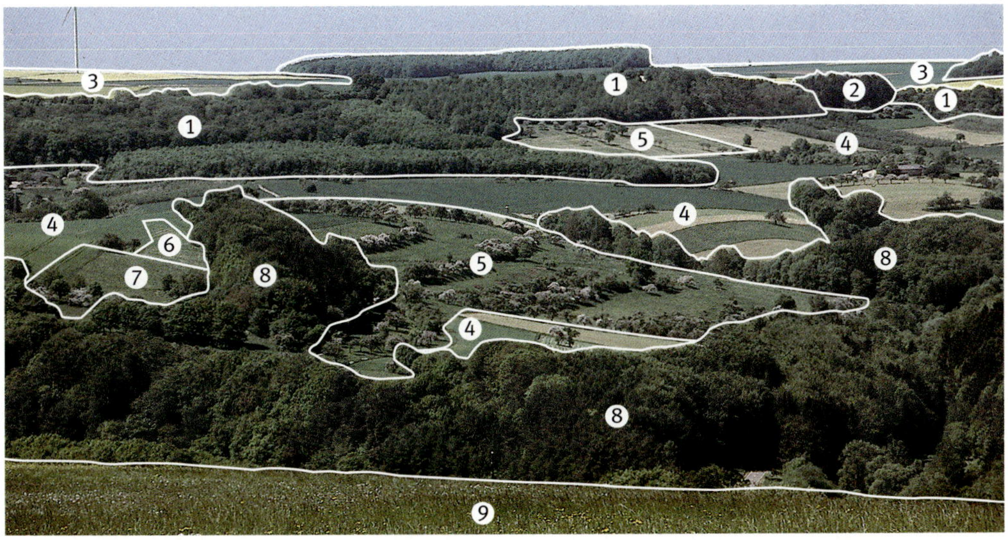

131.1 Veränderung des Ökosystems Wald durch Eingriffe des Menschen.
① Laubwälder
② Nadelforste
③ ausgeräumte Agrarflächen
④ Agrarparzellen
⑤ Streuobstwiesen
⑥ Trockenwiese
⑦ Brachfläche
⑧ Heckenbiotope
⑨ extensiv genutzte Wirtschaftswiesen

Untersuchung ausgewählter Ökosysteme

1

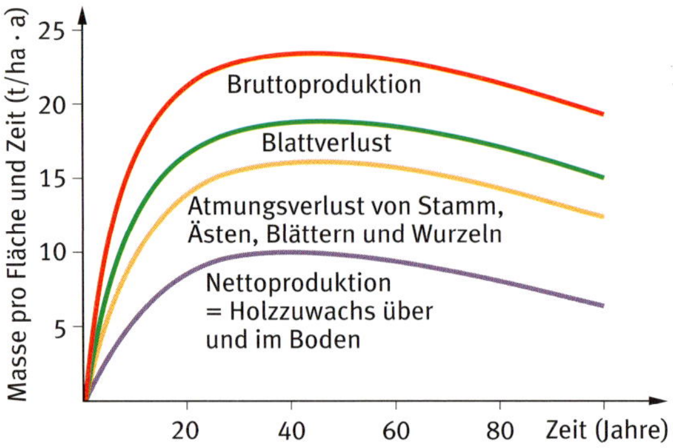

Die Grafik gibt die Brutto- und Nettoproduktion eines Buchenwaldes im Verlauf von 100 Jahren an.

a) Erklären Sie, wie die Brutto- beziehungsweise Nettoproduktion des Buchenwaldökosystems zustande kommt.

b) Beschreiben und erläutern Sie den Verlauf der Brutto- und Nettoproduktion im Verlauf von 100 Jahren.

c) Erläutern Sie die ökologische Bedeutung des Blattverlustes für den Stoffkreislauf im Buchenwaldökosystem.

2 Die Abbildung gibt das oberirdische Regenrückhaltevermögen eines Fichten- und eines Buchenwaldes wieder. Es handelt sich um Durchschnittswerte für die Niederschläge pro Regenereignis.

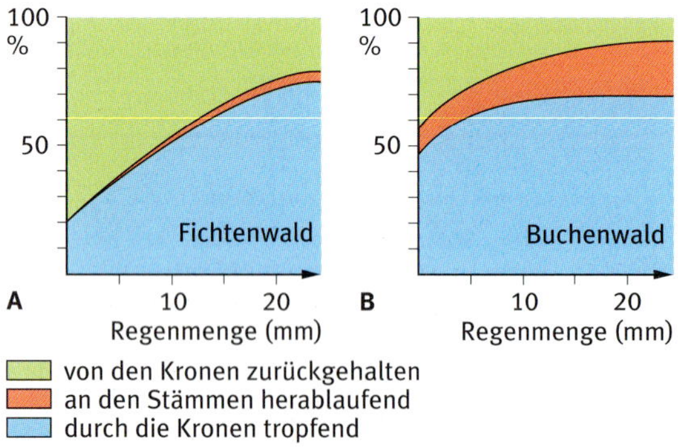

a) Beschreiben und erläutern Sie den Verlauf der Kurven in beiden Waldtypen.

b) Erläutern Sie die Bedeutung der dargestellten Vorgänge für den Wald selbst und seine Umgebung.

3 Die Grafik A gibt die Entwicklung der Schadstufenanteile aller Baumarten und die Grafik B nur die der Eiche in Deutschland wieder. Die Angaben beziehen sich auf alle Bundesländer.

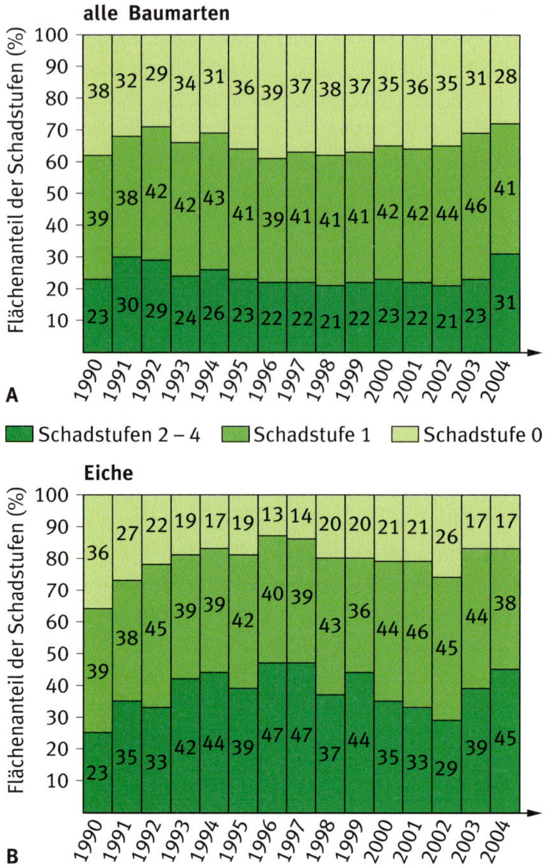

a) Erstellen Sie eine Tabelle mit den natürlichen abiotischen, biotischen und den anthropogenen Faktoren, die an Waldschäden beteiligt sein können.

b) Beschreiben Sie den Schadverlauf bei allen Baumarten und bei den Eichen. Erstellen Sie auf dieser Grundlage zwei gutachterliche Stellungnahmen. Die erste soll sich nur auf die Grafik A, die zweite auf die Grafik B beziehen.

c) Welches Gutachten würde ein Lobbyist der Waldwirtschaft und welches eine beschwichtigende Politikerin wählen, um den Zustand des deutschen Waldes zu beschreiben? Begründen Sie Ihre Entscheidung.

4 In einem See, in den ungeklärte Haushaltsabwässer eingeleitet werden, trat im Herbst ein Fischsterben auf. Sie sollen die Ursachen des Fischsterbens klären.

a) Erläutern und begründen Sie Untersuchungen, die Sie durchführen könnten.

b) Stellen Sie Ursachen dar, die das Fischsterben hervorgerufen haben könnten.

c) Machen Sie Vorschläge, wie in Zukunft ein Fischsterben verhindert werden könnte.

5

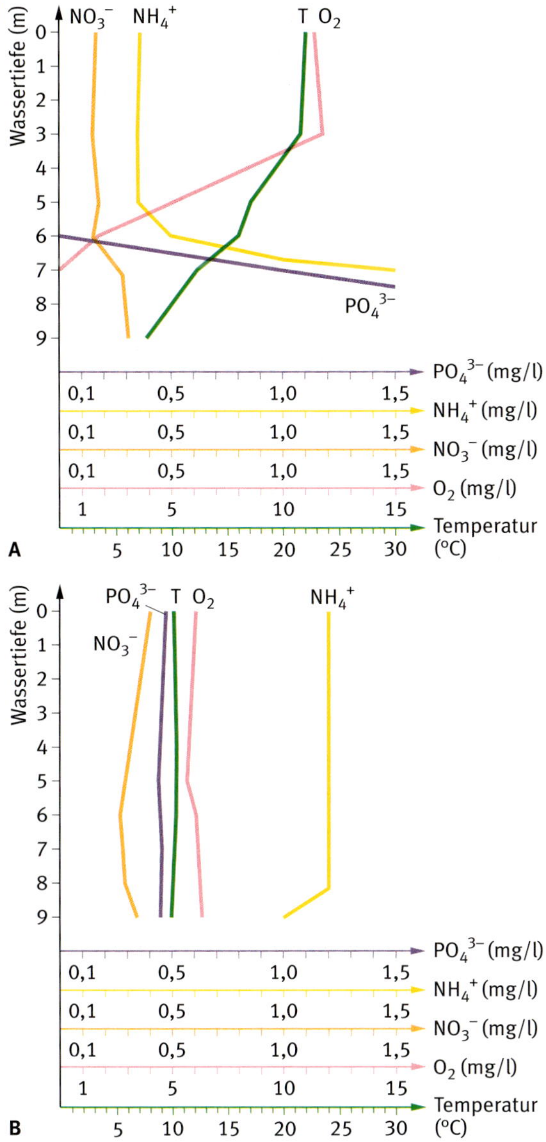

In einem See in Brandenburg wurden in zwei verschiedenen Jahreszeiten die chemischen Parameter untersucht und in den obigen Grafiken dargestellt.

a) Begründen Sie, in welchen Jahreszeiten die Werte gemessen wurden.

b) Beschreiben und erklären Sie den Verlauf der Kurven in beiden Grafiken.

c) Erschließen Sie den Kurvenverlauf für die Kohlenstoffdioxidgehalte in beiden Jahreszeiten.

6 Zeitungen berichten in warmen Sommern nach sehr heißen Tagen oder nach starken Gewitterregen immer wieder von Fischsterben in Gewässern.
Erläutern Sie, auf welchen Vorgängen diese Fischsterben beruhen könnten.

7

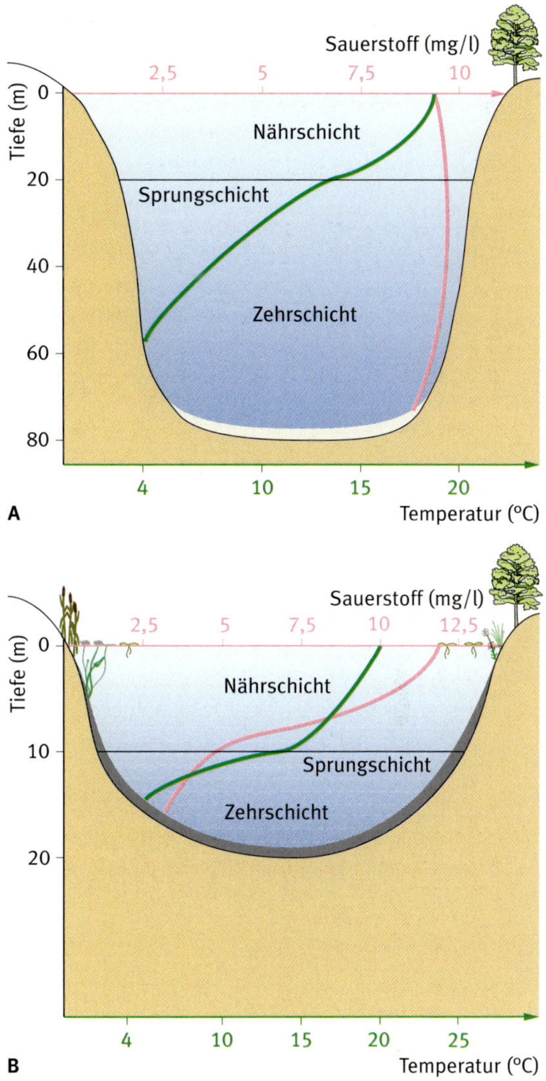

In den beiden Abbildungen werden die vertikalen Temperatur- und Sauerstoffverhältnisse in einem oligotrophen und einem eutrophen See dargestellt.

a) Erklären Sie die Begriffe oligotroph, eutroph, Nährschicht und Zehrschicht.

b) Charakterisieren Sie unter Verwendung der beiden Abbildungen einen oligotrophen und einen eutrophen See.

c) Begründen Sie, in welcher Jahreszeit die Messungen durchgeführt wurden.

d) Vergleichen Sie die Vorgänge in der Nähr- und Zehrschicht beider Seen. Beschreiben und erläutern Sie dabei den Verlauf der eingezeichneten Temperatur- und Sauerstoffkurven.

e) Eutrophe Seen sind einer Verlandung unterworfen. Hierbei durchlaufen sie bestimmte Sukzessionsstadien. Informieren Sie sich und beschreiben Sie diese Stadien.

Untersuchung ausgewählter Ökosysteme

8 Die Grafik gibt die fotosynthetische Produktion und den Abbau von organischer Substanz durch Atmung in einem Flussabschnitt an, in den organische Abwässer eingeleitet wurden.

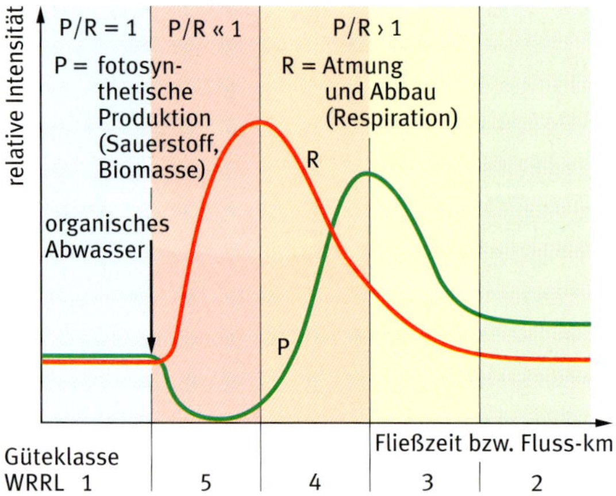

a) Beschreiben und erläutern Sie den Verlauf der Kurven.

b) Erklären Sie die Veränderung der Gewässergüteklasse in Fließrichtung des Flusses.

c) Geben Sie weitere chemische und biologische Parameter an, mit denen man die verschiedenen Güteklassen eines Fließgewässers bestimmen kann.

9 In der folgenden Grafik wird der jahreszeitliche Verlauf von Beleuchtungsstärke, Nährsalzkonzentration und Phytoplanktonentwicklung in einem Meer der mittleren Breiten dargestellt.

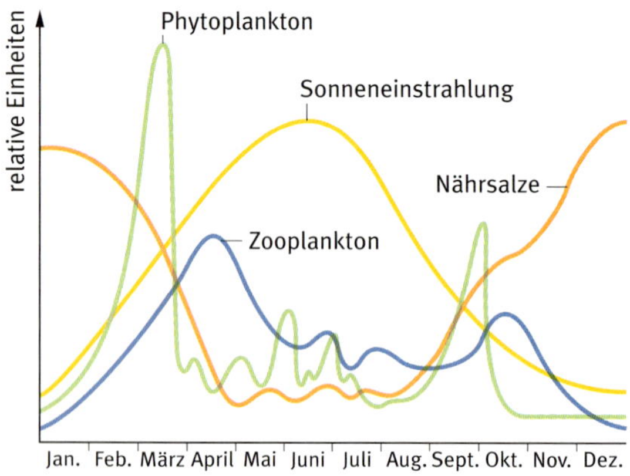

a) Setzen Sie die verschiedenen Parameter zueinander in Beziehung und erklären Sie damit die Kurven.

b) In einem eutrophen See verlaufen die Kurven ähnlich. Begründen Sie.

10 Die Abbildung gibt die Abhängigkeit des Dichtemaximums und des Gefrierpunktes vom Salzgehalt an.

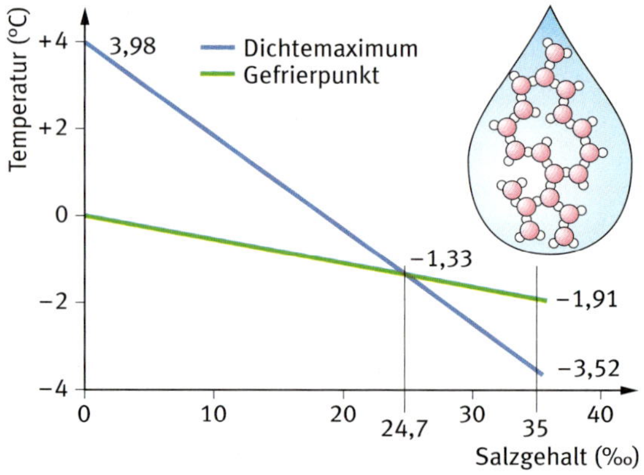

a) Lesen Sie aus der Grafik das Dichtemaximum und den Gefrierpunkt von Süß- und Meerwasser ab.

b) Erläutern Sie, wie das Dichtemaximum im Süßwasser zustande kommt.

c) Welche Konsequenz hat das unterschiedliche Dichtemaximum für die thermische Konvektion des Süß- und des Meerwassers?

d) Welche Anpassungen an den Salzgehalt des Meerwassers haben bei den Meeresorganismen stattgefunden?

11

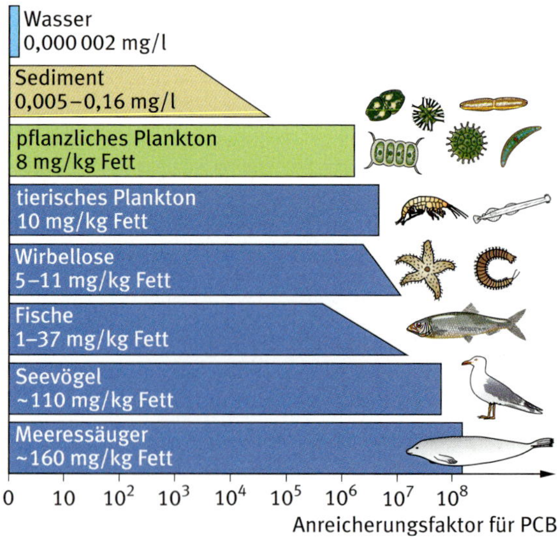

Durch die Tätigkeit des Menschen sind eine Reihe von Substanzen freigesetzt worden, die sich inzwischen weltweit verbreitet haben. Sie sind in Lebewesen nachweisbar, die fernab vom Freisetzungsort leben. So können zum Beispiel Pestizide, Schwermetalle oder chlorierte Kohlenwasserstoffe in Eisbären der Arktis ebenso nachgewiesen werden wie in Pinguinen der Antarktis. Zu diesen Substanzen gehören die polychlorierten Biphenyle (PCB), die als Weichmacher in Kunststoffen verwendet werden. Diese als krebsverdächtig eingestuften Substanzen sind seit Anfang der neunziger Jahre innerhalb der EU verboten worden. Trotzdem sind die Werte in den Lebewesen kaum zurückgegangen.

a) Beschreiben Sie mögliche Verbreitungswege von Umweltchemikalien, die sich weltweit ausgebreitet haben.

b) Beschreiben Sie die Anreicherung von polychlorierten Biphenylen in den Organismen der Nordsee.

c) Erläutern Sie am Beispiel der polychlorierten Biphenyle, warum nur durch verbindliche internationale Absprachen die Ausbreitung von gefährlichen Umweltchemikalien eingedämmt werden kann.

d) Begründen Sie die Tatsache, dass sich ein Verbot gefährlicher Umweltchemikalien erst nach einigen Jahren auszuwirken beginnt.

12 Kulturfolger unter den Wildkräutern treten häufig als Pionierpflanzen auf, die Brachflächen als erste besiedeln. Zu diesen Pflanzen gehört die Art *Weißer Gänsefuß*.

- Samenproduktion pro Pflanze: 3000 bis 20 000 Samen
- Samenreservoir: bis 1700 Jahre keimfähig
- kurze Samenreife von 14 Tagen
- eurytherm
- breite physiologische Potenz
- schadstofftolerant
- weit verzweigtes Wurzelsystem
- r-Stratege

a) Der Weiße Gänsefuß wird wie viele weitere Wildkräuter als „Unkraut“ bezeichnet. Setzen Sie sich kritisch mit dem Begriff auseinander.

b) Erläutern Sie am Beispiel des Weißen Gänsefußes die Eigenschaften, die es Wildkräutern ermöglicht haben, die Städte als Lebensraum zu erobern.

c) Informieren Sie sich über weitere Wildkräuter in den Städten. Erstellen Sie nach dem obigen Muster einen weiteren Steckbrief, zum Beispiel für Steinklee, Vögelknöterich oder Hirtentäschelkraut.

13 In Städten werden vielfach „Pflegemaßnahmen“ durchgeführt, um Wildkräuter zu vernichten.

a) Beschreiben Sie solche Pflegemaßnahmen.

b) Diskutieren Sie, ob diese Pflegemaßnahmen ökonomisch und ökologisch sinnvoll sind.

14 In den beiden Abbildungen wird ein Dorf mit seinen landwirtschaftlichen Flächen um 1900 und um 1990 dargestellt.

a) Beschreiben Sie die Veränderungen, die in diesem Dorf und seinem Umfeld während dieser 90 Jahre stattgefunden haben.

b) Bewerten Sie die Veränderungen aus der Sicht der Landwirtschaft und des Naturschutzes.

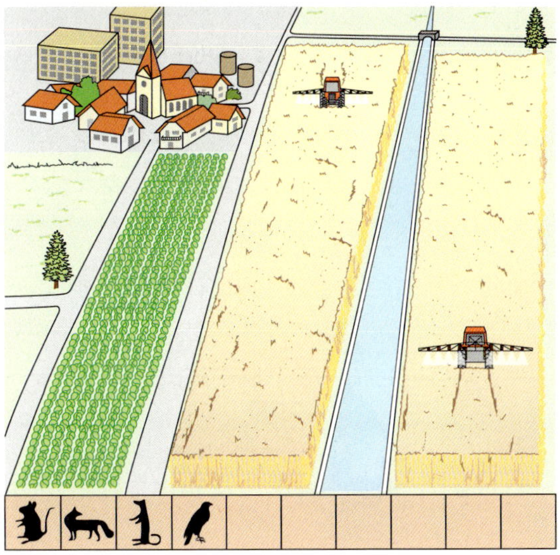

Der Mensch in seiner Umwelt

1 Natur-, Kultur- und Industrielandschaft

Der vom Leben erfüllte Raum der Erde, die Biosphäre, umfasst alles Leben vom Äquator bis zu den Polen. In Abhängigkeit von den klimatischen Faktoren wie Temperatur und Niederschlägen oder von der Höhenlage haben sich unterschiedliche Vegetationszonen mit zahlreichen Ökosystemen herausgebildet.

Ursprünglich war der Mensch als *Sammler* und *Jäger* ein vollständig integrierter Teil der Ökosysteme. Er konsumierte und gab seine Abfallstoffe in die natürlichen Kreisläufe zurück. Die Ökosysteme wurden also von den wenigen Menschen noch nicht wesentlich verändert. Der Lebensraum war die vom Menschen kaum beeinflusste **Naturlandschaft,** deren Entwicklung, Struktur, Wirkungsgefüge und äußeres Bild durch die natürlichen Landschaftselemente geprägt war. Erst als der Mensch sein Jäger- und Sammlerdasein aufgab und sesshaft wurde, begann er massiv in die umgebenden Ökosysteme einzugreifen. Die Wälder wurden zum Teil gerodet und niedergebrannt. Die entstandenen Freiflächen nutzte der Mensch zum Anbau von Nahrungspflanzen und zum Bau von Wohnstätten. Durch *Ackerbau* und *Viehhaltung* stieg die zur Verfügung stehende Nahrungsmenge und erlaubte eine größere Bevölkerungsdichte. Dort, wo der wirtschaftende Mensch sich ausbreitete, veränderte sich die Natur- zu einer **Kulturlandschaft.** Ihr äußeres Bild wurde nicht nur durch die natürlichen Landschaftselemente bestimmt, sondern immer stärker durch die Tätigkeiten des Menschen. Die landwirtschaftlichen Bearbeitungsmethoden verbesserten sich zum Beispiel durch die im Mittelalter praktizierte Dreifelderwirtschaft mit der Fruchtfolge Wintergetreide, Sommergetreide und Brache. Es wurden immer mehr landwirtschaftliche Flächen benötigt, um auch die Städter versorgen zu können. Bergbau, Handel und der Aufbau von Infrastrukturen führten zu weiteren Eingriffen in die Ökosysteme.
Ein neuer Belastungsschub begann mit der ersten industriellen Revolution gegen Ende des 18. Jahrhunderts. Die Fortschritte in Wissenschaft und Technik ermöglichten den Aufbau von industriellen *Produktionsanlagen.* Mit diesen entstanden Ballungsgebiete, die nicht

136.1 Naturlandschaften von Nord nach Süd

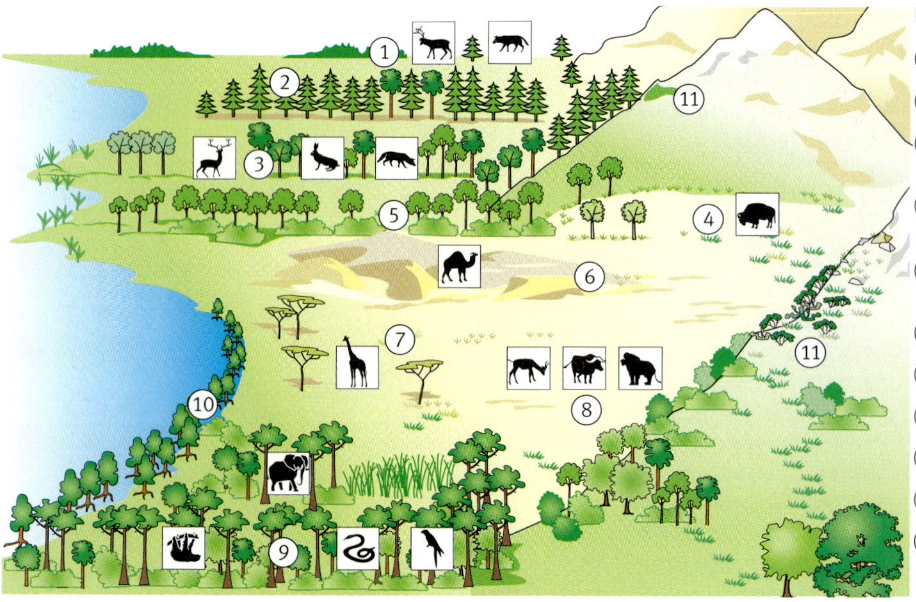

Präindustrielle Biosphäre:

1. Tundra
2. Taiga
3. Wälder der gemäßigten Zonen
4. Prärie und Steppe der gemäßigten Zonen
5. Macchie mit immergrüner Eiche
6. Wüsten und Halbwüsten
7. Savannen
8. tropische Steppen
9. tropische Wälder
10. Mangroven
11. Höhenstufen im Gebirge

mehr landwirtschaftlich, sondern durch Industriebauten und ihre Infrastruktur geprägt waren. Diese Form der Kulturlandschaft nennt man **Industrielandschaft.** Verkehrswege wurden ausgebaut und Transportfahrzeuge entwickelt, um Rohstoffquellen mit den Industriezentren und Produkte mit den Verbrauchern zu verbinden. Die natürlichen Ressourcen Luft, Wasser, Erze und die fossilen Energieträger wurden immer intensiver in Anspruch genommen. Ein stetiges Wachstum von Produktion und Konsum wird bis heute als Fortschritt angesehen. Durch den Einsatz von Mineraldünger und Schädlingsbekämpfungsmitteln wurde die Produktion in der Landwirtschaft kontinuierlich gesteigert. Zusätzlich entstand durch den Einsatz von Maschinen eine industriell ausgerichtete Agrarwirtschaft, die auf großen Parzellen große Mengen produzieren konnte. Mussten um Christi Geburt geschätzte 250 Millionen Menschen ernährt werden, so waren es um 1900 etwa 1,6 Milliarden. Heute sind es über 6 Milliarden Menschen.

Die Konsequenzen, die sich aus der übermäßigen Nutzung der natürlichen Ressourcen auf der einen und der Verunreinigung von Luft, Wasser und Boden auf der anderen Seite ergaben, wurden lange Zeit nicht zur Kenntnis genommen. Produktion und Konsum sind mit dem Entstehen von gasförmigen, flüssigen und festen Abfällen verbunden. In vielen Teilen der Biosphäre haben sie zu einer starken Kontamination der Umwelt geführt. Davon waren nicht nur Luft, Gewässer und Boden betroffen, sondern auch viele Lebewesen. Eine ganze Reihe von chemischen Substanzen hat sich unabhängig vom Produktions- und Anwendungsort weltweit verbreitet. Dazu gehören Treibhausgase wie Kohlenstoffdioxid, Schwermetalle wie Blei und Cadmium, polychlorierte Kohlenwasserstoffe der Kunststoffindustrie oder Schädlingsbekämpfungsmittel wie DDT. Die Wechselwirkungen dieser Stoffe mit den Lebewesen und den Stoffkreisläufen der Biosphäre haben auch schwerwiegende Konsequenzen für den Menschen. Sie reichen von gesundheitlichen Schäden bis zu Klimaveränderungen. Durch Innovationen wie Automation, Verwendung von Kernenergie, die Informations- und Nanotechnik sowie die Biotechnik hat die Entwicklung der Menschheit neue Dimensionen mit neuen Risiken für die Biosphäre erhalten.
Vor allem in den Industrienationen beginnt die Öffentlichkeit die ökologischen Konsequenzen ihres Tuns zu erkennen. Über nationale Gesetze hinaus sollen internationale Absprachen die Belastung der Biosphäre vermindern und dafür sorgen, dass andere Länder unsere Fehler möglichst nicht wiederholen.

1 Erläutern Sie die Begriffe Natur-, Kultur- und Industrielandschaft.

2 Nennen und erläutern Sie nationale und internationale Gesetze und Absprachen, um die Belastungen der Biosphäre zu mindern.

Technisch geprägte Biophäre:

(1) Ölgewinnung, Rentierzucht
(2) Industrielandschaften: Bergbau, Kraftwerke, Produktionsanlagen, Städte, Ballungszentren
(3) Landwirtschaft
(4) Forstwirtschaft
(5) Landgewinnung, Erosionsvorgänge
(6) Ferienindustrie, Mobilität durch Auto, Flugzeug
(7) Vernichtung der tropischen Wälder
(8) Kriege
(9) Versteppung, Verwüstung nach Rodungen
(10) Verschmutzung von Luft, Wasser, Boden

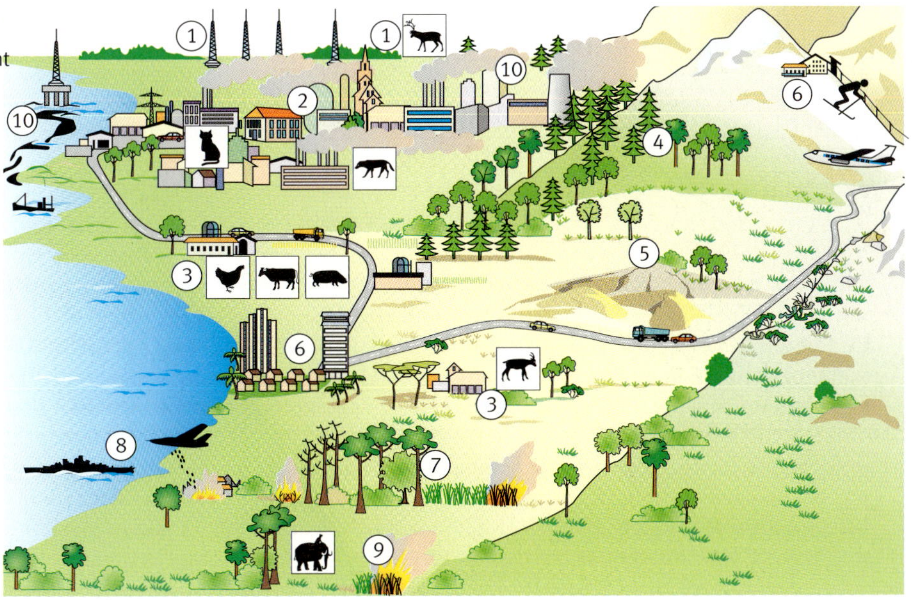

137.1 Kultur- und Industrielandschaften von Nord nach Süd

2 Nutzung der Erde durch den Menschen

Unbegrenztes Wachstum kommt in der Natur nicht vor, da es immer begrenzende Faktoren gibt, die dieses verhindern. Nur der Mensch hat es über Jahrhunderte fertig gebracht, diese Faktoren zu umgehen oder scheinbar außer Kraft zu setzen. Dadurch ist ein exponentielles Bevölkerungswachstum entstanden. Dieses wird jedoch mit einem hohen Ressourcenverbrauch, Umweltbelastungen und Umweltzerstörungen erkauft.

Durch die moderne hoch technisierte Landwirtschaft mit ertragreicheren Kulturpflanzen und dem Einsatz von Düngemitteln, Schädlingsbekämpfungsmitteln und Maschinen konnte immer mehr Nahrung für die Menschheit produziert werden. Inzwischen sind aber die zur Verfügung stehenden Flächen so gut wie ausgenutzt. Andere gehen zum Beispiel durch Erosion oder Versalzung verloren. Eine immer kleinere Fläche muss, wenn die Bevölkerung weiter so wächst, eine immer größere Zahl von Menschen ernähren. Standen für die Nahrungsmittelproduktion 1950 noch knapp 0,6 Hektar Ackerfläche pro Mensch zur Verfügung, so sind es derzeit nur noch 0,25 Hektar. Der Versorgung der Menschheit durch die Landwirtschaft sind also Grenzen gesetzt. Auch die Meere gelten bereits als überfischt. Ob einmal mithilfe biotechnischer Verfahren zusätzlich Lebensmittel flächenunabhängig erzeugt werden können und den Hungernden zur Verfügung stehen, wird die Zukunft zeigen. Auch Wasser wird mit der wachsenden Bevölkerung zur immer knapperen Ressource. Man braucht es nicht nur zum Trinken, sondern auch für Landwirtschaft und Industrie. Während ein Teil der Menschheit nicht ausreichend mit sauberem Trinkwasser versorgt werden kann, verschwendet ein anderer Teil das kostbare Nass. Teure Meerwasserentsalzungsanlagen sind nur für reiche Länder erschwinglich. Experten befürchten, dass es künftig Kriege um die Ressource Wasser geben wird.

Der Energiebedarf der stark wachsenden Erdbevölkerung konnte bisher nur durch die vermehrte Ausbeutung der fossilen Brennstoffe gedeckt werden. Der erhöhte Einsatz von Kohle, Gas und Erdöl hat als Nebeneffekt zu Umweltbelastungen globalen Ausmaßes geführt. Inzwischen zeichnet sich ein Ende dieser Vorräte ab. Die Motorisierung und Industrialisierung der Schwellen- und Entwicklungsländer könnte den Energiebedarf nach bisherigen Erfahrungswerten um jährlich 1,6 Prozent erhöhen. Diesen steigenden Energiehunger werden die fossilen Brennstoffe nicht mehr lange decken können. Zudem ist die Klimaschädlichkeit der Abgase ein ernstes Problem.

Als vermeintliche Alternative bietet sich die Kernenergie an. Die Klimaargumente reduzieren sich allerdings, wenn man den Aufwand für Brennstoffgewinnung, Betrieb und Entsorgung berücksichtigt. Trotz der Gefahr der radioaktiven Verseuchung durch Reaktorunfälle, wie 1986 in Tschernobyl, bauen viele Länder die Kernenergie aus. 2004 waren weltweit 445 Reaktoren im Einsatz. Nach vorsichtigen Schätzungen wird die nukleare Kapazität bis zum Jahr 2030 weltweit um das Zweieinhalbfache steigen. Neben dem Unfallrisiko wird dadurch auch die Gefahr zunehmen, dass einigen Ländern durch ihre Reaktoren der Zugang zu Kernwaffen erleichtert wird. Der Bundestag beschloss 2001 den Ausstieg Deutschlands aus der Kernenergie: Bis etwa 2020 sollen die 19 Reaktoren, die etwa 28 Prozent des Stroms lieferten, nach und nach abgeschaltet werden. Nicht nur das hohe Betreiberrisiko solcher Anlagen, sondern auch die Notwendigkeit, jahrtausendelang die radioaktiven Abfälle sicher

POLITIK

Bevölkerungsentwicklung

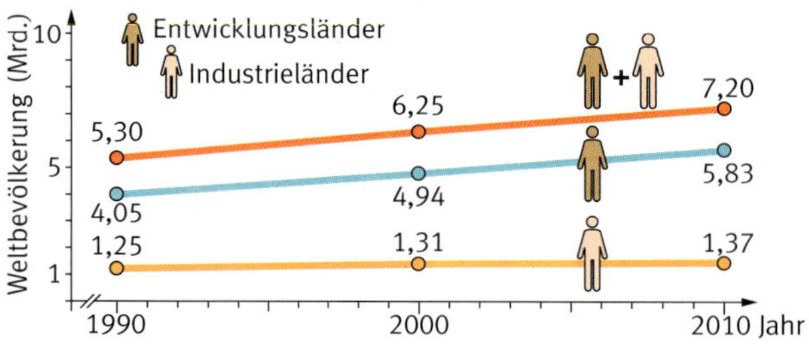

Jährlich wächst die Weltbevölkerung um etwa 80 Millionen Menschen. Während in den meisten Industrieländern die Geburtenrate rückläufig ist, nimmt sie in vielen Entwicklungsländern noch zu. Rund 90 Prozent des Zuwachses entfallen auf die Entwicklungsländer in Asien und Afrika. Eine ausreichende Ernährung dieser Menschen ist aus den verschiedensten Gründen schon heute nicht mehr gegeben. Gegenwärtig gibt es mindestens 800 Millionen unterernährte Menschen. Rund 20 Millionen verhungern pro Jahr, darunter etwa 14 Millionen Kinder.

zu lagern, haben zu dieser Entscheidung geführt. Stattdessen wird verstärkt auf die Nutzung der Sonnen- und Windenergie sowie auf Wasserstofftechnik gesetzt. Auch die Gewinnung von Energie aus nachwachsenden Rohstoffen oder in Biogasanlagen soll verstärkt werden. Derzeit ist die erneuerbare Energie mit etwa 10 Prozent an der Stromerzeugung in Deutschland beteiligt. Die umweltfreundlichste „Energiequelle“ ist aber der rationelle Einsatz von Spartechnologien.

Bei der Versorgung der Menschheit mit Nahrung, Wasser und Energie besteht ein Nord-Süd-Gefälle. Während die Industrienationen hinsichtlich ihrer Versorgung im Überfluss leben, existieren viele Menschen in den Entwicklungsländern am Existenzminimum.

Die vorhandenen und die absehbaren Probleme der Menschheit erfordern ein Umdenken. Nach Vorschlägen der UNO-Kommission „Umwelt und Entwicklung“ („sustainable development“) soll künftig unter anderem „die Nutzung der natürlichen Ressourcen, die Art und Struktur der Investitionen und die Orientierung des technischen Fortschritts in Übereinstimmung mit gegenwärtigen und zukünftigen Bedürfnissen gebracht werden“. Somit soll auch das **Prinzip der Nachhaltigkeit** stärker zum Tragen kommen. Nachhaltigkeit bedeutet demnach: die Zukunft kommender Generationen zu sichern, indem man nur vom Ertrag und nicht vom Kapital der Erde lebt.

Das Beispiel Deutschland zeigt für das Jahr 2004, bei einer Bevölkerung von rund 82 Millionen, dass wir von diesen Zielen noch weit entfernt sind. Bei uns wurden jeden Tag 160 Hektar Boden verbaut. Über 44 Millionen Personenkraftwagen waren hier zugelassen. Wir verbrauchten jeden Tag 2,6 Millionen Barrel Öl. Bei der Energieversorgung wurden allein von Deutschland etwa 838 Millionen Tonnen des Treibhausgases Kohlenstoffdioxid freigesetzt. Jeder von uns benötigte 128 Liter Wasser von Trinkwasserqualität. Viele Experten warnen: Je länger wir weitermachen wie bisher, umso höher wird der Preis sein, den die Menschheit dafür zu zahlen hat.

1 Setzen Sie die im Politikexkurs enthaltenen Informationen zu den übrigen Exkursen in Beziehung.

2 Rechnen Sie die für Deutschland genannten Verbrauchszahlen für die Menschheit insgesamt hoch. Bewerten Sie die Zahlen kritisch.

WIRTSCHAFT

Energieverbrauch

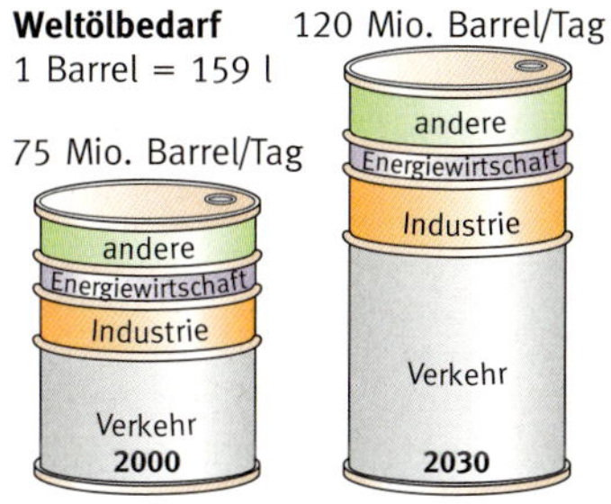

Die Verbrennung der fossilen Energieträger liefert etwa 85 Prozent der industriellen Energie auf der Welt. Sie verursacht dabei 80 Prozent der Kohlenstoffdioxidemissionen. Von den fossilen Brennstoffen geht vor allem das Erdöl zur Neige. 2004 betrugen die nachgewiesenen Erdölreserven knapp 1050 Milliarden Barrel. Man kann davon ausgehen, dass die Reserven noch in diesem Jahrhundert erschöpft sein werden. Umweltfreundlichere erneuerbare Energien sollen bis 2050 rund 50 Prozent des Energiebedarfs der Welt decken.

WIRTSCHAFT

Wasserverbrauch

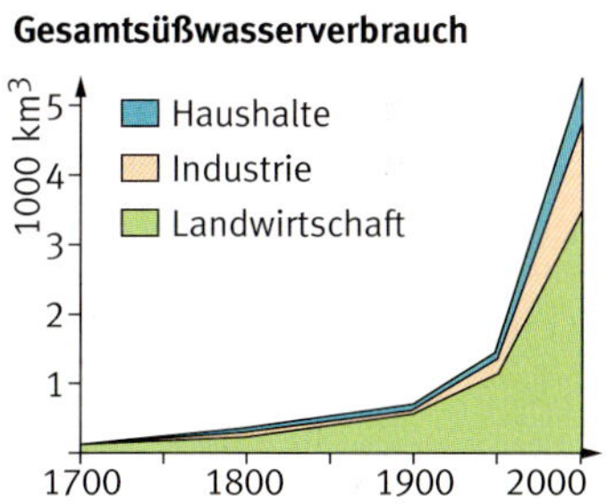

Auf der Hälfte der gesamten Festlandfläche herrscht im Sinne der Verfügbarkeit für den Menschen ein Wasserdefizit. Rund 70 Prozent des weltweit verwendeten Wassers wird für die Bewässerung landwirtschaftlicher Flächen eingesetzt. Den Rest verbrauchen Industrie und Haushalte. Nach Schätzungen leiden derzeit 2 Milliarden Menschen unter Wassermangel. Über 1,2 Milliarden haben keinen Zugang zu sauberem Trinkwasser, und rund 2,5 Milliarden haben weder Toiletten noch Abwassersysteme.

GEOGRAFIE

Bodenverlust

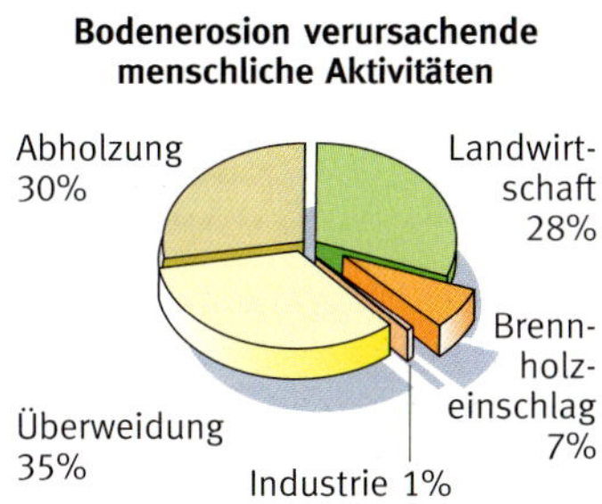

Nach Schätzungen sind nur etwa 1,5 Milliarden der 13 Milliarden Hektar großen Erdoberfläche als Ackerland und weitere 3,4 Milliarden als Grünland nutzbar. Dieses Potenzial ist heute schon weitgehend ausgeschöpft. Weltweit gehen jährlich durch Versalzung etwa 300 000 ha verloren. Durch vom Menschen verursachte Erosionsvorgänge werden jährlich 23 Milliarden Tonnen Bodenkrume abgetragen, durch natürliche Erosion weitere 9,5 Milliarden.

3 Belastung und Schutz der Atmosphäre

Reine Luft, ein theoretischer Idealfall, besteht im Wesentlichen aus Stickstoff, Sauerstoff, Edelgasen und Kohlenstoffdioxid. Durch Vulkanismus oder Zersetzungsprozesse kommen in geringen Konzentrationen weitere Substanzen wie Stickstoff- und Schwefeloxide sowie Stäube hinzu. Mit Abgasen aus Kraftwerken, Industrie, Haushalten und Verkehr gelangen über 2000 weitere feste, flüssige und gasförmige Stoffe in die Luft. Mindestens 300 von ihnen spielen als Schadstoffe eine Rolle. Man spricht von luftverunreinigenden Stoffen, wenn sie sich in solchen Mengen und so lange in der Außenwelt befinden, dass sie für Pflanze, Tier und Mensch schädlich sind oder zumindest zur Schädigung beitragen. Auch bei Luftverunreinigungen unterscheidet man Emissionen von Immissionen: **Emissionen** nennt man die von einer Anlage ausgehenden und **Immissionen** die auf Lebewesen und Sachen einwirkenden Luftverunreinigungen.

Die Schadstoffe sind in der Luft zahlreichen chemischen Umsetzungen unterworfen. Dabei entstehen Verbindungen, die oft schädlicher als ihre Ausgangssubstanzen sind. So setzen sich Luftverschmutzungsstoffe wie die Oxide des Schwefels und Stickstoffs mit dem Niederschlagswasser zu Säuren um, die als *„saurer Regen"* abregnen. Dieser erzeugt durch Korrosion Schäden an Gebäuden, Brücken oder Autos und wird maßgeblich für Waldschäden mitverantwortlich gemacht. Durch das *Bundesimmissionsschutzgesetz* sind die Säure bildenden Stoffe in der Luft stark vermindert worden. So hat sich der Säuregehalt des Regens, der 1982 durchschnittlich bei pH 4,2 lag, auf fast 5,0 im Jahre 2004 gemildert.

Als Hauptverursacher von Gesundheitsschäden durch Immissionen werden heute **Feinstäube** angesehen. Die übrigen Luftschadstoffe spielen als zusätzliche Risikofaktoren eine Rolle. Feinstäube entstehen zum Beispiel bei unvollständiger Verbrennung in Kraftwerken, in Industrie- und Hausbrandanlagen sowie in Kraftfahrzeugen. Beim Verkehr werden besonders die von den Dieselmotoren erzeugten Rußbestandteile als gesundheitlich bedenklich eingestuft. Diese Rußpartikel sind überwiegend 0,1 Mikrometer groß und dadurch lungengängig. An diese Teilchen können sich sehr verschiedene chemische Stoffe anlagern, die dann mit ihnen in die Atemwege und weiter in die Blutbahn transportiert werden können. Die lungengängigen Schwebstäube, sie sind kleiner als 2,5 Mikrometer, verursachen Atemwegs- und Herz-Kreislauf-Beschwerden sowie Krebs. Der Luftverschmutzung werden pro Jahr in Deutschland etwa 40 000 und weltweit über drei Millionen Tote angelastet.

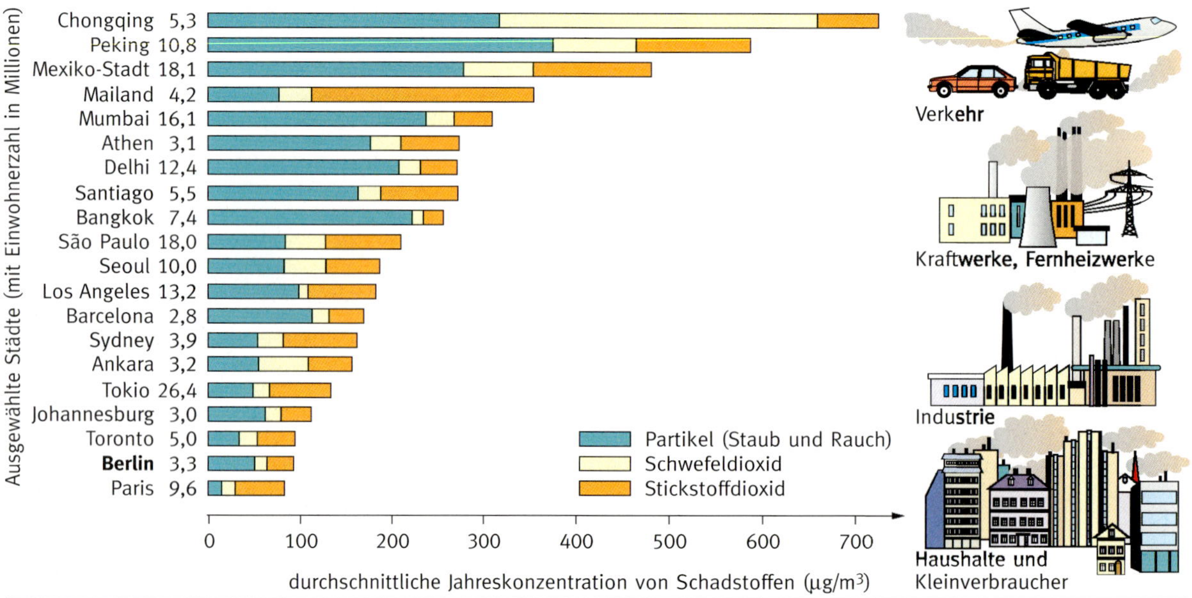

140.1 Luftbelastungen in verschiedenen Großstädten der Erde

Besonders bei **Inversionswetterlagen** in Ballungsgebieten machen sich die negativen Folgen der Luftverschmutzung bemerkbar. Bei diesen Wetterlagen liegt eine wärmere Luftschicht in der Höhe über einer kälteren am Boden, sodass die Austauschvorgänge mit der Atmosphäre blockiert sind. Dadurch sammeln sich die Luftverunreinigungen unter der entstehenden Dunstglocke an. Zusammen mit der Luftverschmutzung können diese Wetterlagen sowohl im Winter als auch im Sommer zu **Smog** (engl. *smoke*, Rauch; *fog*, Nebel) führen. Es hat sich gezeigt, dass bei Inversionswetterlagen die Infarkt- und Sterblichkeitsquote immer dann anstieg, wenn der Feinstaubanteil besonders hoch war.

In den Sommermonaten entstehen in Ballungsgebieten so genannte **Fotooxidantien.** Dies ist eine Sammelbezeichnung für Umwandlungsprodukte, die unter Einwirkung der Sonnenstrahlung und von Kohlenwasserstoffen unter anderem aus Stickstoffoxiden und Sauerstoff entstehen. Zu ihnen gehört neben Ozon zum Beispiel auch Peroxiacetylnitrat (PAN). Fotooxidantien treten hauptsächlich bei Sommersmogwetterlagen und starkem Autoverkehr in gesundheitsgefährdenden Konzentrationen auf. So nützlich Ozon für uns in der Stratosphäre ist, so schädlich ist es am Boden. Es entsteht, wenn die UV-Strahlung der Sonne Stickstoffdioxid in Stickstoffmonooxid und ein Sauerstoffradikal spaltet. Letzteres verbindet sich mit einem Sauerstoff-Molekül zu Ozon. Fällt die UV-Strahlung nach Sonnenuntergang weg, so erfolgt ein rückläufiger Vorgang, falls genügend Stickstoffmonooxid anwesend ist. Hierbei setzt sich das Bodenozon mit dem Stickstoffmonooxid zu Stickstoffdioxid und Sauerstoff um.

Das ins Umland verdriftete Ozon kann sich nicht so schnell wieder abbauen, da dort weniger Stickstoffmonooxid verfügbar ist. So kommt es außerhalb der Ballungszonen vielfach zu höheren Konzentrationen, die zu Pflanzenschädigungen führen können. Beim Menschen erzeugt das Bodenozon ab 120 Mikrogramm pro Kubikmeter Luft eine Reihe von Krankheitssymptomen wie Schleimhaut- und Augenreizungen, Atemnot und Kopfschmerzen. Ab 140 Mikrogramm können Übelkeit, Brustschmerzen, Verengung der Bronchien und Veränderungen der Lungenfunktion hinzukommen. Nach einer EU-Richtlinie ist ab 180 Mikrogramm die Bevölkerung zu informieren.

1 Informieren Sie sich über die wichtigsten Luftverschmutzer und ihre Emissionen. Stellen Sie dar, welche Maßnahmen in Deutschland ergriffen wurden, um diese Emissionen zu verringern.

2 Erläutern Sie anhand der Abbildung 140.1 die unterschiedlich hohe Luftbelastung in den verschiedenen Großstädten.

3 Setzen Sie die in Abbildung 141.1 dargestellten Informationen zueinander in Beziehung und erläutern Sie den Zusammenhang zwischen Autoverkehr und Bodenozon.

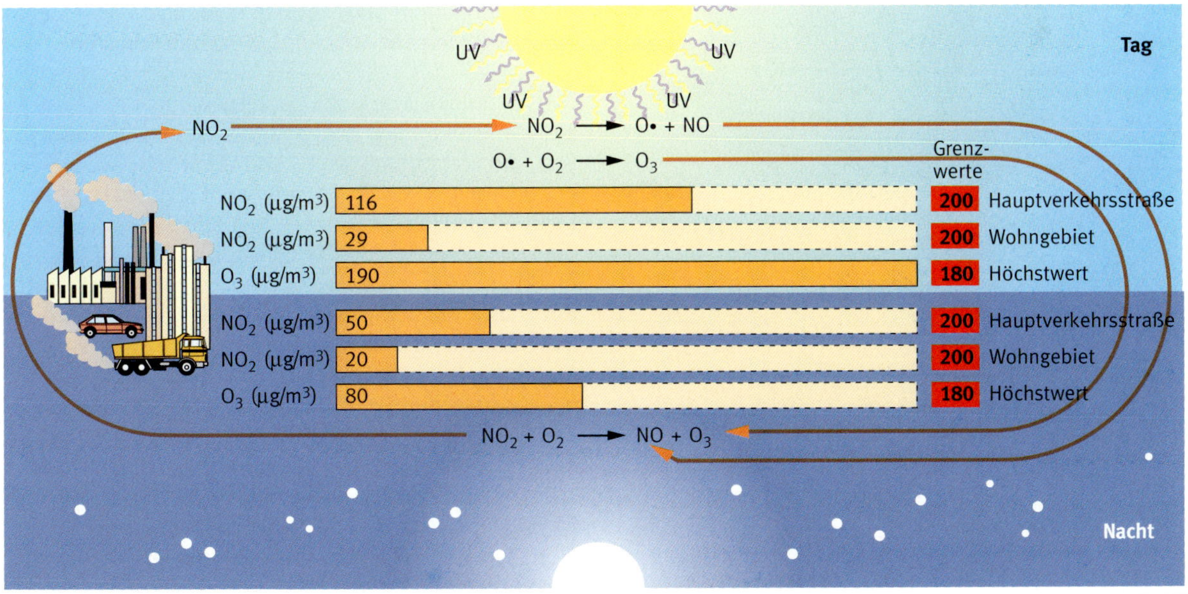

141.1 Auf- und Abbau von Bodenozon bei Inversionswetterlage (Werte: 14. 8. 2003 in Berlin)

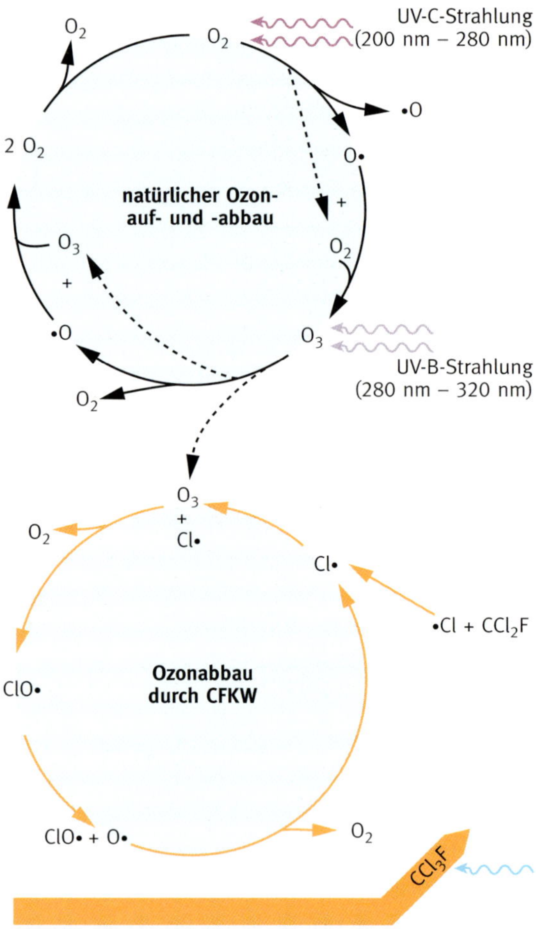

142.1 Ozonauf- und -abbau in der Stratosphäre

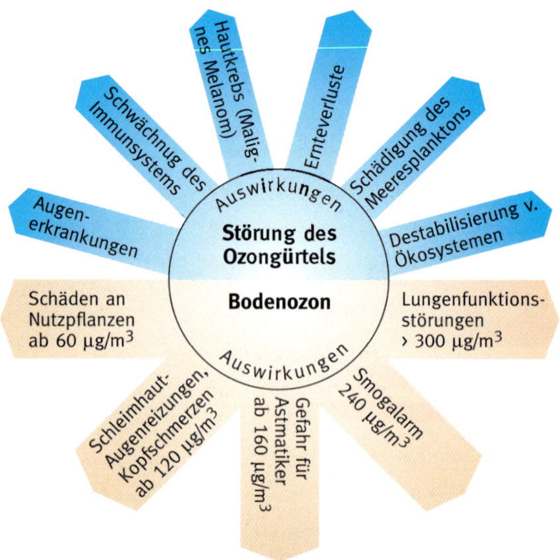

142.2 Auswirkungen von Ozonmangel in der Stratosphäre und von Ozonüberschuss am Boden

Aufbau und Abbau von Ozon

In der Stratosphäre, in 15 bis 30 Kilometer Höhe, ist die Erde von einem Ozongürtel umgeben. Er schützt die Biosphäre vor der lebensbedrohenden UV-Strahlung der Sonne (etwa 200 bis 400 Nanometer). Man unterscheidet je nach Wellenlänge zwischen UV-A, -B und -C. Ein Teil der gefährlichen, besonders kurzwelligen UV-C-Strahlung wird abgefangen, indem sie zur Spaltung von Sauerstoff-Molekülen in Sauerstoff-Radikale verwendet wird. Diese reagieren mit Sauerstoff-Molekülen zu Ozon. Zusätzlich wird die UV-B-Strahlung genutzt, um Ozon wieder in ein Sauerstoff-Molekül und ein Sauerstoff-Radikal zu spalten. Letzteres kann sich mit Ozon wieder zu Sauerstoff umsetzen. Im Ozongürtel hat sich ein Gleichgewicht zwischen diesen auf- und abbauenden Vorgängen eingestellt.

In dieses Gleichgewicht hat der Mensch mit einer Reihe Ozon zerstörender Substanzen eingegriffen. So haben zum Beispiel **C**hlor**f**luor**k**ohlen**w**asserstoffe (**CFKW**, früher FCKW) vor allem in der Antarktis zum so genannten **Ozonloch**, einer Ausdünnung des Ozongürtels, geführt. Während des antarktischen Winters bilden sich in der Stratosphäre Eiswolken. In ihnen laufen viele chemische Reaktionen ab. Dabei werden Chlor-Radikale aus den CFKW abgespalten, die mit Ozon zu Sauerstoff und einem Chloroxid-Radikal reagieren. In einer Reaktionskette kann ein einziges Chlor-Radikal über 1000 Ozon-Moleküle zerstören. Ein stabiler Luftwirbel isoliert während des antarktischen Winters die Stratosphäre über dem Südpol und verhindert so, dass Ozon aus anderen Teilen der Atmosphäre nachfließen kann.

Das Ozonloch wird mit der erneuten Sonneneinstrahlung im antarktischen Frühling durch Nachfließen und Neubildung von Ozon mehr oder weniger geschlossen. Da sich in der Arktis der Luftwirbel nicht in gleicher Weise ausbildet, machen sich hier die Ozon zerstörenden Vorgänge nicht so stark bemerkbar. Aber auch über Europa nahm die Ozon-Konzentration zeitweise um mehr als 60 Prozent ab. Die vermehrt die Erdoberfläche erreichende UV-B-Strahlung kann beim Menschen Hautveränderungen verursachen. Das Risiko, am schwarzen Hautkrebs zu erkranken, ist in den letzten 25 Jahren um das Zehnfache gestiegen.

1 Erläutern Sie mithilfe der Abbildungen atmosphärische Absorption und mögliche Auswirkungen nicht absorbierter UV-Strahlung.

Treibhauseffekt

Als Treibhauseffekt bezeichnet man sowohl natürliche als auch durch den Menschen beeinflusste Vorgänge, die unsere Atmosphäre aufheizen. Der Erde wird durch die Sonne ständig Energie zugeführt. Zur Erhaltung des energetischen Gleichgewichts muss durch Reflexion und durch Abstrahlung von Wärme eine entsprechende Energiemenge wieder an den Weltraum abgegeben werden.

Viele der in der Atmosphäre enthaltenen Gase wirken ähnlich wie die Scheiben eines Treibhauses: Sie lassen die Sonnenstrahlung weitgehend passieren. Dagegen halten sie die von der Erde wieder abgegebene langwelligere Wärmestrahlung weitgehend zurück. Ohne diesen **natürlichen Treibhauseffekt** läge die durchschnittliche Temperatur auf der Erde nicht bei +15 °C, sondern bei −18 °C.

In diesen natürlichen Treibhauseffekt greift der Mensch durch die vermehrte Freisetzung von *Treibhausgasen* ein. Zu solchen Gasen gehört das Kohlenstoffdioxid, welches vor allem durch die Verbrennung fossiler Brennstoffe entsteht. Auch Methan, das aus Erdgaslagern, auftauenden Permafrostböden und aus dem Verdauungssystem der Rinder stammt, sowie das in überdüngten Böden gebildete Distickstoffoxid zählen dazu.

In den letzten 200 Jahren ist die Konzentration der Treibhausgase ständig angestiegen. Dadurch kommt es zu einer Erwärmung der Erde, die unter anderem durch folgende Beobachtungen gestützt wird:

- Erhöhung der globalen Temperatur in den letzten hundert Jahren um 0,7 °C
- Erhöhung des Meeresspiegels in den letzten hundert Jahren um 10 bis 20 Zentimeter
- Rückgang der Gletscher
- Verschiebung der Frostgrenze

Die Erwärmung der Erde könnte einander aufschaukelnde Vorgänge auslösen. So verdunstet durch die höheren Temperaturen mehr Wasser, sodass in einigen Teilen der Erde vermehrt extreme Wettersituationen mit Stürmen, Starkregen und Überschwemmungen auftreten könnten. In anderen Teilen käme es dagegen zu verlängerten Dürreperioden.

1 Erklären Sie die Entstehung und die heutigen beziehungsweise die zukünftigen Folgen des Treibhauseffektes. Nutzen Sie für Ihre Ausführungen die Abbildungen 143.1 bis 143.3.

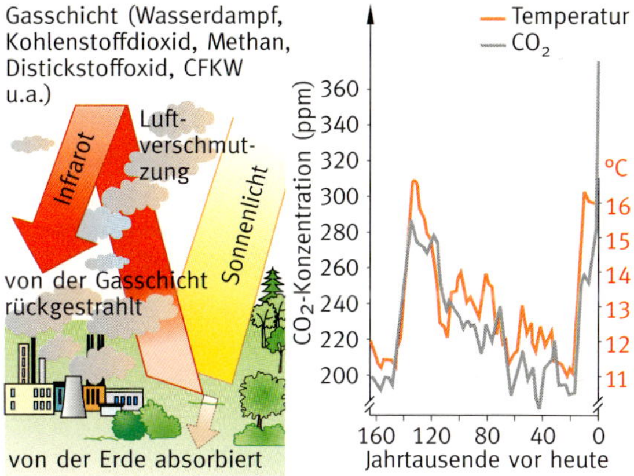

143.1 Treibhauseffekt

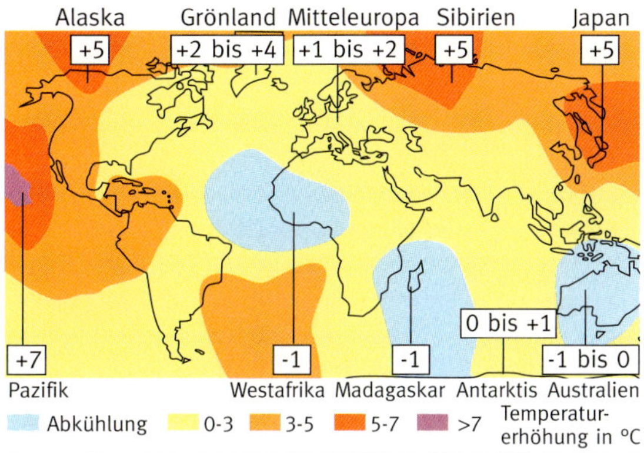

143.2 Mögliche Temperaturänderungen bei einer Verdopplung der Konzentration von Treibhausgasen (Kohlenstoffdioxid, Methan, CFKW, Ozon, Distickstoffoxid)

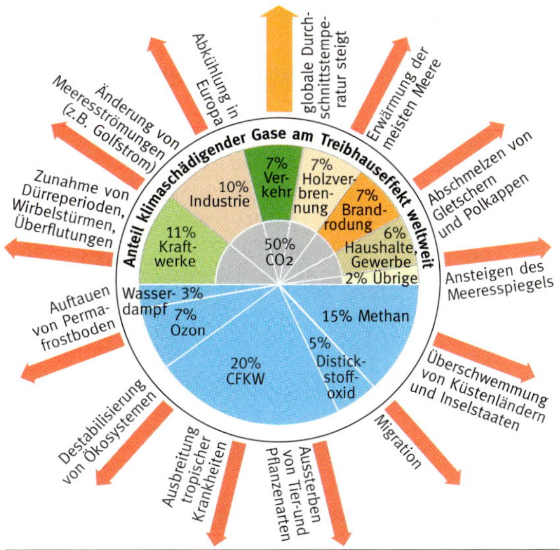

143.3 Anteilige Verursacher und mögliche Auswirkungen des anthropogenen Treibhauseffekts

Luftbelastungen

1 Modellexperiment zum „sauren Regen“

Material: Erlenmeyerkolben (500 ml), Eisennagel, Kalkstein (z. B. Marmor), Laubblatt, Schwefel, Universalindikator (flüssig), Verbrennungslöffel mit Stopfen, Zink

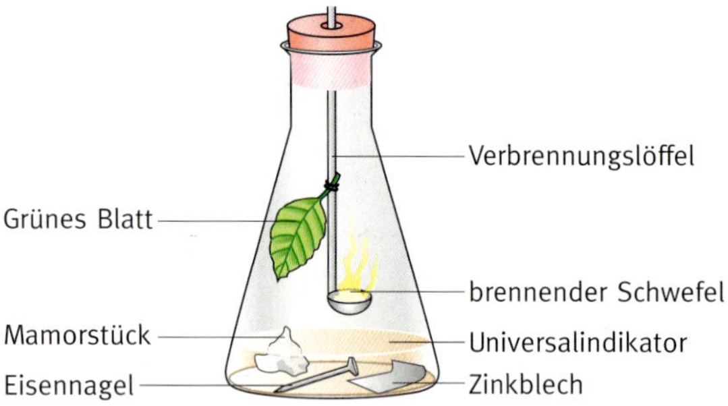

Durchführung: In einen Erlenmeyerkolben (500 ml) gibt man etwa 50 ml Wasser und einige Tropfen Universalindikator. In das Wasser legt man einen Eisennagel, ein Stück Zinkblech und Kalkstein. Man befestigt ein Laubblatt an einem Verbrennungslöffel und den Löffel an einem Gummistopfen. Anschließend gibt man Schwefel in den Verbrennungslöffel und entzündet ihn unter dem Abzug. Dann verschließt man mit dem Stopfen, an dem der Löffel befestigt ist, luftdicht den Erlenmeyerkolben. Nach dem Abbrennen des Schwefels wird der Kolben vorsichtig geschwenkt, damit sich die Oxidationsprodukte des Schwefels im Wasser lösen.

Aufgaben:
a) Protokollieren und erklären Sie die Beobachtungen.
b) Ziehen Sie Parallelen zu Vorgängen in der Umwelt.

2 Modellexperiment zum Smog

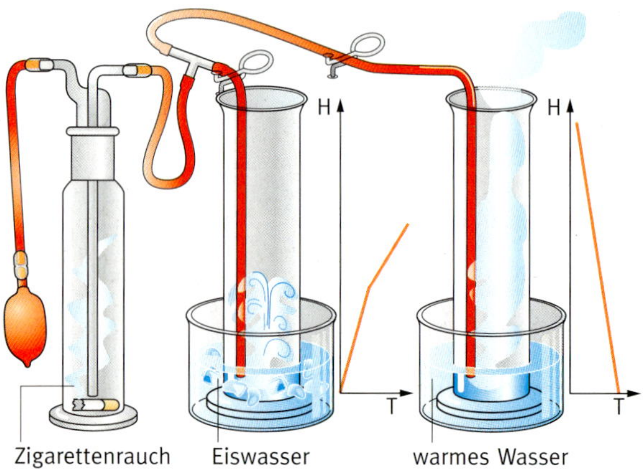

Material: Blasebalg, 2 Glaszylinder, 2 flache Glaswannen, Gummischläuche, Schlauchklemmen, T-Stück, Waschflasche, Zigarettenstummel

Durchführung: Das Experiment wird wie in der Versuchszeichnung aufgebaut. Man gibt zwei brennende Zigarettenstummel in die Waschflasche. Nach dem Verschließen befördert man mit dem Blasebalg den Rauch in den ersten und anschließend in den zweiten Zylinder. Der Strom des Rauches kann durch die Schlauchklemmen gesteuert werden.

Aufgaben:
a) Beschreiben und erläutern Sie Ihre Beobachtungen.
b) Ziehen Sie Parallelen zu den Vorgängen bei verschiedenen Wetterlagen.

3 Modellexperiment zum Treibhauseffekt

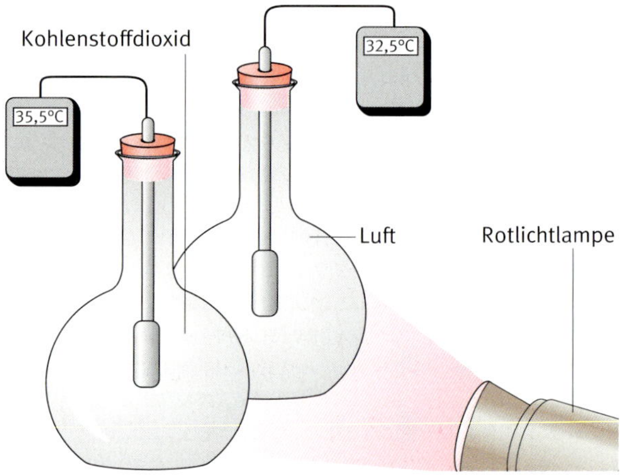

Material: 2 Digitalthermometer, 2 Glasstehkolben (250 ml), 2 durchbohrte Gummistopfen, Infrarotlampe (Rotlichtlampe), Kohlenstoffdioxid, helle Pappe

Durchführung: In zwei durchbohrte Gummistopfen werden die Temperatursonden von Digitalthermometern luftdicht eingepasst. Mit diesen Stopfen werden zwei Glaskolben verschlossen, von denen einer zuvor mit Kohlenstoffdioxid gefüllt wurde. Beide Kolben werden vor einer hellen Pappe nebeneinander gestellt und mit einer Rotlichtlampe gleichmäßig bestrahlt. Man protokolliert die Temperatur in beiden Kolben über einen Zeitraum von 30 Minuten.

Aufgaben:
a) Stellen Sie die Werte grafisch dar und erklären Sie den Verlauf der Kurven.
b) Ziehen Sie Parallelen zum globalen Treibhauseffekt.

4 Belastungen und Schutz der Wasserressourcen

4.1 Wassergewinnung und Wassernutzung in Deutschland

Wasser ist eine der wichtigsten Substanzen für das Leben auf unserem Planeten. Durch seine Fähigkeit, Wärme über längere Zeit zu speichern und langsam wieder abzugeben, herrschen auf der Erde keine lebensbedrohlichen Temperaturextreme zwischen Tag und Nacht wie auf den übrigen Planeten unseres Sonnensystems. In einem von der Sonne angetriebenen Wasserkreislauf werden riesige Wassermengen zwischen Verdunstung und Kondensation bewegt.

Die Verfügbarkeit von Wasser war schon immer ein bedeutsamer Faktor bei der Entwicklung menschlicher Siedlungen. Im heutigen Deutschland hat das **Trinkwasser** nach der *Trinkwasserverordnung* hohen Qualitätsanforderungen zu entsprechen. Es muss danach sowohl klar, farblos, geruchlos und geschmacklich einwandfrei, als auch frei von Krankheitskeimen oder gesundheitsschädlichen Substanzen sein. Für eine Reihe von Stoffen wurden Grenzwerte festgelegt, die nicht überschritten werden dürfen. Sie betragen zum Beispiel für Nitrat-Ionen 50 Milligramm pro Liter, für Pestizide insgesamt 0,0005 und pro Einzelsubstanz 0,0001 Milligramm pro Liter.

Neben Stoffen, die durch die Tätigkeit des Menschen ins Trinkwasser gelangen, gibt es auch Substanzen, die natürlicherweise im Trinkwasser vorkommen. Je nach den geologischen Verhältnissen kann das *Rohwasser* unter anderem unterschiedliche Konzentrationen von Calcium- und Magnesiumverbindungen enthalten. Sie verursachen die so genannte *Härte des Wassers*. Als Einheit verwendet man heute Millimol Erdalkali-Ionen pro Liter und nicht mehr den Deutschen Härtegrad. Wasserwerke unterscheiden vier Härtebereiche. Weiches Wasser hat eine Gesamthärte bis 1,3 mmol/l, mittleres bis 2,5 mmol/l, hartes bis 3,8 mmol/l und sehr hartes Wasser über 3,8 mmol/l. Für die menschliche Gesundheit ist ein gewisser Härtegrad unerlässlich, da wir unseren Körper auch über das Trinkwasser mit Mineralstoffen versorgen. Zum Beispiel benötigen wir Calcium-Ionen zum Aufbau der Zähne und der Knochen. Bei höheren Härtegraden kommt es, vor allem bei Erwärmung, zu Ausfällungen in Rohrleitungen und Maschinen.

WIRTSCHAFT

Wasserangebot und Wassernutzung in Deutschland

Im langjährigen Mittel stehen uns in Deutschland etwa 182 Milliarden Kubikmeter Wasser zur Verfügung. Zirka 24 Prozent dieses Angebots, also 43,7 Milliarden Kubikmeter, werden genutzt.

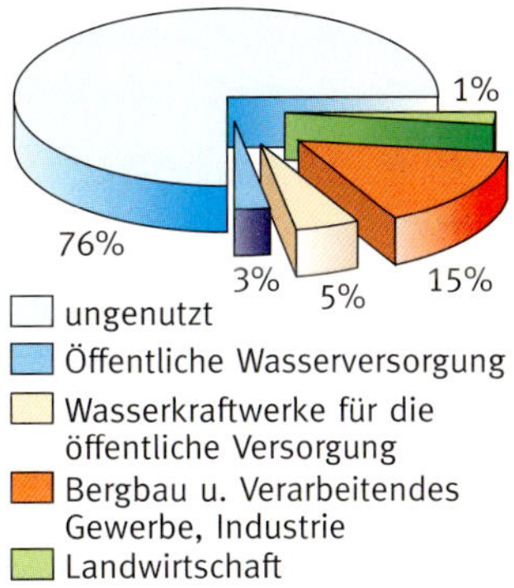

MEDIZIN

Tägliche Wasserbilanz eines Menschen

Je nach Alter und Zustand schwankt der Wassergehalt eines Menschen zwischen 45 und 75 Prozent. Wir müssen abgegebenes Wasser ersetzen. Schon eine Abnahme des Wassergehaltes um 12 Prozent führt zu gesundheitlichen Störungen. Wasser spielt nicht nur eine wichtige Rolle als Lösungs- und Transportmittel, sondern auch im Wärmehaushalt des Körpers.

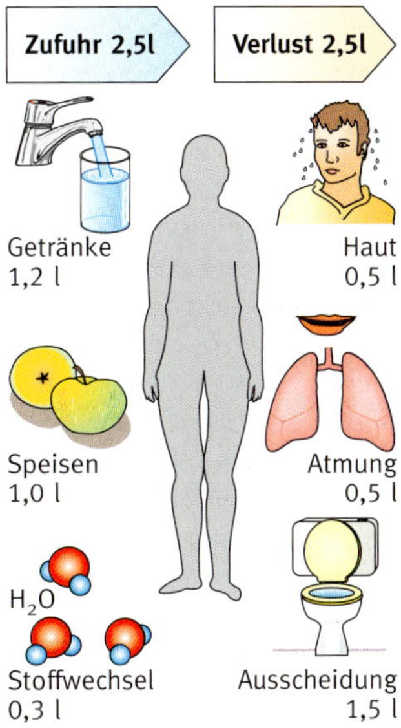

WIRTSCHAFT

Verbrauch von Trinkwasser pro Kopf

Jeder Bundesbürger verbraucht im Haushalt pro Tag durchschnittlich 128 Liter sauberes Trinkwasser. Durch einen sparsameren Umgang mit dem Trinkwasser ist der Verbrauch in den letzten 20 Jahren um rund 10 Prozent gefallen.

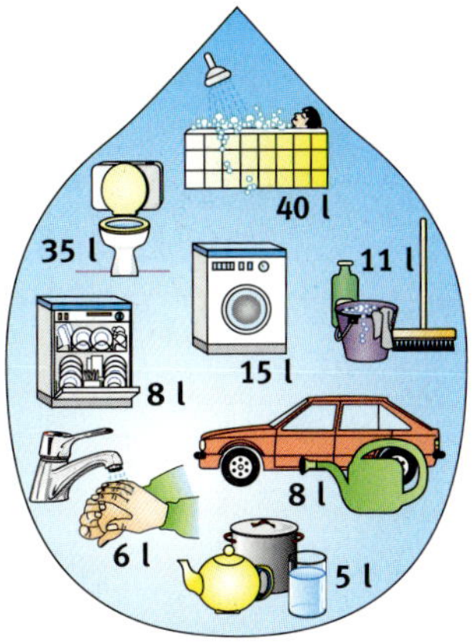

Eine ganze Reihe weiterer Substanzen kann über das *Grundwasser* in unser Trinkwasser gelangen. So können sich ausgewaschene Salze aus Mülldeponien und Abraumhalden oder aus dem Winterstreugut im Grundwasser wiederfinden. Trotz hoher Sicherheitsstandards können in industriellen Ballungsgebieten ökotoxische Stoffe wie Erdölprodukte bei Transportunfällen oder durch Leckagen bei Lagerung oder Produktion bis ins Grundwasser vordringen. Diese Stoffe müssen dann durch aufwändige und damit teure Verfahren wieder entfernt werden. Eins dieser Verfahren ist die Ozonbehandlung mit anschließender Filterung über Aktivkohle. Krankheitskeime, die zum Beispiel durch Abwässer aus der Tierhaltung in das Rohwasser gelangen, können auch durch Chlorzusätze abgetötet werden.

Zum Schutz des Grundwassers im Umfeld von gefassten Trinkwasserquellen und -brunnen werden Trinkwasserschutzgebiete nach dem *Wasserhaushaltsgesetz* ausgewiesen. In diesen Gebieten bestehen besondere Verbote. So dürfen dort zum Beispiel wassergefährdende Stoffe weder hergestellt noch gelagert oder transportiert werden. Ebenso ist das Ausbringen von Gülle und mineralischen Düngemitteln sowie von Schädlingsbekämpfungsmitteln eingeschränkt.

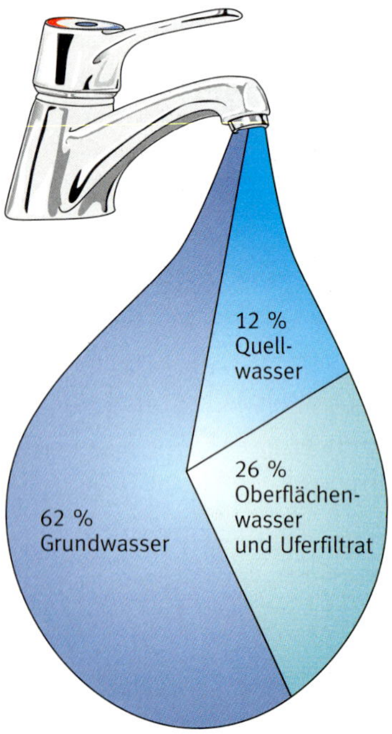

Herkunft des Trinkwassers

Etwa 5,4 Milliarden Kubikmeter Wasser, das sind drei Prozent der nachhaltig verfügbaren Wassermenge in Deutschland, werden der Natur entnommen. Sie müssen mit Ausnahme sauberen Quellwassers mehr oder weniger aufwändig zu Trinkwasser aufbereitet werden. Das Oberflächenwasser stammt aus Talsperren und Seen sowie aus Uferfiltraten der Flüsse.

Während im niederschlagsreichen Deutschland die Versorgung mit Trink- und Betriebswasser gesichert ist, gibt es in vielen anderen Ländern Engpässe in der Quantität und Qualität des von den Menschen benötigten Wassers. Weltweit geht die pro Kopf verfügbare Wassermenge zurück. Zählt man Trink- und Betriebswasser für Industrie und Landwirtschaft zusammen, so standen 2004 statistisch gesehen jedem Menschen etwa 6800 Kubikmeter Wasser zur Verfügung. Diese Menge wird bis zum Jahr 2025 auf 4800 Kubikmeter sinken. Steigt die Weltbevölkerung weiter wie bisher, so werden von den dann wahrscheinlich rund neun Milliarden Menschen voraussichtlich ein Drittel unter Wassermangel leiden. Selbst das absolute Minimum von 20 Litern Wasser, das für jeden Menschen pro Tag für Kochen, Trinken und Hygiene vorhanden sein muss, wird dann in trockenen, armen Ländern nicht zur Verfügung stehen.
Die größte Wassermenge wird nicht zum Trinken verbraucht, sondern sie wird zur **Bewässerung** landwirtschaftlicher Flächen verwendet. Mehr als 70 Prozent des Wassers wird dafür eingesetzt. Ohne diese könnten 40 Prozent der Nahrungsmittel nicht hergestellt werden. Fachleute sehen in der Landwirtschaft ein erhebliches Einsparpotenzial, da mehr als die Hälfte des Wassers versickert oder verdunstet, ohne die Pflanzen zu erreichen. Verbesserte Bewässerungstechniken könnten hier Abhilfe schaffen.

Auch bei der Energiegewinnung spielt Wasser eine Rolle. So verwendet man die Bewegungsenergie des fließenden Wassers, um in Wasserkraftwerken Turbinen zur Erzeugung elektrischer Energie anzutreiben. In Kohle-, Öl-, Gas- und Kernkraftwerken wird Wasser als Kühl- und Wärmetransportmittel eingesetzt. In ihnen wird Wasserdampf erzeugt, der wiederum Turbinen zur Stromerzeugung antreibt. Ebenso benötigt die Industrie für ihre Produktion große Wassermengen. So werden für die Produktion eines einzigen Autos bis zu 220 000 Liter, für einen Kühlschrank etwa 6600 Liter und zur Erzeugung von einem Kilogramm magerem Rindfleisch 5000 Liter Wasser eingesetzt. Auch bei den industriellen Prozessen versucht man durch Recyclingsysteme und Wasser sparende Produktionsverfahren den Wasserverbrauch zu senken.

1 Erläutern Sie, wodurch das Rohwasser für die Trinkwassergewinnung belastet sein kann.

Trinkwassergewinnung

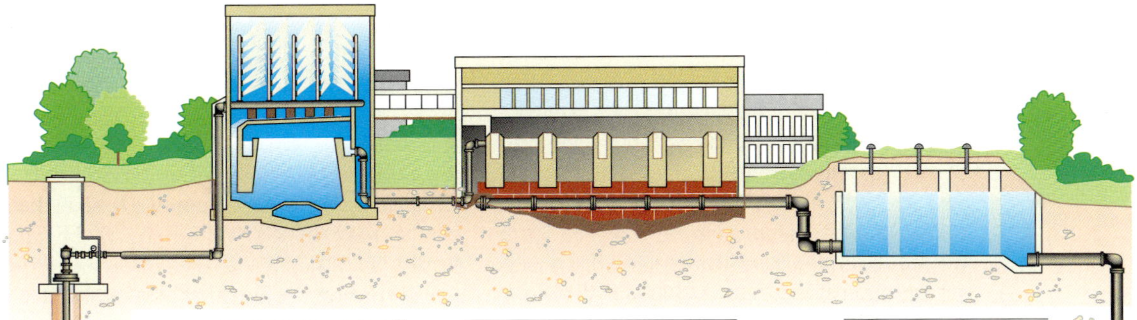

2 Belüftungsanlage   3 Schnellfilteranlage   4 Reinwasserbehälter

Das aus Grund-, Quell- oder Oberflächenwasser stammende Rohwasser muss bis zum Trinkwasser meist folgende Stufen durchlaufen:

① Tiefbrunnen
Das Rohwasser wird aus Grundwasser, aus Uferfiltraten oder von Versickerungsflächen mithilfe von Tiefbrunnen gewonnen. Durch die Bodenpassage werden die meisten Verunreinigungen zurückgehalten. Aus den Tiefbrunnen wird das Rohwasser zur weiteren Aufbereitung in die Wasserwerke gepumpt.

② Belüftungsanlage mit Reaktionsbecken
Da das geförderte Rohwasser kaum freien Sauerstoff enthält, wird es in Belüftungskammern geleitet. In ihnen wird das Rohwasser über Düsen versprüht, wobei es sich mit Sauerstoff anreichert. Im Wasser enthaltene Eisen- und Manganverbindungen werden dadurch oxidiert und fallen im darunter liegenden Reaktionsbecken aus. Würde man diese Verbindungen nicht entfernen, so würden sie sich in Rohrleitungen absetzen und diese mit der Zeit verstopfen. Zudem könnten solche Stoffe das Trinkwasser geschmacklich beeinträchtigen.

1 Tiefbrunnen

③ Schnellfilteranlage
Aus dem Reaktionsbecken gelangt das Wasser in Filterbecken, die mit zwei Meter dicken Kiesschichten ausgestattet sind. Dort werden die ausgeflockten Eisen- und Manganverbindungen zurückgehalten. Die Kiesschichten werden in bestimmten Abständen mit Luft und Wasser gespült, um sie von allen Rückständen zu säubern.

④ Reinwasserbehälter
Wenn keine anderen Fremdstoffe oder Keime im Wasser enthalten sind, ist das Rohwasser zum Reinwasser geworden und wird in meist unterirdische Reinwasserbehälter gepumpt. Diese dienen nicht nur als Speicher, sondern auch als Ausgleichsbehälter, um den unterschiedlichen Verbrauch im Laufe eines Tages auszugleichen.

⑤ Haushalte
Das Trinkwasser wird über Rohrleitungen zum Verbraucher befördert, bei Bedarf mithilfe von Pumpen. Je nach Verschmutzung des Rohwassers müssen die Maßnahmen erweitert werden. Befinden sich zum Beispiel organische Stoffe darin, so wird es einer Ozonbehandlung oder UV-Bestrahlung unterzogen, um sie zu zerstören.

5 Haushalte

4.2 Wasserbelastungen und Wasserreinigung

Das Wasser der Flüsse, Seen und Meere wird vom Menschen nicht nur als Rohstoff genutzt, sondern auch als Verkehrsweg, zur Erholung, als Trinkwasser und als Vorfluter für Abwässer. Fast alle Nutzungen durch den Menschen führen zu Belastungen von Wasser und Gewässern.

So können Luftverschmutzungsstoffe in Form von Staub, Gasen und Aerosolen durch Verdriftung in alle Gewässer gelangen. Ihre Auswirkungen sind dort in erster Linie *Eutrophierung* und *Versauerung*. Zusätzlich können ausgewaschene Düngemittel oder Pestizide der Landwirtschaft die Gewässer verschmutzen. Auch Schiffs- und Bootsverkehr belasten durch Rückstände der Motoren oder durch Ladungsrückstände die Wasserverkehrswege. Bei Tanker- und Bohrinselunglücken gelangen große Mengen Erdöl in die Meere. Das Öl zerstört Laichgründe der Fische, tötet tausende von Seevögeln und verschmutzt Küstenregionen. Noch immer werden Meere als Müllgruben für Produktionsrückstände der Industrie verwendet. Das Einbringen dieser Stoffe bezeichnet man als *Verklappung*. Auch Binnengewässer werden in vielfältiger Weise durch Industrie, Gewerbe und Bergbau belastet. Man geht von mindestens 100 000 verschiedenen Stoffen aus. Die Kraftwerke heizen durch ihr Kühlwasser Gewässer auf. Hinzu kommen die Siedlungsabwässer. Sie enthalten vor allem Reinigungsmittel und Fäkalienrückstände, aber auch Krankheitskeime und Arzneimittelrückstände wie Hormone oder Antibiotika.
Eine ganze Reihe von Stoffen, zum Beispiel aus Pestiziden, Kunststoffen oder Sonnenschutzmitteln, wirken ähnlich wie bestimmte Sexualhormone. Sie werden deshalb auch als *Umweltöstrogene* bezeichnet. Diese Substanzen werden in Klärwerken kaum abgebaut. Dadurch können sie in die Gewässer und über das Grundwasser auch ins Trinkwasser gelangen. Man vermutet, dass sie bei Tier und Mensch die Fruchtbarkeit herabsetzen. Bereits nachgewiesen wurde die Verweiblichung von Fischen in Gewässern, die verstärkt als Vorfluter von Kläranlagen dienen.

In Deutschland werden über 90 Prozent der Haushaltsabwässer zumindest einer mechanischen und biologischen Reinigung unterzogen. Weltweit werden dagegen nur etwa 10 Prozent aller Abwässer in irgendeiner Weise gereinigt. Im *Wasserhaushaltsgesetz* von 1976 wurden bundesweit einheitliche Mindestanforderungen an das Einleiten von Abwässern festgelegt. Durch diese gesetzlichen Vorschriften wurden Städte, Gemeinden und Industrie gezwungen, entsprechende Klärwerke zu bauen. In der Industrie müssen dabei vielfach spezielle Reinigungsverfahren eingesetzt werden.

148.1 Eingriffe des Menschen in aquatische Ökosysteme

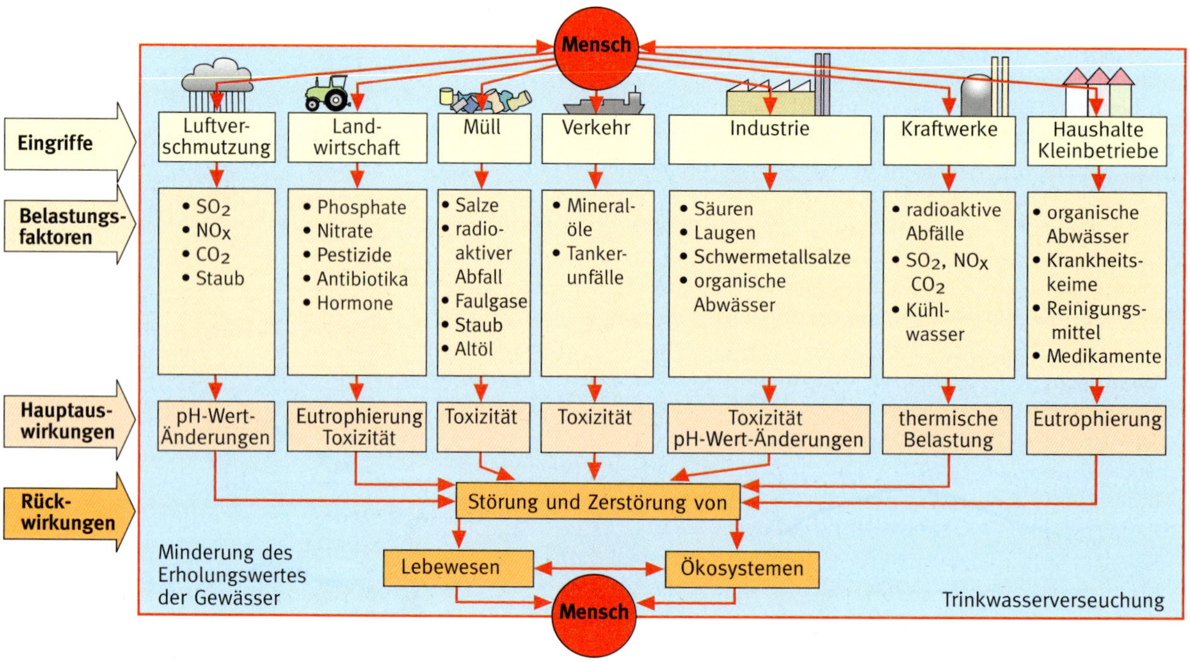

Abwasserreinigung

Mechanische Reinigungsstufe

Das im Klärwerk ankommende Abwasser wird durch Rechen ① von groben Verunreinigungen befreit. Im anschließenden Sandfangbecken ② setzen sich bei geringer Strömungsgeschwindigkeit alle mineralischen Stoffe wie Sand und Steine ab. Danach passiert das Abwasser ein Vorklärbecken ③, in dem die Strömungsgeschwindigkeit weiter herabgesetzt wird. Dadurch setzen sich Schlammpartikelchen am Boden ab. Die schwimmenden Teilchen wie Fettbestandteile schwimmen oben und können abgeschöpft werden. In dieser Reinigungsstufe werden 20 bis 30 Prozent der Schmutzstoffe entfernt.

Biologische Reinigungsstufe

Das vorgeklärte Wasser gelangt jetzt in ein Belebtschlammbecken ④. Der Belebtschlamm besteht aus Organismen wie Bakterien und Protozoen, die die organischen Verschmutzungsstoffe zersetzen, um eigene Körpersubstanz aufzubauen und ihren Energiebedarf zu decken. Hier werden die in den Gewässern ablaufenden Selbstreinigungsvorgänge in zeitlich komprimierter Form durchgeführt. Das Becken ist in verschiedene Bereiche eingeteilt. Der erste Bereich, die anaerobe Zone, wird nahezu sauerstofffrei gehalten. Dagegen wird in den zweiten Bereich Sauerstoff eingeblasen. In dieser aeroben Zone setzen chemoautotrophe Bakterien das bei der Eiweißzersetzung frei werdende Ammoniak beziehungsweise die Ammonium-Ionen im Nitrifikationsprozess zu Nitrit- und schließlich zu Nitrat-Ionen um. Das jetzt nitrathaltige Wasser wird in die anaerobe Zone zurückgepumpt. Dort wird es von anderen chemoautotrophen Bakterien denitrifiziert. Dabei entsteht elementarer Stickstoff. Dem Abwasser sind jetzt die eutrophierenden Stickstoffverbindungen weitgehend entzogen. Die biologisch abbaufähigen organischen Stoffe sind damit zu 90 Prozent entfernt.

Chemische Reinigungsstufe

Hier werden zum großen Teil die beim Abbau entstehenden Phosphat-Ionen entfernt. Dies geschieht in einem Extrabecken ⑤ oder in der biologischen Reinigungsstufe durch Zusatz des Fällungsmittels Eisen(II)-sulfat. Das ausfallende Eisen(III)-phosphat setzt sich in einem Nachklärbecken ab. Anfallende Schlämme werden in Faultürmen ⑥ weiter zersetzt.

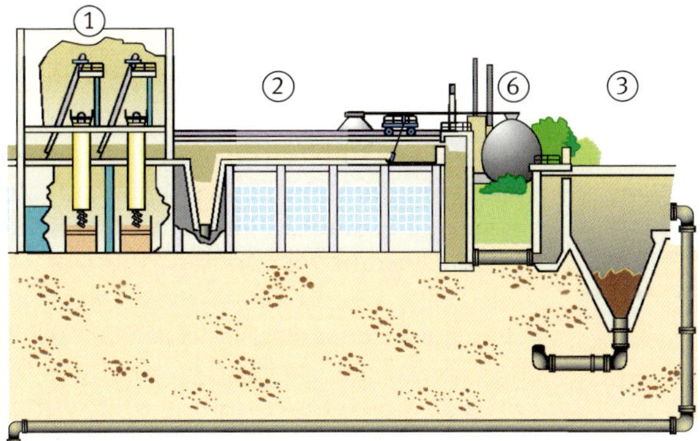

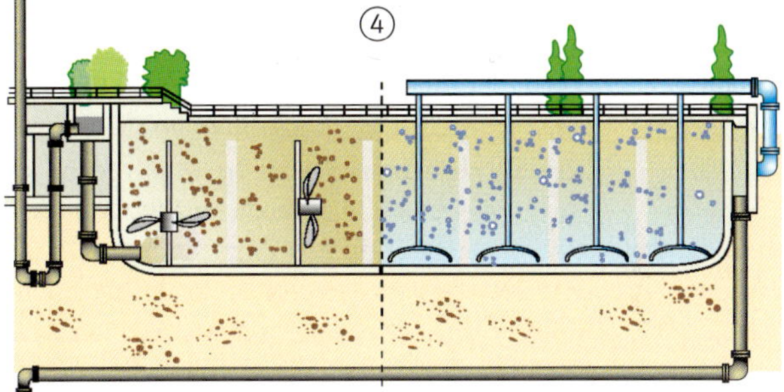

anaerobe Zone
Denitrifikation

$$24\ NO_3^- + 5\ C_6H_{12}O_6 \xrightarrow{\text{Nitrococcus}} 12\ N_2\uparrow + 24\ OH^- + 18\ H_2O + 30\ CO_2$$

$\Delta H_R = -2387$ kJ/mol

aerobe Zone
Nitrifikation

$$2\ NH_3 + 3\ O_2 \xrightarrow{\text{Nitrosomonas}} 2\ H^+ + 2\ NO_2^- + 2\ H_2O$$

$\Delta H_R = -552$ kJ/mol

$$2\ NO_2^- + O_2 \xrightarrow{\text{Nitrobacter}} 2\ NO_3^-$$

$\Delta H_R = -146$ kJ/mol

$$\text{Organ. Verbindungen} \longrightarrow CO_2,\ H_2O,\ PO_4^{3-},\ NO_3^-,\ SO_4^{2-}$$

Fällung mit Eisen(II)-sulfat

$$Fe^{2+} \longrightarrow Fe^{3+} + e^-$$

$$Fe^{3+} + PO_4^{3-} \longrightarrow FePO_4\downarrow$$

1 Stellen Sie Vor- und Nachteile der heutigen Klärverfahren zusammen.

5 Nutzung des Bodens durch die Landwirtschaft

5.1 Landwirtschaftliche Nutzungsformen

Unter Landwirtschaft versteht man die Bewirtschaftung des Bodens zur Gewinnung pflanzlicher und tierischer Produkte. Sie sichert damit die Nahrung für die Menschheit. Eine produzierende Landwirtschaft, die Pflanzen anbaut und Nutztiere pflegt, gibt es seit etwa 12 000 Jahren. Die Kerngebiete des ersten Ackerbaus lagen in den wärmeren Regionen der Erde. Schon sehr früh gab es hoch entwickelten Ackerbau im Niltal, in Mesopotamien und im fernen Osten. Die damals typische kleinräumige Nutzung des Bodens blieb lange Zeit bestehen.

Im ersten Jahrtausend vor Christus umfasste der Agrargürtel der Erde bereits Europa, Nordafrika sowie Teile Asiens und Mittelamerikas. Ein einschneidender Wandel begann vor etwa 500 Jahren mit der Kolonialisierung. Seit dieser Zeit wurden europäische Wirtschaftsformen auf neue Gebiete übertragen. Es entstanden Plantagen mit den Kulturpflanzen Reis, Kaffee, Tee und Banane. Die jüngste massive Veränderung des Agrarraumes setzte um 1950 ein. Sie ist durch Technisierung, moderne Fruchtwechselsysteme, intensiven Pestizid- und Düngemitteleinsatz sowie die Züchtung neuer Pflanzensorten gekennzeichnet. Erst jetzt wurde der Boden vor allem in Amerika und Europa sehr großflächig genutzt. Riesige Felder mit *Monokulturen* wie Weizen, Mais oder Baumwolle setzten sich durch. Auch die Reisanbaugebiete Südostasiens sind ein Beispiel für einseitige Bodennutzung. Vorteile solcher Monokulturen sind der konzentrierte Einsatz von Maschinen sowie speziellen Dünge- und Schädlingsbekämpfungsmitteln. Nachteilig wirken sich die einseitige Abhängigkeit von Witterungseinflüssen, die Gefahr der Bodenermüdung und die schnelle Ausbreitung von Pflanzenkrankheiten aus. Mischkulturen ermöglichen einen besseren Risikoausgleich. Die Bodenmüdigkeit lässt sich durch einen Wechsel verschiedener Kulturpflanzen verhindern.

Klima und Boden geben weltweit den regionalen Rahmen für die landwirtschaftliche Nutzung vor. In den feuchten Tropen werden die Böden durch die starken Niederschläge ausgewaschen, sie werden dadurch nährstoffarm. Die hohe Biomasseproduktion lässt sich am besten im *Wanderfeldbau* nutzen. Die Böden der trockenen Tropen zeigen eine höhere

150.1 Agrarregionen der Erde. **A** Wanderfeldbau im Regenwald; **B** Ananasplantage; **C** Monokultur Reis; **D** Weidewirtschaft mit Rentieren; **E** Weltkarte der Agrarregionen

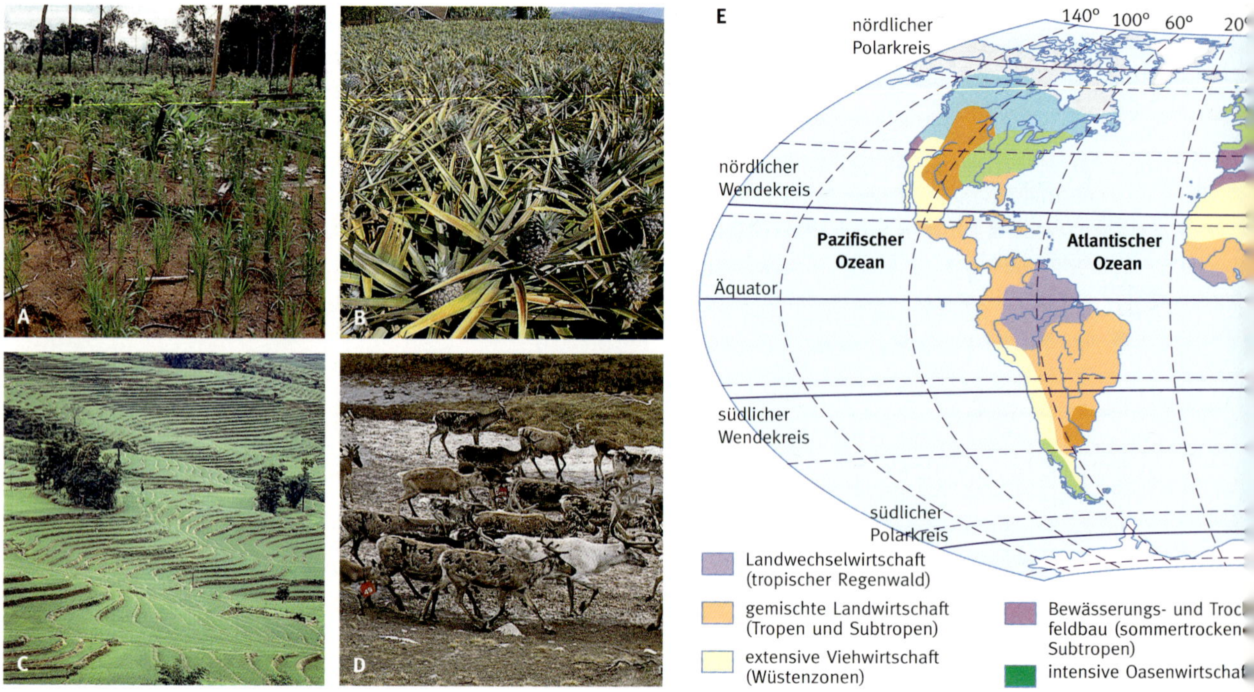

Fruchtbarkeit, jedoch beschränken die geringeren Niederschläge den Feldbau. In Halbwüsten und Wüsten ist nur eine *extensive Nutzung* durch nomadische *Viehhaltung* und *Sammelwirtschaft* möglich. Nur in Oasen werden mittels Grundwassernutzung auch Dattelpalmen und Hirse angebaut.
In den Subtropen ist während der trockenen Sommer meist eine Bewässerung nötig. Hier gedeihen Getreide, Baumwolle, Erdnüsse und Tabak. In der sich polwärts anschließenden kühlgemäßigten Zone finden sich die ausgedehntesten Feldbaugebiete der Erde. Neben Getreide werden hier Hackfrüchte und Futterpflanzen wie Kartoffel, Rüben und Klee angebaut.
In der subpolaren Zone ist kein Pflanzenanbau möglich. Hier betreibt man eine extensive Weidewirtschaft in Form der Rentierhaltung.

Die Weltproduktion an Nahrungsmitteln ist seit 1970 um jährlich zwei Prozent gestiegen. Trotz dieser Steigerungsrate von rund 70 Prozent bleibt Unterernährung weltweit ein Problem. Angesichts des explodierenden Bevölkerungswachstums und der ungerechten Verteilung wird die Zahl hungernder Menschen eher steigen. Eine Möglichkeit, neue Flächen für den Ackerbau nutzbar zu machen, ist die *Neulanderschließung*. Sie findet heute vor allem in Steppen- und Savannengebieten und im tropischen Regenwald in Entwicklungsländern statt. Hier betreibt man Brandrodung, auf die Wanderfeldbau und Landwechselwirtschaft folgen.
In Europa gewann man neue Ackerflächen eher durch den Umbruch von Grünland oder durch Kultivierung von Mooren. An der Nordsee wurden Marschböden entwässert und entsalzen sowie große Flächen eingedeicht. Diesem Landgewinn wurden viele artenreiche und heute seltene Ökosysteme wie Moore, Feuchtwiesen und Wattlebensräume geopfert.

Die **Viehwirtschaft** spielt ebenfalls weltweit eine große Rolle. Bei der *Wanderviehwirtschaft* zieht der Mensch mit den Herden zu den Weidegründen. Eine besondere Form ist die Almwirtschaft. Hier wandern die Herden im jahreszeitlichen Wechsel zwischen Tal und Höhe. Im Winter steht das Vieh im Stall.
Die *stationäre Viehwirtschaft* wird dagegen als reine Weidewirtschaft oder Stallhaltung betrieben. Dabei ist die **Massentierhaltung** sehr technisiert und rationalisiert. Das kann sich nachteilig auf Verhalten und Gesundheit der Tiere auswirken. Außerdem werden große Abfallmengen auf kleinem Raum produziert.

1 Stellen Sie in einer Tabelle die Agrarregionen der Erde mit Vorkommen, Merkmalen und Nutzungsmöglichkeiten zusammen.

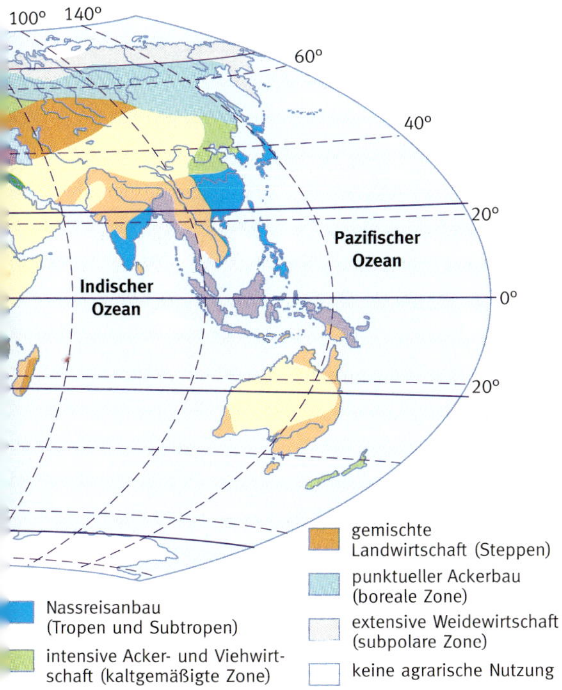

151.1 Heimische Landwirtschaft. **A** großräumige Landnutzung; **B** Legebatterie; **C** Rinderweide; **D** kleinräumige Landnutzung

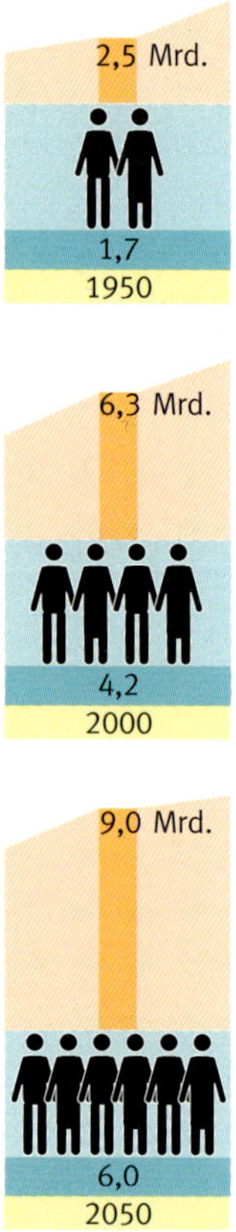

152.1 Ein Hektar Agrarfläche muss die folgende Anzahl Menschen ernähren.
■ Weltbevölkerung

5.2 Methoden und Probleme der modernen Landwirtschaft

Für die weitere Existenz der Menschheit ist die Nahrungsmittelproduktion entscheidend. Mit steigender Bevölkerungszahl war es nötig, die landwirtschaftlichen Flächen zu vergrößern und die Hektarerträge zu steigern. Von den 13 Milliarden Hektar Landflächen der Erde werden bereits über fünf Milliarden Hektar als Acker-, Grün- und Weideland genutzt. Den Rest nehmen Wald, Steppe, Wüste, Gletscher und Gebirge ein.
Bevölkerungswachstum und Nahrungsmittelproduktion verlaufen in den Industrie- und Entwicklungsländern unterschiedlich. In den Entwicklungsländern leben heute fast drei Viertel der Menschheit. Die Agrarproduktion kann dort mit dem steigenden Bedarf nicht mithalten. Weltweit muss ein Hektar Agrarfläche immer mehr Menschen ernähren. Für das Jahr 2050 wird eine Erdbevölkerung von etwa 9 Milliarden vorausgesagt. Dann müsste ein Hektar Ackerfläche Nahrung für sechs Menschen bereitstellen.

Hunger ist heute schon ein weltweites Problem. Der so genannte **Hungergürtel** der Erde umfasst Länder, deren Einwohner täglich weniger als 9500 Kilojoule zu sich nehmen. Hiervon sind zwei Milliarden Menschen in weiten Teilen Afrikas, Lateinamerikas, Vorder-, Süd- und Südostasiens betroffen. Obwohl gerade in diesen Regionen neue Flächen erschlossen wurden, liefern heute nur etwa 50 Prozent davon landwirtschaftliche Produkte. Probleme wie zusammenbrechende Stromversorgung, kaputte Pumpsysteme, hohe Transportkosten, fehlende Infrastruktur und Kriege erschweren die Bewirtschaftung. Hinzu kommen Verluste durch Erosion, Wanderdünen und Bodenversalzung.

Überall auf der Erde ist man bemüht, höhere Erträge durch verbesserte Anbaumethoden, Düngemaßnahmen und neue Kultursorten zu erzielen. Eine dauerhafte landwirtschaftliche Bodennutzung ist ohne **Düngung** nicht möglich. Sie muss diejenigen Nährsalze im Boden ersetzen, die die angebauten Kulturen dem Boden entziehen oder die durch Auswaschung verloren gehen. Durch die Ernte werden dem Stoffkreislauf vor allem die Elemente Stickstoff und Phosphor entzogen, sodass mit Mineraldüngern, die Nitrate und Phosphate enthalten, gedüngt wird. Weltweit wurden im Jahr 2005 etwa 130 Millionen Tonnen Düngemittel verbraucht. In Deutschland ist der Absatz leicht rückläufig, seitdem im Jahr 1996 eine neue Düngeverordnung in Kraft trat. Sie

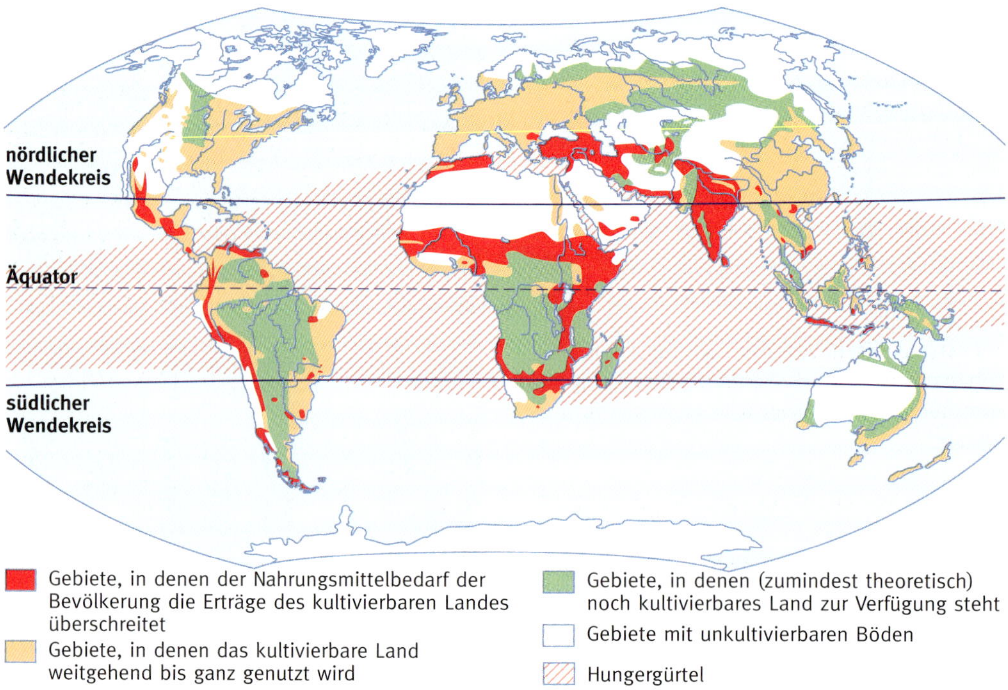

152.2 Hungergürtel der Erde

regelt den bedarfsgerechten Einsatz von Dünger, sodass langfristig Nährsalzeinträge in Gewässer und andere Ökosysteme verringert werden. Sie soll damit auch das Grundwasser besser vor Nitratverseuchung schützen.

Ein wesentlicher Faktor zur Steigerung der Flächenerträge ist der **chemische Pflanzenschutz.** Der Kampf gegen Ackerwildkräuter und Schädlinge ist so alt wie Ackerbau und Viehzucht selbst. Jahrhundertelang wurde er vor allem mit mechanischen Mitteln wie Absammeln der Schädlinge und Jäten geführt. Heute beträgt der weltweite Einsatz chemischer Giftstoffe über zwei Millionen Tonnen. Trotz dieses Einsatzes gehen immer noch 30 Prozent der Ernten verloren. Man verwendet heute zum Beispiel Herbizide gegen Unkräuter, Fungizide gegen Pilze, Insektizide gegen Insekten und Molluskizide gegen Schnecken. Einige dieser Schadstoffe wie das Insektizid DDT können sich in Nahrungsketten anreichern und beim Menschen zu gesundheitlichen Schäden führen. Obwohl dieses Insektizid deshalb in ganz Europa verboten ist, wird es noch für Afrika und Asien produziert. Man nutzt es hier zur Bekämpfung der Malaria. Die WHO schätzt die Zahl weltweiter Pestizidvergiftungen, die vor allem durch falsche Anwendung zustande kommen, auf jährlich drei Millionen. Dabei entfallen 99 Prozent auf Entwicklungsländer.

Die großflächige Agrarwirtschaft führte auch zu einer Veränderung des Landschaftsbildes in Deutschland. Große zusammenhängende Flächen lassen sich besser mit Maschinen bearbeiten, düngen, wässern oder auch mit Pflanzenschutzmitteln besprühen. Durch die Zusammenlegung kleiner Felder verschwanden jedoch vielerorts Hecken und Ackerrandstreifen völlig. Dadurch geht nicht nur ein Teil der Artenvielfalt verloren, sondern auch ein Lebensraum für natürliche Schädlingsbekämpfer und Bestäuber wie Singvögel und Insekten.

1 Werten Sie die Diagramme 153.1 und 153.2 aus. Stellen Sie Vorteile des Einsatzes von Düngemitteln und Schädlingsbekämpfungsmitteln den Nachteilen gegenüber.

2 In welchen Gebieten der Erde liegt der so genannte Hungergürtel? Diskutieren Sie geeignete Maßnahmen gegen den Hunger.

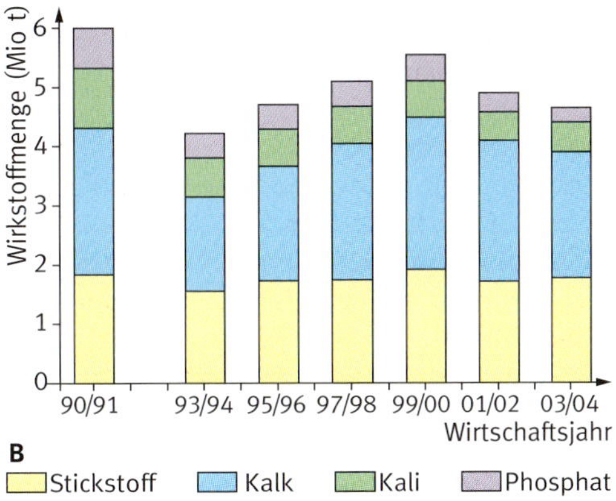

153.1 Düngemittel.
A Einsatz;
B Lieferung an die Landwirtschaft in Deutschland

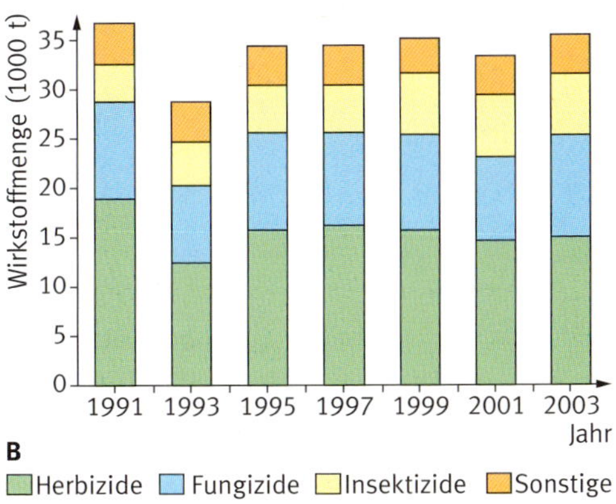

153.2 Pflanzenschutzmittel.
A Einsatz;
B Verbrauch in Deutschland

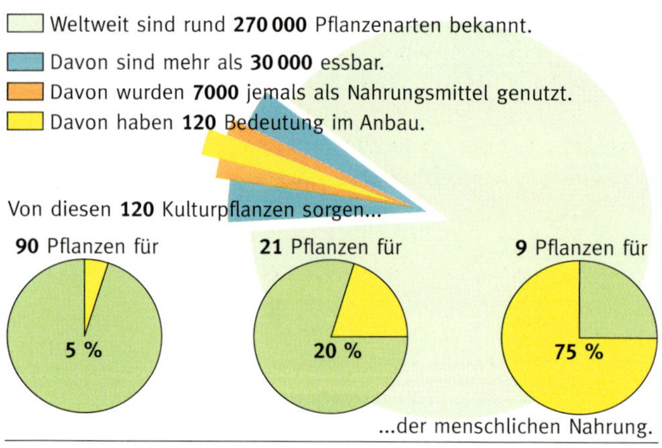

154.1 Pflanzen als Nahrungsgrundlage

Grüne Gentechnik

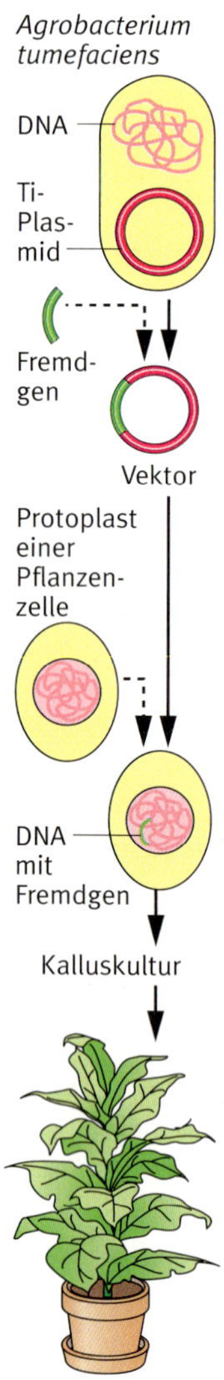

Die Grafik zeigt, dass von den 30 000 essbaren Pflanzenarten nur 120 zu wichtigen Kulturpflanzen wurden. Nur neun von ihnen decken 75 Prozent der menschlichen Ernährung: Weizen, Reis, Mais, Kartoffel, Gerste, Batate, Sojabohne, Hirse und Zuckerrohr. Insekten und Krankheitserreger wie Bakterien, Viren oder Pilze können diese Pflanzen befallen und zu gravierenden Ernteverlusten führen.
Deshalb versucht die so genannte grüne Gentechnik, auf der Grundlage vorhandener guter Eigenschaften Kulturpflanzen gezielt weiterzuentwickeln. Die Züchtungsziele entsprechen denen der klassischen Züchtung: sichere Ernten, hohe Erträge, Widerstandskraft und Schädlingsresistenz. Außerdem sollen Inhaltsstoffe verbessert werden. Dazu zählen ein höherer Proteinanteil beziehungsweise zusätzliche essenzielle Aminosäuren oder Vitamine.

Der **Gentransfer** eröffnet den Pflanzenzüchtern ganz neue Möglichkeiten. Die neue Eigenschaft, zum Beispiel eine Virusresistenz, kann nun auch von anderen Pflanzenfamilien in das Genom der Kulturpflanze eingebaut werden. Bis heute wurden etwa 100 solcher Gene isoliert. Sogar Bakterien kommen als Genspender in Frage.
Für einen Gentransfer gibt es verschiedene Möglichkeiten: Der **indirekte Gentransfer** wird mithilfe des Bodenbakteriums *Agrobacterium tumefaciens* durchgeführt. Dieses löst normalerweise durch natürlichen Gentransfer bei Pflanzen Tumore aus. Die tumorerregenden Teile des entsprechenden Ti-Plasmids kann man jedoch entfernen und statt dessen ein Fremdgen einbauen. Jetzt schleust das *Agrobacterium* das gewünschte Gen in das Genom der Pflanzenzelle ein. Aus dem entstehenden Kallusgewebe wächst eine genveränderte Pflanze heran. Diese Methode lässt sich vor allem bei zweikeimblättrigen Pflanzen wie Raps, Kartoffel und Zuckerrübe anwenden.
Bei den einkeimblättrigen Getreidearten wird ein **direkter Gentransfer** durchgeführt. Kleine Gold- oder Wolframpartikel werden mit Fremd-DNA beschichtet und in die Zelle geschossen. Ein weiteres Verfahren des direkten Gentransfers ist das Einschleusen von Erbmaterial in Protoplasten. Diese zellwandlosen Pflanzenzellen werden gemeinsam mit der DNA in ein Glasgefäß gefüllt und einem kurzen Stromstoß ausgesetzt. Auch aus diesen genveränderten Zellen bilden sich Gewebe und daraus neue Pflanzen.
Nachdem die Pflanzen im Labor getestet wurden, folgen **Freilandversuche** unter kontrollierten Bedingungen. Hier wird überprüft, ob die gentechnisch veränderten Nutzpflanzen in der Praxis bestehen und wie sie sich ökologisch verhalten. In den USA wurden bereits über 10 000 solcher Freisetzungsversuche durchgeführt, bei uns sind es bisher wesentlich weniger. Man muss nämlich damit rechnen, dass Fremdgene durch Pollen auf Nachbarkulturen und auch auf Wildpflanzen unkontrollierbar übertragen werden.

Für die Weltwirtschaft wird die Gentechnik immer bedeutsamer. Mehr als ein Drittel der weltweiten Ernten geht jährlich durch Krankheiten und Schädlinge verloren. Um neue Anbauflächen erschließen zu können, versucht man dürreresistente und salztolerante Kulturpflanzen zu züchten. Erste Erfolge der grünen Gentechnik sind zu verbuchen: Eine neue Reissorte ist reich an Vitamin A. Ein Mangel dieses Vitamins führt in vielen Entwicklungsländern vor allem bei Kindern zur Erblindung.
Durch das Patentrecht kommt es jedoch zu neuen Abhängigkeiten der Entwicklungsländer von den Industrienationen.

5.3 Nachhaltige Landwirtschaft

Ökologisch erzeugte Produkte erfreuen sich einer steigenden Beliebtheit. Was unterscheidet diese Landwirtschaftsform von herkömmlicher, industrieller Landwirtschaft?
Beim **ökologischen Landbau,** auch kontrolliert biologische Landwirtschaft genannt, steht die Erzeugung gesunder, unbelasteter Lebensmittel im Vordergrund. Zusätzlich sollen Boden, Wasser, Luft, Pflanzen, Tiere und Menschen geschützt werden. Diese Landwirtschaftsform verzichtet auf chemische Hilfsmittel. Damit werden weder leicht wasserlösliche Mineraldünger noch synthetische Pflanzenschutzmittel eingesetzt. Vorbeugende Maßnahmen stehen statt dessen im Vordergrund.

Dabei verwendet der Landwirt Sorten, die mit den jeweiligen Boden- und Klimabedingungen gut zurecht kommen, auch wenn sie geringere Erträge liefern. Es wird ausschließlich Saatgut ausgebracht, das nicht gentechnisch verändert ist. Eine bis zu neun Gliedern umfassende **Fruchtfolge** dient dazu, die Populationen von Schadorganismen möglichst klein zu halten. Neben mechanischen werden auch biologische Bekämpfungsmethoden wie der Einsatz von Nützlingen angewendet.
Durch **Gründüngung** werden dem Boden wieder Stickstoffverbindungen wie Nitrate zugeführt. Dazu baut man zum Beispiel Lupine oder Luzerne an, die mit Luftstickstoff bindenden Knöllchenbakterien in Symbiose leben. Die Pflanzen werden im Herbst untergepflügt und verrotten dann im Boden. In biologisch wirtschaftenden Betrieben werden Mist oder Kompost nicht als Abfall, sondern als Dünger betrachtet. Es kommt bei der nachhaltigen Landwirtschaft darauf an, einen möglichst **geschlossenen betrieblichen Nährstoffkreislauf** zu erreichen.

Bei der Tierproduktion steht die **artgerechte Haltung** im Vordergrund. Die Käfighaltung von Hühnern ist genauso verboten wie der Einsatz von Tiermehl oder Hormonen und die vorbeugende Gabe von Antibiotika. In den Ställen von Rindern und Schweinen wird Stroh als Einstreu verwendet; gefüttert werden Pflanzen von betriebseigenen Flächen, und die Tiere erhalten Auslauf.

Ökolandwirtschaft bringt in der Regel geringere Erträge pro Hektar. Da der Pflegeaufwand sehr hoch ist, muss zudem mehr Arbeitszeit aufgewendet werden. Die Preise für Ökoprodukte sind deshalb höher als bei konventionell erzeugten Produkten. Die Anzahl der „Öko-Betriebe" in Deutschland steigt; derzeit werden etwa fünf Prozent der Anbauflächen auf diese Weise bewirtschaftet.
Auf die Natur hat Ökolandbau positive Auswirkungen. Die Zahl der Ackerwildkräuter wie Kornrade, Mohn und Kamille nimmt zu. Auch Vögel wie Feldlerche, Grauammer und Kiebitz sind in solchen Gebieten doppelt so häufig anzutreffen.

Bio nach EG-Öko-Verordnung

155.1 Das Biosiegel. Es garantiert, dass ein Lebensmittel nach den Standards der Öko-Verordnung der EU produziert wurde.

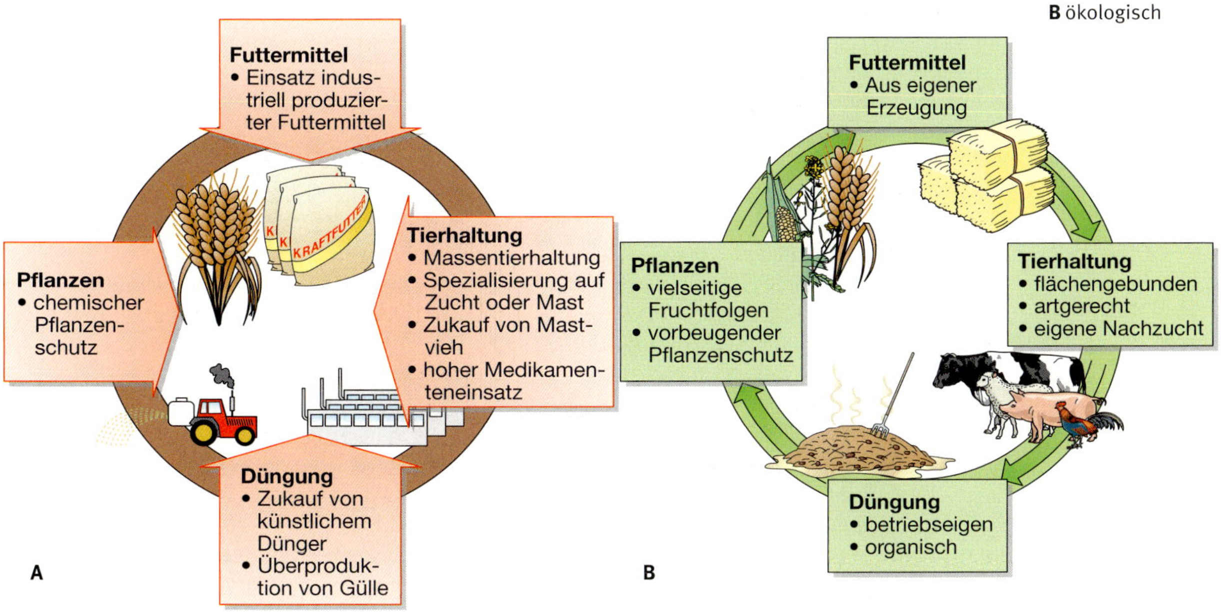

155.2 Landbau. **A** konventionell; **B** ökologisch

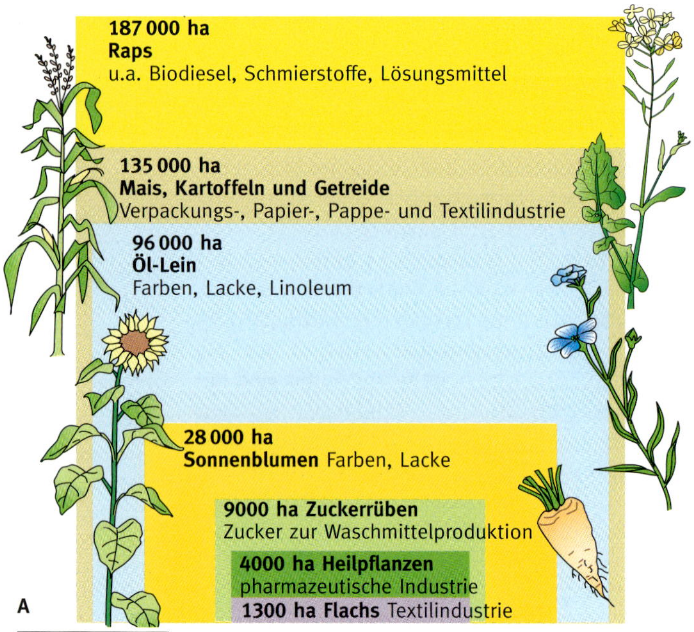

156.1 Nachwachsende Rohstoffe in Deutschland.
A Anbauflächen und Anwendungsgebiete (2000);
B Rapsfeld;
C Leinanbau

Nach der Ölkrise 1973 begann die Diskussion um den industriellen Pflanzenbau, der **nachwachsende Rohstoffe** produziert. Sie sollen der Rohstoff- und Energieversorgung dienen und den Landwirten eine wirtschaftliche Perspektive bieten. Die energetische Nutzung solcher Pflanzen ist außerdem klimafreundlich, da die Kohlenstoffdioxidbilanz ausgeglichen ist: So wird zum Beispiel bei der Verbrennung von Biodiesel aus Raps genauso viel Kohlenstoffdioxid freigesetzt, wie vorher bei der Fotosynthese aus der Atmosphäre gebunden wurde. Produkte aus nachwachsenden Rohstoffen sollen auch dazu beitragen, Abfall- und Entsorgungsprobleme zu lösen. So kann Verpackungsmaterial aus Stärke oder Cellulose im Vergleich zu geschäumtem Polystyrol vollständig kompostiert werden.

Als Rohstoffe oder Energieträger dienende Pflanzen müssen allerdings andere Qualitäten mitbringen als Nahrungspflanzen. Es handelt sich meist um Arten, die schnell wachsen und deshalb nicht so lange brauchen, bis sie genügend Biomasse produziert haben und geerntet werden können. Sie sollen zudem eine hohe Konzentration an erwünschten Inhaltsstoffen wie Fett, Öl, Stärke oder Cellulose aufweisen. Nach diesen Stoffen lassen sich die verschiedenen Produktlinien einteilen: Man unterscheidet Heil- und Gewürzpflanzen, Zucker-, Holz-, Stärke-, Faser- und Ölpflanzen. Das bekannteste Beispiel für einen nachwachsenden Rohstoff ist der Raps. Das daraus gewonnene Rapsöl lässt sich durch chemische Prozesse zum Rapsmethylester, einem Dieselkraftstoff, weiterverarbeiten.

Biodiesel hat Vor- und Nachteile. Ein Vorteil ist, dass bei seiner Verbrennung weniger krebserregende Rußpartikel als bei den herkömmlichen Dieselkraftstoffen entstehen. Zusätzlich enthält Rapsdiesel keinen Schwefel und trägt kaum zum Treibhauseffekt bei, da die Kohlenstoffdioxidbilanz fast neutral ist. Wesentliche Nachteile sind die hohen Kosten, die bisher fehlende Wirtschaftlichkeit und die geringe Alterungsbeständigkeit der Bioöle. Ursache hierfür sind die ungesättigten Fettsäuren in Pflanzenölen. Für dieses Problem muss die Forschung noch weitere Lösungsansätze liefern.

Zu den nachwachsenden Rohstoffen zählen auch Pflanzen wie Lein (Flachs), Faserhanf, Chinaschilf und Sonnenblume. In Deutschland werden heute fast 500 000 Hektar Ackerfläche für solche Pflanzen genutzt. Das entspricht etwa vier Prozent der gesamten landwirtschaftlichen Nutzfläche.

1 Vergleichen Sie konventionelle und ökologische Landwirtschaft miteinander. Nutzen Sie auch die Abbildung 155.2.

2 Informieren Sie sich über einen nachwachsenden Rohstoff näher. Berichten Sie.

6 Naturschutz

6.1 Rückgang der Biodiversität

Bei der Konferenz für Umwelt und Entwicklung im Juni 1992 in Rio de Janeiro verabschiedeten 170 Mitgliedstaaten der Vereinten Nationen die Biodiversitätskonvention, ein Übereinkommen über den Erhalt der biologischen Vielfalt. Seitdem wird die Vielfalt des Lebens auf der Erde häufig mit dem modernen Begriff **Biodiversität** umschrieben.
Man unterscheidet dabei drei Betrachtungsebenen: Die **genetische Vielfalt** beinhaltet die Variationsbreite der Erbinformationen innerhalb der Populationen. Die spezifische Anordnung der Bausteine der DNA unterscheidet sich von Individuum zu Individuum geringfügig. Darauf beruht das Anpassungspotenzial einer Population. Unter **Artenvielfalt** versteht man die Anzahl verschiedener Arten in bestimmten Biotopen. Die **Lebensraumvielfalt** kennzeichnet die Vielfalt an Biotoptypen, ökologischen Nischen und Standortfaktoren in Landschaftsausschnitten.
Der Rückgang der Biodiversität ist eng verknüpft mit den Veränderungen unserer Kulturlandschaft in den letzten 150 Jahren. Ein Beispiel hierfür sind die im Bild- und in den Kartenausschnitten erkennbaren Veränderungen.

In Deutschland sind heute rund 28 000 Pflanzenarten und 45 000 Tierarten bekannt. Drei bis vier Prozent von ihnen gelten als ausgestorben und etwa 40 Prozent als gefährdet.

Ausgestorbene, verschollene und gefährdete Arten werden in **Roten Listen** zusammengefasst. Sie werden im Wesentlichen sechs Gefährdungskategorien zugeordnet. Die ausgestorbenen oder verschollenen Arten gehören zur **Kategorie 0.** Hierzu zählen bei den Wirbeltieren alle Arten, die seit zehn und mehr Jahren nicht mehr nachgewiesen wurden.

157.1 Kulturlandschaft. Das Foto zeigt den im Kartenausschnitt 157.2 markierten Bereich.

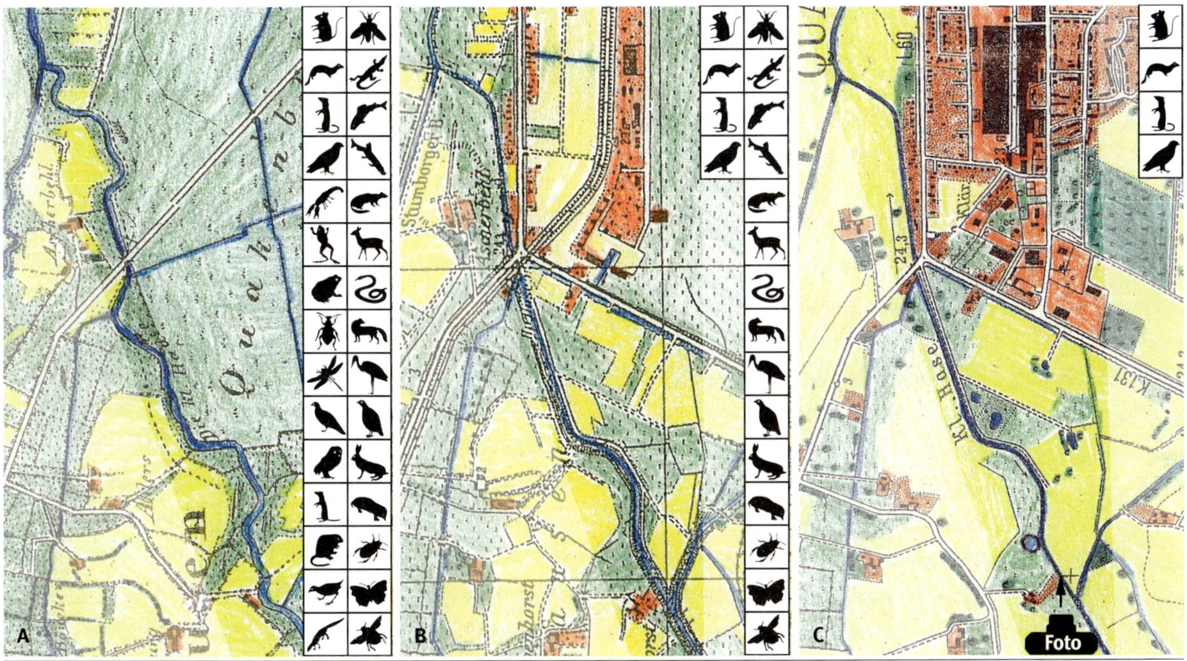

157.2 Kulturlandschaft. A 1850; **B** 1950; **C** heute

0 ausgestorben oder verschollen

1 vom Aussterben bedroht

2 stark gefährdet

3 gefährdet

R extrem selten

V Arten der Vorwarnliste

nicht gefährdet

Etliche Großtierarten sind in Deutschland ausgestorben: der Auerochse seit dem Mittelalter, Braunbär, Wisent und Elch im 17. bis 19. Jahrhundert. Zur **Kategorie 1** zählt man die vom Aussterben bedrohten Arten. Das Überleben dieser Arten ist unwahrscheinlich, wenn die Gefährdungsursachen weiterhin einwirken oder bestandserhaltende Schutz- und Hilfsmaßnahmen fehlen beziehungsweise wegfallen. Fischotter, Birkhuhn, Sumpfschildkröte, Kornrade und Acker-Leinkraut gehören in diese Gefährdungskategorie. Zur **Kategorie 2** zählt man stark gefährdete Arten. Sie kommen national nur in kleinen Beständen vor, gehen nahezu im gesamten Verbreitungsgebiet signifikant zurück und sind in vielen Landesteilen selten geworden oder verschwunden. Dies gilt für Feldhamster, Steinkauz, Edelweiß und Schachblume. Zu den gefährdeten Arten der **Kategorie 3** gehören solche, deren Bestände regional niedrig sind, lokal zurückgehen oder an manchen Orten verschwunden sind. Feldhase, Ringelnatter, Gagelstrauch und Fieberklee werden hier derzeit eingeordnet. Zur **Kategorie R** (very **r**are) zählt man extrem seltene oder sehr lokal vorkommende Arten wie Steinbock und Purpurenzian. Arten, die aktuell noch nicht gefährdet sind, von denen man aber annimmt, dass sie in den nächsten zehn Jahren gefährdet sein werden, ordnet man in die Vorwarnliste, **Kategorie V**, ein.

Vorindustrieller Ackerbau und die Einschleppung von Arten waren wichtige Gründe für die Erhöhung der Artenvielfalt bis ins 19. Jahrhundert. Mit der Industrialisierung und der Intensivierung der Landwirtschaft sind die Veränderungen und Zerstörungen der Lebensräume von Tieren und Pflanzen seit Mitte des 19. Jahrhunderts und besonders in den letzten 50 Jahren enorm gestiegen.

1 Beschreiben Sie die in den Abbildungen 157.1 und 157.2 dargestellten Landschaftsveränderungen.

2 Im betrachteten Landschaftsausschnitt der Abbildung 157.2 verschwanden Stör und Fischotter zwischen 1850 und 1950, viele Wiesenvögel nach 1950. Erläutern Sie.

3 Erläutern Sie unter Verwendung von Abbildung 158.1 mögliche Ursachen der Landschaftsveränderung und des Artenwandels.

Ursachen des Artenwandels	Zeitliche Entwicklung: **Altbesiedlung** Dauer: 30 Jahrhunderte Neolithikum bis Christi Geburt, Wanderwirtschaft, gelegentlich Rodungen und Waldweide	**Jungbesiedlung** Dauer: 18 Jahrhunderte Römerzeit bis 1800, flächendeckende Rodungen, extensive Waldweide, erste Siedlungskonzentration	**1. industrielle Revolution** Dauer: 1,5 Jahrhunderte, 1800–1950 Ausbau von Industrie und Verkehrswegen, Großstadtentwicklung	**2. industrielle Revolution** Dauer: ab 1950 Intensivierung von Industrie und Verkehr, Siedlung und Landwirtschaft	Beispiele aus Deutschland
A Indirekter Einfluss des Menschen 1. Wasserhaushalt: Grundwasserabsenkung, Gewässerausbau					• Rückgang von Arten der Feuchtgebiete
2. Lichtverhältnisse: Waldweide, Extensivweiden, Ackerkulturen, Forstwirtschaft					Ausbreitung • lichtliebender Arten • einjähriger Samenpflanzen
3. Chemismus: direkte Vergiftung (SO_2, Salz), Eutrophierung, saurer Regen					• Baumsterben • Ausbreitung Stickstoff liebender und Rückgang Stickstoff meidender Arten
4. Mechanische Faktoren: Überhege des Wildes, Erholungsintensivierung (zum Beispiel massierter Tritt, Skisport), totale Biotopvernichtung					• Schwierigkeiten bei der natürlichen Laubholzverjüngung • Vernichtung von Teilen der Alpenflora (Bodenerosion)
B Direkter Einfluss des Menschen 1. Sammeln, Einschleppen einzelner Arten					• Ausbreitung der „Unkräuter" • Rückgang von Heilkräutern
2. Bekämpfung von Artengruppen: Saatgutreinigung, Herbizide, Flämmen, Kulturpflanzenwechsel, Bodenbearbeitung					• Rückgang der Kornrade • Rückgang der Leinunkräuter • Rückgang von Geophyten auf Äckern
3. Totale Standortvernichtung: Bodenabbau, Überbauen, Verfüllen, Flurbereinigung, Wasserbau, Nutzungsänderung					• Vernichtung von Kleinbiotopen • Anlage von Müllkippen • Vernichtung von Hecken • Veränderung der Gewässerufer, Anlage von Stauseen
4. Schaffung neuer Biotope: Teiche, Gärten, Äcker, Siedlungen, Verkehrswege					• Nischen für „Neubürger" und Kulturfolger
Bilanz in Bezug auf die Artenvielfalt	langsame Zunahme der Artenzahlen, erste Begleiter des Menschen	starke Erhöhung der Artenzahlen	Stagnation, Rückgang empfindlicher Arten, Zunahme von Ruderalpflanzen	allgemein starke Rückgangtendenz, weitere Neophyten	

158.1 Ursachen des Artenwandels in Deutschland (grün: gering wirksam, orange: mittel bis stark wirksam)

6.2 Bedeutung des Naturschutzes

Ziele des Naturschutzes und der Landschaftspflege sind es nach § 1 des **Bundesnaturschutzgesetzes,** Natur und Landschaft so zu schützen, zu pflegen und zu entwickeln, dass die Leistungsfähigkeit des Naturhaushalts, die Nutzungsfähigkeit der Naturgüter, die Pflanzen- und Tierwelt sowie die Vielfalt, Eigenart und Schönheit von Natur und Landschaft als Lebensgrundlage des Menschen und als Voraussetzung für seine Erholung in Natur und Landschaft nachhaltig gesichert sind. Eine wesentliche Aufgabe des Naturschutzes ist somit die Erfassung der Arten und ihrer Lebensräume. Nur dadurch sind eine nachhaltige Sicherung durch Schutz- und Pflegemaßnahmen sowie die Entwicklung und Neuanlage von Lebensräumen möglich.

Neben ethischen Gründen gibt es für Maßnahmen des Natur- und Artenschutzes eine Reihe von ökologischen und ökonomischen Gründen. Die natürlichen Ressourcen Boden, Wasser und Luft bilden auch für den Menschen die wichtigste Existenzgrundlage. Sie müssen ihm dauerhaft in ausreichender Quantität und vor allem in guter Qualität zur Verfügung stehen. Jede Art ist als Baustein eines Ökosystems zu sehen, in dem sie mit vielen weiteren Arten eingebunden und vielfältig verknüpft ist. Fällt eine Art aus, hat dies oft weit reichende Folgen für andere Arten des Systems. Von jeder Blütenpflanzenart sind beispielsweise fünf bis zwanzig Insektenarten direkt abhängig. In und von einer alten Eiche können sogar mehrere hundert Arten leben.

Viele Arten liefern dem Menschen Nahrung und Rohstoffe. Manche Inhaltsstoffe, besonders von Pflanzen, sind für den Menschen von medizinischer Bedeutung. Durch Züchtung und Gentechnik lassen sich weitere Arten als Rohstoffquelle nutzbar machen. Natürliche Räuber-Beute-Beziehungen werden im Rahmen der biologischen Schädlingsbekämpfung eingesetzt, und viele stenöke Arten dienen dem Menschen als Indikatororganismen.

1 Vergleichen Sie heutige Situation und Vision aus Abbildung 159.1. Stellen Sie an Beispielen dar, wie die Umsetzung der Visionen konkret aussehen könnte. Untersuchen Sie, inwieweit die Zukunftsvorstellungen in Ihrem Schulumfeld schon verwirklicht sind.

Deutschland heute:

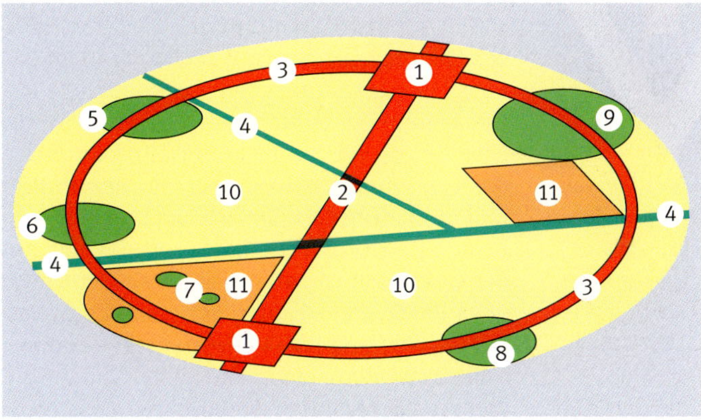

Auf drei bis fünf Prozent der Fläche befinden sich 110 natürliche Ökosystemtypen mit 73 000 Tier- und Pflanzenarten. Die Natur-Restinseln sind durch Barrieren von landwirtschaftlichen Intensivflächen, Straßen, Industriesiedlungen und Ähnlichem weitgehend ökologisch isoliert.
1 Stadt als naturferner menschlicher Lebensraum; **2 Schnellstraße** und **3 Landstraße** als ökologische Barrieren für Tiere; **4 Fließgewässer** meistens kanalisiert und ausgeräumt, unter zehn Prozent naturnah; **5 Nationalpark** (2,0 %): höchster Naturschutzwert, aber ökologisch verinselt; **6 Biosphärenreservat** (3,4 %): ökologisch verinselt, aber gegenüber Naturparken deutlich höherer Wert; **7 Naturdenkmal** (0,05 %): kleine, ökologisch verinselte Biotope mit extremen Randeinflüssen; **8 Naturschutzgebiet** (2,4 %): ökologisch verinselte Flächen, in denen oft Pflegeaufwand erforderlich ist; **9 Landschaftsschutzgebiet, Naturpark** (41,2 %): ökologisch auch in sich verinselt, Naturschutzwert stark eingeschränkt, oft Alibiflächen; **10 landwirtschaftliche Intensivfläche:** Naturschutzwert nur noch reliktartig auf Kleinstflächen beschränkt; **11 Forstflächen** außerhalb von Stadtgebieten: wichtiges Ersatzgebiet für menschliche Erholung mit hohen Störeinflüssen durch Tourismus

Deutschland als Vision nach Rio:

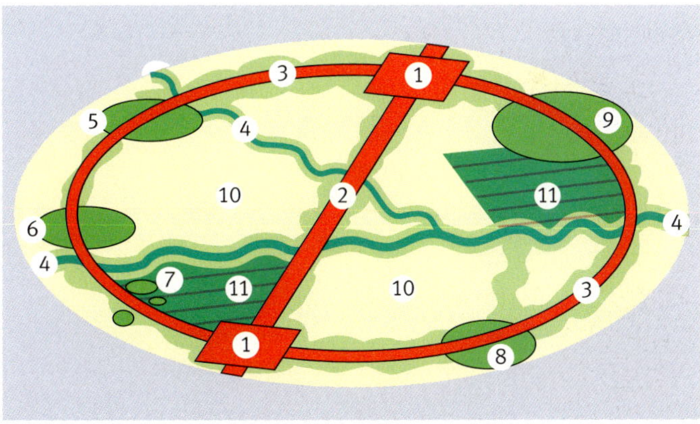

Um die biologische Nachhaltigkeit zu gewährleisten, sind rund 15 Prozent ökologisch vernetzte Naturschutzvorrangflächen nötig, in denen die Lebensgrundlagen von Pflanzen und Tieren geschützt werden.
1 Stadt: viele vernetzte Grünzonen, Naturgärten und Kleinstbiotope, wenig Pflegeaufwand; **2 und 3 Straßenrandbereiche:** naturnah entwickelt mit wenig Pflege; **4 Fließgewässer:** renaturiert mit breiten Gewässerauen und wenig Pflegeaufwand; **5 bis 9 Schutzgebiete:** ökologisch vernetzte naturnahe Gebiete mit hohem Schutz- und Erholungswert; **10 und 11 Land- und Forstwirtschaft:** finanzielle Anreize für ökologisch nachhaltige Wirtschaftsweisen, besondere Leistungen für den Naturschutz werden öffentlich bezahlt

159.1 Kulturlandschaft heute und morgen

160.1 Hinweisschild „Naturschutzgebiet“

6.3 Naturschutzgesetzgebung

Das **Naturschutzrecht** umfasst die zahlreichen Regeln, die sich mit dem Einwirken des Menschen auf die Biosphäre befassen.
Die Resolution *„Man and the Biosphere“* aus dem Jahre 1970 hat für das Weltnaturschutzrecht besondere Bedeutung. Mit diesem Programm reagierte die UNESCO auf die zunehmende Zerstörung der Lebensgrundlagen auf der Erde. Seither hat sie über 440 Gebiete in etwa 100 Staaten als *Biosphärenreservate* anerkannt. Seit der Weltkonferenz über Umwelt und Entwicklung 1992 in Rio de Janeiro gilt die Bewahrung der biologischen Vielfalt als gemeinsames Anliegen der Menschheit.
Internationale und europäische Institutionen organisieren die Umsetzung der von der Staatengemeinschaft getroffenen Vereinbarungen, erarbeiten Richtlinien für die Praxis und unterstützen beziehungsweise überwachen die Realisierung auf nationaler Ebene. Als erstes internationales Abkommen zum Artenschutz gilt die *Konvention zur Regelung des Walfangs* von 1946. Das *Washingtoner Artenschutzabkommen* von 1973 beschränkt den internationalen Handel mit frei lebenden Tieren und Pflanzen. Die *Biodiversitätskonvention* von 1992 hat das Ziel, die biologische Vielfalt zu erhalten. Dabei soll allen Staaten eine gleichberechtigte Nutzung der Ressourcen nach Prinzipien der Nachhaltigkeit ermöglicht werden.

160.2 Schutzgebietskategorien im Überblick

Schutzgebietskategorie	Merkmale
Biosphärenreservat	großflächig; Zonierung nach Intensität menschlichen Eingriffs in Kernzone, Pufferzone und Entwicklungszone; Erhalt von Natur- und Kulturlandschaft; Erhalt der natürlichen Entwicklungsfähigkeit; eingebunden in ein globales Netz; Verbote entsprechend dem Schutzzweck
Natura 2000 (FFH-Gebiete)	europäisches Netz von Schutzgebieten; Ziel aller Schutzbemühungen ist der günstigste Erhaltungszustand; die Flora-Fauna-Habitat (FFH)-Gebietsliste ist noch in der Bearbeitung
Nationalpark	Größe in der Regel über 10 000 Hektar; Erhalt eines möglichst artenreichen heimischen Tier- und Pflanzenbestandes; vom Menschen nicht oder wenig beeinflusst; verboten sind Zerstörung, Beschädigung, Veränderung und nachhaltige Störung
Naturschutzgebiet (NSG)	keine Mindestgröße, aber oft über 50 Hektar; Erhalt von Lebensgemeinschaften oder Biotopen heimischer Tier- und Pflanzenarten; Verbote wie im Nationalpark
Naturdenkmal (ND)	Einzelschöpfung mit besonderer Seltenheit, Eigenart oder Schönheit; Verbote wie im Nationalpark
Landschaftsschutzgebiet (LSG)	keine Mindestgröße; Erhalt der Leistungsfähigkeit des Naturhaushaltes, Nutzungsfähigkeit der Naturgüter, Landschaftsbild; es ist verboten, den Charakter des Gebietes zu verändern
Naturpark	Größe etwa 10 000 bis 20 000 Hektar; überwiegend Landschaftsschutzgebiet; Erhalt und Entwicklung der landschaftlichen Voraussetzung für Erholung; außerhalb von LSG und NSG keine Verbote

Die *EG-Vogelschutzrichtlinie* von 1979 hat sich zum Ziel gesetzt, sämtliche wild lebenden europäischen Vogelarten dauerhaft zu erhalten, und die *Berner Konvention* von 1979 regelt den Schutz wild lebender Tiere und Pflanzen einschließlich ihrer natürlichen Lebensräume. Mit der *Flora-Fauna-Habitat-Richtlinie* (FFH-Richtlinie) von 1992 hat die Europäische Union die Schaffung eines europaweiten Netzes von Schutzgebieten unter dem Namen *„Natura 2000“* beschlossen.
In Deutschland bildet das **Bundesnaturschutzgesetz** (BNatSchG) die gemeinsame rechtliche Basis für den Naturschutz in den Bundesländern. Diese verabschieden innerhalb dieses Rahmens eigene **Landesnaturschutzgesetze** und treffen detailliertere Regelungen. So sind nach § 8 BNatSchG Eingriffe in Natur und Landschaft unter bestimmten Voraussetzungen auszugleichen. Die oberste Bundesbehörde für Umweltangelegenheiten ist das 1986 gegründete Bundesministerium für Umwelt, Naturschutz und Reaktorsicherheit. Es wird vom Umweltbundesamt, dem Bundesamt für Naturschutz und dem Bundesamt für Strahlenschutz fachlich unterstützt.
Als Bürger oder Schule wendet man sich in Naturschutzangelegenheiten in der Regel an die Untere Behörde für Naturschutz und Landschaftspflege, die in der Verwaltung des Kreises oder der Stadt angesiedelt ist, oder an die zuständige Gemeinde.

Will man sich mit Naturfreunden austauschen oder den Naturschutz aktiv unterstützen, so kann man Mitglied in einem der über 100 Naturschutzverbände werden, die unter dem Dach des *Deutschen Naturschutzrings* organisiert sind. An jedem Ort in Deutschland wird man Orts- oder Kreisgruppen der Naturschutzverbände finden. Im Rahmen ihrer Exkursions- und Vortragsveranstaltungen erhält man fachkundige Informationen. Wird man selbst ehrenamtlicher Naturschutzmitarbeiter, hat man vielfältige Möglichkeiten, die Natur in Dorf, Landkreis oder Stadt aktiv mit zu gestalten und kann als Mitglied eines nach dem BNatSchG anerkannten Verbandes auch an behördlichen Planungen mitwirken. Ebenso können Schulen sich in lokalen Natur- und Umweltschutzprojekten beteiligen und dabei ein Profil als Umweltschule entwickeln.

1 Entwickeln Sie eine hierarchische Übersicht über das Naturschutzrecht.

6.4 Arten- und Biotopschutz

Unter **Artenschutz** versteht man den Schutz, die Pflege und die Förderung von Pflanzen und Tieren wild lebender Arten in ihrer natürlichen und historisch gewachsenen Vielfalt. Als **Biotopschutz** bezeichnet man entsprechende Maßnahmen zum Schutz und zur Pflege der Landschaft. Arten- und Biotopschutz beginnen vor der eigenen Haustür. Im naturnahen Hausgarten, an Mauern, Teichen, Bächen und Feldgehölzen in der Nachbarschaft oder im Schulgelände und Schulumfeld kann man aktiv werden.

Bei Maßnahmen des Artenschutzes konzentriert man sich auf gefährdete oder bereits verschollene Arten einer Region. Zunächst recherchiert man in historischen Unterlagen, welche Arten im Gebiet vorkamen, oder man informiert sich über das aktuelle Vorkommen gefährdeter Arten. Auch seltene Haustierrassen oder Sorten von Kulturpflanzen sind zum Erhalt der Biodiversität von Bedeutung. Im nächsten Schritt beschäftigt man sich mit den Ansprüchen der zu schützenden Arten an ihre Umwelt, ergründet die Ursachen ihres Rückgangs und plant entsprechende Hilfsmaßnahmen. Oft handelt es sich dabei um den Erhalt vorhandener oder die Schaffung neuer *Wohn-* und *Brutplätze* sowie um die Verbesserung der Nahrungsgrundlage. Auch das Zurückdrängen von *konkurrierenden Arten*, die sich stark ausgebreitet haben, gehört zu diesen Maßnahmen.

Artenschutz ist ohne **Biotopschutz** nicht möglich. Beim Biotopschutz geht es um Erhalt, Pflege, Revitalisierung oder Neuanlage von Lebensräumen. Auch hier steht die Erfassung vorhandener Lebensräume am Anfang. Gerade bei Naturschutzmaßnahmen greift der Mensch in die natürliche Sukzession ein. Auch hier gestaltet er Natur nach seinen Vorstellungen. Besonders in vom Menschen beeinflussten Mooren und in typischen Kulturlandschaften wie Trockenrasen oder Feuchtwiesen sind Pflegemaßnahmen erforderlich. Kanalisierte Fließgewässer oder durch Industrie und Landwirtschaft intensiv genutzte Flächen kann man renaturieren. Auch die Anlage von neuen Biotopen wie Obstbaumwiesen, Naturgärten, Hecken, Feldgehölzen, Feuchtbiotopen oder Trockenmauern gehört zum Biotopschutz.

Eine **Biotopvernetzung** gehört ebenfalls zu den wichtigen Naturschutzaufgaben, da die zu schützenden Tierarten im Jahresverlauf oft unterschiedliche Teillebensräume besiedeln oder voneinander isolierte Teilpopulationen oft zu klein für ein langfristiges Überleben sind. So werden die Überwinterungsgebiete der Erdkröten heute oft durch viel befahrene Straßen von den Laichgebieten und den Sommerlebensräumen abgetrennt. Durch Anlage von Krötentunneln kann man diese Gebiete wieder miteinander verbinden. Auch größere Ackerflächen werden von manchen Lurcharten nicht durchwandert. Erst durch die Vernetzung einer Landschaft mittels Feldhecken wird die Wanderung der Tiere von einem Gebiet zum nächsten möglich. Schleusen und Sperrwerke behindern in Flüssen und Bächen wandernde Fischarten wie Lachs, Stör oder Aal. Durch den Einbau so genannter Fischtreppen wird dieses Problem heute an vielen Hindernissen gemildert.

161.1 Im Nationalpark Harz wird der Luchs wiedereingebürgert

1 Sammeln Sie Informationen über ein Arten- oder Biotopschutzprojekt aus Ihrer Umgebung.

161.2 Gegenüberstellung von Arten- und Biotopschutzmaßnahmen

Artenschutzprojekte	Biotopschutzprojekte
Pflanzung von Obstbaumhochstämmen alter Sorten aus der Region	Anlage einer Obstbaumwiese mit alten Sorten; Pflege alter Obstbaumwiesen
Erhalt der Gene alter Gehölze aus der Region durch Setzen von Steckhölzern oder Vermehrung aus Samen; Pflege alter Kopfweiden; Baumpflegemaßnahmen	Anlage einer Feldhecke, einer Wallhecke, einer BENJES-Hecke oder eines Feldgehölzes unter Verwendung von standortgerechten Jungpflanzen aus der Region
Bau und Anbringen von Nisthilfen für Weißstorch, Schleiereule, Steinkauz, Höhlenbrüter, Halbhöhlenbrüter, Fledermäuse, Hornissen, solitäre Bienen und Wespen sowie andere Tierarten	Planung und Anlage eines nährstoffarmen Teiches oder Feuchtbiotops mit Flachwasserzone und Tiefenzone an einem sonnigen, ruhigen Ort; jährliche Pflege des Gebietes
Anbringen von Schutzeinrichtungen für Waldameisen	Pflege von Trockenrasen, Feuchtwiesen und Mooren
Aufbau und Betreuung von Krötenfangzäunen	Renaturierung von Bodenabbaugebieten und Baggerseen
Anpflanzen oder Aussäen von Futterpflanzen für gefährdete Tiere	Bachpatenschaften und Revitalisierungsmaßnahmen an Fließgewässern
Erhalt oder Neuschaffung von Einfluglöchern für Vögel, Fledermäuse und Insekten an Bauernhöfen, Kirchen, Bergwerkstollen und Wohnhäusern	Anlage von Naturgärten, Trockenmauern, Steinhaufen, Erdkellern, Wand- und Dachbegrünungen, Kräutergärten, Wildblumenwiesen und Ähnlichem
Auswilderung ausgestorbener oder sehr seltener Arten wie Luchs oder Birkhuhn	Besucherlenkung in Schutzgebieten, Förderung des sanften Tourismus

Global denken – lokal handeln im Freilandlabor der Schule

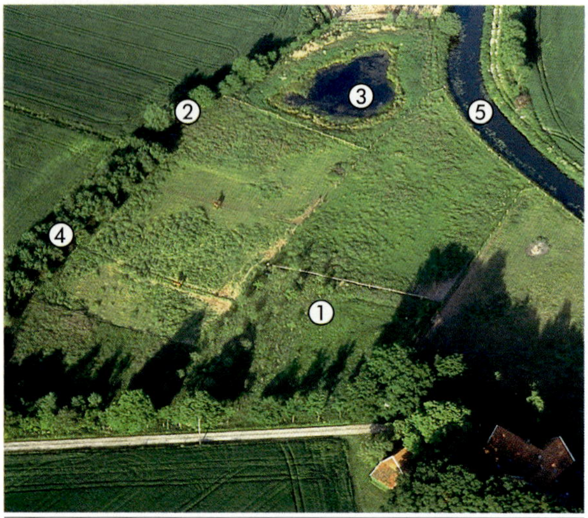

162.1 Freilandlabor des Artland-Gymnasiums Quakenbrück. ① Obstbaumwiese mit alten Sorten, ② Kopfweide mit Steinkauzröhre, ③ Teich, ④ Feldhecke, ⑤ Fließgewässer

Häufig ist das Schulgelände für eine naturnahe Gestaltung geeignet und lässt sich zum Freilandlabor der Schule entwickeln. Alternativ sucht man in Zusammenarbeit mit Kommune, Kirchengemeinde oder ortsansässigen Unternehmen und Privatpersonen nach einer geeigneten Fläche im Schulumfeld. Da Naturschutzprojekte Langzeitprojekte sind, ist eine sorgfältige Vorplanung erforderlich.

1 Projekt Obstbaumwiese – alte Sorten erhalten

Vorarbeiten: Auf den Spuren der Mitglieder eines Pomologenvereins (Pomologie = Obstbaukunde) erkunden Schülerinnen und Schüler die Sortenvielfalt in alten Obstbaumwiesen. In einem Erfassungsbogen werden Datum, Lage und Eigentümer der Wiese, Name und Alter der Obstsorten sowie Angaben zu Ertrag, Verwendung und Besonderheiten der Pflanzen festgehalten. Dann wählt man geeignete Sorten für die neue Obstbaumwiese aus.

Maßnahmen: Reiser der alten Sorten werden in den Obstbaumwiesen gesammelt und unter fachkundiger Anleitung in einer Obstbaumschule auf Hochstämme veredelt. Ein Jahr später pflanzt man die Bäume im Abstand von etwa acht Metern im Freilandlabor aus und schützt sie gegen Wildverbiss. In den nächsten Jahren wird der Erziehungsschnitt durchgeführt und durch biologische Schutzmaßnahmen eine Schädigung, etwa durch Frostspanner und Wühlmäuse, verhindert. Sobald die Pflanzen Früchte tragen, kann man mit der Lagerhaltung im Erdkeller sowie der Herstellung von Trockenobst, Obstsaft und Obstwein beginnen.

2 Artenschutz – Weidensteckhölzer und Steinkauzröhre

Vorarbeiten: Alte Kopfweiden und Steinkauzvorkommen im Schulumfeld werden kartiert.

Maßnahmen: Von alten Kopfweiden werden im Winter armdicke, etwa zwei Meter lange Äste abgesägt und in einem nassen Bereich im Freilandlabor 40 bis 50 Zentimeter tief eingegraben. Sie bewurzeln sich, bilden neue Triebe und werden in den Folgejahren zu Kopfbäumen beschnitten. Als Nisthilfe für ein Steinkauzvorkommen kann man zusätzlich eine Steinkauzröhre aufhängen.

3 Biotopschutz – Anlage eines Teiches

Vorarbeiten: Es wird ein naturnaher Teich von etwa 30 Metern Durchmesser mit Flachwasserzone und Tiefenzone geplant. Beim zuständigen Landkreis wird die wasserrechtliche Genehmigung zur Anlage des Teiches in einem Bereich des Freilandlabors mit hohem Grundwasserstand beantragt. Bei einem Tiefbauunternehmen wird ein Angebot für die Erdarbeiten eingeholt und bei einer Naturschutzstiftung das Geld für die Bauarbeiten beantragt.

Maßnahmen: Nach Eingang der Baugenehmigung und Zusage der Fördermittel wird der Teich im Gelände von den Jugendlichen eingemessen und mit Holzpfählen markiert. Mit einer Raupe legt ein Tiefbauunternehmen das Gewässer an. An Gewässern im Umfeld gesammelte Pflanzensamen sowie mitgebrachte heimische Tier- und Pflanzenarten aus Gartenteichen werden eingebracht. In den Folgejahren wird die Veränderung regelmäßig verfolgt, und aufwachsende Gehölze werden in Frostperioden im Winter zurückgeschnitten.

4 Biotopvernetzung – Anlage einer Feldhecke

Vorarbeiten: Bei der Landwirtschaftskammer werden das Pflanzmaterial und ein Zuschuss für einen Wildschutzzaun beantragt.

Maßnahmen: Nach Genehmigung der Hecke und Bereitstellung der Mittel wird der Wildschutzzaun angelegt, und auf je 100 Metern werden etwa 500 Heckenpflanzen sechsreihig gesetzt. In den Folgejahren wird die krautige Vegetation im Bereich der Hecke regelmäßig gemäht, die Hecke soweit erforderlich beschnitten und die Veränderung der abiotischen Faktoren sowie der Vegetation und der Tierwelt dokumentiert. Essbare Blüten und Beeren werden zur Herstellung von Tees, Marmeladen und Säften verwendet.

7 Lösungsstrategien für die Zukunft

7.1 Erfordernis globaler Lösungen

Auf jeden Organismus, auch auf jeden Menschen, wirken die Umweltfaktoren am Ort seines Aufenthaltes. Weil aber das Kausalgeflecht der Faktoren unbegrenzt ist, werden sie vom globalen Geschehen beeinflusst. Sogar Ereignisse, die sich in kosmischen Entfernungen abspielen, etwa Unregelmäßigkeiten in der Sonnenaktivität, können gravierende Auswirkungen haben. Das war schon lange vor dem Auftreten des Menschen so.

Seit historischer Zeit, vor allem aber in den letzten Jahrzehnten, greift auch der Mensch in Atem beraubender Weise in den ökologischen Globalhaushalt ein. In wenigen Jahrzehnten hat sich so die Vegetation der Kontinente verändert. Wälder verschwinden; Monokulturen, versiegelte Ballungsräume und Wüsten breiten sich aus. Die Atmosphäre wird dramatisch mit Kohlenstoffdioxid und anderen klimawirksamen Gasen angereichert. Schadstoffe belasten Wasser und Boden.

Viele Populationen können mit diesem beschleunigten Wandel nicht Schritt halten. Aus fundierten Hochrechnungen ergibt sich, dass weltweit etwa alle zwanzig Minuten eine Tier- oder Pflanzenart durch direkte oder indirekte Einwirkung des Menschen ausstirbt. Damit hat die anthropogene Umgestaltung der Erde die Ausmaße einer globalen Katastrophe erreicht, wie sie sich etwa beim Aussterben der Dinosaurier vor rund 65 Millionen Jahren abgespielt hat. Auch für unsere eigene Spezies werden die Bedingungen immer schlechter. Ein Großteil der Menschheit lebt in bitterster Armut, während rund zwanzig Prozent der Weltbevölkerung achtzig Prozent der Ressourcen beanspruchen.

Die wirtschaftlichen Schäden durch Naturkatastrophen nehmen nachweislich zu. Das liegt nicht nur an der dichteren Besiedlung. Tatsächlich wachsen auch Zahl und Heftigkeit extremer Wetterereignisse. Der Meeresspiegel steigt jährlich um etwa zwei Millimeter. In Inselstaaten und dichtbesiedelten Tiefebenen wie in Bangladesch mehren sich die Flutkatastrophen. Diese Länder können sich nicht, wie die wohlhabenden Niederlande, durch Erhöhung von Deichen schützen. Meteorologen und die aufgeschreckte Versicherungswirtschaft zweifeln nicht daran, dass dieser Klimawandel im Wesentlichen vom Menschen verursacht ist.

Derartige Probleme können nur durch internationale Zusammenarbeit gelöst werden. Zu diesem Zweck fand eine Reihe großer Konferenzen statt. Hervorzuheben ist der Gipfel von Rio de Janeiro 1992, auf dem die **Agenda 21,** ein erdpolitisches Aktionsprogramm zur nachhaltigen Entwicklung, verabschiedet wurde. Danach soll die ökonomische Entwicklung unter den Vorbehalt ökologischer und sozialer Verträglichkeit gestellt werden. Trotz wichtiger Nachfolgekonferenzen und obgleich inzwischen etwa 180 Staaten den Zielen der Agenda zugestimmt haben, ist die Weltgemeinschaft noch weit von deren Verwirklichung entfernt.

163.1 Magisches Dreieck der Nachhaltigkeit

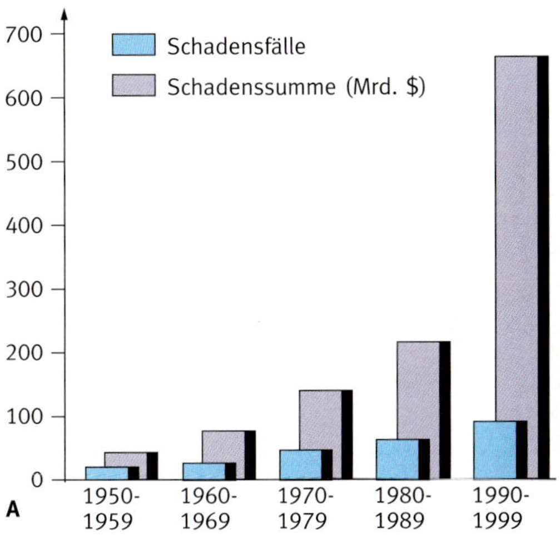

163.2 Naturkatastrophen. **A** Schäden seit 1950; **B** Elbehochwasser 2002

7.2 Nachhaltige Entwicklungskonzepte

Durch die ungehemmte Verbrennung fossiler Energieträger steigt seit Beginn der industriellen Revolution der Kohlenstoffdioxidgehalt der Atmosphäre dramatisch an, während sich die Erdölvorräte bei hoher Nachfrage durch eine wachsende Weltbevölkerung erschöpfen. Es ist offensichtlich, dass unsere derzeitige Wirtschaftsweise aus naturgesetzlichen Gründen nicht beibehalten werden kann.

Der Mensch ist das einzige Wesen, das mithilfe seiner Verstandeskraft die Erde massiv umgestalten und darüber hinaus die Zukunftsfolgen seines Handelns abschätzen kann. Nicht nur die Ethik, sondern auch ein wohlverstandenes Eigeninteresse sollte uns veranlassen, nachhaltige Konzepte zu erarbeiten. Ein Aufschieben des notwendigen Kurswechsels macht die Lage immer schwieriger. Deshalb hat der Erdgipfel in Johannesburg 2002 eine *Dekade für nachhaltige Entwicklung* auf den Weg gebracht, an der sich insbesondere Schulen beteiligen. Eines der „brennendsten" Probleme ist der andauernde Zugriff auf nichtregenerierbare Ressourcen, insbesondere Erdöl, von deren Verfügbarkeit unsere Zivilisation beängstigend abhängig ist.
Nach gängiger Lehrmeinung wächst der Bedarf an Energie unvermeidbar. Tatsächlich hat der Mensch aber nur einen Bedarf an bestimmten Leistungen und Gütern, etwa an wohltemperierten Räumen, Licht, Mobilität oder nützlichen Geräten. Dieser ist jedoch nicht zwangsläufig an den Einsatz von Erdöl oder Atomenergie gebunden. Durch gute Isolierung, Wärmerückgewinnung und Nutzung der Sonneneinstrahlung kann man den Bedarf an Raumheizung und -kühlung auf einen Bruchteil des heute noch Üblichen reduzieren. Einen erheblichen Energiebedarf hat der Verkehr. In Ballungsräumen ist ein gut ausgebautes öffentliches Personennahverkehrssystem unstrittig umweltfreundlicher als der motorisierte Individualverkehr. Der völlige Verzicht auf Autos wäre eine unrealistische Forderung, insbesondere im ländlichen Raum. Allerdings ist es wenig intelligent, für den Individualverkehr Fahrzeuge mit dem Gewicht eines LKW zu benutzen, die einen Verbrauch von 20 Litern pro hundert Kilometern haben. Der Einsatz von Dreiliterautos würde die Verknappung hinausschieben, bis alternative Techniken marktfähig sind.

Fast alle Ziele, die bislang viel Energie kosten, lassen sich durch rationellen Ressourceneinsatz bei einem Bruchteil der heutigen Umweltbelastung erreichen. Technisch ist es realistisch, mit der Hälfte des bisherigen Einsatzes von Primärenergie den Nutzen zu verdoppeln. *Faktor 4* heißt die griffige Formel für dieses Projekt, das keinen Verzicht, sondern einen Zuwachs an Wohlbefinden bedeuten würde.

Zur Zeit beteiligt sich nur ein kleiner Anteil der Weltbevölkerung, der relativ reiche „Norden", an der exzessiven Ressourcenausbeutung. Wir haben aber kaum die Möglichkeit und vor allem nicht das Recht, den „Süden" oder das

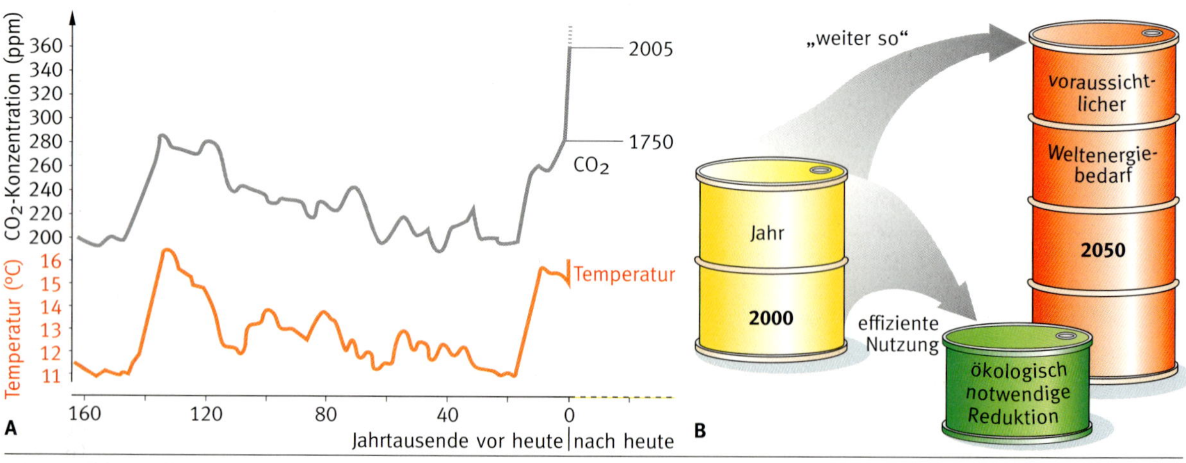

164.1 Kohlenstoff in der Atmosphäre und fossile Brennstoffe.
A Kurven: CO_2 und Temperatur seit 160 000 Jahren; **B** denkbare Entwicklung des Ölverbrauchs bis 2050; notwendig ist eine Halbierung im Sinne von „Faktor 4"

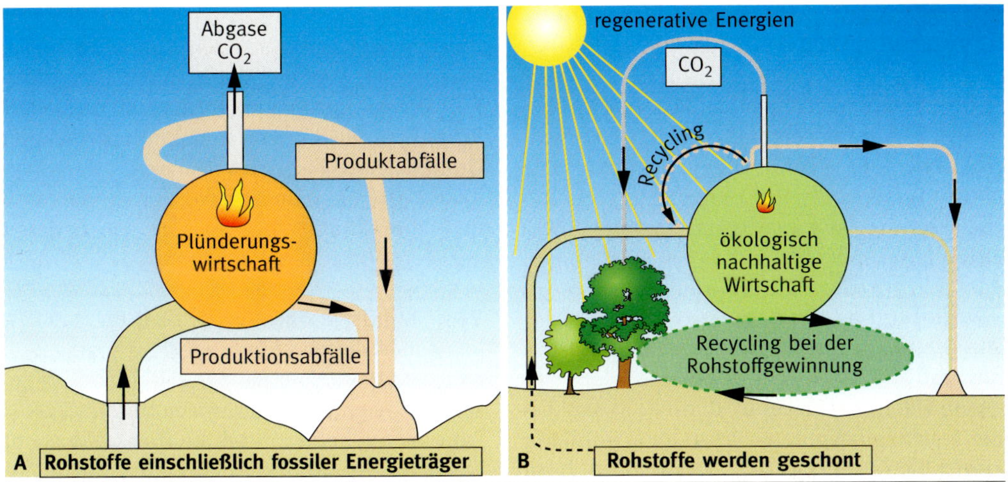

165.1 Wirtschaftskonzepte. A Verschwendungswirtschaft; **B** nachhaltige Wirtschaft

165.2
**Bevölkerungs-
wachstum**

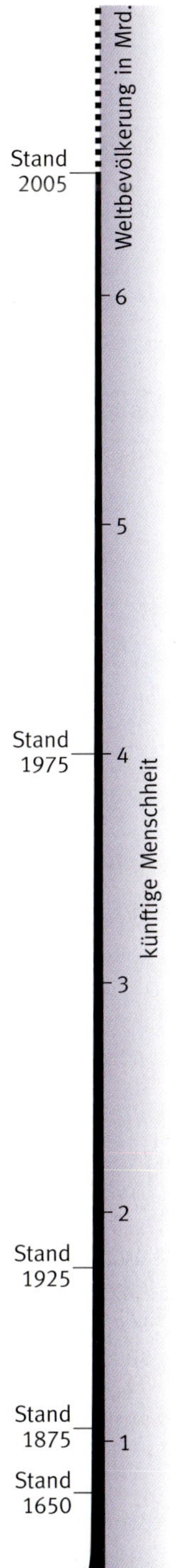

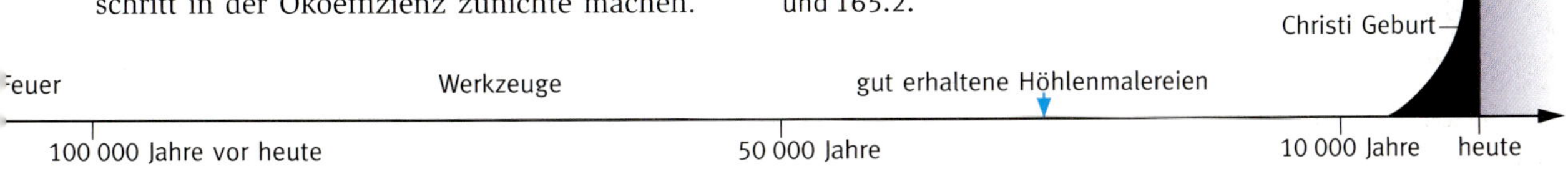

bevölkerungsreiche China von einer gleichrangigen Nutzung auszuschließen. Wären jedoch alle Regionen in der Weise am zivilisatorischen Wohlstand beteiligt wie der Norden, würde auch ein „Faktor 4" in der *Ökoeffizienz* auf Dauer für eine nachhaltige Entwicklung nicht ausreichen. Seine Verwirklichung wäre trotzdem ein gewaltiger Fortschritt.

Nicht nur räumlich, auch zeitlich gesehen profitiert nur ein winziger Teil aller Menschen von der heute praktizierten Plünderungswirtschaft: Früheren Generationen fehlten dazu die technischen Möglichkeiten, den künftigen werden die Ressourcen fehlen. Das heißt, dass solche Länder, die sich ohne Verelendung rechtzeitig umstellen, die Zukunft am besten bestehen werden. Schon heute lässt sich aus den Verbrauchsdaten ablesen, dass sparsamer Umgang mit fossilen Energieträgern nicht unbedingt eine Einbuße an Lebensqualität bedeutet: So verbraucht man in den Vereinigten Arabischen Emiraten jährlich 17 Tonnen Rohöleinheiten pro Kopf, in den USA 8, in Deutschland 4, in der Schweiz 3,5 und in Österreich nur 3. In Indien, dort allerdings aus Armut, sind es nur 0,3 und in Bangladesch weniger als 0,1.

Die Bevölkerungsentwicklung ist mit den bisher diskutierten Problemen eng verflochten. Während in Europa ein Rückgang mit allen Nachteilen der Überalterung herrscht, verzeichnen gerade die ärmsten Länder des Südens die größten Zuwächse, die jeden Fortschritt in der Ökoeffizienz zunichte machen. Begrenzung des Bevölkerungswachstums auf humane Weise ist dort eine der vorrangigen Notwendigkeiten. Auf inhumane und traurige Weise bewirkt dies in weiten Regionen die Ausbreitung von Seuchen, vor allem von AIDS in Afrika. Das bringt allerdings keine Verbesserung der ökologischen Situation, sondern führt zu weiterer Verelendung.

Die Weltwirtschaft wird sich nach dem Vorbild der Ökosysteme langfristig auf regenerierbare Ressourcen und eine perfektionierte Kreislaufwirtschaft umstellen müssen, wenn sie nicht unter dem Diktat naturgesetzlicher Sachzwänge generell verelenden will. Folgende Lösungsansätze wurden ermittelt: Etwa ein Viertel des Strombedarfs der EU könnte per Fotovoltaik auf geeigneten Dächern erzeugt werden. Wasserstoff lässt sich in sonnenreichen Gebieten solar erzeugen und als Treibstoff für Autos einsetzen. Windenergie, heute schon ein bedeutender Faktor bei der Stromerzeugung, ließe sich auf dem Meer relativ umweltverträglich ausbauen. EU-weit könnte der Biomasseertrag eines Viertels der landwirtschaftlichen Nutzfläche über 25 Prozent des Energiebedarfs decken.

Das Umweltfreundlichste ist aber die Minimierung des Energieeinsatzes durch intelligente Lebensführung und Technik.

1 Erläutern Sie die Abbildungen 164.1, 165.1 und 165.2.

7.3 Das ökologisch-soziale Dilemma und Auswege daraus

In ökologisch entscheidender Hinsicht verhalten wir uns auf unserem Planeten bisher nicht viel anders als Hefe in einem Weinfass: Die aktuell verfügbaren Ressourcen (bei Hefe Zucker) werden maximal genutzt, ohne Rücksicht darauf, dass sie bald zu Ende gehen und dass die Umwelt vergiftet wird (bei Hefe durch Alkohol).

Dies ist zweifellos eines intelligenten Wesens unwürdig, aber auch ein solches steht vor einem Dilemma: Ein Individuum, das sich bei der Nutzung begrenzter Ressourcen vornehm zurückhält, läuft Gefahr, im Wettbewerb zu unterliegen und im Extremfall seine Existenz zu verlieren.

Das ist der tiefere, meist unbewusste Grund dafür, dass man zwar allgemein bereit ist, Verzicht zu *fordern*, aber nicht, ihn selbst zu *üben*. Erst einmal möge die Industrie umweltfreundliche Autos herstellen, ist oft zu hören. Die Ökoautos, die es bereits gibt, seien viel zu teuer und zu klein. Der Traum derer, die so argumentieren, ist aber meist ein noch viel schnelleres und kostspieligeres Auto. Mit dem Prestigewert eines solchen Fahrzeugs kann ökologische Vernunft meist nicht konkurrieren. Dieses Beispiel zeigt, dass eine wesentliche Sperre, die einen zukunftsweisenden Umbau der Zivilisation verhindert, *psychologischer Natur* ist. Eine Neigung zum Imponieren und zum Rangstreben ist uns wie anderen sozialen Wirbeltieren angeboren.

Beim Kulturwesen Mensch sind die Inhalte, aus denen die psychisch wichtige soziale Anerkennung und das Selbstwertgefühl geschöpft werden, kulturbeeinflusst. Kultur kann sich wandeln; und sie muss das auch, wenn die Menschheit eine lebenswerte Zukunft haben soll.

Schon unter den aktuellen Bedingungen gibt es für den Einzelnen bei ökologisch sinnvollem Verhalten viele Vorteile, die er sich erst einmal bewusst machen muss: Wer notwendige Wege, soweit möglich, nicht mit dem Auto zurücklegt, sondern zu Fuß oder mit dem Fahrrad, schont nicht nur die Umwelt, sondern auch seinen Geldbeutel und fördert die eigene Gesundheit. Wer sein Haus auf energe-

UMWELTPSYCHOLOGIE

Die Fabel vom Bock als Gärtner

Wenn er mit seiner kleinen Ziegengruppe nur alleine wäre, im schon nicht mehr ganz so prachtvollen Garten, dachte es im alten Bock zwischen den Hörnern, dann würde man sich konsequent auf das beschränken, was man wirklich brauchte, vor allem würde man die Weide nur schonend nutzen, damit sie sich sofort erholen kann. Die jungen Triebe der besten Futterpflanzen würde man erst noch wachsen lassen und nicht teils aus Bequemlichkeit, teils weil so etwas trotz allem gegenteiligen Gerede den Nachbarn und den Ziegen imponiert, immer ganze Äste abbrechen.

Der Böcke und Ziegenmäuler sind aber sehr viele. Man kennt die meisten gar nicht persönlich. Jedes Tier appelliert meckernd an die anderen, sich doch bitte zurückzuhalten, man müsse an die vielen armen Tiere in den Dürregebieten denken und solle sich nur nach den Gesichtspunkten ökologischer Nachhaltigkeit an den älteren, allerdings etwas härteren Zweigen bedienen. Ein tausendfältiges Echo verstärkt stets diese Appelle. Aber sobald sie sich unbeobachtet glauben – die Ranghöchsten tun es auch ohne diese Einschränkung –, veraasen sie alle weiter die saftigsten Knospen. Die ganz wenigen, meist jugendlichen Tiere, die sich zunächst wirklich an das halten, was sie selbst und alle anderen fordern, erkennen bald, dass sie das geheime Gespött derer werden, die feist, bequem und selbstgefällig die allersaftigsten und für die Regeneration der Pflanzen wichtigsten Triebe wiederkäuen. Bald fressen auch sie das Beste, was sie kriegen können – appellieren freilich noch lauter als bisher. Der einst herrliche Garten wird wüster und leerer. Und das Leben der Ziegen wird öder und schwerer.

1 Vergleichen Sie Fabel und Realität und machen Sie Vorschläge, die aus dem Dilemma führen.

tische Sparsamkeit optimiert hat, muss auch bei steigenden Energiepreisen nicht einen Großteil seines Geldes „verfeuern“. Früher löste ein mit den letzten Pelzen aussterbender Tierarten behängter Star Bewunderung aus, heute eher Ablehnung. So könnte es auch sein, dass exzessiver Energieverbrauch nicht mehr als positiv gilt, sondern als rücksichtslos und dumm.

In der Industrie herrscht bezüglich der Produktion Kostenrationalität. Die Einführung von Abwasserabgaben hat zu völlig neuen Verfahren geführt, bei denen das eingesetzte Wasser teilweise mehrfach verwendet und schließlich weitgehend gereinigt wird; in einigen Fällen fällt gar kein Abwasser mehr an. Abgaberegelungen und der steigende Energiepreis haben das Geschäft mit Abwärme, die unter anderem bei der thermischen Stromerzeugung anfällt und vorher nutzlos die Umwelt belastete, wirtschaftlich gemacht. Bei verbrauchernahen Kraftwerken wird sie in Fernwärmenetze gespeist.

Auch Privatleute verhalten sich auf vielen Gebieten kostenbewusst: Erst die individuelle Abrechnung der Wärmeabnahme hat die meisten Nutzer von Fernwärme veranlasst, sparsam damit umzugehen. Der Einzelne kann seine Verantwortung für die Umwelt und die Zukunft aber nicht immer ohne ökonomischen Nachteil wahrnehmen. Deshalb ist es besonders wichtig, dass kulturelle und wirtschaftliche Rahmenbedingungen entstehen, die denjenigen, die ökologisch nachhaltig handeln, auch einen relativen Gewinn und keinen Nachteil bescheren. Das wäre der Fall, wenn die Kosten für ökologische Schäden nicht auf die Allgemeinheit abgewälzt werden könnten.

Zukunftsorientierter Spielregeln bedarf es auch in der Weltwirtschaft. Auch hier ringt man um Abkommen, die sicherstellen sollen, dass nicht blankes Profitstreben oder Unwissenheit das ökologische Weltgefüge in einer für den Menschen ungünstigen Weise verändern. Neben bloßen Deklarationen gibt es auf einigen Gebieten wirkliche Erfolge, zum Beispiel bei den Ozon abbauenden CFKW.

2 Erläutern Sie Beispiele für nachhaltige Lebensweise aus Ihrem Umfeld.

INTERNATIONALE UMWELTPOLITIK

Das Ringen um den atmosphärischen UV-Schutz

1971 gerieten Stickstoffoxide in den Verdacht, die Ozonschicht zu gefährden. Bei dieser Diskussion ging es zunächst vor allem um die von Frankreich und England geplante Einführung des Überschallverkehrsflugzeugs Concorde, welches Stickstoffoxide direkt in die Stratosphäre emittierte. 1972 entdeckte man zusätzlich das Gefährdungspotenzial von Chlor und damit das der Chlor-Fluor-Kohlenwasserstoffe (CFKW), die man bis dahin als ungefährliche Treib- und Kühlmittel betrachtete.

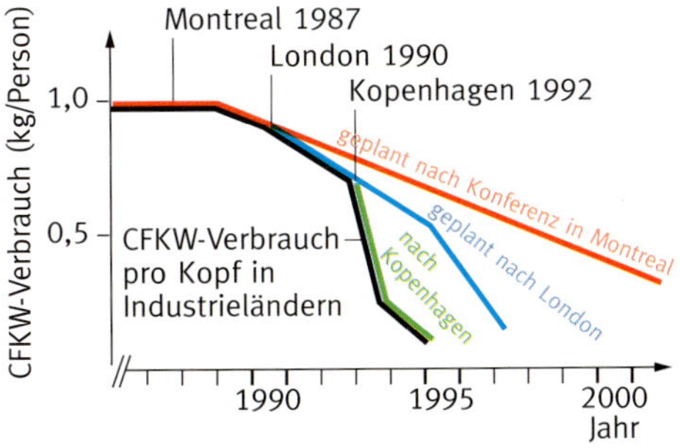

1974 präsentierte die New York Times dramatische Schätzungen zum erwarteten Ozonschwund. Im folgenden Jahr ging in Amerika die Produktion der CFKW als Treibmittel für Spraydosen um 25 Prozent zurück. Damit war nicht nur die Öffentlichkeit alarmiert, sondern auch die Industrie. Der Hauptproduzent DuPont verpflichtete sich, diese Stoffe aus dem Verkehr zu ziehen, falls ihre Gefahr wissenschaftlich erwiesen sei. Trotz immer neuer Befunde hielt er den geforderten Beweis allerdings auch 1988, 14 Jahre später, noch nicht für hinreichend erhärtet. Die Europäische Gemeinschaft beschloss 1980 Einschränkungen für CFKW – allerdings nur halbherzig. Jedes Land, jede Branche vertrat die eigenen wirtschaftlichen Interessen. Niemand wollte auf einen Nutzen verzichten, solange die Kosten zu Lasten der Allgemeinheit gehen. Doch angesichts immer alarmierenderer Forschungsergebnisse, wachsenden öffentlichen Drucks und des spürbaren Imageverlustes der Hersteller wurde die Drosselung für die Industrieländer von Konferenz zu Konferenz beschleunigt. Da CFKW sehr verzögert in die Ozonschicht gelangen und sehr langsam ab gebaut werden, ist mit messbaren Erfolgen allerdings erst in 20 Jahren zu rechnen.

Der Mensch in seiner Umwelt

1

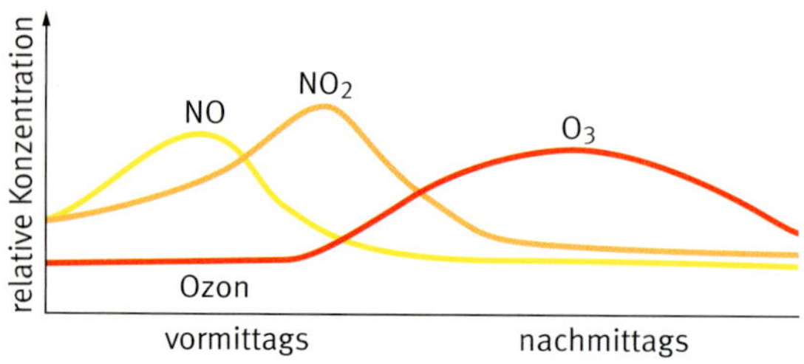

Die Grafik zeigt die charakteristischen Bestandteile der Luft bei Sommersmog.

a) Beschreiben Sie die Bedingungen, unter denen eine solche Smoglage entstehen kann.

b) Erklären Sie den Verlauf der Kurven und setzen Sie diese in Beziehung zueinander.

2

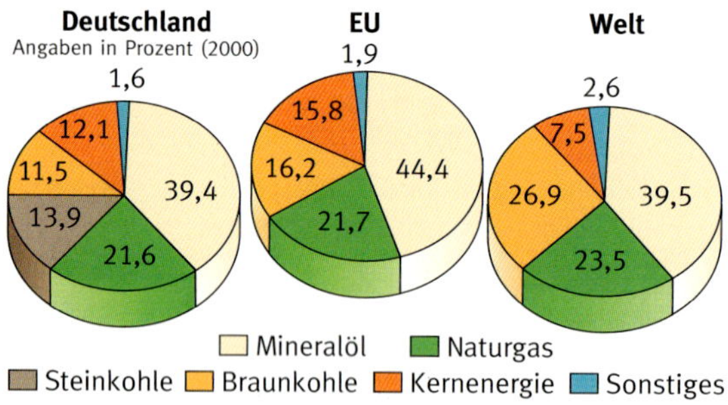

Die Kreisdiagramme zeigen die unterschiedliche Nutzung von Energiequellen im Jahr 2000.

a) Vergleichen Sie die Situation für Deutschland, die Europäische Union und die gesamte Welt.

b) Diskutieren Sie die Probleme, die sich bei der Nutzung der verschiedenen Energiequellen ergeben.

c) Die Grafik unten zeigt Ihnen den Anteil und die Verteilung erneuerbarer Energiequellen in Deutschland 2004. Stellen Sie kurz Vorteile und Nachteile dieser Energiequellen zusammen.

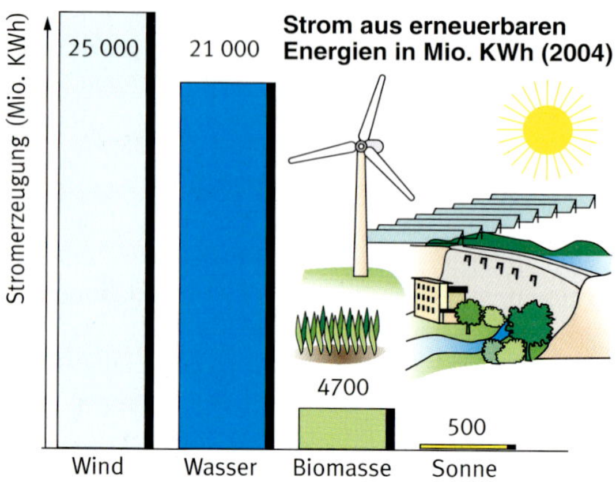

3

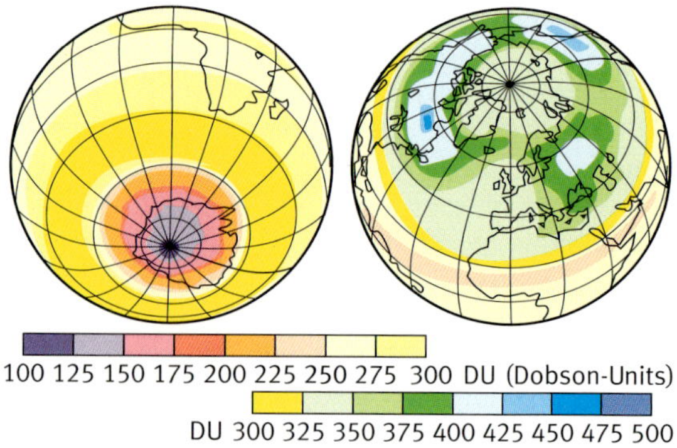

Die Abbildungen zeigen die Ozonverteilung auf der Süd- und Nordhalbkugel der Erde nach Satelitenbildern. Dargestellt sind die Monatsmittelwerte für Oktober (Süd) beziehungsweise März (Nord) im Jahr 2002.

a) Werten Sie die Bilder aus.

b) Geben Sie Ursachen und Auswirkungen des Ozonlochs an.

4

In vielen Ländern, in denen man durch künstliche Bewässerung die landwirtschaftlichen Erträge gesteigert hat, sind die Böden nach mehrjähriger Nutzung durch Versalzung unbrauchbar geworden.

a) In welchen Regionen der Welt tritt dieses Problem auf und wodurch wird es hervorgerufen?

b) Entwickeln Sie Vorschläge, um das Problem zu lösen.

5

Die Samen vieler Pflanzenarten, insbesondere der Ackerwildkräuter, bleiben Jahre bis Jahrzehnte im Boden, selbst wenn die Wachstumsbedingungen für die jeweilige Art gut sind. Sie keimen erst, wenn der Boden mechanisch bearbeitet wurde.

a) Welcher Reiz ist entscheidend für die Auslösung des Keimvorgangs?

b) Begründen Sie, worin der ökologische Vorteil einer solchen Keimverzögerung gerade für Ackerwildkräuter liegt.

6

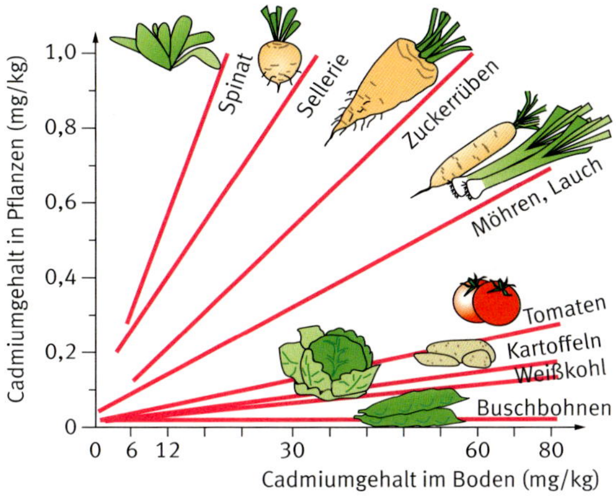

Beschreiben Sie den oben dargestellten Zusammenhang zwischen dem Cadmiumgehalt im Boden und in Kulturpflanzen. Erläutern Sie mögliche Gefahren, die sich aus einer Cadmiumbelastung von Böden für den Menschen ergeben.

7

Verursacher	Anteil in Prozent
Landwirtschaft	29,2
Forstwirtschaft und Jagd	19,2
Wasser- und Teichwirtschaft	10,9
Tourismus und Erholung	9,2
Rohstoffgewinnung, Kleintagebau	9,0
Gewerbe, Siedlung, Industrie	8,8
Verkehr und Transport	4,0
sonstige Verursacher	9,7

In der Übersicht sind verschiedene Verursacher für den Artenrückgang bei Pflanzenarten in Deutschland dargestellt.

a) Zeigen Sie je nach Verursacher konkrete Ursachen auf, die zum Rückgang der Pflanzenarten geführt haben.

b) Informieren Sie sich über Pflanzenarten, die in der Roten Liste Deutschlands stehen. Nennen Sie einige Beispiele für solche Arten und stellen Sie Schutzmöglichkeiten für gefährdete Arten zusammen.

8

Typ	Anzahl	Fläche (ha)	Anteil an der Staatsfläche (%)	Bemerkung
Nationalpark	14	962 048	2,7	davon ca. 76% Watt- und Wasserflächen an der Nord- und Ostsee
Biosphärenreservat	14	1 579 828	4,4	davon ca. 32% Watt- und Wasserflächen an der Nord- und Ostsee
Naturschutzgebiet	7278	1 047 363	2,9	ohne Wasserflächen der Nord- und Ostsee
Naturpark	87	7 985 511	22,4	
Landschaftsschutzgebiet	7187	10 601 045	29,7	in einigen Ländern keine aktuellen Daten vorhanden
Naturwaldreservat	824	30 587	0,085	0,29% der Waldfläche
Feuchtgebiet internationaler Bedeutung	32	841 000	2,3	inkl. Schleswig-Holsteinischem Wattenmeer
Europareservat	20	268 408	0,8	Vogelschutzgebiete für Watt- und Wasservögel; überwiegend Naturschutzgebiete

Die Tabelle gibt einen Überblick über die Schutzgebiete in Deutschland.

a) Vergleichen Sie die Schutzbestimmungen im Nationalpark, Naturschutzgebiet, Biosphärenreservat und Naturpark miteinander.

b) Erläutern Sie die Bedeutung solcher Schutzmaßnahmen für die Tier- und Pflanzenwelt und den Menschen.

c) Die Deutschlandkarte unten zeigt die Lage der einzelnen Nationalparke und Biosphärenreservate. Wählen Sie ein Biosphärenreservat aus und stellen Sie dieses in einem Kurzreferat vor.

Glossar

abiotisch: die unbelebte Umwelt betreffend

Absorption: Abschwächung von Strahlung und Umwandlung in eine andere Energieform beim Durchgang durch Materie

Abundanz: Populationsdichte; Zahl der Individuen einer Art in einem → Biotop, bezogen auf eine Flächen- beziehungsweise Raumeinheit

Adsorption: Anlagerung an Oberflächen

aerob: in Anwesenheit von Sauerstoff verlaufend

Aerosole: fein verteilte, feste oder flüssige Schwebstoffpartikel in der Luft

Agenda 21: entwicklungs- und umweltpolitisches Aktionsprogramm zur nachhaltigen Entwicklung für das 21. Jahrhundert, beschlossen auf der Konferenz für Umwelt und Entwicklung der Vereinten Nationen 1992 in Rio de Janeiro

aktiver Transport: Stofftransport gegen ein Konzentrationsgefälle unter Energieverbrauch

Allelopathie: Abgabe chemischer Hemmstoffe, die konkurrierende Pflanzen am Keimen oder Wachsen hindern

ALLENsche Regel: gleichwarme Tiere haben in kalten Klimaten kleinere Körperfortsätze als nahe verwandte Arten in warmen Klimaten

Allianz: symbiotische Beziehung zwischen artverschiedenen Organismen ohne lebenswichtige Bedeutung für beide Partner

altruistisch: (scheinbar) uneigennützig, zum Vorteil anderer Artgenossen, steigert häufig die indirekte → Fitness

Ammonifikation: Abbau von Stickstoffverbindungen durch Bakterien zu Ammoniak beziehungsweise Ammonium-Ionen

anaerob: unter Mangel oder Ausschluss von Sauerstoff verlaufend

Angepasstheit: zweckmäßige Übereinstimmung eines Lebewesens mit seiner Umwelt in Bau, Entwicklung, Physiologie und Verhalten; Ergebnis eines Anpassungsprozesses im Laufe der Evolution

anonymer Verband: Tiergesellschaft, in der sich die einzelnen Mitglieder nicht kennen

anthropogen: durch den Menschen verursacht

aphotische Zone: lichtlose Zone im Meer

Archaeophyten: Pflanzenarten, die bis zum Mittelalter nach Europa eingeschleppt wurden

Art: Gruppe von → Populationen, die sich tatsächlich oder potenziell kreuzen und fruchtbare Nachkommen hervorbringen; ihre Individuen stimmen in wesentlichen Merkmalen überein

Artenschutz: Schutzmaßnahmen für gefährdete oder vom Aussterben bedrohte Arten (→ Naturschutz)

Aspektfolge: zeitliche Ablösung der verschiedenen Erscheinungsbilder eines → Ökosystems im Laufe eines Jahres

Assimilation: Aufbau körpereigener organischer Stoffe aus körperfremden Stoffen

Atmung: Oxidation organischer Verbindungen

ATP (Adenosintriphosphat): wichtiger Energieträger im Zellstoffwechsel aller Lebewesen, überträgt 29 kJ/mol chemische Energie durch Abspalten einer Phosphatgruppe und Entstehung von Adenosindiphosphat

Autökologie: Teilgebiet der Ökologie, das sich mit der Untersuchung von Einzelorganismen und den auf diese wirkenden Umweltfaktoren befasst

autotroph: „sich selbst ernährend", Stoffwechselvorgang, bei dem körperfremde anorganische Stoffe in körpereigene organische Stoffe umgewandelt werden (Fotosynthese und Chemosynthese)

Benthal: Bodenzone eines Gewässers

BERGMANNsche Regel: gleichwarme, nahe verwandte Tiere sind in wärmeren Klimaten kleiner als in kälteren

biochemischer Sauerstoffbedarf (BSB): Wert für den Sauerstoffverbrauch → aerober Organismen, der zum Abbau organischer Substanzen benötigt wird; (zum Beispiel BSB_5 = biochemischer Sauerstoffbedarf in fünf Tagen)

Biodiversität: Vielfalt des Lebens auf den Ebenen der Gene, → Arten und → Ökosysteme

Bioindikator: → stenökes Lebewesen, das bestimmte Umweltbedingungen anzeigt

Biomasse: Menge der lebenden organischen Substanz je Flächen- oder Volumeneinheit eines → Ökosystems, beim Wald oft einschließlich toter Substanz, meist auf Trockenmasse bezogen

Biosphäre: von Lebewesen besiedelter Bereich der Erde

Biosphärenreservat: großflächiges Schutzgebiet für → Kultur- und Naturlandschaft entsprechend der Vorgaben des UNESCO-Programms „Der Mensch und die Biosphäre"

biotisch: die belebte Umwelt betreffend

Biotop: Lebensraum für Lebewesen eines → Ökosystems mit seinen → abiotischen Umweltfaktoren

Biozide: Sammelbegriff für chemische Schädlingsbekämpfungsmittel

Biozönose: Lebensgemeinschaft aller Organismen eines → Ökosystems mit ihren → biotischen Beziehungen

Bodenhorizonte: mehr oder weniger parallel zur Oberfläche verlaufende, durch Umwandlungsprozesse entstandene Schichten im Boden

Brackwasser: Salzwasser mit einem erheblich geringeren Salzgehalt als Meerwasser (etwa 1 bis 10 Promille)

Bruttoproduktion: Biomassezuwachs der → Produzenten, der sich ohne „Atmungsverluste" ergeben würde

CALVIN-Zyklus: biochemischer Kreisprozess zur Umsetzung von Kohlenstoffdioxid zu Glucose bei der Fotosynthese

Carnivoren: Fleischfresser

chemischer Sauerstoffbedarf (CSB): Verbrauch eines chemischen Oxidationsmittels, das bei der Oxidation organischer Verschmutzungsstoffe eingesetzt wird

Chlorosen: Ausbleichen der Blätter durch Zersetzung des Chlorophylls

Coevolution: wechselseitige Beeinflussung der Stammesgeschichte zweier Arten

Cuticula: wachsartiger Schutzüberzug auf der Epidermis

Cyanobakterien: zur Fotosynthese fähige Prokaryoten, die häufig im Wasser vorkommen

Denitrifikation: Reduktion von Nitrat-Ionen bis zum molekularen Stickstoff

Destruenten: Lebewesen, die abgestorbene Biomasse und damit organische Stoffe zu anorganischen abbauen und so wieder dem → Stoffkreislauf zuführen

Dichtestress: infolge von Überbevölkerung einsetzende Belastungserscheinungen, die auch mit hormonellen Veränderungen einhergehen

Dissimilation: abbauender Stoffwechselprozess unter Energiefreisetzung

Einnischung: Besetzung neuer → ökologischer Nischen, zum Beispiel im Zusammenhang mit Artaufspaltung

ektotherm: → poikilotherm

Emissionen: in die Umwelt gelangende Stoffe und Wirkungen technischer Prozesse

endemische Art: Art mit sehr eng umgrenztem Verbreitungsgebiet

Endosymbiont: im Inneren eines Symbiosepartners lebender Organismus

endotherm: → homoiotherm

Energie: Fähigkeit eines Systems, Arbeit zu leisten

Energiefluss: Weitergabe von Energie in Ökosystemen

Energieträger: Stoff, durch dessen Umsetzung Energie freigesetzt wird

Enzym: als Biokatalysator wirksames Protein, das biochemische Reaktionen beschleunigt, indem es die Aktivierungsenergie herabsetzt; Enzyme sind reaktions- und substratspezifisch

Epilimnion: obere Wasserschicht im See, die sich von den darunter liegenden durch höhere Temperatur unterscheidet (→ Metalimnion, → Hypolimnion)

Erosion: Bodenabtrag durch Wind oder Wasser

euryökes Lebewesen: Lebewesen mit weiter → ökologischer Potenz für viele Umweltfaktoren

Eutrophierung: Zufuhr von Nährsalz-Ionen, besonders Nitrat- und Phosphat-Ionen, in ein Gewässer mit der Folge verstärkter → Biomasseproduktion

Evaporation: Verdunstung von Wasser ohne Beteiligung belebter Körper

extensive Landwirtschaft: Gegensatz zur → intensiven Landwirtschaft

Faulschlamm: feine Ablagerung organischer Stoffe unter → anaeroben Bedingungen

Fitness: im evolutionsbiologischen Sinne der Beitrag eines Individuums und eventuell auch seiner nahen Verwandten (Gesamtfitness) zum → Genpool der Folgepopulation

Flechten: eigenständige Organismengruppe; durch → Symbiose von Pilzen und Grünalgen beziehungsweise → Cyanobakterien entstanden

Fließgleichgewicht: Gleichgewichtszustand in offenen Systemen mit ständigem Durchfluss von Stoffen und Energie

Galle (Pflanzengalle): durch andere Organismen, meist Insekten oder Milben, hervorgerufene Verdickung an Pflanzen

Gärung: anaerobe Form der Energiegewinnung mit verschiedenen, relativ energiereichen Endprodukten wie Ethanol

Genpool: Gesamtheit der Gene einer → Population

Gentechnik: alle Verfahren zur Isolierung bestimmter DNA-Abschnitte, deren Analyse, Veränderung und Übertragung in andere Organismen

Gewässergüteklassen: System zur biologischen Beurteilung des Verschmutzungsgrades von Gewässern;

in Fließgewässern folgen die Verunreinigungsstufen räumlich, in stehenden Gewässern zeitlich aufeinander (→ Saprobiensystem)

Gewässerstrukturgüte: System zur Beurteilung der Gewässerqualität mithilfe des Ausbauzustands eines Gewässers

Gezeitenzone: Zone der Meere, die bei Ebbe trocken fällt

Globalstrahlung: Strahlungsenergie pro Flächeneinheit, die nach Passage der Atmosphäre auf das → Ökosystem trifft

grüne → Gentechnik: molekularbiologische Verfahren zur gezielten Neukombination und Übertragung genetischen Materials auf Nutztiere und Kulturpflanzen in der Landwirtschaft

Gülle: Flüssigmist

Halophyten: Pflanzen, die an salzhaltige Standorte angepasst sind

Herbivoren: Pflanzenfresser

heterotroph: auf organische Stoffe als Energie- und Kohlenstoffquelle angewiesen

homoiotherme Tiere: Tiere, die zur aktiven Temperaturregulation befähigt sind und so ihre Körperkerntemperatur konstant halten können

Hydrophyt: Wasserpflanze

Hydrosphäre: Gesamtheit des weltweit im Kreislauf befindlichen Wassers

Hygrophyt: Pflanze feuchter Standorte

Hypolimnion: Tiefenschicht im See unter dem → Epi- und → Metalimnion

Immissionen: → Emissionen am Ort ihres Einwirkens auf Lebewesen oder unbelebte Objekte

Indikatororganismus: → Bioindikator

individualisierter Verband: Tiergesellschaft aus Artgenossen, die sich gegenseitig kennen

intensive Landwirtschaft: Bewirtschaftung des Bodens mit starker Technisierung, hohem Mineraldünger- und → Biozideinsatz zur Erzielung hoher Erträge (Gegensatz: → extensive Landwirtschaft)

interspezifische Konkurrenz: Wettbewerb zwischen Individuen verschiedener Arten um ein begrenztes Angebot an → Ressourcen

intraspezifische Konkurrenz: Wettbewerb zwischen Individuen der gleichen Art um → Ressourcen

Kältestarre: kältebedingte Einschränkung der Lebensfunktionen bei wechselwarmen Tieren

Kapazitätsgrenze: Obergrenze im Populationswachstum, ab der die → Population ihre Existenzgrundlage gefährdet

Klimax: Schlussgesellschaft einer → Sukzession bei gleichbleibenden klimatischen Verhältnissen mit hoher Stabilität der → Biozönose; nach heutiger Auffassung Mosaik zyklisch aufeinander folgender Entwicklungsphasen

Knöllchenbakterien: Luftstickstoff fixierende Bakterienarten

Kohlenhydrate: Produkte der Fotosynthese; wichtige Bau-, Gerüst- und Reservestoffe; Grundstoffe des Energiestoffwechsels

Konkurrenzausschlussprinzip: Arten mit übereinstimmenden Bedürfnissen können nicht dauerhaft im selben Lebensraum nebeneinander existieren

Konsumenten: Organismen, die direkt oder indirekt die organischen Stoffe der → Produzenten verbrauchen; Pflanzen- und Fleischfresser

Konvektion: wärmebedingte vertikale Luft- oder Wasserströmung

K-Stratege: Art, deren Nachkommenzahl so gering ist, dass Überbevölkerung vermieden und zugleich die Kapazität des Lebensraumes ausgeschöpft wird (Gegensatz: → r-Stratege)

Kultur: 1) Gesamtheit erlernter Verhaltensweisen und Fähigkeiten einer → Population, die von Generation zu Generation weitergegeben werden
2) Bestand vom Menschen gepflegter Lebewesen

Kulturlandschaft: vom Menschen stark veränderte → Ökosysteme, zum Beispiel landwirtschaftliche Flächen

Landschaftsschutzgebiet: naturnaher, gesetzlich geschützter Landschaftsraum; geringerer Schutzstatus als → Naturschutzgebiet

Litoral: Uferregion

Metalimnion: Sprungschicht im See mit starker Temperaturänderung in der Vertikalen; Grenzschicht zwischen → Epi- und → Hypolimnion

Mimikry: täuschende Nachahmung der Signale einer anderen, meist wehrhaften Art

Minimumfaktor: der jeweils knappste lebensnotwendige Umweltfaktor

Monokultur: land- oder forstwirtschaftliche Anpflanzung nur einer Pflanzenart

Mykorrhiza: → Symbiose zwischen Wurzeln von Samenpflanzen und Pilzhyphen

Nachhaltigkeit: Ressourcennutzung, die die natürlichen Lebensgrundlagen dauerhaft erhält

Nährschicht: obere Wasserschicht im Gewässer, in der die fotosynthetische Produktion überwiegt

Nahrungskette: Abfolge von → Produzenten und → Konsumenten, bei der jede Art vom nächsten „Kettenglied“ gefressen wird

Nahrungsnetz: Verknüpfung von → Nahrungsketten

Nationalpark: großräumige, gesetzlich geschützte → Naturlandschaft mit hoher Bedeutung für den Naturschutz und strengen Schutzbestimmungen

Naturlandschaft: vom Menschen weitgehend unbeeinflusste → Ökosysteme

Naturpark: großräumiger, gesetzlich geschützter Landschaftsbereich mit hoher Bedeutung für Erholung und Tourismus und weniger strengen Schutzbestimmungen

Naturschutz: Maßnahmen zum Erhalt der wild lebenden Arten und ihrer Lebensräume

Naturschutzgebiet: gesetzlich streng geschützter, meist kleiner Landschaftsbereich mit hoher Bedeutung für den Arten- und Biotopschutz

Nekton: Gesamtheit der aktiv schwimmenden Tiere im Gewässer

ökologische Nische: Gesamtheit der Beziehungen einer → Art und ihrer Umwelt

ökologische Potenz: Fähigkeit eines Organismus, Schwankungen eines Umweltfaktors unter den Bedingungen natürlicher Konkurrenz zu ertragen

ökologisches Gleichgewicht: Zustand ökologischer Systeme mit der Fähigkeit zur Selbstregulation

Ökosystem: Struktur- und Funktionseinheit der → Biosphäre, bestehend aus → Biotop und → Biozönose

Parasitismus: Beziehung zwischen zwei Arten zum Nutzen der einen Art und zu Lasten der anderen

Pelagial: Freiwasserzone eines Sees

Pestizide: chemische Schädlingsbekämpfungsmittel, Untergruppe der → Biozide

pH-Wert: Maßzahl für die Protonen-Konzentration in einer wässrigen Lösung; eine Lösung ist bei pH = 7 neutral, bei pH < 7 sauer, bei pH > 7 basisch

Plankton: Gesamtheit der aquatischen Schwebeorganismen mit nur geringer Eigenbewegung

poikilotherm: nicht zur aktiven Temperaturregulation befähigt, abhängig von der Außentemperatur

Population: Gruppe artgleicher Individuen, die in einem Gebiet leben und eine Fortpflanzungsgemeinschaft bilden

Produzenten: Organismen, die energiereiche organische Stoffe aus anorganischen Stoffen aufbauen

Renaturierung: Rückführung von geschädigten → Biotopen in einen naturnäheren Zustand

Ressource: lebenswichtiger Umweltfaktor

Revier: gegen Artgenossen abgegrenztes und verteidigtes Gebiet

Rote Liste: offizielles Verzeichnis gefährdeter Arten

r-Stratege: Art, deren Nachkommenzahl hoch ist, so dass sie sich bei günstigen Bedingungen schnell vermehren kann(Gegensatz: → K-Stratege)

Saprobie: Maß für den Gehalt an organischen Stoffen, die im Prinzip bakteriell abbaubar sind

Saprobiensystem: System zur Klassifizierung der → Gewässergüte von Fließgewässern mithilfe charakteristischer Wasserorganismen

Selbstregulation: Fähigkeit eines → Ökosystems, Störungen durch gegenläufige Prozesse auszugleichen

Selbstreinigung: Rückgang organischer Verschmutzung im Gewässer durch Verdünnung, Abtransport und mikrobiellen Abbau

stenökes Lebewesen: Lebewesen mit enger → ökologischer Potenz

Stoffkreislauf: Kreislaufprozess, in dem Stoffe auf-, um- und abgebaut werden; mit Energieumsatz verbunden

Sukzession: regelhafte zeitliche Abfolge in der Entwicklung von → Ökosystemen

Symbiose: Beziehung zwischen artverschiedenen Lebewesen zum gegenseitigen Nutzen

Synökologie: Teilgebiet der Ökologie; untersucht die Wechselbeziehungen der → Biozönosen und ihrer Umwelt

Systemökologie: Teilgebiet der Ökologie, das die → Biosphäre und ihre Teile unter dem Gesichtspunkt des funktionalen Ganzen betrachtet

Toxine: spezifische Giftstoffe, die von Lebewesen gebildet werden

Transpiration: Wasserverdunstung durch Organismen

Umwelt: Gesamtheit der auf ein Lebewesen direkt und indirekt einwirkenden Faktoren

Umweltschutz: Maßnahmen zum Erhalt der natürlichen Lebensgrundlagen

Umweltwiderstand: Gesamtheit der Umweltfaktoren, die die Wachstumsrate einer → Population beschränken

Xerophyt: Pflanze trockener Standorte

Zehrschicht: Tiefenzone im Gewässer, hier überwiegt der Abbau organischer Stoffe die Fotosynthese

Zeigerpflanzen: → stenöke Pflanzen, die aufgrund ihrer charakteristischen Ansprüche bestimmte Standortverhältnisse anzeigen; Untergruppe der → Bioindikatoren

Register

Fette Seitenzahlen weisen auf ausführliche Behandlung im Text hin; ein * hinter den Seitenzahlen verweist auf das Glossar; f. = die folgende Seite; ff. = die folgenden Seiten.

Bildquellen

Umschlag Blume Bild / Mauritius; 6 Astrofoto; 7 AKG; 8 o. li. Brockhaus / Silvestris; 8.1 Rohdich / Silvestris; 10.1 Dr. Philipp; 10.2 Schrempp / Mauritius; 10.3 Skibbe / Silvestris; 10.4 Christen / Okapia; 12.1 Dipl.-Biol. Ulrich Sander / BioLogis; 12.2 Reinhard-Tierfoto; 12.3 Prof. Verbeek; 12.4 A Reinhard-Tierfoto; 12.4 B Rosing / Mauritius; 13.1 A Danegger / Okapia; 13.1 B Rick & Nora Bowers / Okapia; 13.1 C Cramm / Silvestris; 13.1 D Tierbildarchiv Angermayer; 13.1 E Eric & David Hosking / Silvestris; 13.1 F Reinhard-Tierfoto; 14.1 Dr. Philipp; 14.2 Press-tige Pict. / OSF / Okapia; 15.1 A Dr. Pott / Mauritius; 15.1 B, C Starke; 15.1 D Schmidt / Mauritius; 17.1 o. Silvestris; 17.1 u. Dr. Philipp; 18.1 A, B Dr. Philipp; 20.1 li. Prof. Verbeek; 20.1 re. IPS / Mauritius; 21.1 A Tierbildarchiv Angermayer; 21.1 B Reinhard-Tierfoto; 21.2 Corbis; 23.1 A Irsch / Silvestris; 23.2 A Dr. Philipp; 23.3 A Dr. Philipp; 24.1, 2 Prof. Verbeek; 25.1 A Dr. Philipp; 25.1 B Reinhard / Okapia; 25.2 A Dr. Cord Peppler-Lisbach, Oldenburg; 25.2 B Dr. Philipp; 25.3 A Wernicke / Silvestris; 25.3 B Starke; 25.4 A Wellinghorst; 25.4 B Günter Roland / Silvestris; 26.1 li. o. Reinhard / Okapia; 26.1 li. Mitte Starke; 26.1 li. u. Thonig / Mauritius; 26.1 re. o. bis u. Dr. Philipp; 27 u. li. NAS D. Guravich / Okapia; 27 u. re. Wellinghorst; 28.1 A Prof. Verbeek; 28.1 B Dr. Anselm Verbeek, Bonn; 28.1 C Prof. Verbeek; 28.5 Bogon / Silvestris; 30. Tierbildarchiv Angermayer; 31.1 Rossenbach / Mauritius; 31.2 Starke; 31.3 Reinhard / Okapia; 32.1 Starke; 32.2 Gerhard Groebe; 32.3 A Skibbe / Silvestris; 32.3 B Pfletschinger / Tierbildarchiv Angermayer; 32.4 Pfletschinger / Tierbildarchiv Angermayer; 32.5 Reinhard-Tierfoto; 32.6 Brockhaus / Silvestris; 35.2 A SST / Mauritius; 35.2 B Riepl / Silvestris; 36.1 A Starke; 36.1 B Lichtbildarchiv Dr. Keil; 36.2 B Universität Konstanz Phytopathology / Karly; 36.2 C OSF / Okapia; 38.1 Reinhard-Tierfoto; 38.2 A, B Pfletschinger / Tierbildarchiv Angermayer; 38.3 Löber / Silvestris; 41.1 Clive Bromhall / OSF / Okapia; 41.2 A M.I. Walker / ScienceSource / Okapia; 41.2 B Peter Parks / OSF / Okapia; 43.1 Jean Stoick / P. Arnold, Inc. / Okapia; 43.2 Konrad Wothe / Okapia; 43.3 Reinhard / Tierbildarchiv Angermayer; 43.4 Prof. Verbeek; 44.1 B Prof. Verbeek; 46.1 A, B Starke; 47.1 A Ziesler / Tierbildarchiv Angermayer; 47.1 B Reinhard-Tierfoto; 48.1 Reinhard-Tierfoto; 50.1 Scott / OSF / Okapia; 50.2 Buchhorn / Silvestris; 51.1 Pfletschinger / Tierbildarchiv Angermayer; 51.2 Ingo Arndt / Wildlife Photography; 52.1 A Reinhard / Okapia; 52.1 B Rohdich / Silvestris; 52.3 o. Michler / Xeniel Dia; 52.3 Mitte Birke / Okapia; 52.3 u. Michler / Xeniel Dia; 53.5 A, B Dr. Jörg Freyhof / Leibniz Institut für Gewässerökologie und Binnenfischerei, Berlin; 53.7 Prof. Verbeek; 54 Prof. Verbeek; 56.1 Prof. Verbeek; 59.2 A Prof. Stetter / Universität Regensburg; 59.2 B R. R. Hessler / Scripps Institute of Oceanography; 66.1 Ex: Spektrum der Wissenschaft 4 / 81, S. 20; 68.1 Astrofoto; 71.1 li. Prof. Verbeek; 71.1 re. Prof. Hartmut Dierschke, Göttingen; 73.6 Prof. Verbeek; 74 Rauch / Silvestris; 85.1 A bis D Dr. Philipp; 86.1 A Dr. Philipp; 86.1 B Westlight / Mauritius; 87.1 Dr. Ralph Mederake, Göttingen; 87.2 Günter Kiepke / Naturbild / Okapia; 93.1, 2 Dr. Philipp; 94.1 Wellinghorst; 95.1 Wellinghorst; 100.1 Wellinghorst; 101.1 Wellinghorst; 103.1 Wellinghorst; 104.1 Wellinghorst; 104.2 Dr. Philipp; 105.1 Wellinghorst; 107.2 Wellinghorst; 111.2 Schmidt-Luchs / Mauritius; 114.1 Wellinghorst; 123.1, 2 Astrofoto; 125.1 bis 4 Dr. Philipp; 130.1 Wyrwich / Okapia; 130.2 Wellinghorst; 131 re. o. Willner / Silvestris; 131 re. Mitte Kerscher / Silvestris; 131.1 Dr. Philipp; 135.12 Dr. Philipp; 136 Wellinghorst; 150.1 A Wendler / Silvestris; 150.1 B Gebhardt / Mauritius; 150.1 C Reinhard / Okapia; 150.1 D Schmidt-Luchs / Mauritius; 151.1 A Photri Inc. / Okapia; 151.1 B, C Reinhard-Tierfoto; 151.1 D Brodersen / Mauritius; 153.1 A Hanneforth / Okapia; 153.2 A Helbing / Mauritius; 156.1 B Wellinghorst; 156.1 C Dr. Philipp; 157.1 Wellinghorst; 157.2 A Kartengrundlage: Gaußsche Landesaufnahme – Blatt 48, herausgegeben von der LGN und der Historischen Kommission für Niedersachsen und Bremen, Vervielfältigung mit Erlaubnis der LGN – Landesvermessung und Geobasisinformation Niedersachsen – D8883; 157.2 B, C Kartengrundlage: Topographische Karte 1 : 25 000 – Blatt 3313 von 1951 bzw. 1989, Vervielfältigung mit Erlaubnis des Herausgebers: LGN – Landesvermessung und Geobasisinformation Niedersachsen – D8883; 158 A Nagel / Silvestris; 158 B Ziesler / Tierbildarchiv Angermayer; 158 C Reinhard-Tierfoto; 158 D Meyers / Okapia; 158 E Lacz / Mauritius; 158 F Pieper / Silvestris; 158 G NAS / A. E. Staffan / Okapia; 160.1 Wellinghorst; 161.1 Reinhard / Mauritius; 162.1 Wellinghorst; 163.2 B akg-images / Reimer Wulf / picture-alliance; 166.1 Hecker / Silvestris; 168.4 Bundesanstalt für Geowissenschaften und Rohstoffe, Hannover; 168.5 Starke